广视角·全方位·多品种

权威·前沿·原创

皮书系列为
"十二五"国家重点图书出版规划项目

权威·前沿·原创

社会科学文献出版社
皮书系列
2014年

盘点年度资讯　预测时代前程

社会科学文献出版社 学术传播中心 编制

社会科学文献出版社
SOCIAL SCIENCES ACADEMIC PRESS (CHINA)

社会科学文献出版社成立于1985年，是直属于中国社会科学院的人文社会科学专业学术出版机构。

成立以来，特别是1998年实施第二次创业以来，依托于中国社会科学院丰厚的学术出版和专家学者两大资源，坚持"创社科经典，出传世文献"的出版理念和"权威、前沿、原创"的产品定位，社科文献立足内涵式发展道路，从战略层面推动学术出版的五大能力建设，逐步走上了学术产品的系列化、规模化、数字化、国际化、市场化经营道路。

先后策划出版了著名的图书品牌和学术品牌"皮书"系列、"列国志"、"社科文献精品译库"、"中国史话"、"全球化译丛"、"气候变化与人类发展译丛"、"近世中国"等一大批既有学术影响又有市场价值的系列图书。形成了较强的学术出版能力和资源整合能力，年发稿3.5亿字，年出版新书1200余种，承印发行中国社科院院属期刊近70种。

2012年，《社会科学文献出版社学术著作出版规范》修订完成。同年10月，社会科学文献出版社参加了由新闻出版总署召开加强学术著作出版规范座谈会，并代表50多家出版社发起实施学术著作出版规范的倡议。2013年，社会科学文献出版社参与新闻出版总署学术著作规范国家标准的起草工作。

依托于雄厚的出版资源整合能力，社会科学文献出版社长期以来一直致力于从内容资源和数字平台两个方面实现传统出版的再造，并先后推出了皮书数据库、列国志数据库、中国田野调查数据库等一系列数字产品。

在国内原创著作、国外名家经典著作大量出版，数字出版突飞猛进的同时，社会科学文献出版社在学术出版国际化方面也取得了不俗的成绩。先后与荷兰博睿等十余家国际出版机构合作面向海外推出了《经济蓝皮书》《社会蓝皮书》等十余种皮书的英文版、俄文版、日文版等。

此外，社会科学文献出版社积极与中央和地方各类媒体合作，联合大型书店、学术书店、机场书店、网络书店、图书馆，逐步构建起了强大的学术图书的内容传播力和社会影响力，学术图书的媒体曝光率居全国之首，图书馆藏率居于全国出版机构前十位。

作为已经开启第三次创业梦想的人文社会科学学术出版机构，社会科学文献出版社结合社会需求、自身的条件以及行业发展，提出了新的创业目标：精心打造人文社会科学成果推广平台，发展成为一家集图书、期刊、声像电子和数字出版物为一体，面向海内外高端读者和客户，具备独特竞争力的人文社会科学内容资源供应商和海内外知名的专业学术出版机构。

社长致辞

我们是图书出版者，更是人文社会科学内容资源供应商；

我们背靠中国社会科学院，面向中国与世界人文社会科学界，坚持为人文社会科学的繁荣与发展服务；

我们精心打造权威信息资源整合平台，坚持为中国经济与社会的繁荣与发展提供决策咨询服务；

我们以读者定位自身，立志让爱书人读到好书，让求知者获得知识；

我们精心编辑、设计每一本好书以形成品牌张力，以优秀的品牌形象服务读者，开拓市场；

我们始终坚持"创社科经典，出传世文献"的经营理念，坚持"权威、前沿、原创"的产品特色；

我们"以人为本"，提倡阳光下创业，员工与企业共享发展之成果；

我们立足于现实，认真对待我们的优势、劣势，我们更着眼于未来，以不断的学习与创新适应不断变化的世界，以不断的努力提升自己的实力；

我们愿与社会各界友好合作，共享人文社会科学发展之成果，共同推动中国学术出版乃至内容产业的繁荣与发展。

社会科学文献出版社社长
中国社会学会秘书长

2014 年 1 月

社会科学文献出版社　皮书系列

"皮书"起源于十七、十八世纪的英国，主要指官方或社会组织正式发表的重要文件或报告，多以"白皮书"命名。在中国，"皮书"这一概念被社会广泛接受，并被成功运作、发展成为一种全新的出版形态，则源于中国社会科学院社会科学文献出版社。

皮书是对中国与世界发展状况和热点问题进行年度监测，以专家和学术的视角，针对某一领域或区域现状与发展态势展开分析和预测，具备权威性、前沿性、原创性、实证性、时效性等特点的连续性公开出版物，由一系列权威研究报告组成。皮书系列是社会科学文献出版社编辑出版的蓝皮书、绿皮书、黄皮书等的统称。

皮书系列的作者以中国社会科学院、著名高校、地方社会科学院的研究人员为主，多为国内一流研究机构的权威专家学者，他们的看法和观点代表了学界对中国与世界的现实和未来最高水平的解读与分析。

自20世纪90年代末推出以经济蓝皮书为开端的皮书系列以来，至今已出版皮书近1000余部，内容涵盖经济、社会、政法、文化传媒、行业、地方发展、国际形势等领域。皮书系列已成为社会科学文献出版社的著名图书品牌和中国社会科学院的知名学术品牌。

皮书系列在数字出版和国际出版方面成就斐然。皮书数据库被评为"2008~2009年度数字出版知名品牌"；经济蓝皮书、社会蓝皮书等十几种皮书每年还由国外知名学术出版机构出版英文版、俄文版、韩文版和日文版，面向全球发行。

2011年，皮书系列正式列入"十二五"国家重点出版规划项目，一年一度的皮书年会升格由中国社会科学院主办；2012年，部分重点皮书列入中国社会科学院承担的国家哲学社会科学创新工程项目。

权威　前沿　原创

 经济类

经 济 类

经济类皮书涵盖宏观经济、城市经济、大区域经济，提供权威、前沿的分析与预测

经济蓝皮书
2014年中国经济形势分析与预测

李 扬 / 主编　　2013年12月出版　　定价:69.00元

◆ 本书课题为"总理基金项目"，由著名经济学家李扬领衔，联合数十家科研机构、国家部委和高等院校的专家共同撰写，对2013年中国宏观及微观经济形势，特别是全球金融危机及其对中国经济的影响进行了深入分析，并且提出了2014年经济走势的预测。

世界经济黄皮书
2014年世界经济形势分析与预测

王洛林　张宇燕 / 主编　　2014年1月出版　　定价:69.00元

◆ 2013年的世界经济仍旧行进在坎坷复苏的道路上。发达经济体经济复苏继续巩固，美国和日本经济进入低速增长通道，欧元区结束衰退并呈复苏迹象。本书展望2014年世界经济，预计全球经济增长仍将维持在中低速的水平上。

工业化蓝皮书
中国工业化进程报告（2014）

黄群慧　吕　铁　李晓华 等 / 著　　2014年11月出版　　估价:89.00元

◆ 中国的工业化是事关中华民族复兴的伟大事业，分析跟踪研究中国的工业化进程，无疑具有重大意义。科学评价与客观认识我国的工业化水平，对于我国明确自身发展中的优势和不足，对于经济结构的升级与转型，对于制定经济发展政策，从而提升我国的现代化水平具有重要作用。

皮书系列重点推荐　经济类

金融蓝皮书
中国金融发展报告（2014）

李扬 王国刚 / 主编　2013年12月出版　定价：65.00元

◆　由中国社会科学院金融研究所组织编写的《中国金融发展报告（2014）》，概括和分析了2013年中国金融发展和运行中的各方面情况，研讨和评论了2013年发生的主要金融事件。本书由业内专家和青年精英联合编著，有利于读者了解掌握2013年中国的金融状况，把握2014年中国金融的走势。

城市竞争力蓝皮书
中国城市竞争力报告 No.12

倪鹏飞 / 主编　2014年5月出版　定价：89.00元

◆　本书由中国社会科学院城市与竞争力研究中心主任倪鹏飞主持编写，汇集了众多研究城市经济问题的专家学者关于城市竞争力研究的最新成果。本报告构建了一套科学的城市竞争力评价指标体系，采用第一手数据材料，对国内重点城市年度竞争力格局变化进行客观分析和综合比较、排名，对研究城市经济及城市竞争力极具参考价值。

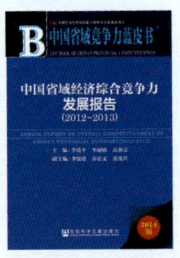

中国省域竞争力蓝皮书
"十二五"中期中国省域经济综合竞争力发展报告

李建平 李闽榕 高燕京 / 主编　2014年3月出版　定价：198.00元

◆　本书充分运用数理分析、空间分析、规范分析与实证分析相结合、定性分析与定量分析相结合的方法，建立起比较科学完善、符合中国国情的省域经济综合竞争力指标评价体系及数学模型，对2011~2012年中国内地31个省、市、区的经济综合竞争力进行全面、深入、科学的总体评价与比较分析。

农村经济绿皮书
中国农村经济形势分析与预测 (2013~2014)

中国社会科学院农村发展研究所　国家统计局农村社会经济调查司 / 著
2014年4月出版　定价：69.00元

◆　本书对2013年中国农业和农村经济运行情况进行了系统的分析和评价，对2014年中国农业和农村经济发展趋势进行了预测，并提出相应的政策建议，专题部分将围绕某个重大的理论和现实问题进行多维、深入、细致的分析和探讨。

经济类　皮书系列 重点推荐

西部蓝皮书
中国西部经济发展报告（2014）

姚慧琴　徐璋勇/主编　　2014年7月出版　　估价：69.00元

◆ 本书由西北大学中国西部经济发展研究中心主编，汇集了源自西部本土以及国内研究西部问题的权威专家的第一手资料，对国家实施西部大开发战略进行年度动态跟踪，并对2014年西部经济、社会发展态势进行预测和展望。

气候变化绿皮书
应对气候变化报告（2014）

王伟光　郑国光/主编　　2014年11月出版　　估价：79.00元

◆ 本书由社科院城环所和国家气候中心共同组织编写，各篇报告的作者长期从事气候变化科学问题、社会经济影响，以及国际气候制度等领域的研究工作，密切跟踪国际谈判的进程，参与国家应对气候变化相关政策的咨询，有丰富的理论与实践经验。

就业蓝皮书
2014年中国大学生就业报告

麦可思研究院/编著　王伯庆　周凌波/主审
2014年6月出版　　定价：98.00元

◆ 本书是迄今为止关于中国应届大学毕业生就业、大学毕业生中期职业发展及高等教育人口流动情况的视野最为宽广、资料最为翔实、分类最为精细的实证调查和定量研究；为我国教育主管部门的教育决策提供了极有价值的参考。

企业社会责任蓝皮书
中国企业社会责任研究报告（2014）

黄群慧　彭华岗　钟宏武　张蒽/编著
2014年11月出版　　估价：69.00元

◆ 本书系中国社会科学院经济学部企业社会责任研究中心组织编写的《企业社会责任蓝皮书》2014年分册。该书在对企业社会责任进行宏观总体研究的基础上，根据2013年企业社会责任及相关背景进行了创新研究，在全国企业中观层面对企业健全社会责任管理体系提供了弥足珍贵的丰富信息。

社会政法类

社会政法类皮书聚焦社会发展领域的热点、难点问题，提供权威、原创的资讯与视点

社会蓝皮书
2014年中国社会形势分析与预测

李培林　陈光金　张 翼/主编　2013年12月出版　定价:69.00元

◆ 本报告是中国社会科学院"社会形势分析与预测"课题组2014年度分析报告，由中国社会科学院社会学研究所组织研究机构专家、高校学者和政府研究人员撰写。对2013年中国社会发展的各个方面内容进行了权威解读，同时对2014年社会形势发展趋势进行了预测。

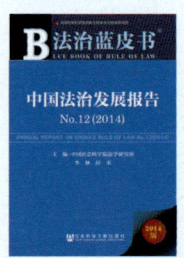

法治蓝皮书
中国法治发展报告 No.12（2014）

李 林　田 禾/主编　2014年2月出版　定价:98.00元

◆ 本年度法治蓝皮书一如既往秉承关注中国法治发展进程中的焦点问题的特点，回顾总结了2013年度中国法治发展取得的成就和存在的不足，并对2014年中国法治发展形势进行了预测和展望。

民间组织蓝皮书
中国民间组织报告（2014）

黄晓勇/主编　2014年8月出版　估价:69.00元

◆ 本报告是中国社会科学院"民间组织与公共治理研究"课题组推出的第五本民间组织蓝皮书。基于国家权威统计数据、实地调研和广泛搜集的资料，本报告对2013年以来我国民间组织的发展现状、热点专题、改革趋势等问题进行了深入研究，并提出了相应的政策建议。

社会政法类

皮书系列
重点推荐

社会保障绿皮书

中国社会保障发展报告（2014）No.6

王延中 / 主编　　2014 年 9 月出版　　定价：79.00 元

◆　社会保障是调节收入分配的重要工具，随着社会保障制度的不断建立健全、社会保障覆盖面的不断扩大和社会保障资金的不断增加，社会保障在调节收入分配中的重要性不断提高。本书全面评述了 2013 年以来社会保障制度各个主要领域的发展情况。

环境绿皮书

中国环境发展报告（2014）

刘鉴强 / 主编　　2014 年 5 月出版　　定价：79.00 元

◆　本书由民间环保组织"自然之友"组织编写，由特别关注、生态保护、宜居城市、可持续消费以及政策与治理等版块构成，以公共利益的视角记录、审视和思考中国环境状况，呈现 2013 年中国环境与可持续发展领域的全局态势，用深刻的思考、科学的数据分析 2013 年的环境热点事件。

教育蓝皮书

中国教育发展报告（2014）

杨东平 / 主编　　2014 年 5 月出版　　定价：79.00 元

◆　本书站在教育前沿，突出教育中的问题，特别是对当前教育改革中出现的教育公平、高校教育结构调整、义务教育均衡发展等问题进行了深入分析，从教育的内在发展谈教育，又从外部条件来谈教育，具有重要的现实意义，对我国的教育体制的改革与发展具有一定的学术价值和参考意义。

反腐倡廉蓝皮书

中国反腐倡廉建设报告 No.3

李秋芳 / 主编　　2014 年 1 月出版　　定价：79.00 元

◆　本书抓住了若干社会热点和焦点问题，全面反映了新时期新阶段中国反腐倡廉面对的严峻局面，以及中国共产党反腐倡廉建设的新实践新成果。根据实地调研、问卷调查和舆情分析，梳理了当下社会普遍关注的与反腐败密切相关的热点问题。

行业报告类

行业报告类

行业报告类皮书立足重点行业、新兴行业领域，提供及时、前瞻的数据与信息

房地产蓝皮书
中国房地产发展报告No.11（2014）
魏后凯 李景国/主编　　2014年5月出版　　定价:79.00元

◆ 本书由中国社会科学院城市发展与环境研究所组织编写，秉承客观公正、科学中立的原则，深度解析2013年中国房地产发展的形势和存在的主要矛盾，并预测2014年及未来10年或更长时间的房地产发展大势。观点精辟，数据翔实，对关注房地产市场的各阶层人士极具参考价值。

旅游绿皮书
2013~2014年中国旅游发展分析与预测
宋瑞/主编　　2013年12月出版　　定价:79.00元

◆ 如何从全球的视野理性审视中国旅游，如何在世界旅游版图上客观定位中国，如何积极有效地推进中国旅游的世界化，如何制定中国实现世界旅游强国梦想的线路图？本年度开始，《旅游绿皮书》将围绕"世界与中国"这一主题进行系列研究，以期为推进中国旅游的长远发展提供科学参考和智力支持。

信息化蓝皮书
中国信息化形势分析与预测（2014）
周宏仁/主编　　2014年7月出版　　估价:98.00元

◆ 本书在以中国信息化发展的分析和预测为重点的同时，反映了过去一年间中国信息化关注的重点和热点，视野宽阔，观点新颖，内容丰富，数据翔实，对中国信息化的发展有很强的指导性，可读性很强。

行业报告类

企业蓝皮书

中国企业竞争力报告（2014）

金 碚 / 主编　　2014 年 11 月出版　　估价 :89.00 元

◆ 中国经济正处于新一轮的经济波动中，如何保持稳健的经营心态和经营方式并进一步求发展，对于企业保持并提升核心竞争力至关重要。本书利用上市公司的财务数据，研究上市公司竞争力变化的最新趋势，探索进一步提升中国企业国际竞争力的有效途径，这无论对实践工作者还是理论研究者都具有重大意义。

食品药品蓝皮书

食品药品安全与监管政策研究报告（2014）

唐民皓 / 主编　　2014 年 7 月出版　　估价 :69.00 元

◆ 食品药品安全是当下社会关注的焦点问题之一，如何破解食品药品安全监管重点难点问题是需要以社会合力才能解决的系统工程。本书围绕安全热点问题、监管重点问题和政策焦点问题，注重于对食品药品公共政策和行政监管体制的探索和研究。

流通蓝皮书

中国商业发展报告（2013~2014）

荆林波 / 主编　　2014 年 5 月出版　　定价 :89.00 元

◆ 《中国商业发展报告》是中国社会科学院财经战略研究院与香港利丰研究中心合作的成果，并且在 2010 年开始以中英文版同步在全球发行。蓝皮书从关注中国宏观经济出发，突出中国流通业的宏观背景反映了本年度中国流通业发展的状况。

住房绿皮书

中国住房发展报告（2013~2014）

倪鹏飞 / 主编　　2013 年 12 月出版　　定价 :79.00 元

◆ 本报告从宏观背景、市场主体、市场体系、公共政策和年度主题五个方面，对中国住宅市场体系做了全面系统的分析、预测与评价，并给出了相关政策建议，并在评述 2012~2013 年住房及相关市场走势的基础上，预测了 2013~2014 年住房及相关市场的发展变化。

国别与地区类

国别与地区类

国别与地区类皮书关注全球重点国家与地区，提供全面、独特的解读与研究

亚太蓝皮书
亚太地区发展报告（2014）

李向阳 / 主编　　2014年1月出版　　定价：59.00元

◆ 本书是由中国社会科学院亚太与全球战略研究院精心打造的又一品牌皮书，关注时下亚太地区局势发展动向里隐藏的中长趋势，剖析亚太地区政治与安全格局下的区域形势最新动向以及地区关系发展的热点问题，并对2014年亚太地区重大动态作出前瞻性的分析与预测。

日本蓝皮书
日本研究报告（2014）

李　薇 / 主编　　2014年3月出版　　定价：69.00元

◆ 本书由中华日本学会、中国社会科学院日本研究所合作推出，是以中国社会科学院日本研究所的研究人员为主完成的研究成果。对2013年日本的政治、外交、经济、社会文化作了回顾、分析与展望，并收录了该年度日本大事记。

欧洲蓝皮书
欧洲发展报告(2013~2014)

周　弘 / 主编　　2014年5月出版　　估价：89.00元

◆ 本年度的欧洲发展报告，对欧洲经济、政治、社会、外交等面的形式进行了跟踪介绍与分析。力求反映作为一个整体的欧盟及30多个欧洲国家在2013年出现的各种变化。

拉美黄皮书
拉丁美洲和加勒比发展报告（2013~2014）
吴白乙／主编　2014年4月出版　定价：89.00元

◆ 本书是中国社会科学院拉丁美洲研究所的第13份关于拉丁美洲和加勒比地区发展形势状况的年度报告。本书对2013年拉丁美洲和加勒比地区诸国的政治、经济、社会、外交等方面的发展情况做了系统介绍，对该地区相关国家的热点及焦点问题进行了总结和分析，并在此基础上对该地区各国2014年的发展前景做出预测。

澳门蓝皮书
澳门经济社会发展报告（2013~2014）
吴志良　郝雨凡／主编　2014年4月出版　定价：79.00元

◆ 本书集中反映2013年本澳各个领域的发展动态，总结评价近年澳门政治、经济、社会的总体变化，同时对2014年社会经济情况作初步预测。

日本经济蓝皮书
日本经济与中日经贸关系研究报告（2014）
王洛林　张季风／主编　2014年5月出版　定价：79.00元

◆ 本书对当前日本经济以及中日经济合作的发展动态进行了多角度、全景式的深度分析。本报告回顾并展望了2013~2014年度日本宏观经济的运行状况。此外，本报告还收录了大量来自于日本政府权威机构的数据图表，具有极高的参考价值。

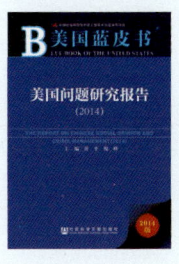

美国蓝皮书
美国问题研究报告（2014）
黄平　倪峰／主编　2014年6月出版　估价：89.00元

◆ 本书是由中国社会科学院美国所主持完成的研究成果，它回顾了美国2013年的经济、政治形势与外交战略，对2013年以来美国内政外交发生的重大事件以及重要政策进行了较为全面的回顾和梳理。

地方发展类

地方发展类皮书关注大陆各省份、经济区域，提供科学、多元的预判与咨政信息

社会建设蓝皮书
2014年北京社会建设分析报告
宋贵伦/主编　2014年9月出版　估价：69.00元

◆ 本书依据社会学理论框架和分析方法，对北京市的人口、就业、分配、社会阶层以及城乡关系等社会学基本问题进行了广泛调研与分析，对广受社会关注的住房、教育、医疗、养老、交通等社会热点问题做了深刻了解与剖析，对日益显现的征地搬迁、外籍人口管理、群体性心理障碍等进行了有益探讨。

温州蓝皮书
2014年温州经济社会形势分析与预测
潘忠强　王春光　金浩/主编　2014年4月出版　定价：69.00元

◆ 本书是由中共温州市委党校与中国社会科学院社会学研究所合作推出的第七本"温州经济社会形势分析与预测"年度报告，深入全面分析了2013年温州经济、社会、政治、文化发展的主要特点、经验、成效与不足，提出了相应的政策建议。

上海蓝皮书
上海资源环境发展报告（2014）
周冯琦　汤庆合　任文伟/著　2014年1月出版　定价：69.00元

◆ 本书在上海所面临资源环境风险的来源、程度、成因、对策等方面作了些有益的探索，希望能对有关部门完善上海的资源环境风险防控工作提供一些有价值的参考，也让普通民众更全面地了解上海资源环境风险及其防控的图景。

地方发展类

广州蓝皮书
2014年中国广州社会形势分析与预测

张 强　陈怡霓　杨 秦 / 主编　2014年9月出版　估价:65.00元

◆ 本书由广州大学与广州市委宣传部、广州市人力资源和社会保障局联合主编，汇集了广州科研团体、高等院校和政府部门诸多社会问题研究专家、学者和实际部门工作者的最新研究成果，是关于广州社会运行情况和相关专题分析与预测的重要参考资料。

河南经济蓝皮书
2014年河南经济形势分析与预测

胡五岳 / 主编　2014年3月出版　定价:69.00元

◆ 本书由河南省统计局主持编纂。该分析与展望以2013年最新年度统计数据为基础，科学研判河南经济发展的脉络轨迹、分析年度运行态势；以客观翔实、权威资料为特征，突出科学性、前瞻性和可操作性，服务于科学决策和科学发展。

陕西蓝皮书
陕西社会发展报告（2014）

任宗哲　石 英　牛 昉 / 主编　2014年2月出版　定价:65.00元

◆ 本书系统而全面地描述了陕西省2013年社会发展各个领域所取得的成就、存在的问题、面临的挑战及其应对思路，为更好地思考2014年陕西发展前景、政策指向和工作策略等方面提供了一个较为简洁清晰的参考蓝本。

上海蓝皮书
上海经济发展报告（2014）

沈开艳 / 主编　2014年1月出版　定价:69.00元

◆ 本书系上海社会科学院系列之一，报告对2014年上海经济增长与发展趋势的进行了预测，把握了上海经济发展的脉搏和学术研究的前沿。

广州蓝皮书

广州经济发展报告（2014）

李江涛 朱名宏 / 主编　　2014年6月出版　　估价 :65.00 元

◆ 本书是由广州市社会科学院主持编写的"广州蓝皮书"系列之一，本报告对广州2013年宏观经济运行情况作了深入分析，对2014年宏观经济走势进行了合理预测，并在此基础上提出了相应的政策建议。

文 化 传 媒 类

文化传媒类皮书透视文化领域、文化产业，
探索文化大繁荣、大发展的路径

新媒体蓝皮书

中国新媒体发展报告 No.4(2013)

唐绪军 / 主编　　2014年6月出版　　估价 :69.00 元

◆ 本书由中国社会科学院新闻与传播研究所和上海大学合作编写，在构建新媒体发展研究基本框架的基础上，全面梳理2013年中国新媒体发展现状，发表最前沿的网络媒体深度调查数据和研究成果，并对新媒体发展的未来趋势做出预测。

舆情蓝皮书

中国社会舆情与危机管理报告（2014）

谢耘耕 / 主编　　2014年8月出版　　估价 :85.00 元

◆ 本书由上海交通大学舆情研究实验室和危机管理研究中心主编，已被列入教育部人文社会科学研究报告培育项目。本书以新媒体环境下的中国社会为立足点，对2013年中国社会舆情、分类舆情等进行了深入系统的研究，并预测了2014年社会舆情走势。

经济类

产业蓝皮书
中国产业竞争力报告（2014）No.4
著(编)者:张其仔　　2014年5月出版 / 估价:79.00元

长三角蓝皮书
2014年率先基本实现现代化的长三角
著(编)者:刘志彪　　2014年6月出版 / 估价:120.00元

城市竞争力蓝皮书
中国城市竞争力报告No.12
著(编)者:倪鹏飞　　2014年5月出版 / 定价:89.00元

城市蓝皮书
中国城市发展报告No.7
著(编)者:潘家华　魏后凯　2014年7月出版 / 估价:69.00元

城市群蓝皮书
中国城市群发展指数报告(2014)
著(编)者:刘士林　刘新静　2014年10月出版 / 估价:59.00元

城乡统筹蓝皮书
中国城乡统筹发展报告（2014）
著(编)者:程志强、潘晨光　2014年9月出版 / 估价:59.00元

城乡一体化蓝皮书
中国城乡一体化发展报告（2014）
著(编)者:汝信　付崇兰　2014年8月出版 / 估价:59.00元

城镇化蓝皮书
中国新型城镇化健康发展报告（2014）
著(编)者:张占斌　　2014年5月出版 / 定价:79.00元

低碳发展蓝皮书
中国低碳发展报告（2014）
著(编)者:齐晔　　2014年3月出版 / 定价:89.00元

低碳经济蓝皮书
中国低碳经济发展报告（2014）
著(编)者:薛进军　赵忠秀　2014年5月出版 / 估价:79.00元

东北蓝皮书
中国东北地区发展报告（2014）
著(编)者:鲍振东　曹晓峰　2014年8月出版 / 估价:79.00元

发展和改革蓝皮书
中国经济发展和体制改革报告No.7
著(编)者:邹东涛　　2014年7月出版 / 估价:79.00元

工业化蓝皮书
中国工业化进程报告（2014）
著(编)者: 黄群慧　吕铁　李晓华　等
2014年11月出版 / 估价:89.00元

国际城市蓝皮书
国际城市发展报告（2014）
著(编)者:屠启宇　　2014年1月出版 / 定价:69.00元

国家创新蓝皮书
国家创新发展报告（2013~2014）
著(编)者:陈劲　　2014年6月出版 / 估价:69.00元

国家竞争力蓝皮书
中国国家竞争力报告No.2
著(编)者:倪鹏飞　　2014年10月出版 / 估价:98.00元

宏观经济蓝皮书
中国经济增长报告（2014）
著(编)者:张平　刘霞辉　2014年10月出版 / 估价:69.00元

减贫蓝皮书
中国减贫与社会发展报告
著(编)者:黄承伟　　2014年7月出版 / 估价:69.00元

金融蓝皮书
中国金融发展报告（2014）
著(编)者:李扬　王国刚　2013年12月出版 / 定价:65.00元

经济蓝皮书
2014年中国经济形势分析与预测
著(编)者:李扬　　2013年12月出版 / 定价:69.00元

经济蓝皮书春季号
2014年中国经济前景分析
著(编)者:李扬　　2014年5月出版 / 定价:79.00元

经济信息绿皮书
中国与世界经济发展报告（2014）
著(编)者:杜平　　2013年12月出版 / 定价:79.00元

就业蓝皮书
2014年中国大学生就业报告
著(编)者:麦可思研究院　2014年6月出版 / 估价:98.00元

流通蓝皮书
中国商业发展报告（2013~2014）
著(编)者:荆林波　　2014年5月出版 / 估价:89.00元

民营经济蓝皮书
中国民营经济发展报告No.10（2013～2014）
著(编)者:黄孟复　　2014年9月出版 / 估价:69.00元

民营企业蓝皮书
中国民营企业竞争力报告No.7（2014）
著(编)者:刘迎秋　　2014年9月出版 / 估价:79.00元

农村绿皮书
中国农村经济形势分析与预测（2013~2014）
著(编)者:中国社会科学院农村发展研究所
　　　　国家统计局农村社会经济调查司　著
2014年4月出版 / 定价:69.00元

企业公民蓝皮书
中国企业公民报告No.4
著(编)者:邹东涛　　2014年7月出版 / 估价:69.00元

企业社会责任蓝皮书
中国企业社会责任研究报告（2014）
著(编)者:黄群慧　彭华岗　钟宏武　等
2014年11月出版 / 估价:59.00元

气候变化绿皮书
应对气候变化报告（2014）
著(编)者:王伟光　郑国光　2014年11月出版 / 估价:79.00元

区域蓝皮书
中国区域经济发展报告（2013~2014）
著(编)者：梁昊光　2014年4月出版／定价：79.00元

人口与劳动绿皮书
中国人口与劳动问题报告No.15
著(编)者：蔡昉　2014年6月出版／估价：69.00元

生态经济（建设）绿皮书
中国经济（建设）发展报告（2013~2014）
著(编)者：黄浩涛　李周　2014年10月出版／定价：69.00元

世界经济黄皮书
2014年世界经济形势分析与预测
著(编)者：王洛林　张宇燕　2014年1月出版／定价：69.00元

西北蓝皮书
中国西北发展报告（2014）
著(编)者：张进海　陈冬红　段庆林
2013年12月出版／定价：69.00元

西部蓝皮书
中国西部发展报告（2014）
著(编)者：姚慧琴　徐璋勇　2014年7月出版／估价：69.00元

新型城镇化蓝皮书
新型城镇化发展报告（2014）
著(编)者：沈体雁　李伟　宋敏　2014年9月出版／估价：69.00元

新兴经济体蓝皮书
金砖国家发展报告（2014）
著(编)者：林跃勤　周文　2014年9月出版／估价：79.00元

循环经济绿皮书
中国循环经济发展报告（2013~2014）
著(编)者：齐建国　2014年12月出版／估价：69.00元

中部竞争力蓝皮书
中国中部经济社会竞争力报告（2014）
著(编)者：教育部人文社会科学重点研究基地
　　　　　南昌大学中国中部经济社会发展研究中心
2014年7月出版／估价：59.00元

中部蓝皮书
中国中部地区发展报告（2014）
著(编)者：朱有志　2014年10月出版／估价：59.00元

中国科技蓝皮书
中国科技发展报告（2014）
著(编)者：陈劲　2014年4月出版／定价：69.00元

中国省域竞争力蓝皮书
"十二五"中期中国省域经济综合竞争力发展报告
著(编)者：李建平　李闽榕　高燕京　2014年3月出版／定价：198.00元

中三角蓝皮书
长江中游城市群发展报告（2013~2014）
著(编)者：秦尊文　2014年6月出版／估价：69.00元

中小城市绿皮书
中国中小城市发展报告（2014）
著(编)者：中国城市经济学会中小城市经济发展委员会
《中国中小城市发展报告》编纂委员会
2014年10月出版／估价：98.00元

中原蓝皮书
中原经济区发展报告（2014）
著(编)者：刘怀廉　2014年6月出版／估价：68.00元

社会政法类

殡葬绿皮书
中国殡葬事业发展报告（2014）
著(编)者：朱勇 副主编 李伯森　2014年9月出版／估价：59.00元

城市创新蓝皮书
中国城市创新报告（2014）
著(编)者：周天勇　旷建伟　2014年7月出版／估价：69.00元

城市管理蓝皮书
中国城市管理报告2014
著(编)者：谭维克　刘林　2014年7月出版／估价：98.00元

城市生活质量蓝皮书
中国城市生活质量指数报告（2014）
著(编)者：张平　2014年7月出版／估价：59.00元

城市政府能力蓝皮书
中国城市政府公共服务能力评估报告（2014）
著(编)者：何艳玲　2014年7月出版／估价：59.00元

创新蓝皮书
创新型国家建设报告（2013~2014）
著(编)者：詹正茂　2014年5月出版／定价：69.00元

慈善蓝皮书
中国慈善发展报告（2014）
著(编)者：杨团　2014年5月出版／定价：79.00元

法治蓝皮书
中国法治发展报告No.12（2014）
著(编)者：李林　田禾　2014年2月出版／定价：98.00元

反腐倡廉蓝皮书
中国反腐倡廉建设报告No.3
著(编)者：李秋芳　2014年1月出版／定价：79.00元

非传统安全蓝皮书
中国非传统安全研究报告（2014）
著(编)者：余潇枫　2014年5月出版／估价：69.00元

社会政法类 — 皮书系列 2014全品种

妇女发展蓝皮书
福建省妇女发展报告（2014）
著(编)者：刘群英　　2014年10月出版 / 估价：58.00元

妇女发展蓝皮书
中国妇女发展报告No.5
著(编)者：王金玲　高小贤　　2014年5月出版 / 估价：65.00元

妇女教育蓝皮书
中国妇女教育发展报告No.3
著(编)者：张李玺　　2014年10月出版 / 估价：69.00元

公共服务满意度蓝皮书
中国城市公共服务评价报告（2014）
著(编)者：胡伟　　2014年11月出版 / 估价：69.00元

公共服务蓝皮书
中国城市基本公共服务力评价（2014）
著(编)者：侯惠勤　辛向阳　易定宏
2014年10月出版 / 估价：55.00元

公民科学素质蓝皮书
中国公民科学素质报告（2013~2014）
著(编)者：李群　许佳军　　2014年3月出版 / 定价：79.00元

公益蓝皮书
中国公益发展报告（2014）
著(编)者：朱健刚　　2014年5月出版 / 估价：78.00元

国际人才蓝皮书
中国国际移民报告（2014）
著(编)者：王辉耀　　2014年1月出版 / 定价：79.00元

国际人才蓝皮书
中国海归创业发展报告（2014）No.2
著(编)者：王辉耀　路江涌　　2014年10月出版 / 估价：69.00元

国际人才蓝皮书
中国留学发展报告（2014）No.3
著(编)者：王辉耀　　2014年9月出版 / 估价：59.00元

国家安全蓝皮书
中国国家安全研究报告（2014）
著(编)者：刘慧　　2014年5月出版 / 定价：98.00元

行政改革蓝皮书
中国行政体制改革报告（2013）No.3
著(编)者：魏礼群　　2014年3月出版 / 定价：89.00元

华侨华人蓝皮书
华侨华人研究报告（2014）
著(编)者：丘进　　2014年5月出版 / 估价：128.00元

环境竞争力绿皮书
中国省域环境竞争力发展报告（2014）
著(编)者：李建平　李闽榕　王金南
2014年12月出版 / 估价：148.00元

环境绿皮书
中国环境发展报告（2014）
著(编)者：刘鉴强　　2014年5月出版 / 定价：79.00元

基本公共服务蓝皮书
中国省级政府基本公共服务发展报告（2014）
著(编)者：孙德超　　2014年9月出版 / 估价：69.00元

基金会透明度蓝皮书
中国基金会透明度发展研究报告（2014）
著(编)者：基金会中心网　　2014年7月出版 / 估价：79.00元

教师蓝皮书
中国中小学教师发展报告（2014）
著(编)者：曾晓东　　2014年9月出版 / 估价：59.00元

教育蓝皮书
中国教育发展报告（2014）
著(编)者：杨东平　　2014年5月出版 / 定价：79.00元

科普蓝皮书
中国科普基础设施发展报告（2014）
著(编)者：任福君　　2014年6月出版 / 估价：79.00元

口腔健康蓝皮书
中国口腔健康发展报告（2014）
著(编)者：胡德渝　　2014年12月出版 / 估价：59.00元

老龄蓝皮书
中国老龄事业发展报告（2014）
著(编)者：吴玉韶　　2014年9月出版 / 估价：59.00元

连片特困区蓝皮书
中国连片特困区发展报告（2014）
著(编)者：丁建军　冷志明　游俊　　2014年9月出版 / 估价：79.00元

民间组织蓝皮书
中国民间组织报告（2014）
著(编)者：黄晓勇　　2014年8月出版 / 估价：69.00元

民调蓝皮书
中国民生调查报告（2014）
著(编)者：谢耕耘　　2014年5月出版 / 定价：128.00元

民族发展蓝皮书
中国民族区域自治发展报告（2014）
著(编)者：郝时远　　2014年6月出版 / 估价：98.00元

女性生活蓝皮书
中国女性生活状况报告No.8（2014）
著(编)者：韩湘景　　2014年4月出版 / 定价：79.00元

汽车社会蓝皮书
中国汽车社会发展报告（2014）
著(编)者：王俊秀　　2014年9月出版 / 估价：59.00元

皮书系列 2014全品种 — 社会政法类·行业报告类

青年蓝皮书
中国青年发展报告（2014）No.2
著(编)者：廉思　2014年4月出版 / 定价：59.00元

全球环境竞争力绿皮书
全球环境竞争力发展报告（2014）
著(编)者：李建平　李闽榕　王金南　2014年11月出版 / 估价：69.00元

青少年蓝皮书
中国未成年人新媒体运用报告（2014）
著(编)者：李文革　沈杰　季为民　2014年6月出版 / 估价：69.00元

区域人才蓝皮书
中国区域人才竞争力报告No.2
著(编)者：桂昭明　王辉耀　2014年6月出版 / 估价：69.00元

人才蓝皮书
中国人才发展报告（2014）
著(编)者：潘晨光　2014年10月出版 / 估价：79.00元

人权蓝皮书
中国人权事业发展报告No.4（2014）
著(编)者：李君如　2014年7月出版 / 估价：98.00元

世界人才蓝皮书
全球人才发展报告No.1
著(编)者：孙学玉　张冠梓　2014年9月出版 / 估价：69.00元

社会保障绿皮书
中国社会保障发展报告（2014）No.6
著(编)者：王延中　2014年9月出版 / 估价：69.00元

社会工作蓝皮书
中国社会工作发展报告（2013~2014）
著(编)者：王杰秀　邹文开　2014年8月出版 / 估价：59.00元

社会管理蓝皮书
中国社会管理创新报告No.3
著(编)者：连玉明　2014年9月出版 / 估价：79.00元

社会蓝皮书
2014年中国社会形势分析与预测
著(编)者：李培林　陈光金　张翼　2013年12月出版 / 定价：69.00元

社会体制蓝皮书
中国社会体制改革报告No.2（2014）
著(编)者：龚维斌　2014年4月出版 / 定价：79.00元

社会心态蓝皮书
2014年中国社会心态研究报告
著(编)者：王俊秀　杨宜音　2014年9月出版 / 估价：59.00元

生态城市绿皮书
中国生态城市建设发展报告（2014）
著(编)者：李景源　孙伟平　刘举科　2014年6月出版 / 估价：128.00元

生态文明绿皮书
中国省域生态文明建设评价报告（ECI 2014）
著(编)者：严耕　2014年9月出版 / 估价：98.00元

世界创新竞争力黄皮书
世界创新竞争力发展报告（2014）
著(编)者：李建平　李闽榕　赵新力　2014年11月出版 / 估价：128.00元

水与发展蓝皮书
中国水风险评估报告（2014）
著(编)者：苏杨　2014年9月出版 / 估价：69.00元

土地整治蓝皮书
中国土地整治发展报告No.1
著(编)者：国土资源部土地整治中心　2014年5月出版 / 定价：89.00元

危机管理蓝皮书
中国危机管理报告（2014）
著(编)者：文学国　范正青　2014年8月出版 / 估价：79.00元

小康蓝皮书
中国全面建设小康社会监测报告（2014）
著(编)者：潘璠　2014年11月出版 / 估价：59.00元

形象危机应对蓝皮书
形象危机应对研究报告（2014）
著(编)者：唐钧　2014年9月出版 / 估价：118.00元

行政改革蓝皮书
中国行政体制改革报告（2013）No.3
著(编)者：魏礼群　2014年3月出版 / 定价：89.00元

医疗卫生绿皮书
中国医疗卫生发展报告No.6（2013~2014）
著(编)者：申宝忠　韩玉珍　2014年4月出版 / 定价：75.00元

政治参与蓝皮书
中国政治参与报告（2014）
著(编)者：房宁　2014年7月出版 / 估价：58.00元

政治发展蓝皮书
中国政治发展报告（2014）
著(编)者：房宁　杨海蛟　2014年6月出版 / 估价：98.00元

宗教蓝皮书
中国宗教报告（2014）
著(编)者：金泽　邱永辉　2014年8月出版 / 估价：59.00元

社会组织蓝皮书
中国社会组织评估报告（2014）
著(编)者：徐家良　2014年9月出版 / 估价：69.00元

政府绩效评估蓝皮书
中国地方政府绩效评估报告（2014）
著(编)者：贠杰　2014年9月出版 / 估价：69.00元

皮书系列
2014全品种

行业报告类

行业报告类

保健蓝皮书
中国保健服务产业发展报告No.2
著(编)者:中国保健协会 中共中央党校
2014年7月出版 / 估价:198.00元

保健蓝皮书
中国保健食品产业发展报告No.2
著(编)者:中国保健协会
　　　　　中国社会科学院食品药品产业发展与监管研究中心
2014年7月出版 / 估价:198.00元

保健蓝皮书
中国保健用品产业发展报告No.2
著(编)者:中国保健协会　2014年9月出版 / 估价:198.00元

保险蓝皮书
中国保险业竞争力报告（2014）
著(编)者:罗忠敏　2014年9月出版 / 估价:98.00元

餐饮产业蓝皮书
中国餐饮产业发展报告（2014）
著(编)者:中国烹饪协会 中国社会科学院财经战略研究院
2014年5月出版 / 估价:59.00元

测绘地理信息蓝皮书
中国地理信息产业发展报告（2014）
著(编)者:徐德明　2014年12月出版 / 估价:98.00元

茶业蓝皮书
中国茶产业发展报告（2014）
著(编)者:李闽榕 杨江帆　2014年9月出版 / 估价:79.00元

产权市场蓝皮书
中国产权市场发展报告（2014）
著(编)者:曹和平　2014年9月出版 / 估价:69.00元

产业安全蓝皮书
中国烟草产业安全报告（2014）
著(编)者:李孟刚 杜秀亭　2014年1月出版 / 定价:69.00元

产业安全蓝皮书
中国出版与传媒安全报告（2014）
著(编)者:北京交通大学中国产业安全研究中心
2014年9月出版 / 估价:59.00元

产业安全蓝皮书
中国医疗产业安全报告（2013~2014）
著(编)者:李孟刚 高献书　2014年1月出版 / 定价:59.00元

产业安全蓝皮书
中国文化产业安全蓝皮书(2014)
著(编)者:北京印刷学院文化产业安全研究院
2014年4月出版 / 定价:69.00元

产业安全蓝皮书
中国出版传媒产业安全报告（2014）
著(编)者:北京印刷学院文化产业安全研究院
2014年4月出版 / 估价:89.00元

典当业蓝皮书
中国典当行业发展报告（2013~2014）
著(编)者:黄育华 王力 张红地
2014年10月出版 / 估价:69.00元

电子商务蓝皮书
中国城市电子商务影响力报告（2014）
著(编)者:荆林波　2014年5月出版 / 估价:69.00元

电子政务蓝皮书
中国电子政务发展报告（2014）
著(编)者:洪毅 王长胜　2014年9月出版 / 估价:59.00元

杜仲产业绿皮书
中国杜仲橡胶资源与产业发展报告（2014）
著(编)者:杜红岩 胡文臻 俞瑞
2014年9月出版 / 估价:99.00元

房地产蓝皮书
中国房地产发展报告No.11（2014）
著(编)者:魏后凯 李景国　2014年5月出版 / 定价:79.00元

服务外包蓝皮书
中国服务外包产业发展报告（2014）
著(编)者:王晓红 李皓　2014年9月出版 / 估价:89.00元

高端消费蓝皮书
中国高端消费市场研究报告
著(编)者:依绍华 王雪峰　2014年9月出版 / 估价:69.00元

会展经济蓝皮书
中国会展经济发展报告（2014）
著(编)者:过聚荣　2014年9月出版 / 估价:65.00元

会展蓝皮书
中外会展业动态评估年度报告（2014）
著(编)者:张敏　2014年8月出版 / 估价:68.00元

基金会绿皮书
中国基金会发展独立研究报告（2014）
著(编)者:基金会中心网　2014年8月出版 / 估价:58.00元

交通运输蓝皮书
中国交通运输服务发展报告（2014）
著(编)者:林晓言 卜伟 武剑红
2014年10月出版 / 估价:69.00元

金融监管蓝皮书
中国金融监管报告（2014）
著(编)者:胡滨　2014年5月出版 / 定价:69.00元

金融蓝皮书
中国金融中心发展报告（2014）
著(编)者:中国社会科学院金融研究所
　　　　　中国博士后特华科研工作站 王力 黄育华
2014年10月出版 / 估价:59.00元

皮书系列 2014全品种
行业报告类

金融蓝皮书
中国商业银行竞争力报告（2014）
著(编)者：王松奇　2014年5月出版 / 估价：79.00元

金融蓝皮书
中国金融发展报告（2014）
著(编)者：李扬　王国刚　2013年12月出版 / 定价：65.00元

金融蓝皮书
中国金融法治报告（2014）
著(编)者：胡滨　全先银　2014年9月出版 / 估价：65.00元

金融蓝皮书
中国金融产品与服务报告（2014）
著(编)者：殷剑峰　2014年6月出版 / 估价：59.00元

金融信息服务蓝皮书
金融信息服务业发展报告（2014）
著(编)者：鲁广锦　2014年11月出版 / 估价：69.00元

抗衰老医学蓝皮书
抗衰老医学发展报告（2014）
著(编)者：罗伯特·高德曼　罗纳德·科莱兹
　　　　尼尔·布什　朱敏　金大鹏　郭弋
2014年9月出版 / 估价：69.00元

客车蓝皮书
中国客车产业发展报告（2014）
著(编)者：姚蔚　2014年12月出版 / 估价：69.00元

科学传播蓝皮书
中国科学传播报告（2014）
著(编)者：詹正茂　2014年9月出版 / 估价：69.00元

流通蓝皮书
中国商业发展报告（2013~2014）
著(编)者：荆林波　2014年5月出版 / 定价：89.00元

旅游安全蓝皮书
中国旅游安全报告（2014）
著(编)者：郑向敏　谢朝武　2014年6月出版 / 估价：79.00元

旅游绿皮书
2013~2014年中国旅游发展分析与预测
著(编)者：宋瑞　2014年9月出版 / 定价：79.00元

旅游城市绿皮书
世界旅游城市发展报告（2013~2014）
著(编)者：张辉　2014年1月出版 / 估价：69.00元

贸易蓝皮书
中国贸易发展报告（2014）
著(编)者：荆林波　2014年5月出版 / 估价：49.00元

民营医院蓝皮书
中国民营医院发展报告（2014）
著(编)者：朱幼棣　2014年10月出版 / 估价：69.00元

闽商蓝皮书
闽商发展报告（2014）
著(编)者：李闽榕　王日根　2014年12月出版 / 估价：69.00元

能源蓝皮书
中国能源发展报告（2014）
著(编)者：崔民选　王军生　陈义和
2014年10月出版 / 估价：59.00元

农产品流通蓝皮书
中国农产品流通产业发展报告（2014）
著(编)者：贾敬敦　王炳南　张玉玺　张鹏毅　陈丽华
2014年9月出版 / 估价：89.00元

期货蓝皮书
中国期货市场发展报告（2014）
著(编)者：荆林波　2014年6月出版 / 估价：98.00元

企业蓝皮书
中国企业竞争力报告（2014）
著(编)者：金碚　2014年11月出版 / 估价：89.00元

汽车安全蓝皮书
中国汽车安全发展报告（2014）
著(编)者：中国汽车技术研究中心
2014年4月出版 / 估价：79.00元

汽车蓝皮书
中国汽车产业发展报告（2014）
著(编)者：国务院发展研究中心产业经济研究部
　　　　中国汽车工程学会　大众汽车集团（中国）
2014年7月出版 / 估价：79.00元

清洁能源蓝皮书
国际清洁能源发展报告（2014）
著(编)者：国际清洁能源论坛（澳门）
2014年9月出版 / 估价：89.00元

人力资源蓝皮书
中国人力资源发展报告（2014）
著(编)者：吴江　2014年9月出版 / 估价：69.00元

软件和信息服务业蓝皮书
中国软件和信息服务业发展报告（2014）
著(编)者：洪京一　工业和信息化部电子科学技术情报研究所
2014年6月出版 / 估价：98.00元

商会蓝皮书
中国商会发展报告 No.4（2014）
著(编)者：黄孟复　2014年9月出版 / 估价：59.00元

商品市场蓝皮书
中国商品市场发展报告（2014）
著(编)者：荆林波　2014年7月出版 / 估价：59.00元

上市公司蓝皮书
中国上市公司非财务信息披露报告（2014）
著(编)者：钟宏武　张旺　张蒽　等
2014年12月出版 / 估价：59.00元

行业报告类

皮书系列 2014全品种

食品药品蓝皮书
食品药品安全与监管政策研究报告（2014）
著(编)者：唐民皓　2014年7月出版 / 估价：69.00元

世界能源蓝皮书
世界能源发展报告（2014）
著(编)者：黄晓勇　2014年9月出版 / 估价：99.00元

私募市场蓝皮书
中国私募股权市场发展报告（2014）
著(编)者：曹和平　2014年9月出版 / 估价：69.00元

体育蓝皮书
中国体育产业发展报告（2014）
著(编)者：阮伟　钟秉枢　2014年9月出版 / 估价：69.00元

体育蓝皮书·公共体育服务
中国公共体育服务发展报告（2014）
著(编)者：戴健　2014年12月出版 / 估价：69.00元

投资蓝皮书
中国投资发展报告（2014）
著(编)者：杨庆蔚　2014年4月出版 / 定价：128.00元

投资蓝皮书
中国企业海外投资发展报告（2013~2014）
著(编)者：陈文晖　薛誉华　2014年9月出版 / 定价：69.00元

物联网蓝皮书
中国物联网发展报告（2014）
著(编)者：龚六堂　2014年9月出版 / 估价：59.00元

西部工业蓝皮书
中国西部工业发展报告（2014）
著(编)者：方行明　刘方健　姜凌等
2014年9月出版 / 估价：69.00元

西部金融蓝皮书
中国西部金融发展报告（2014）
著(编)者：李忠民　2014年10月出版 / 估价：69.00元

新能源汽车蓝皮书
中国新能源汽车产业发展报告（2014）
著(编)者：中国汽车技术研究中心
　　　　　日产（中国）投资有限公司
　　　　　东风汽车有限公司
2014年9月出版 / 估价：69.00元

信托蓝皮书
中国信托业研究报告（2014）
著(编)者：中建投信托研究中心　中国建设建投研究院
2014年9月出版 / 估价：59.00元

信托蓝皮书
中国信托投资报告（2014）
著(编)者：杨金龙　刘屹　2014年7月出版 / 估价：69.00元

信托市场蓝皮书
中国信托业市场报告（2013~2014）
著(编)者：李旸　2014年1月出版 / 定价：198.00元

信息化蓝皮书
中国信息化形势分析与预测（2014）
著(编)者：周宏仁　2014年7月出版 / 估价：98.00元

信用蓝皮书
中国信用发展报告（2014）
著(编)者：章政　田侃　2014年9月出版 / 估价：69.00元

休闲绿皮书
2014年中国休闲发展报告
著(编)者：刘德谦　唐兵　宋瑞
2014年6月出版 / 估价：59.00元

养老产业蓝皮书
中国养老产业发展报告（2013~2014年）
著(编)者：张车伟　2014年9月出版 / 估价：69.00元

移动互联网蓝皮书
中国移动互联网发展报告（2014）
著(编)者：官建文　2014年5月出版 / 估价：79.00元

医药蓝皮书
中国医药产业园战略发展报告（2013~2014）
著(编)者：裴长洪　房书亭　吴滌心
2014年3月出版 / 定价：89.00元

医药蓝皮书
中国药品市场报告（2014）
著(编)者：程锦锥　朱恒鹏　2014年12月出版 / 估价：79.00元

中国林业竞争力蓝皮书
中国省域林业竞争力发展报告No.2（2014）
（上下册）
著(编)者：郑传芳　李闽榕　张春霞　张会儒
2014年8月出版 / 估价：139.00元

中国农业竞争力蓝皮书
中国省域农业竞争力发展报告No.2（2014）
著(编)者：郑传芳　宋洪远　李闽榕　张春霞
2014年7月出版 / 估价：128.00元

中国总部经济蓝皮书
中国总部经济发展报告（2013~2014）
著(编)者：赵弘　2014年5月出版 / 定价：79.00元

珠三角流通蓝皮书
珠三角商圈发展研究报告（2014）
著(编)者：王先庆　林至颖　2014年8月出版 / 估价：69.00元

住房绿皮书
中国住房发展报告（2013~2014）
著(编)者：倪鹏飞　2013年12月出版 / 定价：79.00元

资本市场蓝皮书
中国场外交易市场发展报告（2014）
著(编)者：高峦　2014年9月出版 / 估价：79.00元

皮书系列 2014全品种 — 文化传媒类

资产管理蓝皮书
中国信托业发展报告（2014）
著(编)者：智信资产管理研究院　2014年7月出版　估价:69.00元

支付清算蓝皮书
中国支付清算发展报告（2014）
著(编)者：杨涛　2014年5月出版　定价:45.00元

文化传媒类

传媒蓝皮书
中国传媒产业发展报告（2014）
著(编)者：崔保国　2014年4月出版　定价:98.00元

传媒竞争力蓝皮书
中国传媒国际竞争力研究报告（2014）
著(编)者：李本乾　2014年9月出版　估价:69.00元

创意城市蓝皮书
武汉市文化创意产业发展报告（2014）
著(编)者：张京成　黄永林　2014年10月出版　估价:69.00元

电视蓝皮书
中国电视产业发展报告（2014）
著(编)者：卢斌　2014年9月出版　估价:79.00元

电影蓝皮书
中国电影出版发展报告（2014）
著(编)者：卢斌　2014年9月出版　估价:79.00元

动漫蓝皮书
中国动漫产业发展报告（2014）
著(编)者：卢斌　郑玉明　牛兴侦　2014年9月出版　估价:79.00元

广电蓝皮书
中国广播电影电视发展报告（2014）
著(编)者：庞井君　杨明品　李岚
2014年6月出版　估价:88.00元

广告主蓝皮书
中国广告主营销传播趋势报告N0.8
著(编)者：中国传媒大学广告主研究所
　　　　　中国广告主营销传播创新研究课题组
　　　　　黄升民　杜国清　邵华冬等
2014年5月出版　估价:98.00元

国际传播蓝皮书
中国国际传播发展报告（2014）
著(编)者：胡正荣　李继东　姬德强
2014年9月出版　估价:69.00元

纪录片蓝皮书
中国纪录片发展报告（2014）
著(编)者：何苏六　2014年10月出版　估价:89.00元

两岸文化蓝皮书
两岸文化产业合作发展报告（2014）
著(编)者：胡惠林　肖夏勇　2014年6月出版　估价:59.00元

媒介与女性蓝皮书
中国媒介与女性发展报告（2014）
著(编)者：刘利群　2014年8月出版　估价:69.00元

全球传媒蓝皮书
全球传媒产业发展报告（2014）
著(编)者：胡正荣　2014年12月出版　估价:79.00元

视听新媒体蓝皮书
中国视听新媒体发展报告（2014）
著(编)者：庞井君　2014年6月出版　估价:148.00元

文化创新蓝皮书
中国文化创新报告（2014）No.5
著(编)者：于平　傅才武　2014年4月出版　定价:79.00元

文化科技蓝皮书
文化科技融合与创意城市发展报告（2014）
著(编)者：李凤亮　于平　2014年7月出版　估价:79.00元

文化蓝皮书
中国文化产业发展报告（2014）
著(编)者：张晓明　王家新　章建刚
2014年4月出版　定价:79.00元

文化蓝皮书
中国文化产业供需协调增长测评报（2014）
著(编)者：王亚楠　2014年2月出版　定价:79.00元

文化蓝皮书
中国城镇文化消费需求景气评价报告（2014）
著(编)者：王亚南　张晓明　祁述裕
2014年5月出版　估价:79.00元

文化蓝皮书
中国公共文化服务发展报告（2014）
著(编)者：于群　李国新　2014年10月出版　估价:98.00元

文化蓝皮书
中国文化消费需求景气评价报告（2014）
著(编)者：王亚南　2014年2月出版　估价:79.00元

文化蓝皮书
中国乡村文化消费需求景气评价报告（2014）
著(编)者：王亚南　2014年5月出版　估价:79.00元

文化蓝皮书
中国中心城市文化消费需求景气评价报告（2014）
著(编)者：王亚南　2014年9月出版　估价:79.00元

文化传媒类·地方发展类

皮书系列 2014全品种

文化蓝皮书
中国少数民族文化发展报告（2014）
著（编）者：武翠英 张晓明 张学进
2014年9月出版 / 估价：69.00元

文化建设蓝皮书
中国文化发展报告（2013）
著（编）者：江畅 孙伟平 戴茂堂
2014年4月出版 / 定价：138.00元

文化品牌蓝皮书
中国文化品牌发展报告（2014）
著（编）者：欧阳友权 2014年4月出版 / 定价：79.00元

文化软实力蓝皮书
中国文化软实力研究报告（2014）
著（编）者：张国祚 2014年7月出版 / 估价：79.00元

文化遗产蓝皮书
中国文化遗产事业发展报告（2014）
著（编）者：刘世锦 2014年9月出版 / 估价：79.00元

文学蓝皮书
中国文情报告（2013~2014）
著（编）者：白烨 2014年5月出版 / 估价：59.00元

新媒体蓝皮书
中国新媒体发展报告No.5（2014）
著（编）者：唐绪军 2014年6月出版 / 估价：69.00元

移动互联网蓝皮书
中国移动互联网发展报告（2014）
著（编）者：官建文 2014年6月出版 / 估价：79.00元

游戏蓝皮书
中国游戏产业发展报告（2014）
著（编）者：卢斌 2014年9月出版 / 估价：79.00元

舆情蓝皮书
中国社会舆情与危机管理报告（2014）
著（编）者：谢耘耕 2014年8月出版 / 估价：85.00元

粤港澳台文化蓝皮书
粤港澳台文化创意产业发展报告（2014）
著（编）者：丁未 2014年9月出版 / 估价：69.00元

地方发展类

安徽蓝皮书
安徽社会发展报告（2014）
著（编）者：程桦 2014年4月出版 / 定价：79.00元

安徽经济蓝皮书
皖江城市带承接产业转移示范区建设报告（2014）
著（编）者：丁海中 2014年4月出版 / 定价：69.00元

安徽社会建设蓝皮书
安徽社会建设分析报告（2014）
著（编）者：黄家海 王开玉 蔡宪 2014年9月出版 / 估价：69.00元

北京蓝皮书
北京公共服务发展报告（2013~2014）
著（编）者：施昌奎 2014年2月出版 / 定价：69.00元

北京蓝皮书
北京经济发展报告（2013~2014）
著（编）者：杨松 2014年4月出版 / 定价：79.00元

北京蓝皮书
北京社会发展报告（2013~2014）
著（编）者：缪青 2014年5月出版 / 定价：79.00元

北京蓝皮书
北京社会治理发展报告（2013~2014）
著（编）者：殷星辰 2014年4月出版 / 定价：79.00元

北京蓝皮书
中国社区发展报告（2013~2014）
著（编）者：于燕燕 2014年8月出版 / 估价：59.00元

北京蓝皮书
北京文化发展报告（2013~2014）
著（编）者：李建盛 2014年4月出版 / 定价：79.00元

北京旅游绿皮书
北京旅游发展报告（2014）
著（编）者：鲁勇 2014年7月出版 / 估价：98.00元

北京律师蓝皮书
北京律师发展报告No.2（2014）
著（编）者：王隽 周塞军 2014年9月出版 / 估价：79.00元

北京人才蓝皮书
北京人才发展报告（2014）
著（编）者：于淼 2014年10月出版 / 估价：89.00元

城乡一体化蓝皮书
中国城乡一体化发展报告·北京卷（2014）
著（编）者：张宝秀 黄序 2014年6月出版 / 估价：59.00元

创意城市蓝皮书
北京文化创意产业发展报告（2014）
著（编）者：张京成 王国华 2014年10月出版 / 估价：69.00元

皮书系列 2014全品种
地方发展类

创意城市蓝皮书
重庆创意产业发展报告（2014）
著(编)者：程宁宁　　2014年4月出版 / 定价：89.00元

创意城市蓝皮书
青岛文化创意产业发展报告（2013~2014）
著(编)者：马达　　2014年9月出版 / 估价：69.00元

创意城市蓝皮书
无锡文化创意产业发展报告（2014）
著(编)者：庄若江　张鸣年　2014年8月出版 / 估价：75.00元

服务业蓝皮书
广东现代服务业发展报告（2014）
著(编)者：祁明　程晓　2014年1月出版 / 估价：69.00元

甘肃蓝皮书
甘肃舆情分析与预测（2014）
著(编)者：陈双梅　郝树声　2014年1月出版 / 定价：69.00元

甘肃蓝皮书
甘肃县域经济综合竞争力报告（2014）
著(编)者：刘进军　柳民　曲玮　2014年9月出版 / 估价：69.00元

甘肃蓝皮书
甘肃县域社会发展评价报告（2014）
著(编)者：魏胜文　2014年9月出版 / 估价：69.00元

甘肃蓝皮书
甘肃经济发展分析与预测（2014）
著(编)者：朱智文　罗哲　2014年1月出版 / 定价：69.00元

甘肃蓝皮书
甘肃社会发展分析与预测（2014）
著(编)者：安文华　包晓霞　2014年1月出版 / 定价：69.00元

甘肃蓝皮书
甘肃文化发展分析与预测（2014）
著(编)者：王福生　周小华　2014年1月出版 / 定价：69.00元

广东蓝皮书
广东省电子商务发展报告（2014）
著(编)者：黄建明　祁明　2014年11月出版 / 估价：69.00元

广东蓝皮书
广东社会工作发展报告（2014）
著(编)者：罗观翠　2014年9月出版 / 估价：69.00元

广东外经贸蓝皮书
广东对外经济贸易发展研究报告（2014）
著(编)者：陈万灵　2014年9月出版 / 估价：65.00元

广西北部湾经济区蓝皮书
广西北部湾经济区开放开发报告（2014）
著(编)者：广西北部湾经济区规划建设管理委员会办公室　广西社会科学院　广西北部湾发展研究院
2014年7月出版 / 估价：69.00元

广州蓝皮书
2014年中国广州经济形势分析与预测
著(编)者：庾建设　郭志勇　沈奎　2014年6月出版 / 估价：69.00元

广州蓝皮书
2014年中国广州社会形势分析与预测
著(编)者：易佐永　杨秦　顾涧清　2014年5月出版 / 估价：65.00元

广州蓝皮书
广州城市国际化发展报告（2014）
著(编)者：朱名宏　2014年9月出版 / 估价：59.00元

广州蓝皮书
广州创新型城市发展报告（2014）
著(编)者：李江涛　2014年8月出版 / 估价：59.00元

广州蓝皮书
广州经济发展报告（2014）
著(编)者：李江涛　刘江华　2014年6月出版 / 估价：65.00元

广州蓝皮书
广州农村发展报告（2014）
著(编)者：李江涛　汤锦华　2014年8月出版 / 估价：59.00元

广州蓝皮书
广州青年发展报告（2014）
著(编)者：魏国华　张强　2014年9月出版 / 估价：65.00元

广州蓝皮书
广州汽车产业发展报告（2014）
著(编)者：李江涛　杨再高　2014年10月出版 / 估价：69.00元

广州蓝皮书
广州商贸业发展报告（2014）
著(编)者：陈家成　王旭东　荀振英　2014年7月出版 / 估价：69.00元

广州蓝皮书
广州文化创意产业发展报告（2014）
著(编)者：甘新　2014年10月出版 / 估价：59.00元

广州蓝皮书
中国广州城市建设发展报告（2014）
著(编)者：董皞　冼伟雄　李俊夫　2014年8月出版 / 估价：69.00元

广州蓝皮书
中国广州科技与信息化发展报告（2014）
著(编)者：庾建设　谢学宁　2014年8月出版 / 估价：59.00元

广州蓝皮书
中国广州文化创意产业发展报告（2014）
著(编)者：甘新　2014年10月出版 / 估价：59.00元

广州蓝皮书
中国广州文化发展报告（2014）
著(编)者：徐俊忠　汤应武　陆志强　2014年8月出版 / 估价：69.00元

地方发展类 | 皮书系列 2014全品种

贵州蓝皮书
贵州法治发展报告（2014）
著(编)者：吴大华　2014年3月出版／定价：69.00元

贵州蓝皮书
贵州人才发展报告（2014）
著(编)者：于杰　吴大华　2014年3月出版／定价：69.00元

贵州蓝皮书
贵州社会发展报告（2014）
著(编)者：王兴骥　2014年3月出版／定价：69.00元

贵州蓝皮书
贵州农村扶贫开发报告（2014）
著(编)者：王朝新　宋明　2014年9月出版／估价：69.00元

贵州蓝皮书
贵州文化产业发展报告（2014）
著(编)者：李建国　2014年9月出版／估价：69.00元

海淀蓝皮书
海淀区文化和科技融合发展报告（2014）
著(编)者：陈名杰　孟景伟　2014年5月出版／估价：75.00元

海峡经济区蓝皮书
海峡经济区发展报告（2014）
著(编)者：李闽榕　王秉安　谢明辉（台湾）
2014年10月出版／估价：78.00元

海峡西岸蓝皮书
海峡西岸经济区发展报告（2014）
著(编)者：福建省人民政府发展研究中心
2014年9月出版／估价：85.00元

杭州蓝皮书
杭州市妇女发展报告（2014）
著(编)者：魏颖　揭爱花　2014年9月出版／估价：69.00元

杭州都市圈蓝皮书
杭州都市圈发展报告（2014）
著(编)者：董祖德　沈翔　2014年5月出版／定价：89.00元

河北经济蓝皮书
河北省经济发展报告（2014）
著(编)者：马树强　金浩　张贵　2014年4月出版／定价：79.00元

河北蓝皮书
河北经济社会发展报告（2014）
著(编)者：周文夫　2014年1月出版／定价：69.00元

河南经济蓝皮书
2014年河南经济形势分析与预测
著(编)者：胡五岳　2014年3月出版／定价：69.00元

河南蓝皮书
2014年河南社会形势分析与预测
著(编)者：刘道兴　牛苏林　2014年1月出版／定价：69.00元

河南蓝皮书
河南城市发展报告（2014）
著(编)者：谷建全　王建国　2014年1月出版／定价：59.00元

河南蓝皮书
河南法治发展报告（2014）
著(编)者：丁同民　闫德民　2014年3月出版／定价：69.00元

河南蓝皮书
河南金融发展报告（2014）
著(编)者：喻新安　谷建全　2014年4月出版／定价：69.00元

河南蓝皮书
河南经济发展报告（2014）
著(编)者：喻新安　2013年12月出版／定价：69.00元

河南蓝皮书
河南文化发展报告（2014）
著(编)者：卫绍生　2014年1月出版／定价：69.00元

河南蓝皮书
河南工业发展报告（2014）
著(编)者：龚绍东　2014年1月出版／定价：69.00元

河南蓝皮书
河南商务发展报告（2014）
著(编)者：焦锦淼　穆荣国　2014年5月出版／定价：88.00元

黑龙江产业蓝皮书
黑龙江产业发展报告（2014）
著(编)者：于渤　2014年10月出版／估价：79.00元

黑龙江蓝皮书
黑龙江经济发展报告（2014）
著(编)者：张新颖　2014年1月出版／定价：69.00元

黑龙江蓝皮书
黑龙江社会发展报告（2014）
著(编)者：艾书琴　2014年1月出版／定价：69.00元

湖南城市蓝皮书
城市社会管理
著(编)者：罗海藩　2014年10月出版／定价：59.00元

湖南蓝皮书
2014年湖南产业发展报告
著(编)者：梁志峰　2014年4月出版／定价：128.00元

湖南蓝皮书
2014年湖南电子政务发展报告
著(编)者：梁志峰　2014年4月出版／定价：128.00元

湖南蓝皮书
2014年湖南法治发展报告
著(编)者：梁志峰　2014年9月出版／估价：79.00元

湖南蓝皮书
2014年湖南经济展望
著(编)者：梁志峰　2014年4月出版／定价：128.00元

皮书系列 2014全品种 — 地方发展类

湖南蓝皮书
2014年湖南两型社会发展报告
著(编)者:梁志峰　2014年4月出版 / 定价:128.00元

湖南蓝皮书
2014年湖南社会发展报告
著(编)者:梁志峰　2014年4月出版 / 定价:128.00元

湖南蓝皮书
2014年湖南县域经济社会发展报告
著(编)者:梁志峰　2014年4月出版 / 定价:128.00元

湖南县域绿皮书
湖南县域发展报告No.2
著(编)者:朱有志　袁准　周小毛　2014年7月出版 / 估价:69.00元

沪港蓝皮书
沪港发展报告(2014)
著(编)者:尤安山　2014年9月出版 / 估价:89.00元

吉林蓝皮书
2014年吉林经济社会形势分析与预测
著(编)者:马克　2014年1月出版 / 定价:79.00元

济源蓝皮书
济源经济社会发展报告(2014)
著(编)者:喻新安　2014年4月出版 / 定价:69.00元

江苏法治蓝皮书
江苏法治发展报告No.3(2014)
著(编)者:李力　龚廷泰　严海良　2014年8月出版 / 估价:88.00元

京津冀蓝皮书
京津冀发展报告(2014)
著(编)者:文魁　祝尔娟　2014年3月出版 / 定价:79.00元

经济特区蓝皮书
中国经济特区发展报告(2013)
著(编)者:陶一桃　2014年4月出版 / 定价:89.00元

辽宁蓝皮书
2014年辽宁经济社会形势分析与预测
著(编)者:曹晓峰　张晶　2014年1月出版 / 定价:79.00元

流通蓝皮书
湖南省商贸流通产业发展报告No.2
著(编)者:柳思维　2014年10月出版 / 估价:75.00元

内蒙古蓝皮书
内蒙古经济发展蓝皮书(2013~2014)
著(编)者:黄育华　2014年7月出版 / 估价:69.00元

内蒙古蓝皮书
内蒙古反腐倡廉建设报告No.1
著(编)者:张志华　无极　2013年12月出版 / 定价:69.00元

浦东新区蓝皮书
上海浦东经济发展报告(2014)
著(编)者:沈开艳　陆沪根　2014年1月出版 / 估价:59.00元

侨乡蓝皮书
中国侨乡发展报告(2014)
著(编)者:郑一省　2014年9月出版 / 估价:69.00元

青海蓝皮书
2014年青海经济社会形势分析与预测
著(编)者:赵宗福　2014年2月出版 / 定价:69.00元

人口与健康蓝皮书
深圳人口与健康发展报告(2014)
著(编)者:陆杰华　江捍平　2014年10月出版 / 估价:98.00元

山西蓝皮书
山西资源型经济转型发展报告(2014)
著(编)者:李志强　2014年5月出版 / 定价:98.00元

陕西蓝皮书
陕西经济发展报告(2014)
著(编)者:任宗哲　石英　裴成荣　2014年2月出版 / 定价:69.00元

陕西蓝皮书
陕西社会发展报告(2014)
著(编)者:任宗哲　石英　牛昉　2014年2月出版 / 定价:65.00元

陕西蓝皮书
陕西文化发展报告(2014)
著(编)者:任宗哲　石英　王长寿　2014年3月出版 / 定价:59.00元

上海蓝皮书
上海传媒发展报告(2014)
著(编)者:强荧　焦雨虹　2014年1月出版 / 定价:79.00元

上海蓝皮书
上海法治发展报告(2014)
著(编)者:叶青　2014年4月出版 / 定价:69.00元

上海蓝皮书
上海经济发展报告(2014)
著(编)者:沈开艳　2014年1月出版 / 定价:69.00元

上海蓝皮书
上海社会发展报告(2014)
著(编)者:卢汉龙　周海旺　2014年1月出版 / 定价:69.00元

上海蓝皮书
上海文化发展报告(2014)
著(编)者:蒯大申　2014年1月出版 / 定价:69.00元

上海蓝皮书
上海文学发展报告(2014)
著(编)者:陈圣来　2014年1月出版 / 定价:69.00元

上海蓝皮书
上海资源环境发展报告(2014)
著(编)者:周冯琦　汤庆合　任文伟　2014年1月出版 / 定价:69.00元

上海社会保障绿皮书
上海社会保障改革与发展报告(2013~2014)
著(编)者:汪泓　2014年9月出版 / 估价:65.00元

地方发展类·国别与地区类

皮书系列 2014全品种

上饶蓝皮书
上饶发展报告（2013~2014）
著（编）者：朱寅健　2014年3月出版 / 定价：128.00元

社会建设蓝皮书
2014年北京社会建设分析报告
著（编）者：宋贵伦　2014年9月出版 / 估价：69.00元

深圳蓝皮书
深圳经济发展报告（2014）
著（编）者：吴忠　2014年6月出版 / 估价：69.00元

深圳蓝皮书
深圳劳动关系发展报告（2014）
著（编）者：汤庭芬　2014年6月出版 / 估价：69.00元

深圳蓝皮书
深圳社会发展报告（2014）
著（编）者：吴忠　余智晟　2014年7月出版 / 估价：69.00元

四川蓝皮书
四川文化产业发展报告（2014）
著（编）者：侯水平　2014年2月出版 / 定价：69.00元

四川蓝皮书
四川企业社会责任研究报告（2014）
著（编）者：侯水平　盛毅　2014年4月出版 / 定价：79.00元

温州蓝皮书
2014年温州经济社会形势分析与预测
著（编）者：潘忠强　王春光　金浩　2014年4月出版 / 定价：69.00元

温州蓝皮书
浙江温州金融综合改革试验区发展报告（2013~2014）
著（编）者：钱水土　王去非　李义超　2014年9月出版 / 估价：69.00元

扬州蓝皮书
扬州经济社会发展报告（2014）
著（编）者：张爱军　2014年9月出版 / 估价：78.00元

义乌蓝皮书
浙江义乌市国际贸易综合改革试验区发展报告（2013~2014）
著（编）者：马淑琴　刘文革　周松强　2014年9月出版 / 估价：69.00元

云南蓝皮书
中国面向西南开放重要桥头堡建设发展报告（2014）
著（编）者：刘绍怀　2014年12月出版 / 估价：69.00元

长株潭城市群蓝皮书
长株潭城市群发展报告（2014）
著（编）者：张萍　2014年10月出版 / 估价：69.00元

郑州蓝皮书
2014年郑州文化发展报告
著（编）者：王哲　2014年7月出版 / 估价：69.00元

中国省会经济圈蓝皮书
合肥经济圈经济社会发展报告No.4(2013~2014)
著（编）者：董昭礼　2014年4月出版 / 定价：79.00元

国别与地区类

G20国家创新竞争力黄皮书
二十国集团（G20）国家创新竞争力发展报告（2014）
著（编）者：李建平　李闽榕　赵新力
2014年9月出版 / 估价：118.00元

阿拉伯黄皮书
阿拉伯发展报告（2013~2014）
著（编）者：马晓霖　2014年4月出版 / 定价：79.00元

澳门蓝皮书
澳门经济社会发展报告（2013~2014）
著（编）者：吴志良　郝雨凡　2014年4月出版 / 定价：79.00元

北部湾蓝皮书
泛北部湾合作发展报告（2014）
著（编）者：吕余生　2014年7月出版 / 估价：79.00元

大湄公河次区域蓝皮书
大湄公河次区域合作发展报告（2014）
著（编）者：刘稚　2014年8月出版 / 估价：79.00元

大洋洲蓝皮书
大洋洲发展报告（2014）
著（编）者：魏明海　喻常森　2014年7月出版 / 估价：69.00元

德国蓝皮书
德国发展报告（2014）
著（编）者：李乐曾　郑春荣等　2014年5月出版 / 估价：69.00元

东北亚黄皮书
东北亚地区政治与安全报告（2014）
著（编）者：黄凤志　刘雪莲　2014年6月出版 / 估价：69.00元

东盟黄皮书
东盟发展报告（2013）
著（编）者：崔晓麟　2014年5月出版 / 定价：75.00元

东南亚蓝皮书
东南亚地区发展报告（2013~2014）
著（编）者：王勤　2014年4月出版 / 定价：79.00元

皮书系列 2014全品种 — 国别与地区类

俄罗斯黄皮书
俄罗斯发展报告（2014）
著(编)者：李永全　2014年7月出版 / 估价：79.00元

非洲黄皮书
非洲发展报告No.15（2014）
著(编)者：张宏明　2014年7月出版 / 估价：79.00元

港澳珠三角蓝皮书
粤港澳区域合作与发展报告（2014）
著(编)者：梁庆寅　陈广汉　2014年6月出版 / 估价：59.00元

国际形势黄皮书
全球政治与安全报告（2014）
著(编)者：李慎明　张宇燕　2014年1月出版 / 定价：69.00元

韩国蓝皮书
韩国发展报告（2014）
著(编)者：牛林杰　刘宝全　2014年6月出版 / 估价：69.00元

加拿大蓝皮书
加拿大发展报告（2014）
著(编)者：仲伟合　2014年4月出版 / 定价：89.00元

柬埔寨蓝皮书
柬埔寨国情报告（2014）
著(编)者：毕世鸿　2014年6月出版 / 估价：79.00元

拉美黄皮书
拉丁美洲和加勒比发展报告（2013~2014）
著(编)者：吴白乙　2014年4月出版 / 定价：89.00元

老挝蓝皮书
老挝国情报告（2014）
著(编)者：卢光盛　方芸　吕星　2014年6月出版 / 估价：79.00元

美国蓝皮书
美国问题研究报告（2014）
著(编)者：黄平　倪峰　2014年5月出版 / 估价：79.00元

缅甸蓝皮书
缅甸国情报告（2014）
著(编)者：李晨阳　2014年9月出版 / 估价：79.00元

欧亚大陆桥发展蓝皮书
欧亚大陆桥发展报告（2014）
著(编)者：李忠民　2014年10月出版 / 估价：59.00元

欧洲蓝皮书
欧洲发展报告（2014）
著(编)者：周弘　2014年9月出版 / 估价：79.00元

葡语国家蓝皮书
巴西发展与中巴关系报告2014（中英文）
著(编)者：张曙光　David T. Ritchie
2014年8月出版 / 估价：69.00元

日本经济蓝皮书
日本经济与中日经贸关系研究报告（2014）
著(编)者：王洛林　张季风　2014年5月出版 / 定价：79.00元

日本蓝皮书
日本发展报告（2014）
著(编)者：李薇　2014年3月出版 / 定价：69.00元

上海合作组织黄皮书
上海合作组织发展报告（2014）
著(编)者：李进峰　吴宏伟　李伟　2014年9月出版 / 估价：98.00元

世界创新竞争力黄皮书
世界创新竞争力发展报告（2014）
著(编)者：李建平　2014年9月出版 / 估价：148.00元

世界能源黄皮书
世界能源分析与展望（2013~2014）
著(编)者：张宇燕　等　2014年9月出版 / 估价：69.00元

世界社会主义黄皮书
世界社会主义跟踪研究报告（2013~2014）
著(编)者：李慎明　2014年3月出版 / 定价：198.00元

泰国蓝皮书
泰国国情报告（2014）
著(编)者：邹春萌　2014年6月出版 / 估价：79.00元

亚太蓝皮书
亚太地区发展报告（2014）
著(编)者：李向阳　2014年1月出版 / 定价：59.00元

印度蓝皮书
印度国情报告（2012~2013）
著(编)者：吕昭义　2014年5月出版 / 定价：89.00元

印度洋地区蓝皮书
印度洋地区发展报告（2014）
著(编)者：汪戎　2014年3月出版 / 定价：79.00元

越南蓝皮书
越南国情报告（2014）
著(编)者：吕余生　2014年8月出版 / 估价：65.00元

中东黄皮书
中东发展报告No.15（2014）
著(编)者：杨光　2014年10月出版 / 估价：59.00元

中欧关系蓝皮书
中欧关系研究报告（2014）
著(编)者：周弘　2013年12月出版 / 定价：98.00元

中亚黄皮书
中亚国家发展报告（2014）
著(编)者：孙力　2014年9月出版 / 估价：79.00元

皮书大事记

☆ 2012年12月,《中国社会科学院皮书资助规定(试行)》由中国社会科学院科研局正式颁布实施。

☆ 2011年,部分重点皮书纳入院创新工程。

☆ 2011年8月,2011年皮书年会在安徽合肥举行,这是皮书年会首次由中国社会科学院主办。

☆ 2011年2月,"2011年全国皮书研讨会"在北京京西宾馆举行。王伟光院长(时任常务副院长)出席并讲话。本次会议标志着皮书及皮书研创出版从一个具体出版单位的出版产品和出版活动上升为由中国社会科学院牵头的国家哲学社会科学智库产品和创新活动。

☆ 2010年9月,"2010年中国经济社会形势报告会暨第十一次全国皮书工作研讨会"在福建福州举行,高全立副院长参加会议并做学术报告。

☆ 2010年9月,皮书学术委员会成立,由我院李扬副院长领衔,并由在各个学科领域有一定的学术影响力、了解皮书编创出版并持续关注皮书品牌的专家学者组成。皮书学术委员会的成立为进一步提高皮书这一品牌的学术质量、为学术界构建一个更大的学术出版与学术推广平台提供了专家支持。

☆ 2009年8月,"2009年中国经济社会形势分析与预测暨第十次皮书工作研讨会"在辽宁丹东举行。李扬副院长参加本次会议,本次会议颁发了首届优秀皮书奖,我院多部皮书获奖。

社会科学文献出版社
SOCIAL SCIENCES ACADEMIC PRESS (CHINA)

社会科学文献出版社成立于1985年,是直属于中国社会科学院的人文社会科学专业学术出版机构。

成立以来,特别是1998年实施第二次创业以来,依托于中国社会科学院丰厚的学术出版和专家学者两大资源,坚持"创社科经典,出传世文献"的出版理念和"权威、前沿、原创"的产品定位,社科文献立足内涵式发展道路,从战略层面推动学术出版的五大能力建设,逐步走上了学术产品的系列化、规模化、数字化、国际化、市场化经营道路。

先后策划出版了著名的图书品牌和学术品牌"皮书"系列、"列国志"、"社科文献精品译库"、"中国史话"、"全球化译丛"、"气候变化与人类发展译丛""近世中国"等一大批既有学术影响又有市场价值的系列图书。形成了较强的学术出版能力和资源整合能力,年发稿3.5亿字,年出版新书1200余种,承印发行中国社科院院属期刊近70种。

2012年,《社会科学文献出版社学术著作出版规范》修订完成。同年10月,社会科学文献出版社参加了由新闻出版总署召开加强学术著作出版规范座谈会,并代表50多家出版社发起实施学术著作出版规范的倡议。2013年,社会科学文献出版社参与新闻出版总署学术著作规范国家标准的起草工作。

依托于雄厚的出版资源整合能力,社会科学文献出版社长期以来一直致力于从内容资源和数字平台两个方面实现传统出版的再造,并先后推出了皮书数据库、列国志数据库、中国田野调查数据库等一系列数字产品。

在国内原创著作、国外名家经典著作大量出版,数字出版突飞猛进的同时,社会科学文献出版社在学术出版国际化方面也取得了不俗的成绩。先后与荷兰博睿等十余家国际出版机构合作面向海外推出了《经济蓝皮书》《社会蓝皮书》等十余种皮书的英文版、俄文版、日文版等。

此外,社会科学文献出版社积极与中央和地方各类媒体合作,联合大型书店、学术书店、机场书店、网络书店、图书馆,逐步构建起了强大的学术图书的内容传播力和社会影响力,学术图书的媒体曝光率居全国之首,图书馆藏率居于全国出版机构前十位。

作为已经开启第三次创业梦想的人文社会科学学术出版机构,社会科学文献出版社结合社会需求、自身的条件以及行业发展,提出了新的创业目标:精心打造人文社会科学成果推广平台,发展成为一家集图书、期刊、声像电子和数字出版物为一体、面向海内外高端读者和客户,具备独特竞争力的人文社会科学内容资源供应商和海内外知名的专业学术出版机构。

中国皮书网

发布皮书研创资讯，传播皮书精彩内容
引领皮书出版潮流，打造皮书服务平台

栏目设置：

- □ 资讯：皮书动态、皮书观点、皮书数据、皮书报道、皮书新书发布会、电子期刊
- □ 标准：皮书评价、皮书研究、皮书规范、皮书专家、编撰团队
- □ 服务：最新皮书、皮书书目、重点推荐、在线购书
- □ 链接：皮书数据库、皮书博客、皮书微博、出版社首页、在线书城
- □ 搜索：资讯、图书、研究动态
- □ 互动：皮书论坛

www.pishu.cn

中国皮书网依托皮书系列"权威、前沿、原创"的优质内容资源，通过文字、图片、音频、视频等多种元素，在皮书研创者、使用者之间搭建了一个成果展示、资源共享的互动平台。

自2005年12月正式上线以来，中国皮书网的IP访问量、PV浏览量与日俱增，受到海内外研究者、公务人员、商务人士以及专业读者的广泛关注。

2008年10月，中国皮书网获得"最具商业价值网站"称号。

2011年全国新闻出版网站年会上，中国皮书网被授予"2011最具商业价值网站"荣誉称号。

权威报告　热点资讯　海量资源
当代中国与世界发展的高端智库平台

皮书数据库 www.pishu.com.cn

　　皮书数据库是专业的人文社会科学综合学术资源总库,以大型连续性图书——皮书系列为基础,整合国内外相关资讯构建而成。包含七大子库,涵盖两百多个主题,囊括了近十几年间中国与世界经济社会发展报告,覆盖经济、社会、政治、文化、教育、国际问题等多个领域。

　　皮书数据库以篇章为基本单位,方便用户对皮书内容的阅读需求。用户可进行全文检索,也可对文献题目、内容提要、作者名称、作者单位、关键字等基本信息进行检索,还可对检索到的篇章再作二次筛选,进行在线阅读或下载阅读。智能多维度导航,可使用户根据自己熟知的分类标准进行分类导航筛选,使查找和检索更高效、便捷。

　　权威的研究报告,独特的调研数据,前沿的热点资讯,皮书数据库已发展成为国内最具影响力的关于中国与世界现实问题研究的成果库和资讯库。

皮书俱乐部会员服务指南

1. 谁能成为皮书俱乐部会员?
- 皮书作者自动成为皮书俱乐部会员;
- 购买皮书产品(纸质图书、电子书、皮书数据库充值卡)的个人用户。

2. 会员可享受的增值服务:
- 免费获赠该纸质图书的电子书;
- 免费获赠皮书数据库100元充值卡;
- 免费定期获赠皮书电子期刊;
- 优先参与各类皮书学术活动;
- 优先享受皮书产品的最新优惠。

阅 读 卡

3. 如何享受皮书俱乐部会员服务?
(1)如何免费获得整本电子书?
　　购买纸质图书后,将购书信息特别是书后附赠的卡号和密码通过邮件形式发送到pishu@188.com,我们将验证您的信息,通过验证并成功注册后即可获得该本皮书的电子书。

(2)如何获赠皮书数据库100元充值卡?
　　第1步:刮开附赠卡的密码涂层(左下);
　　第2步:登录皮书数据库网站(www.pishu.com.cn),注册成为皮书数据库用户,注册时请提供您的真实信息,以便您获得皮书俱乐部会员服务;
　　第3步:注册成功后登录,点击进入"会员中心";
　　第4步:点击"在线充值",输入正确的卡号和密码即可使用。

皮书俱乐部会员可享受社会科学文献出版社其他相关免费增值服务
您有任何疑问,均可拨打服务电话:010-59367627　QQ:1924151860
欢迎登录社会科学文献出版社官网(www.ssap.com.cn)和中国皮书网(www.pishu.cn)了解更多信息

皮书大事记

☆ 2012年12月，《中国社会科学院皮书资助规定（试行）》由中国社会科学院科研局正式颁布实施。

☆ 2011年，部分重点皮书纳入院创新工程。

☆ 2011年8月，2011年皮书年会在安徽合肥举行，这是皮书年会首次由中国社会科学院主办。

☆ 2011年2月，"2011年全国皮书研讨会"在北京京西宾馆举行。王伟光院长（时任常务副院长）出席并讲话。本次会议标志着皮书及皮书研创出版从一个具体出版单位的出版产品和出版活动上升为由中国社会科学院牵头的国家哲学社会科学智库产品和创新活动。

☆ 2010年9月，"2010年中国经济社会形势报告会暨第十一次全国皮书工作研讨会"在福建福州举行，高全立副院长参加会议并做学术报告。

☆ 2010年9月，皮书学术委员会成立，由我院李扬副院长领衔，并由在各个学科领域有一定的学术影响力、了解皮书编创出版并持续关注皮书品牌的专家学者组成。皮书学术委员会的成立为进一步提高皮书这一品牌的学术质量、为学术界构建一个更大的学术出版与学术推广平台提供了专家支持。

☆ 2009年8月，"2009年中国经济社会形势分析与预测暨第十次皮书工作研讨会"在辽宁丹东举行。李扬副院长参加本次会议，本次会议颁发了首届优秀皮书奖，我院多部皮书获奖。

皮书数据库
www.pishu.com.cn

皮书数据库三期即将上线

- 皮书数据库（SSDB）是社会科学文献出版社整合现有皮书资源开发的在线数字产品，全面收录"皮书系列"的内容资源，并以此为基础整合大量相关资讯构建而成。

- 皮书数据库现有中国经济发展数据库、中国社会发展数据库、世界经济与国际政治数据库等子库，覆盖经济、社会、文化等多个行业、领域，现有报告30000多篇，总字数超过5亿字，并以每年4000多篇的速度不断更新累积。2009年7月，皮书数据库荣获"2008~2009年中国数字出版知名品牌"。

- 2011年3月，皮书数据库二期正式上线，开发了更加灵活便捷的检索系统，可以实现精确查找和模糊匹配，并与纸书发行基本同步，可为读者提供更加广泛的资讯服务。

更多信息请登录

中国皮书网
http://www.pishu.cn

皮书微博
http://www.weibo.com/pishu

皮书博客
http://blog.sina.com.cn/pishu

皮书微信
皮书说

请到各地书店皮书专架 / 专柜购买，也可办理邮购

咨询 / 邮购电话：010-59367028　59367070　　　邮　　箱：duzhe@ssap.cn
邮购地址：北京市西城区北三环中路甲29号院3号楼华龙大厦13层读者服务中心
邮　　编：100029
银行户名：社会科学文献出版社
开户银行：中国工商银行北京北太平庄支行
账　　号：0200010019200365434
网上书店：010-59367070　　qq：1265056568
网　　址：www.ssap.com.cn　　www.pishu.cn

新兴经济体蓝皮书

BLUE BOOK OF EMERGING ECONOMY

金砖国家发展报告
（2014）

ANNUAL REPORT ON BRICS DEVELOPMENT
(2014)

创新与崛起

顾　问／李　扬　高　翔　裴长洪　张宇燕　杨　林
　　　　李永全　李向阳　吴白乙　杨　光

主　编／林跃勤　周　文
副主编／刘文革　蔡春林

社会科学文献出版社
SOCIAL SCIENCES ACADEMIC PRESS (CHINA)

图书在版编目(CIP)数据

金砖国家发展报告.2014:创新与崛起/林跃勤,周文主编.—北京:社会科学文献出版社,2014.7
(新兴经济体蓝皮书)
ISBN 978-7-5097-6212-7

Ⅰ.①金… Ⅱ.①林…②周… Ⅲ.①世界经济-经济发展-研究报告-2014 ②社会发展-研究报告-世界-2014 Ⅳ.①F11

中国版本图书馆CIP数据核字(2014)第141837号

新兴经济体蓝皮书
金砖国家发展报告(2014)
——创新与崛起

主　编 / 林跃勤　周　文
副主编 / 刘文革　蔡春林

出 版 人 / 谢寿光
出 版 者 / 社会科学文献出版社
地　　址 / 北京市西城区北三环中路甲29号院3号楼华龙大厦
邮政编码 / 100029

责任部门 / 经济与管理出版中心 (010) 59367226　　责任编辑 / 颜林柯
电子信箱 / caijingbu@ssap.cn　　　　　　　　　　责任校对 / 徐兵臣
项目统筹 / 周　丽　高　雁　　　　　　　　　　　责任印制 / 岳　阳
经　　销 / 社会科学文献出版社市场营销中心 (010) 59367081　59367089
读者服务 / 读者服务中心 (010) 59367028

印　　装 / 北京季蜂印刷有限公司
开　　本 / 787mm×1092mm　1/16　　　　印　张 / 23
版　　次 / 2014年7月第1版　　　　　　　字　数 / 373千字
印　　次 / 2014年7月第1次印刷
书　　号 / ISBN 978-7-5097-6212-7
定　　价 / 79.00元

本书如有破损、缺页、装订错误,请与本社读者服务中心联系更换
版权所有　翻印必究

新兴经济体蓝皮书编委会

主　　编　林跃勤　周　文
副 主 编　刘文革　蔡春林
编 委 会　（以姓氏笔画排序）
　　　　　　万　军　〔巴〕马科斯·皮雷斯　冯晓琦
　　　　　　朱翠萍　刘文革　　　　　　　李天国
　　　　　　沈铭辉　〔俄〕米·戈洛夫宁　张　兵
　　　　　　张春宇　周　文　　　　　　　林乐芬
　　　　　　林跃勤　〔美〕查尔斯·霍纳　徐长春
　　　　　　徐坡岭　黄茂兴　　　　　　　蔡春林

The Editorial Committee of
"Blue Book of Emerging Economy"

Chief Editor	Lin Yueqin	Zhou Wen	
Deputy Editor	Liu Wenge	Cai ChunLin	
Editorial Committee	Wan Jun	Marcos Cordeiro Pires	Feng Xiaoqi
	Zhu Cuiping	Liu Wenge	Li Tianguo
	Shen Minghui	M. Golovnin	Zhang Bing
	Zhang Chunyu	Zhou Wen	Lin Lefen
	Lin Yueqin	Charles Honer	Xu Changchun
	Xu Poling	Huang Maoxing	Cai Chunlin

主要编撰者简介

林跃勤 湖南人,经济学博士,俄罗斯国立圣彼得堡大学毕业。现任中国社会科学杂志社责任编审、国际二部主任。主要学术兼职有:中国社会科学院经济所经济发展与转型研究中心副秘书长、新兴经济体研究会副秘书长、中国发展战略学研究会经济发展专业委员会副主任。近年,主持完成国家社会科学基金项目、中国社会科学院国情调研项目、中纪委委托课题、人事部等课题多项,同时参与国家社科基金重大招标课题等多项。主编《金砖国家发展报告》《中国经济发展战略》等著作,在国内外多种学术刊物发表论文数十篇。主要研究方向:国际经济、转型经济。联系方式:terlin@126.com。

周 文 重庆人,现为云南师范大学经济学教授、博士、校长助理、云南研究院院长,兼任世界政治经济学会常务理事,中国新兴经济体研究会常务理事,中国经济规律研究会常务理事,中国社会科学院全球治理研究中心研究员、经济转型与发展研究中心副理事长。2012年在墨西哥荣获"21世纪世界政治经济学杰出成果奖",主要从事政治经济学、发展经济学、金砖国家经济发展、中国经济发展与转型研究,先后发表《社会资本与和谐社会契合性探讨》《中国经济模式与中国经学》《包容性发展:中国农村改革的逻辑》《中国面对中等收入陷阱问题的解构:本质、挑战与对策》等100多篇学术论文,出版《分工、信任与企业成长》《金砖国家发展报告》等著作。

刘文革 黑龙江人,教授,博士,博士后。2008年入选教育部新世纪优秀人才、北京市宣传系统"四个一批"人才。2000年在吉林大学获得世界经济博士学位,其后又在辽宁大学、中央财经大学从事博士后科研工作,现为浙江工商大学特聘教授。长期致力于转型经济、经济体制的比较制度分析、中国宏观经济等领域的研究，尤其对转型国家改革与发展模式比较、金砖国家经济发展与经贸合作等方面长期进行理论跟踪和研究，取得了丰硕成果。主要学术兼职：中国经济发展研究会常务理事、中国世界经济学会团体会员负责人、中国数量经济学会理事等。已出版专著3部，在《经济研究》《管理世界》《世界经济》《经济学动态》等国家级杂志上发表多篇论文，被《中国社会科学文摘》《高校学报文摘》等转载10余篇。主持国家社科基金、国家自然科学基金、教育部社科基金等课题多项，3项获省部级科研奖励。

蔡春林 经济学博士，现任广东工业大学经济与贸易学院教授、硕士生导师，新兴经济体研究所所长，金砖国家研究中心主任，国际贸易与区域经济研究室主任，广东省新兴经济体研究会会长，致公党广东省委会经济委员会副主任，致公党广东工业大学总支副主任委员，广州市天河区人大代表。兼任中国新兴经济体研究会常务理事、中国拉丁美洲学会常务理事、中国世界经济学会理事、中国国际贸易学会理事、对外经济贸易大学中国WTO研究院研究员等。近年发表论文45篇，出版著作17部，主持国家社会科学基金一般项目2项、教育部人文社科研究项目3项、广东省哲学社科研究项目和软科学项目3项以及其他课题30多项，荣获安子介国际贸易研究奖1项、商务部全国商务发展研究成果奖2项（三等奖、优秀奖各1项）、商务部中国贸易救济与产业安全研究奖1项（一等奖）、中国外经贸发展与改革征文奖1项（二等奖）、中国自由贸易区建设征文奖1项（二等奖）并发表北京市优秀博士学位论文1篇。

About Editors-in-chief

Lin Yueqin Born in Hunan and graduated from Russian Saint Petersburg State University with Ph. D. in Economics, is now executive editor of Chinese Social Science Magazine, head of Ⅱ International Department, and concurrently deputy secretary general of Economic Transition and Development Center in Economic Research Institute of Chinese Academy of Social Science (CASS), deputy secretary general of Research Association of Emerging Economies and deputy director of Economic Development Strategy Committee in China Strategy Research Board. In recent years, Lin has directed and completed several research projects such as the project of the National Social Science Fund, the national research project of the CASS, the projects authorized by the Commission for Discipline Inspection of the Central Committee of the CPC and the Ministry of Personnel, etc., while attending several significant tender projects of the National Social Science Fund, etc., acted as chief editor of *Annual Report on BRICS Development*, *China's Economic Development Strategy* etc., and published over decades of essays in various academic journals home and abroad. Major field: international economy and transitional economy. Contact email: terlin@126.com.

Zhou Wen Born in Chongqing, is now a professor of economics with Ph. D. at Yunnan Normal University and concurrently an executive director of the World Association for Political Economy. He won "The World Political Economics Outstanding Achievement Award" in 2012. Mainly engaged in the study of political economics, development economics, BRICS countries economic development, and China's economic development and transformation, he has successively published more than 100 academic papers such as "Social capital and the harmonious society correspondence study," "Chinese economic pattern and the Chinese Confucian classics," "Inclusiveness development: China's rural reform logic," "China in the face of the middle-income trap problem of deconstruction: nature, challenges and countermeasures" as well as the works of the division of labor, trust and enterprise growth, "BRICS countries economic and social development report" and so on.

Liu Wenge Born in Heilongjiang province, has the title and degree of professor, Ph. D. and post-doctor. He was elected as a new century outstanding figure of the Ministry of Education and an "a group of four" talent of Beijing publicity system in 2008. After obtaining his doctor's degree in world economy at Jilin University, he was engaged in postdoctoral research at Liaoning University and Central University of Finance and Economics. He is now a specially-appointed professor at Zhejiang Gongshang University. With his long-time engagement in comparative institutional analysis of economic transition and economic system, research on China's macro economy, etc., especially comparison of the reform and development mode of a transition country as well as theoretical track and study of the BRICS' economic development, economic and trade cooperation, etc., he has achieved fruitful results. Main academic part-time: executive director of Research Association of Chinese Economic Development, responsible person of Chinese Society of World Economics Group Membership, director of Chinese Association of Quantitative Economics, etc. He has published 3 scholarly monographs and many research papers in the state-level journals such as *Economic Research Management World World Economy*, *Dynamic Economics*, *etc.*, of which about 10 were reprinted by *China Social Sciences Digest University Journal Abstracts* etc. He's also presided over a number of national research projects of the National Social Science Fund, the National Natural Science Fund, the Social Science Fund of the Ministry of Education, etc. He won 3 scientific research awards at ministry and provincial-level.

Cai Chunlin Doctor of Economics, born in Zhejiang, professor and master supervisor, School of Economics and Commerce, Guangdong University of Technology, Director, Institute of Emerging Economies, Guangdong University of Technology, Director, Center for BRICS Studies, Guangdong University of Technology, Director, International Trade and Regional Economic Research Office, Guangdong University of Technology Chairman, Guangdong Emerging Economies Society. Executive Member, China Society of Emerging Economies, Executive Member, China Society of Latin America, Member, China Society of World

Economics, Member, China Association of International Trade, Research Fellow, China Institute for WTO Studies, UIBE. 45 academic theses in total (both domestic and abroad) & 17 works.

Hosted National Fund of Social Science Project (twice); Ministry of Education, Humanities and Social Sciences Research Project (twice), Guangdong Provincial Social Science Research Fund Project (3 times), Horizontal Projects (more than 30 times). Prizes of Honor: Anzijie International Trade Research Award the Ministry of Commerce National Business Development Research Award (1 Third Prize; 1 Prize of Honor) China's Foreign Trade Development and Reform Essay Competition (second prize) China Free Trade Area Construction Essay Competition (second prize) Beijing Excellent Doctoral Dissertation Award.

摘　要

　　世界经济的发展是变幻莫测的，作为世界经济的一部分，金砖国家这个新兴经济体在过去 10 余年里获得了"全球增长冠军"的荣誉称号，之后陷入了低迷状态，2013 年其依然处于一个增速放缓的疲软状态，没有扭转 2009 年以来的颓势。特别是 2013 年夏天美国宣布退出宽松货币政策之后，新兴经济体出现了资本外逃、货币贬值和经济减速等严峻问题。2013 年 7 月 10 日 IMF 发布的《世界经济展望》报告预计，2013 年全球经济的增长率仍将处在略高于 3% 的疲弱水平，主要原因在于几个主要新兴市场经济体的国内需求明显减弱，增长明显减缓，2013 年新兴市场和发展中经济体的经济增长率预计为 5%，速度有所放慢，比 2013 年 4 月的预测低 0.25% 左右。金砖五国经济增长率的预期下调幅度为 0.25% ~ 0.75%，中国 2013 ~ 2014 年的平均增长率将为 7.75%，比 2013 年 4 月的预测分别低 0.25% 和 0.5%。新兴市场经济体的增长下滑可能持续更长时间，特别是潜在增长率可能下降，信贷减缓。新兴经济体的国内需求减弱，对新兴市场经济体造成普遍的沉重打击，因此出现了资本外流、股价下跌、本地收益率上升、货币贬值现象。新兴市场经济体增长持续下滑的风险已经加大，原因是新兴市场经济体长期面临国内产能约束、信贷增长减缓以及外部需求疲弱。IMF 认为，发达经济体的产出将加速增长，全球主要的增长动力不再是新兴经济体。《华尔街日报》2013 年 8 月 7 日预测，发达经济体对 2013 年全球经济增长的贡献度达 2.01，而新兴经济体降为 1.43，由金砖国家充当主力军的新兴经济体至此交出其自 2007 年就获得的全球经济最大增长引擎的头把交椅。一度备受赞誉和被寄予厚望的新兴经济体为何开始黯然失色呢？其群体性快速崛起究竟出了什么问题？其赶超势头是不是昙花一现？其可以走出低迷、续写辉煌、成功崛起吗？这是全球都拭目以待的。

如何看待当前以金砖国家为龙头的新兴经济体的不佳表现？其深层原因何在？正如 IMF 的警告，发达经济体极度宽松货币政策的结束可能导致金融市场的动荡以及新兴经济体汇率的急剧下滑，进而影响其经济增长。从表面上看，金砖国家出现货币贬值、资本外流以及增长减速与美国等发达经济体的极度宽松的货币政策有关，但从本质上看，主要还是与这些经济体对外部驱动力的过度依赖有关，也说明这些经济体以往十多年的高速增长与由发达经济体经济繁荣带来的较大全球化红利有关。在后金融危机时代，发达经济体调整政策，扩大内需而外需增长减缓，给金砖国家等的外资利用和出口扩张造成了障碍，继而出现增长乏力。这从一个侧面证明了新兴经济体依然没有摆脱对发达经济体的依附与依赖，一度流行的"脱钩论"不攻自破，金砖国家尚未成为完全独立的一极，对发达经济的依赖性和依附性还很明显。但外因论只能解释金砖国家经济低迷的部分原因而不是全部或者说充分理由，这几个经济体均是较大经济体，而且对外依存度也相差较大，并不是完全可以由外部因素决定的。应该说，其自身经济增长质量不高，结构不合理、不均衡，效率不高，较为脆弱，可持续能力和调适能力不强等，是抵御外部波动和冲击能力不足的深层次原因。在全球价值链中金砖国家处在中下端，是资源供给者（俄罗斯、巴西、南非）和加工制造者（中国、印度），而非资本供给者及技术、创意与品牌创造者，即处在"微笑曲线"的底端。正因为内在经济层次不高，技术含量与附加值水平较低，因此金砖国家的整体竞争力较弱，受外部波动影响较大。世界经济论坛 2013 年 9 月 4 日发布的《2013～2014 年全球竞争力报告》显示，中国的竞争力排第 29 位、南非排第 53 位、巴西排第 56 位、印度排第 60 位、俄罗斯排第 64 位，相比于 2011～2012 年中国排第 26 位、南非排第 50 位、巴西排第 53 位、印度排第 56 位、俄罗斯排第 66 位，大部分国家的排名有所下降（只有俄罗斯上升 2 位）。从世纪知识产权署公布的创新指数来看，2013 年中国排第 35 位（比上年下降 1 位）、南非排第 58 位（比上年下降 4 位）、俄罗斯排第 62 位（比上年下降 11 位）、印度排第 66 位（比上年下降 2 位）、巴西排第 64 位（比上年下降 6 位），而美国排第 5 位（比上年上升 5 位）。可见，金砖国家的创新指数远远落后于发达国家，在全球较大型经济体中排名落后，与其各自在全球经济规模中的排名不相符。从专利登记数来看，

2011年金砖五国累计登记的有效专利数为47.8万件，不足同期日本154万件和美国211万件的1/3和1/4。按照福建师范大学（2013）等对G20的创新竞争力评价，2011年中国在G20中排第8位，俄罗斯排第11位、巴西排第13位、印度排第15位、南非排第18位，均处于中后位置。几乎历年的全球品牌100强中均没有金砖国家上榜。这些均说明金砖国家还是全球创新方阵的外围与边缘国，依然依附于发达国家。

从贸易结构来看，金砖国家高技术密集型产品在出口中所占的比重较低，提升较慢，而且出现下降，如2008年高技术产品占巴西、中国、俄罗斯、印度与南非出口产品的比重分别为11.71%、36.62%、5.4%、16.55%和15.56%，2012年分别变为9.51%、38.24%、5.42%、19.63%和3.14%。中国的指标较高，无疑与其高技术产品加工贸易占比在金砖国家中最高有关，实际上并不意味着国内自主高技术产品的出口能力强。

金砖国家商品贸易与服务贸易表现相差较大也从一个方面说明金砖国家经济出口竞争力较弱的事实。特别是中国，业已成为世界最大贸易国、出口国和最大顺差国之一，但同时也是最大的服务贸易逆差国之一。俄罗斯、巴西和南非的商品出口量也较大，但同时也是服务贸易逆差国。这说明金砖国家整体国际贸易结构不理想，贸易层次不高，核心竞争力不强。另外，金砖国家的资本市场表现、货币国际流通率、对外投资等均比自身经济表现要差，这从另一个方面凸显出金砖国家的经济层次不高、附加值较低和软实力弱的事实。这些都应该是观察金砖国家的另一个维度，也是全方位评价金砖国家发展状况不可忽略的方面。

可见，金砖国家面临的稳定增长难题是由内外两种因素决定的，因为内部结构和竞争力不强以及调适能力有限，所以在外部环境变化时出现了"感冒"症状。

在找到病因之后，就要开出适当的处方。从已知病因出发，金砖国家需要从两个方面来应对，首先要从低层价值端上升到更高价值端，提高增长质量，增强自身的适应力和竞争力；其次要降低对外部市场的依赖性，摆脱被发达市场经济捆绑的窘境，更多地依赖自身的市场和资源，减少对发达国家的资本及技术的依赖，在生产手段革新、产出效率与竞争力提升方面做出更优良的表

现。这两个方面均离不开发展战略的调整和转型创新,金砖国家要更好地把控自身增长与发展,避免过山车式的波动和不稳定性与不可预期性,稳定持续地快速增长直至成功崛起。

鉴于金砖国家目前存在的诸多不足和弊端,我们有必要在这样一个转折点上重点考察其该如何转型创新,重新寻求新的更好更强的增长动力以继续稳定地赶超直至成功崛起。

本蓝皮书将主要围绕以下主题展开:金砖国家创新与经济赶超发展的关系;金砖国家转型创新总体概览及国别比较;金砖国家创新发展面临的机遇与挑战;金砖国家创新发展的方向与路径;金砖国家创新发展中的合作与借鉴等。

全书分三部分,共16篇:总报告1篇、国别报告5篇、专题报告9篇、大事记1篇。

总报告《创新驱动与金砖国家持续赶超》认为,在经历了10多年的黄金赶超发展之后,金砖国家普遍面临一个减速调整期,其背后固然有外部环境不景气的原因,但更多的是本身发展动力源泉方面的缺陷。因此,目前及未来,金砖国家如何加快转变经济发展方式、提升创新发展能力、建设创新型国家是其能否有效应对外部环境变化和科技革命挑战、培育新的强大增长动力、支撑持续赶超和成功崛起的关键。在回顾创新与经济增长关系一般理论成果的基础上,本报告论述了创新发展对新兴经济体的崛起所具有的决定性意义,分析了当代全球创新发展态势以及以金砖国家为代表的新兴经济体所处的位置及其存在的问题,对金砖国家创新战略、政策、成效及其不足进行了综合比较,分析了金砖国家促进创新发展所面临的机遇和挑战,展望了金砖国家创新发展的前景并总结了金砖国家创新发展可以借鉴的若干经验启示。本报告在回顾创新与经济增长关系一般理论成果的基础上,论述了创新发展对于当今金砖国家等新兴经济体在世界经济发展格局中后发崛起的决定性意义,探讨了这些经济体提升创新能力、促进增长方式转变、建设创新性国家面临的困境和出路。

国别报告《巴西:"中等收入陷阱"威胁及应对》在回顾"中等收入陷阱"概念内涵的基础上分析了20世纪80年代以来巴西经济发展的变化情况及

面临的威胁，提出了巴西摆脱"中等收入陷阱"的政策举措与努力方向。

国别报告《俄罗斯经济增长趋缓原因及创新转型》在国际比较的基础上回顾了2013年俄罗斯的经济增长情况，分析了经济增长减缓的内外因素，展望了俄罗斯经济转型与发展的前景。

国别报告《印度经济创新发展的挑战与前景》认为，近几年，在经济不断衰退的背景下，印度政府为了重振经济，推出了科技创新计划。印度必须吸取新兴国家的发展经验，依靠创新来解决目前面临的各种问题，包括资源约束问题、产业结构问题、双赤字问题等。印度的经济发展既有自身的优势，也有比较明显的劣势；在创新方面虽有自己的特点，但只局限于某些领域。先进与落后伴生，创新与守旧并存，这个最具增长潜力之一的国家的未来经济发展之路充满了不确定性和挑战。

国别报告《中国经济：稳定增长与创新转型》指出，2013年，面对错综复杂的国内外环境带来的经济下行压力，中国坚持稳中求进的工作总基调，不断加强和改善宏观调控，使经济增长呈现稳中有进、稳中趋好的发展态势，同时使创新转型得到了持续推进。面对充满不确定性的国际形势和国内调结构、促改革的艰巨任务，未来一段时期中国在着力稳增长的同时，还需要进一步推进创新转型，从而不断地为经济增长和发展提供可持续的动力。

国别报告《南非经济创新发展与转型》认为，近年来，面对来自国内外的多重挑战，南非旧有的发展战略逐步显现成效不足的弊端，南非政府做出了实施包容性增长战略的重大抉择，走上了创新发展和转型之路。2013年，受制于制造业持续疲软、财政支出控制和资本回流等因素，南非的经济增速连续第2年放缓。不过，随着后危机时代全球经济特别是发达国家的经济调整逐步进入尾声，2014年南非经济创新发展和转型的外部环境将进一步改善，包容性增长战略对南非经济增长的促进作用也有望初见成效。从中长期来看，未来南非经济的发展机遇与挑战并存，南非经济的创新发展和转型仍然任重道远。

专题报告《金砖国家创新竞争力综合评析》认为，创新业已成为当今世界竞争格局中的主要驱动力和国家竞争力的决定性因素。本报告论述了国家创新竞争力的内涵与构成要素，在构建创新竞争力评价指标体系和评价模型的基础上对金砖国家的创新竞争力进行了详细测算和差异比较分析，提出了提升金砖国家创新竞争力的战略途径。

专题报告《金砖国家创新体系构建：机遇与瓶颈》回顾了创新概念的缘起和演变，分析了国际创新能力的评估方法及创新国家体系的内涵及相关理论研究及其对金砖国家的适用情况，论证了创新对金砖国家持续发展的重要性，对金砖各国的创新要素、创新状况进行了详细分析和国际比较，对金砖国家构建持续发展的创新体系所面临的机遇和挑战进行了分析，对金砖国家致力于创新、谋求赶超发展的前景进行了展望。

专题报告《金砖国家技术进步的路径》认为，技术进步和技术效率既是经济增长的核心因素，也是经济发展的重要源泉。作为世界经济增长引擎的金砖国家，由于资源禀赋、体制环境等方面的差异，各国选择了不同的技术进步路径，金砖五国表现出不同的发展趋势。在历经10多年的高速增长后，各国经济发展正面临不同程度的阻力。现有研究表明，这些新兴经济体的增长方式呈现明显的粗放型特征，尽管各国对技术研究和开发的支持力度不断加大，技术水平不断提高，但并没有改变其外延式经济增长的根本特征。随着世界两大经济体美国和欧盟逐渐走出金融危机的影响，金砖国家是否能够继续引领全球经济增长主要取决于其能否通过技术创新实现增长效率的提高，研发投资意愿不高和创新能力不足将损害这些国家的长期增长潜力。

专题报告《金砖国家政府治理创新比较研究》认为，政府治理能力是国家"软实力"的一个重要组成部分。根据世界银行的研究数据，金砖国家在政府治理方面落后于发达国家，呈现明显的后发特征。由于本国国情和发展阶段不同，因此金砖各国在提升本国政府治理能力方面的路径各不相同。原生市场经济国家注重执行力的提高，而转型国家不仅注重执行力的提高，还注重体制机制的转型，中国在这方面表现突出。目前，金砖国家改善政府治理能力的努力面临不同的挑战，但通过努力都能取得较大成效。

专题报告《金砖国家金融风险评估与增长机制重塑》指出，在国际金融危机肆虐的国际环境中，发达国家非常规的货币政策使大量私人投资组合涌向新兴经济体的风险资产，在影响汇率的同时极易产生资产高估泡沫与流动性风险。为了把握以金砖国家为代表的新兴经济体面临的金融发展环境，本报告根据金融系统的各个指标，从宏观经济风险、外汇风险、金融市场风险等方面对金砖国家的金融风险进行了评估。分析结果显示，金砖国家的金融风险各具特点，有一定差异性，而解决方法都可归结于不同领域的结构性问题。金砖国家要加强金融监管，维护金融稳定，并且通过合作机制防范金融风险。

专题报告《金砖国家引入FDI的经济效应研究》指出，近年来，作为新兴经济体代表的金砖国家成为全球最受投资者欢迎的目的地之一，作为国际资本流动的主要方式，FDI对东道国经济的影响日益显著。本报告基于C-D生产函数，利用1992~2012年的相关数据，对金砖国家引入FDI的经济效应进行了实证检验和比较分析。研究结果表明，金砖国家的FDI增速、质量、规模、竞争力和投资环境都表现出不同的比较优势和劣势；金砖国家引进FDI的经济增长效应均是正向的，但驱动作用大小不一，由大到小依次是中国、印度、俄罗斯、南非和巴西；五国间经济增长效应的差异主要与FDI的相对规模、FDI的引入方式、FDI的产业分布和FDI的引资环境有关。据此，本报告给出了金砖国家尤其是中国合理引入FDI的政策建议。

专题报告《金砖国家的技术进步与产业成长——以汽车工业为例》认为，汽车工业被公认是一个具有高度产业关联性的产业，几乎决定着一个国家的工业化程度。金砖国家都抓住了全球汽车产业对生产格局进行重大调整的战略机遇，加速融入汽车业全球生产体系，形成了强大的汽车制造能力。金砖国家汽车产业发展的不同路径表明，产业技术能力越强，获取和成功掌握外国技术的能力就越强，实现技术追赶和超越的机会就越大。如果在技术引进的同时，不能通过消化—吸收—模仿—创新的路径开展技术学习和技术创新，则实现技术赶超是不可能的。

专题报告《新兴经济体参与新丝绸之路建设的策略研究》探讨了以共同项目带动金砖国家合作的问题。本报告认为，中国倡导的新丝绸之路建设对新形势下的国际合作具有重要的探索和示范价值，是新兴经济体合作与发展的重要战略平台，能够为新兴经济体带来实在的利益。以金砖国家为代表的新兴经济体应该积极主动参与，整合现有的区域合作机制，构建新丝绸之路建设的国际协调机制，设立建设基金，加快推进金砖国家开发银行和亚洲基础设施投资银行的建设进程，引导全球知名企业和国际资金参与新丝绸之路建设。

专题报告《金砖国家未来发展透视：问题与突破》分析了在当今国际形势下金砖国家面临的严峻外部冲击，其自身经济发展遭遇的转型阻碍，以及五国内部存在的诸多矛盾，提出了金砖国家克服困难和矛盾、促进合作共赢的政策建议。

《2013年金砖国家大事记》整理并列出了2013年金砖国家一些重要的双边及多边议程与合作事件。

Abstract

The development of the world economy is changing and unpredictable. As a part of the world economy, the BRICS — a big emerging economy has won the honorary title of global fastest growth during past 10 years. Its growth still decelerates in 2013 failing to reverse the declination since 2009. Especially after the ease monetary policy were announced in America, emerging economies have met with serious problems, e. g. : capital flight, currency devaluation and economic slowdown. *World Economic Outlook* that published by IMF on July 10, 2013 expected that global growth would remain at a weak level that will be slightly higher than 3% in 2013. The main reasons of this phenomenon are that domestic demand of several major emerging markets is weakened obviously, and the growth has been slowed down significantly in 2013. Emerging markets and developing economies are expected to grow by 5%, about 0.25 percentage points lower than the forecast in April 2013. Economic growth of the BRICS is expected to down the rate by 0.25 – 0.75 percentage points. China's growth will be at an average of 7.75% during 2013 to 2014, which are 0.25 and 0.5 percentage points lower than the forecast in April 2013 respectively. It is likely to be a long declining period for emerging markets, especially in both potential growth and credit; weakening domestic demand in developing economies blow heavily to emerging markets, which lead to outflowing capital, falling share price, rising local yields, devaluating currency. Risks of slowing-down in emerging economies have increased, because emerging markets are facing with long-term growth domestic capacity constraints, slowing-down credit growth, and weak external demand. According to IMF, developed economies will accelerate outputs, so driving force of global growth is no longer the emerging economies. *The Wall Street Journal* on August 7, 2013 forecasted that degree of developed economies' contribution to global economic growth in 2013 would be up to 2.01, while the emerging economies would fall to 1.43. The emerging economies have to relinquish the first position of acting as the main force since 2007. Emerging economies once highly appreciated are now be cast into shade and why? What is exactly the problem when the group rises rapidly? The outcome of momentum to catch up will fail or succeed to write a brilliant future? Those are the topics that are attracting global attention.

How to treat the poor performance of emerging economies that are represented by the BRICS and what are the underlying reasons? As IMF's has warned, the end of extremely ease monetary policy in developed economies could cause turmoil in financial markets and sharply falling exchange rates in emerging economies, and then affects the economic growth. Judging by appearance, the phenomenon emerged in the BRICS like currency depreciation, capital outflows and growth slowdown are related to seasonally ease monetary policy adjustment in America and other developed economies. But in essence, basically they are over-dependent on external driving force. It shows that these economics are enjoying rapid growth due to globalization dividend brought by developed larger economy' prosperity over the past 10 years. In the post-crisis era, the developed economies' adjustment policy, domestic demand and foreign demand expansion begun to slow down, making barriers for the BRICS to utilize foreign capital and expand exports, then stagnation of growth. This demonstrates to some extent that the emerging economies still have not got rid of dependent-growth on developed economies. So the once popular theory of "decoupling" collapses by itself. Actually, the BRICS have not become fully independent; but the cause theory can only explain economic decline in the BRICS partly, or necessarily, but not sufficiently. These economies are larger entities, and differ in foreign dependency, which cannot be determined only by external factors. The further deep reasons causing external fluctuations and insufficient capacity are as follows: their own economic growth quality is not high; the structure is unreasonable or unbalanced with low efficiency, fragile sustainability and adaptability. The BRICS is at the middle and end of global value chain: resource providers (as Russia, Brazil, South Africa) and processing manufacturers (as Chinese, India), rather than the supply of capital and technology, innovation or brand creators, that is to say, locating at the bottom of the smiling curve. Just because the economic level is not high, the technique content and the added value is at low level, therefore, the overall competitiveness is weak and can be easily affected by external fluctuation. According to the "*2013 - 2014 Global Competitiveness Report*" which published at the world economic forum in September 4th, 2013. In the aspect of competitiveness, mainland China ranked twenty-ninth, South Africa fifty-third, Brazil fifty-sixth, India sixtieth, Russia sixty-fourth, in comparison with year of 2011 – 2012 mainland China twenty-sixth, South Africa fiftieth, Brazil fifty-third, India fifty-sixth, Russia sixty-sixth, so they are all decreased except Russia being up 2. In the aspect of innovation index announced by the Intellectual Property Department in 2013, China ranked 35 (declined by 1 than the previous year), South Africa ranked fifty-eighth (declined by 4 than the previous year), Russia ranked sixty-second (declined by 11 than the previous year), India ranked sixty-sixth (declined by 2 than the previous year), Brazil ranked sixty-fourth (declined by 6 than the previous year). USA ranked fifth (increased by 5 than the previous year). As seen, innovation index in the BRICS is far behind developed countries and falls behind other larger economy entities thus do not fit in with their ranks in global economy scale. From the perspective of numbers of patent registrations, 478000 pieces of patents in force were accumulated redistricted among the BRICS in 2011, less than 1/3 of 1540000 pieces in America or 1/4 of 2110000 pieces in Japan. According to the evaluation on G20's creative competitiveness by Fujian Normal University (2013), China ranked eighth, Russia eleventh, Brazil thirteenth, India fifteenth, South Africa eighteenth among G20 in 2011. We can hardly see the BRICS in the global bands top 100. These facts show that the BRICS are at periphery of global innovation structure, still remain to depend on and follow the developed countries.

From the perspective of trade structure, high-tech intensive products accounted for a low proportion of export in the BRICS, and increase slowly with proportion declines, e. g. , in 2008, high-tech products accounted for respectively 11. 71%, 36. 62%, 5. 4%, 16. 55% and 15. 56% in Brazil, China, Russia, India and South Africa, in 2012 respectively 9. 51%, 38. 24%, 5. 42%, 19. 63% and 3. 14%. The percentage is quite low whereas China is higher. It's no doubt that percentage of high-tech products' processing trade accounted highest in the BRICS, rather than mean the export capacity of the domestic high-tech products.

The BRICS' performances between commodity trade and service trade vary greatly. To some extent, this explains the fact that the economic export competitiveness is weak. Especially China, which has become the world's largest trading country, export country and surplus country, is also one of the largest service

trade countries in deficit. Russia, Brazil and South Africa's commodity exports is large, but also the service trade countries in deficit. This shows that the international trade structure in the BRICS is not ideal as a whole, the trade structure is not at high level, and the core competitiveness is not strong enough. And capital markets, international currency circulation rate, foreign investment all perform more weakly than its own economics. On the other hand, this shows facts of low economic levels, low added value and weak soft power. These should be observed in another dimension and be remembered to act as one of the aspects to comprehensively evaluate the BRICS' development.

As seen, difficulties in keeping steady growth in the BRICS are determined by internal and external factors, mainly the low internal growth of quality, low structure and competitiveness, restricted adaptability, with "cold" symptoms appearing when external environment changes.

After finding the problem, appropriate prescription is supposed to give. The BRICS can cope with problems from two aspects. Firstly, low-level value should be increased to higher-level value, the quality of growth, adaptability, competitiveness also should be improved; secondly, the BRICS should reduce the dependence degree on external markets, get rid of dilemma that being bound by capital and resources in developed markets, perform better in terms of means of production innovation, production efficiency and competitiveness. Meanwhile, these two aspects are closely related to development strategy adjustment, transformation of innovation thus better controlling its growth and development, avoiding sharply fluctuation, instability and unpredictability, until success with a stable and rapid economic growth.

So far, there have existed many shortcomings through the rapid growth of the BRICS. It is imperative to investigate how to transform the innovation at such a turning point, in order to overcome the weakness of growth and openness, thus seeking new better and stronger momentum to continue steadily catching-up process until succeeds.

This book will focus on the following topics: the relationship between innovation and catching-up and surpassing economic development; comprehensive comparison between innovation transformation and nationalities; opportunities and challenges, path and orientation, cooperation and lessons faced in the process of innovative development.

Abstract

The book is divided into three parts that total 16 papers: 1 general report, 5 nationality reports, 9 special reports, and 1 memorabilia.

The general report concluding "*innovation driven and the BRICS continually catching up with and surpassing developed entities*" says: after catching-up and surpassing development during prime time of recent 10 years, the BRICS are generally faced with a period of decelerated adjustment. One reason is that external environment faces downturn, but what's more important is that the BRICS have shortcomings-mainly dependent on the traditional driven-elements in terms of its own driving force. Therefore, for BRICS countries how to accelerate transforming economic development pattern, enhance capacity for innovation, build an innovative country are the momentum to effectively cope with external changes and challenges for scientific and technologic revolution, and also the key to keep catching-up and successfully rise up. Reviewing general theories outcome of relationship between innovation and economic growth, on the basis of which discusses that innovative development play a decisive role in subsequent emerging economies, analyzes the development tendency of contemporary innovation on a global scale, and problems emerging economies represented by the BRICS face, comprehensively compare the innovative strategy, policy, effects and defects, analyzes opportunities, challenges and directions of the BRICS in the process of promoting innovative development, forecasts the prospect of innovative development, summarizes some experiences and references. Reviewing general theories outcome of relationship between innovation and economic growth, on the basis of which discusses that innovative development play a decisive role for the BRICS and other emerging economies to rise up in the world's economy, discusses dilemma and way out to enhance capacity of innovation so as to promote transforming growth pattern, building innovative countries.

The part of "*Brazil: The threats and solutions of 'middle-income trap'*" which is base on the concept of "low-middle-income trap" analyzed the situation changes of Brazil economy since 1980s, the performance and inside and outside restriction factors of facing the threats of "middle-income trap", put forward policy initiatives and endeavor direction of Brazil gets rid of "middle-income trap" predicament.

The part of "*Reasons of Russia economy slowed sharply and its innovation reforming*" which is base on international comparison reviewed economic growth of Russia in 2013 and the inside and outside factors of economic growth slowdown, it analyzed situation of influence on economic growth in 2014 and longer future, looked ahead the prospect of economic transition and development in the future.

The point of view of section "*India economic innovation and development: challenge and prospect*" is that in order to revive the growth, Indian government launched technology innovation plan against a background of economy continues to fade in recent years. India have to learn development experience from emerging countries, solve each kind of problem facing today include resource constraints, industrial structure, double deficit and so on by innovation. The economic growth of India has its own advantages as well as quite obvious disadvantages; Innovation has Indian characteristics, but it is limited to some fields only. Advanced is associated with backward, innovation is coexisting with conservatism, India is one of the country with the most growth potentiality, and all of this make the way to Indian future economic development full of uncertainty and challenge.

"*China's economy: steady growth and innovation reforming*" this chapter pointed out: facing downward pressure on economy due to the complicated situations at home and abroad, China has insisted on the keynote of looking for growth in stability, and realized progress and improvement steadily in economic growth by enhance and improve macro-control constantly, moreover, innovation reforming has been improved also. Facing the uncertainty of international situations and the arduous task of domestic structural adjustment and promoting reform, China will concentration on stabilization of growth as well as further promotion of innovation reforming in the coming time, accordingly, providing sustainable power to economic growth and development.

The part of "*The innovation development and transition of South African economy*" considered that: Facing challenges from home and abroad in recent years, disadvantages of the old development strategy is looming, South African government made an important strategic choice that implement inclusive growth policy, paved the way to innovation development and transition. In 2013, South African economy slowing was subjected to the continued weakness of manufacturing, fiscal expenditure control, reflow of capital and so on, and it was the second year of economy slowing. However, along with the post crisis adjustment of global economy especially developed ones come to end, the external situation of South African innovation development and transition will be further developed in 2014, and we will see initial results in the prelaunch of inclusive growth strategy for South Africa. In medium and long term, the development opportunities of South Africa will coexist with challenge, the innovation development and transition of South Africa is still a long and arduous task.

The section of "*Comprehensive evaluation of innovative competitiveness of the BRICS countries*" considered that: Creative industry has become a key driver in world competitive landscape and a determining factor of national competitiveness. This part discussed connotation and inscape of national innovative competitiveness, based on the constructing of evaluation index system and the structuring evaluation model for innovative competitiveness, it measured and calculated innovative competitiveness of the BRIC countries in detail and analyzed the differences comparison between countries, put forward strategy route to promoting the innovative competitiveness of the BRICS countries.

"*The construction of innovation system of the BRICS countries: opportunities and bottleneck*", this part reviewed origin and revolution of the concept of innovation, evolution method of international innovation ability, connotation of innovation nation's system, theoretical study related to that system and its application in the BRICS Countries. Gave a demonstration that the importance of innovation to sustainable development of the BRICS countries. Analyzed innovative factors and state of innovation in detail and made them an international comparison. Discussed opportunities and challenges the BRIC countries are facing in the construction of innovation system of sustainable development. Prospected the foreground that the BRICS countries devote itself to innovation for overtake and development.

The section of "*The path of technical progress of the BRICS countries*" considered that technical progress and technical efficiency is the core element of economic growth and the important source of economic development. As the world economic growth engines the BRIC countries chose different technical progress path and showed different development trend due to the diversity of resource endowment, institutional environment, etc. After over 10 years high-speed growth, the economic development of all countries are now faced with different degrees of resistance. According to research, the growth of these emerging economies owned extensive feature. While the BRICS countries have strengthened their support to technical study and development and the raising of technical level, their fundamental

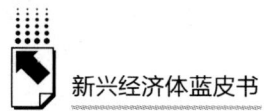

characteristics of extensive growth have not been changed. As the largest economy in the world America and EU gradually got out of financial crisis, whether the BRICS countries will continue to lead economic growth of the world or not depends on growth efficiency that is improved by technical innovation. The drop of research and development investment willingness and the lack of innovative ability will hurt the long-term growth potential of these countries.

"*Comparative study of governance of the BRICS countries*" considered that governance capacity is an important part of national 'soft power'. According to the World Bank research data, the BRICS countries are lagging behind developed ones in government governance and have a striking feature of late-mover. On the basis of national conditions and stage of development, the BRICS countries choose different way to improve national governance ability by innovative manner. Transition countries not only pay attention to the improvement of implementation capacity, but also the transition of system mechanism, China distinguished itself in this aspect, the primary market economy country emphasize the improvement of implementation capacity. The BRICS countries are facing different challenges for improving governance capacity, but they could achieve remarkable success through hard work.

The part of "*The reconstruction of financial risk assessment and growth mechanism of the BRICS countries*" pointed out that an unconventional monetary policy of developed country made a large number of private portfolios rush into risk asset of emerging economies in the international environment of financial crisis, these private portfolios influenced exchange rate and it's easy to arouse overvalued assets bubble and liquidity risk. In order to hold the financial development environment of emerging economies which are represented by the BRIC countries. According to the index of financial system, this article assessed the financial risk of the BRICS countries from macro-economic risk, exchange risk, financial market risk and so on. The results showed that financial risk of the BIRCS countries has their own characteristics with certain differences, and the solution can be attributed to structural problems in different fields. The BRICS countries should strengthen financial regulation, maintain financial stability, and prevent financial risks through cooperation mechanism.

"*Study on economic effects of the BRICS countries introducing FDI*" indicated that, as the representative of emerging economies, the BRICS countries have become one of the most popular destinations by investors. As the main model of international capital movements, FDI's influence on economy of host country become more and more obviously. According to C – D production function, use of related data from 1992 to 2012, this article carried out empirical test and comparative analysis on economic effects of the BRICS countries introducing FID. The results found that the growth, quality, scale, competitiveness and investment environment of FDI in the BRICS countries take on different comparative advantages and disadvantages; economic growth effect in the BRICS countries is positive, but it has different driving effect size, the most affected country is China, followed by India, Russia, South Africa and Brazil; the differences of economic growth effect between the five countries mainly related to the relative mode, entry mode, industrial distribution and funds introduction environment of FDI. In view of above, here is a policy proposal of introducing FDI in reason for the BRIC countries especially for China.

"*The technical innovation and industrial growth of the BRIC countries: take the automobile industry for example*" believed that automobile industry is regarded as a high industrial relationship, as a factor to determine the level of national industrialization it is almost second to none. The BRICS countries seized the strategic opportunities of significant adjustments in the global auto production pattern, accelerated the integration in global production system of automobile industry and developed the ability of large-scale automobile manufacturing. The different development paths in automobile industry of the BRICS countries showed that the stronger the industrial technology capacity the stronger the ability that to obtain and master foreign technology and the greater the chance of technological catching-up and exceeding. If we introduce technology while this no development of technological learning and innovation through the route of digestion, assimilation, imitation and innovation, it's impossible to realize technological catching-up.

"*The strategy research on emerging economies involve in building the new Silk Road*" this chapter discussed the problems of driving cooperation between the BRICS countries with joint projects participation. It considered that the new Silk Road proposed by China have exploration and demonstration value for international cooperation model in new situation and it's an important strategic platform, which can bring realistic interests, for the cooperation and development of emerging economies. The emerging economies, which are represented by the BRIC countries, should actively integrate and engage in regional cooperation mechanism, build the new Silk Road

and international coordination mechanism, set up construction fund, accelerate the building process of BRIC development bank and Asian infrastructure investment bank, guide the world famous enterprises and international capital in the construction of new Silk Road.

The section of "*The perspective on future development of the BRICS countries: problems and breakthroughs*" analyzed complicated international economic situation the BRIC countries are facing today, restriction of self-development, contradiction among the BRIC countries, and put forward suggestions for direction and ways of breaking bottleneck of future development.

"*The memorabilia of the BRIC countries in 2013*" arranged and listed multilateral and bilateral agenda and cooperative events of the BRICS countries in 2013.

(Translated by Li Dong　Liu Li)

目 录

序　创新是金砖国家成功崛起的根本出路 …………………… 郑新立 / 001

ⅠB   总报告

B.1　创新驱动与金砖国家持续赶超 ………………………… 林跃勤 / 001
　　　一　创新及其与经济持续发展的关系研究回顾 …………………… / 002
　　　二　有关新兴经济体创新发展的研究 ……………………………… / 018
　　　三　金砖国家创新发展战略规划及比较 …………………………… / 021
　　　四　金砖国家鼓励创新发展政策措施及比较 ……………………… / 025
　　　五　金砖国家创新发展成就 ………………………………………… / 048
　　　六　金砖国家创新发展面临的困境与挑战 ………………………… / 058
　　　七　金砖国家创新发展方向与前景展望 …………………………… / 068
　　　八　总结与启示 ……………………………………………………… / 072

ⅡB   国别报告

B.2　巴西："中等收入陷阱"威胁及应对
　　　……………………〔巴〕马科斯·皮雷斯（Marcos Cordeiro Pires）/ 076
B.3　俄罗斯经济增长趋缓原因及创新转型
　　　………〔俄〕米哈伊尔·戈洛夫宁（Михаил Юрьевич. Головнин）/ 085
B.4　印度经济创新发展的挑战与前景 ………………………… 朱翠萍 / 098

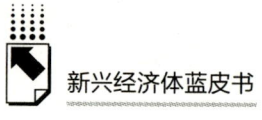
新兴经济体蓝皮书

B.5 中国经济：稳定增长与创新转型 …………………………… 张　兵 / 122
B.6 南非经济创新发展与转型 …………………………… 张春宇　唐　军 / 139

BⅢ　专题报告

B.7 金砖国家创新竞争力综合评析
　………………………… 福建师范大学竞争力研究中心课题组 / 158
B.8 金砖国家创新体系构建：机遇与瓶颈
　………………………………〔美〕查尔斯·霍纳（Charles Honer）/ 164
B.9 金砖国家技术进步的路径 ………… 徐坡岭　贾春梅　杜冠三 / 173
B.10 金砖国家政府治理创新比较研究 …………………… 徐长春 / 192
B.11 金砖国家金融风险评估与增长机制重塑 ……… 李天国　沈铭辉 / 231
B.12 金砖国家引入 FDI 的经济效应研究 …………… 林乐芬　李　靖 / 249
B.13 金砖国家的技术进步与产业成长
　　——以汽车工业为例 ………………………… 冯晓琦　万　军 / 283
B.14 新兴经济体参与新丝绸之路建设的策略研究 ………… 蔡春林 / 297
B.15 金砖国家未来发展透视：问题与突破 ………… 周　文　李　冬 / 311

B.16 2013 年金砖国家大事记 ……………………………………… / 326

B.17 后记 ………………………………………………… 林跃勤 / 330

皮书数据库阅读使用指南

CONTENTS

Perface Zheng Xinli / 001

B I General Report

B.1 Innovation-Driven and Outpacing of BRICS Lin Yueqin / 001

B II Country Mandates

B.2 Brazil: The "Middle-Income Trap" Threats and Way Out
  (Brazil) Marcos Cordeiro Pires / 076

B.3 Reasons of Russia's Slowing- Economy, Innovation and Transformation
  (Russia) M. Gonovning / 085

B.4 Innovation and Development of India's Economy: Challenges and Prospects Zhu Cuiping / 098

B.5 China's Economy: Stable Growing, Innovation and Transformation
  Zhang Bing / 122

B.6 South Africa's Economy: Innovation, Development and Transformation Zhang Chunyu, Tang Jun / 139

B III Special Report

B.7 Comprehensive Analysis of the BRICS' Innovation and Competitiveness Research Team of Fujian Normal University, China / 158

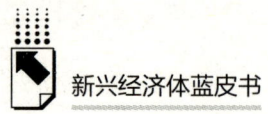

B.8　BRICS' Innovation System: Challenges and Bottlenecks
　　　　　　　　　　　　　　　　　　(U.S) *Charles Honer* / 164

B.9　The Ways of BRICS' Technology Improvement
　　　　　　　　　　Xu Poling, Jia Chunmei and Du Guansan / 173

B.10　Comparative Study of BRICS' Government's Governance
　　　　Innovation　　　　　　　　　　　　*Xu Changchun* / 192

B.11　Financial Risk Assessment and Restore Growth Mechanism
　　　　of BRICS　　　　　　　　　*Li Tianguo, Shen Minghui* / 231

B.12　Economic Effect Study of FDI-Introducing in BRICS
　　　　　　　　　　　　　　　　　　　Lin Lefen, Li Jing / 249

B.13　BRICS' Technology Innovation and Industry Improvement:
　　　　Automobile Industry as Example　　*Feng Xiaoqi, Wan Jun* / 283

B.14　Strategy Research of Emerging Economies Participate the
　　　　Silk Road　　　　　　　　　　　　　*Cai Chunlin* / 297

B.15　The Future Development Perspective of BRICs: Problems and
　　　　Breakthroughs　　　　　　　　*Zhou Wen, Li Dong* / 311

B.16　Memorabilia of BRICS　　　　　　　　　　　　　　/ 326

B.17　Postscript　　　　　　　　　　　　　　*Lin Yueqin* / 330

序 创新是金砖国家成功崛起的根本出路

郑新立*

创新是一个经济体持续发展和繁荣的不竭动力。在知识经济时代，经济发展更加需要依靠技术创新来推动。缺乏先进技术的经济体无法进入全球价值链的上游，而只能处于价值链的中下游，因而经济发展质量不高，竞争力不强，财富积累速度不快。这已被过去人类经济发展的历史所证明。特别是处于全球经济低端环节和外围地位的后发国家，如果沿着传统的增长之路追赶，则很可能陷入"中等收入陷阱"，难以成功赶超和崛起。这已为"二战"后很多国家的实践所证明。短期赶超容易，而持续赶超很难；走出绝对贫困状态容易，而走过中等收入阶段很难。因而，后发国家的赶超不仅是很多国家正在经历的重大实践问题，而且也是一个研究得不够深入的理论问题。

当今世界处于急剧变化之中，新旧两股发展力量在竞合博弈中共同推动全球经济的繁荣发展，作为全球经济的后来者和边缘力量，金砖国家调整发展战略，积极参与经济全球一体化，加快自身发展，在21世纪的头10年结束之际终于占据了全球经济的半壁江山，成为全球经济日益重要的引擎。

自2001年"金砖四国"这个概念诞生以来，金砖四国经历了10多年的辉煌以及由四国向五国的扩张，集群式赶超和崛起业已成为最近10年世界经济发展潮流中的一个显著特点，不仅成为全球经济和全球政治领域的新现象，也成为学术界关注的一个焦点。

但对金砖国家还缺乏深入的系统性研究，已有的研究更多地表现为个别媒体的实践报道和简单、零碎与浅显的分析，对这个群体赶超发展的背景、动

---

* 郑新立，中国国际经济交流中心常务副理事长。

因、存在的问题、趋势等均缺乏综合比较和动态跟踪。这些较大新兴经济体赶超的动因何在？赶超的前景如何？有哪些共性问题需要协商解决？所有这些都亟待深入、系统地研究。

在经过10多年的辉煌之后，金砖国家无一例外地受到2008年金融危机的冲击，并出现了后危机时代的萎靡和"失血症"。2009年以来，包括中国在内的金砖国家的经济增长速度普遍出现明显下滑，尤其是俄罗斯、巴西和印度出现很大幅度的下降，如俄罗斯从2010年的4.3%下降到2013年的2.3%，印度从2010年的7.4%下降到2013年的4.7%，巴西从2010年的7.5%下降到2013年的1.5%，中国从2010年的10.3%下降到2013年的7.7%。IMF在2014年4月9日发布的《全球经济展望报告》下调了俄罗斯、土耳其、巴西、南非等国的经济增长预期，并预计新兴经济体2014年的经济增长率将为4.9%，比其1月的初步预期下调了0.2%，中国的经济增长率将从2013年的7.7%下降到2014年的7.5%。

在2013年，以金砖国家为龙头的新兴经济体持续10余年的全球经济增长最大贡献者的旗帜被发达经济体重新夺走。新兴经济体怎么了？金砖国家为何"褪色"？美国"感冒"好了，金砖国家为何继续"打喷嚏"？金砖国家近期的经济表现不佳让一直看好其发展前景的学者和媒体出现悲观论调，如金砖国家金色不再、金砖国家不行了、金砖国家难以担当拯救世界的重任等。

金砖国家经济失速的根源何在？虽然2008年次贷危机导致美国及西方各国市场需求低迷，宽松货币政策退出使其对外投资回流，给金砖国家的稳定出口和吸引外资造成了困难，但对于金砖国家这种大型经济体而言，这并非主要影响因素，自身增长质量不高、动力结构不合理、效率低下等才是主要原因。根据其在全球价值链的位置，金砖国家可分为资源型与加工型两类。自身体质脆弱导致抗风险能力不强，而增长方式落后、创新能力不强是其深层原因。目前，科技进步对金砖国家经济增长的贡献度只有25%~35%，不到发达国家的一半。根据世界知识产权组织的数据，2011和2012年金砖国家在全球100多个经济体的创新排名中分别居第34位和第64位，在大经济体中更处于落后位置。高投入、高消耗、低产出是金砖国家经济增长的基本特征，其中中国和印度最为突出。中国的固定资产投资率高达45%，印度为35%左右，均远高于全球22%左右的平均水平,其高增长完全是高投入带来的。在单位产出能耗方面,中国、俄罗斯和印度均高出世界平均水平3倍多。按照排放总量,中国、印度、俄罗斯分别排在世界第1、第3和第4位。金砖国家还面临生态环境破坏的威胁,如中国70%以上的河流、湖泊被污染,部分耕地被重金属毒化。印度、巴西也也存在不同程度的污染问题,如亚马逊河流域的森林滥伐和水土流失。中国、印度的能源、资源短缺日益严重,对外依存度不断提高。而美国宽松货币政策的退出以及回归制造业和出口倍增计划的实施等,无疑给世界资本流动和商品供求关系带来了巨大冲击,近期资本从新兴市场回归美国,已导致印度、俄罗斯、巴西等资本市场震荡、汇率贬值。此外,金砖国家的经济风险度也在增长。2014年世界银行、IMF等重要国际组织发布的全球经济发展预测将金砖国家作为全球增长不稳定、持续性低的风险源之一。

由此可见,金砖国家目前进入一个十字路口,要么继续低迷下去,掉入崛起陷阱;要么调整变革,开启一个新的崛起进程。要避免前者和实现后者,就必须创新发展模式,从依靠资源开发及来料加工制造与出口的低附加值循环转向创造、创新和以内需为主的驱动模式,一方面提高在全球价值链中的位置,提高投入产出效率,降低资源消耗和提高财富积累效应;另一方面增强自主发展能力,减少对外部市场特别是发达国家市场的依赖。调整发展战略,终结粗放型增长模式,创建集约式、创新式的增长路径,兼顾短期快速增长目标与长期协调、持续发展战略。这不仅是中国的任务,而且也是金砖国家以及其他新兴经济体需要共同摸索解决的难题,是学术界努力破解和政商界竭力探索的未解之谜。

由中国社会科学院林跃勤和云南师范大学周文牵头、国内外学者共同编撰的《新兴经济体蓝皮书:金砖国家发展报告》,多年来一直站在学术前沿,紧跟国际大环境变化及金砖国家各国的发展动态,从不同视角、不同层面,以敏锐而独到的眼光抓住当前的重大问题,展开全面、系统、深入的分析,探索更好的发展出路,不仅丰富了相关研究,而且为中国以及其他金砖国家和发展中国家的转型升级提出了政策建议,受到学术界的好评。

作为最新成果,2014年版的《新兴经济体蓝皮书:金砖国家发展报告》(创新与崛起)以创新为主题,突出了当今金砖国家发展中的关键问题,在对

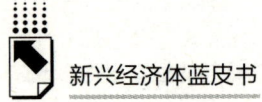

金砖国家发展的国际背景进行分析的基础上,比较了创新发展战略、政策、发展水平及存在的问题、推动创新发展面临的机遇和挑战、未来创新发展需要破解的瓶颈等,总结了金砖国家发展的经验教训,为金砖国家加快自主创新和强化合作提出了多维建议。《新兴经济体蓝皮书:金砖国家发展报告》再次抓住了金砖国家发展的脉搏和发展问题的精髓,回应了学术界对金砖国家发展的诸多疑问,也对金砖国家政府和实业界关注的核心问题给予了充分的解释,必将成为关注金砖国家赶超和崛起前景的每个读者的案头书。

衷心祝愿蓝皮书课题组继续努力,跟踪金砖国家发展,助推其不断迈向新台阶,健康成长,共同崛起!

是为序。

2014年6月5日

总报告

General Report

B.1 创新驱动与金砖国家持续赶超

林跃勤*

摘　要： 在经历了10多年的黄金发展之后，金砖国家普遍面临一个减速调整期，其背后固然有外部环境不景气的原因，但更多的是本身发展动力源泉方面存在的缺陷。因此，目前及未来，金砖国家如何加快转变经济发展方式、提升创新发展能力、建设创新型国家是其能否有效应对外部环境变化和科技革命挑战、培育新的强大增长动力、支撑持续赶超和成功崛起的关键。本报告在回顾创新与经济增长关系一般理论成果的基础上，论述了创新发展对当今金砖国家等新兴经济体在世界经济发展格局中后发崛起的决定性意义，探讨了这些经济体提升创新能力、促进增长方式转变、建设创新性国家面临的困境和出路。

关键词： 金砖国家　创新发展　崛起

---

* 林跃勤，经济学博士，中国社会科学杂志社国际二部主任。

新兴经济体的快速发展和崛起被誉为21世纪第一个10年全球经济的一个亮点和焦点，新兴经济体被赋予后金融危机时代世界经济的拯救者角色。但是，从第二个10年开始，新兴经济体相继陷入减速及增长乏力、资本外流、货币贬值的困境，其世界头号增长驱动者的角色也被发达经济体重新夺回。金砖国家首当其冲，被经济学界称为"金光不再"、"昙花一现"、难以担当"世界经济拯救者"。金砖国家究竟发生了什么事？很多观点认为，遭遇金融危机打击后，世界经济特别是发达经济体的不景气、欧盟经济的低迷、国际资源价格下跌、美国经济的不稳定以及美国宽松货币政策的调整等造成了资本从新兴经济体的撤离，导致后者增长"失血"。这些都是可以肯定的部分理由。但作为大型新兴经济体，金砖国家的增长失速和逆转，不可能由此得到充分有力的解释，更多的还是自身经济脆弱、增长方式不合理、过度依赖外部驱动力和适应性不强所致，核心还是归结于创新力、竞争力不足。因此，金砖国家等新兴经济体要想重新成为世界经济增长的主引擎，就必须增强独立发展能力，在以往传统外延式粗放增长模式之外开辟新的基于创新的内涵增长新轨道，在创新发展方面有所作为，形成不依赖传统要素的增长源泉，维持持续的赶超能力，进而成功崛起于世界经济之林。这是金砖国家未来唯一可选的发展之路。

金砖国家等新兴经济体如何克服增长短腿，转变增长方式，实现创新发展是一个比较新的课题，现有文献不是很多，特别是将金砖国家作为新兴经济体的代表集团进行整体性、综合性比较研究的更少，大多是一鳞半爪、就事论事的观点，缺乏深入的系统性研究。本报告拟在吸收借鉴已有研究成果的基础上，对金砖国家的创新发展背景、创新潜力与发展能力现状、创新发展困境及方向进行一个比较分析，在此基础上给出金砖国家的差异性分析并总结出一般的经验启示，为推动金砖国家及其他新兴经济体的创新发展做出贡献。

一 创新及其与经济持续发展的关系研究回顾

如何理解创新？创新如何演变？包括哪些内容？意义何在？其与经济增长的内在关系如何？创新对后发赶超有何作用？这是我们研究金砖国家建设创新体系、促进增长方式转变和谋求创新赶超的基础和起点。

（一）创新的概念、内涵及其演变

创新（Innovation），指创造新的事物。《广雅》有"创，始也"；新，与旧相对。《魏书》有"革弊创新"，《周书》中有"创新改旧"。和创新含义相近的词有维新、鼎新等，如"咸与维新""革故鼎新""除旧布新""苟日新，日日新，又日新"。创是始的意思，所以创造不是后造，而是始造。创新大致有两层含义：一层意味着创造了新的东西，相当于创造；另一层意味着本来存在一个事物，将它更新或者造出一个新事物来代替它，创新中包含了创造。但新的创造一般是建立在原有的事物或其转化的基础上，包含了对原有事物的创新，因而创造中又包含了创新。人类的创造、创新指的是以现有的知识和物质，在特定的环境中改进或创造新的事物并能获得一定效果的行为，即利用已存在的自然资源或社会要素创造新的矛盾共同体的人类行为，也可以认为是对旧有的一切所进行的替代、覆盖。创新可以分解为两个部分：一是思考，想出新主意；二是行动，即根据新主意做出新事物，即先思考后行动。创造和创新还有一种特定的含义，即创造是指想新的，创新是指做新的。在西方语境中，创新这个词起源于拉丁语，包含三层含义：一是更新，就是对原有的事物进行替换；二是创造原来没有的新的东西；三是改变，即对原有的东西进行发展和改造。创新是指人类为了满足自身需要，在原有的基础上，根据发展的需要而不断拓展对客观世界及其自身的认知与行为的活动。具体来讲，创新是指人为了一定的目的，遵循事物发展的规律，对事物的整体或其中的某些部分进行变革，从而使其得以更新与发展，提出有利于经济发展或科学进步的新的发明创造。

美籍经济学家和创新专家熊彼特在1911年出版的《经济发展理论》中对创新进行了最早的论述，他把一种新的生产要素和生产条件的"新组合"引入生产体系。熊彼特认为，在生产过程中因引入了"新组合"而导致经济上质的优化，而不仅是由人口、资源等外部因素变化引起的经济量的增加，这种特定组合及其优化意味着改变事物和力量的相互关系，是一种区别于以往的增长驱动力，这种新的组合过程，在熊彼特看来即是创新。"新组合"具体包括下列5种情况：①采用一种新的产品，即产品创新；②采用一种新的生产方法，也就是在有关的制造部门中尚未通过经验鉴定的方法，虽然没有技术上的创新，但却进行了大量处理方式创新，是把已有的生产要素在新的科学发现的基础上进行新的排列组合；③开辟一个新的市场，也就是有关国家的某一制造部门以前不曾进入的市场，不管这个市场以前是否存在过；④掠取或控制原材料或半制成品的一种新的供应来源，无论这种来源是已经存在的还是第一次创造出来的；⑤实现任何一种工业的新组织，比如造成一种垄断地位，或打破一种垄断地位。熊彼特认为不仅需要对生产工艺和产品进行创新，更要对生产的组织过程、产品的处理方式和企业的管理结构进行创新，后者可以理解为管理创新。科学发明、政府改革、社会进步等可能会对创新有所帮助，或者为创新提供一个良好的环境，但所有这些都不是创新本身。通过领导可以实现管理创新，而生产工艺和产品革新，在一定程度上是作为管理革新的结果出现的。无形的手并不能有效地指导经济运作，创新才是促进经济增长的主要催化剂。①

伊诺思（L. Enos）1962年将技术创新定义为包括发明的选择、资本投入保证、组织建立、制定计划、招用工人和开辟市场等几种行为在内的综合结果。而首次从创新时序过程角度来定义技术创新的林恩（G. Lynn）认为技术创新是"始于对技术的商业潜力的认识而终于将其完全转化为商业化产品的整个行为过程"。美国经济学家华尔特·罗斯托提出了"起飞"六阶段理论，将"创新"的概念发展为"技术创新"，把"技术创新"提高到"创新"的主导地位。

美国学者迈尔斯（S. Myers）和马奎斯（D. G. Marquis）在其1969年为美国国家科学基金会（National Science Foundation of U. S. A.）主持的研究报告《成功的工业创新》中认为，创新是技术变革的集合，技术创新是从新思想、新概念开始，通过不断地解决各种问题，最终使一个有经济价值和社会价值的新项目得到实际的成功应用的一个复杂的活动过程。著名学者弗里曼（1973，1982）认为，技术创新在经济学上的意义只包括新产品、新过程、新系统和新装备等形式在内的技术向商业的首次转化。技术创新是一个技术的、工艺的和商业化的全过程，其导致新产品的市场实现和新技术工艺与装备的商业化应用。创新与发明或技术样品有区别，是技术的实际采用或首次应用。美国国家

---

① 慈玉鹏：《熊彼特论创新》，《管理学家》2010年第10期。

科学基金会发布的报告《1976年：科学指示器》将创新定义为"技术创新是将新的或改进的产品、过程或服务引入市场"。而明确地将模仿和不需要引入新技术知识的改进作为最终层次上的两类创新划入技术创新的定义范围中。美国学者迈克尔·诺斯（Michael North）称，创新是建立于循环往复与重新组合之上的，即创新是融重组、再生、发明、革新与进化为一体的概念。创新是一种全新的思维方式，能够创造价值的思维方式。①

傅家骥、彭玉冰、白国红等从企业微观层面出发，将技术创新定义为企业家对生产要素、生产条件、生产组织进行重新组合，以建立效能更好、效率更高的新生产体系，从而获得更大利润的过程。而且，由于这两类创新涉及新技术、新工艺的应用，而"组织创新"和"市场创新"只是配合新技术、新工艺实现商业价值而采取的辅助性创新活动，因此，将"创新"等同于"技术创新"也有较大合理性。当然，随着企业组织形式的日益多样化和市场复杂程度的不断提高，为提高自身的经营效率和盈利能力，单纯的"组织创新"和"市场创新"也变得很常见。

《奥斯陆手册》（第三版）将创新活动划分为"产品创新"、"工艺创新"、"组织创新"和"市场创新"四类。② 弗里曼则明确指出，创新是人的实践行为，是人类对发现的再创造，是对人类实践范畴的超越，是对物质世界的矛盾再创造。创新是人类自我发展的基本路径。创新与积累行为构成一个矛盾发展过程。创意是创新的特定形态，意识的新发展是人对于自我的创新。创新不仅仅是高科技的设备和知识产品，其含义比发明要更广。③

伊诺思从行为方式的角度提出，"技术创新"是多种行为的综合结果，包括发明的选择、资本投入保证、组织建立、计划制定等，是技术进步与应用创新的"双螺旋结构"共同演进的产物；信息与通信技术的融合与发展推动了社会形态的变革，催生了知识社会，使得传统的实验室边界逐步"融化"，进

---

① http：//www.press.uchicago.edu/ucp/books/book/chicago/N/bo16668049.html.
② *The Theory of Economic Development*. Cambridge，MA：Harvard University Press. 1934，pp. 65 – 66，and OECD，*Oslo Manual：Guideline for Collecting and Interpreting Innovation Data*（Third Edition），A Joint Publication of OECD and Eurostat. 2005，p. 29，47.
③ Freeman，C.，*The Economics of Industrial Innovation*. London：Frances Pinter，1982，pp. 1 – 10。

一步推动了科技创新模式的嬗变。

从国家层面来看,创新体现为一国服务和规模的创新,即国家创新,指一个国家通过将科技创新作为基本战略,大幅度提高其科技创新能力,形成巨大的国际竞争优势,它既包含企业层面的创新,也包含行业、区域层面的创新,还包含政府机构、高校系统和公民个人的创新,是一个综合创新体系。弗里曼、纳尔逊(Nelson, R.)、伦德瓦尔(Lundvall, B. A.)等创新经济学家认为,一个国家内部创新活动的相关主体以及各种相关的制度和政策,在推动创新活动的过程中相互作用,形成网络体系,这些体系构成国家创新体系,它既包括企业、政府部门、大学、公共研究机构及社会中介等创新活动参与主体,也包括劳动市场、教育培训体系、金融制度、规制结构等与创新活动相关的制度安排。与传统的"线性创新模型"不同,它是一个整体的创新活动开展机制,是一个复杂的系统性过程,而非企业个体行为。① 国家创新能力在一定程度上取决于技术的完善程度和特定经济体的科技人力资源规模,同时也反映政府的政策和私人部门的投资决策对国内研发活动的激励作用。国家创新理论特别强调知识积累和技术创新对经济发展的推动作用,并认同国家创新能力是各国增长和发展差距的重要解释因素。② 国家创新能力是一个经济体开发、吸

---

① 新增长理论的最早文献出现在 1986 年,即 Romer, P. ,"Increasing Returns and Long Run Growth," *Journal of Political Economy*, Vol. 94 (1986), pp. 1002 - 1037;而国家创新体系的最早文献出现在 1987 年,即 Freeman, C. , 1987. *Technology Policy and Economic Performance*: *Lessons from Japan*. London: Pinter. 因此,主流经济学家和非主流创新经济学家几乎是同时开始关注"国家创新能力"的。参考 OECD, *National Innovation System*, OECD Publications, Paris, 1997, p. 10, Feinson, Stephen, "National Innovation Systems Overview and Country Cases," in *Knowledge Flows, Innovation, and Learning in Developing Countries* (Vol. 1, 2003) 和 Godin, Benoit, "National Innovation System: the System Approach in Historical Perspective," *Project on the History and Sociology of STI Statistics*, Working Paper No. 36 (2007)。弗里曼最早在研究日本经验的基础上正式提出"国家创新体系",但 Freeman, C. , "The 'National System of Innovation' in Historical Perspective," *Cambridge Journal of Economics*, Vol. 19 (1995), pp. 5 - 24 却强调最早使用该表述的是伦德瓦尔。

② Freeman, C. , "Continental, National and Sub-national Innovation Systems—Complementarity and Economic Growth," *Research Policy*, Vol. 31 (2002), pp. 191 - 211 明确指出,资本积累和劳动力增长并不足以解释不同经济体之间如此巨大的增长差异;在知识积累方面的无形投资比实物资本投资对经济增长的影响更具有决定性意义;而支撑制度变迁的社会能力(Social Capability),或者说创新体系,有利于技术进步。

收、应用新技术和新机制,提高潜在生产率水平和国家竞争力的能力。创新型国家是指以技术创新为经济社会发展的核心驱动力的国家,主要表现为:整个社会对创新活动的投入较高,重要产业的国际技术竞争力较强,投入产出的绩效较高,科技进步和技术创新在产业发展和国家的财富增长中起重要作用。创新型国家一般应具备以下4个特征:创新投入高,国家的研发投入即R&D支出占GDP的比例一般在2%以上;科技进步贡献率达70%以上;对外技术依存度通常在30%以下;创新产出高,世界上公认的20个左右的创新型国家所拥有的发明专利数量占全世界总数的99%。国家创新主体不仅指企业,还包括高等院校、科研院所、政府机构等其他组织,技术创新的目的不仅在于实现各种新技术、新发明的商业性应用,更体现为加速技术进步、提升国际竞争力、为经济体的持续增长提供动力。

迈克尔·波特的竞争力理论认为,创新是竞争力的基础和核心。竞争优势实质上是生产力发展水平的优势,而生产力发展水平是由创新能力决定的,因而,创新能力是国家竞争力或竞争优势的基础和核心。一个国家兴旺发达的根本原因是其在国际市场中具有的竞争优势,这种竞争优势来源于它的主导产业所具有的竞争力,而主导产业的竞争优势又源于企业由于创新所发挥出来的生产效率。可见,归根结底,国家是否具有适宜的创新促进机制和充分的创新能力是其获得国际竞争优势的关键。而一国的创新机制包含三个层面:微观竞争机制、中观竞争机制和宏观竞争机制。微观竞争机制是企业产生内部活力、使产品增值并使企业长期盈利的创新保障和能力,构成国家竞争优势的基础;中观竞争机制指的是企业创新涉及的产业和区域的配置、环境、辅助与支持;宏观竞争机制则意味着一个国家的整体优势而非个别企业和产业的竞争优势。国家竞争优势问题实际上是行业竞争优势问题,关键是理解一国经济的大环境如何影响企业和行业在世界市场上的竞争地位。①

国家创新的目标是优化经济结构,促进社会和谐发展,提高国家的经济实力与国际竞争力。国家创新成功的结果体现为创新国家的形成和建立。把科技创新作为基本战略,形成强大的领先科技创新能力和竞争优势的国家,被学术

---

① 迈克尔·波特:《国家竞争优势》,华夏出版社,1990。

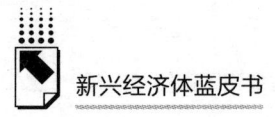

界称为创新型国家。是否拥有高效的国家创新体系是区分创新型国家与非创新型国家的主要标志。当今世界上公认的创新型国家有 20 个左右，包括美国、日本、芬兰、韩国等。

（二）创新的意义与作用

1. 创新是先发国家领先发展和引领全球增长的动力

创新和经济增长是密不可分的，没有创新就没有经济的发展、贫穷的消除和国家的繁荣昌盛。

西蒙·库兹涅兹认为，科学广泛地应用于解决经济生产的难题是现代经济时代的创新特征。从 18 世纪开始，以科学为基础的技术就成为当时发达国家经济增长的主要源泉。在过去两个多世纪里，全球经济特别是发达经济体的增长不是依靠简单的物质要素投入增加获得的，而是依靠技术的不断进步获得的。[①] 18 世纪中后期英国通过蒸汽机的发明促进了生产力的飞跃，继而成为世界海上工业贸易霸主；19 世纪末美国通过鼓励创造发明逐渐成为世界上电力、汽车、航空、石油开采、通信等产业的强国并取代英国成为世界新的霸主；"二战"后日本通过励志创新，迅速医治战争创伤，成为世界经济强国；德国在"二战"后也通过创新发展重新崛起于世界。

2. 创新是构建知识经济的基础和平台

经济学理论对经济增长动力的研究是不断演变和深化的过程。从最早的物质要素说到后来的人力资本与技术要素说，从外生增长说到内生增长说，从简单到复杂、从单一到多元、从低级到高级、从粗放到集约、从常规到创新。

罗伯特·索罗（Robert M. Solow）等开创的新古典经济增长理论（外生增长理论）认为，长期增长率是由劳动力增加和技术进步决定的，前者不仅指劳动力数量的增加，而且还含有劳动力素质与技术能力的提高，在一定程度

[①] 根据 Maddison, Angus, *Monitoring the World Economy*: 1820 – 1992, Paris: OECD, 1995, p. 1, 1820~1992 年，全世界人口增长 5 倍、人均 GDP 增长 8 倍、经济总量增长 40 倍。而美国和西欧的实际平均收入水平相当于 200 年前的 50~300 倍（见 Romer, D., *Advanced Macroeconomics*, McGraw-Hill, 2001, p. 5）。

上,技术进步、劳动力质量的提高比增加资本对经济增长的作用更大,人均产出的增长来源于人均资本存量和技术进步,但只有技术进步才能够导致人均产出的永久性增长。这打破了人们一直奉行的"资本积累是经济增长最主要的因素"的理论,肯定了长期经济增长除了要有资本以外,更重要的是靠技术的进步、教育和训练水平的提高。这给起步较晚的发展中国家一个有益的启示:要更多地研究如何在现有的工业基础上逐步提高劳动生产率和技术水平,这样才能跟上世界经济的发展。索罗意识到技术进步对经济增长的长期性作用,但他未能解释长期经济增长的真正来源,而是把长期经济增长的关键——技术进步(劳动的有效性)作为外生因素。因此,以索罗模型为代表的新古典经济增长理论通过"假定的增长"来解释增长的方法是存在缺陷的。从20世纪80年代中后期起,以罗默(Romer. P)、小罗伯特·卢卡斯(Robert Lucas)、菲利普·阿洪(Philippe Aghion)、彼得·郝威(Peter Howitt)等人为代表的经济学家,在对新古典增长理论进行批判性再思考的基础上,提出了以内生技术变化为基础的新增长理论(New Growth Theory),认为知识和人力资本是增长的"发动机"。经济增长的原因是:第一,获取新知识(包括革新、技术进步、人力资本积累等概念);第二,刺激新知识运用于生产(市场条件、产权、政治稳定以及宏观经济稳定);第三,提供运用新知识的资源(人力、资本、进口品等)。新增长理论突破性地将知识、人力资本等内生技术变化因素引入经济增长模式,提出要素收益递增假定,因为知识和人力资源本身就是一个生产投入要素:一方面,它是投资的副产品,即每个厂商的资本增加都会导致其知识存量相应提高;另一方面,知识和人力资本具有"外溢效应",即一个厂商的新资本积累对其他厂商的资本生产率有贡献。通过这种知识外溢的作用,资本的边际产出率会持久地高于贴现率,使生产出现递增收益。随着投资和生产的进行,新知识将被发现,并由此形成递增收益,从而实现持续增长。技术内生化的引入说明技术不再是人类无法控制的外生因素,而是人类出于自身利益主动投资的内在产物并由此产生源源不断的驱动力。

内生增长理论证明,技术创新及知识积累和人力资本是经济增长的发动机;创新活动本身受到经济体内部各主体相互作用及各种制度安排的影

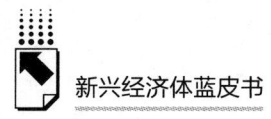

响；R&D、教育等方面的公共资助可以提高创新激励，进而影响经济的长期增长。① 这种理论考虑到了不同经济体之间知识积累、技术进步和创新能力的差异，较好地解释了国家创新能力对其国家竞争力的决定性作用②。

21世纪，随着世界各国尤其是发展中国家和新兴经济体对经济增长的需求增大以及资源环境的恶化，其对知识经济的呼唤日趋强烈。知识经济的构建对创新与技术进步的依赖不断增强。创新就是知识经济的核心内容，创新不仅表现为知识和技术的转移，而且表现为创新系统多元化的要素有效地使用与协同，构成知识与技术的创造、获取、转移和应用的网络。随着信息技术对知识社会的形成及对技术创新的影响日益扩大，技术创新被认为是一个科技、经济一体化过程，是技术进步与应用创新"双螺旋结构"（创新双螺旋）共同催生的产物。创新与发展相互促进，创新为促进经济发展提供动力，而经济发展又为进一步创新提供良好的经济基础。2011年斯坦福大学专门成立发展中经济体创新研究所（Stanford Institute for Innovation in Developing Economies），核心宗旨是研究新兴经济体的创新、创业及企业规模增长刺激经济增长、有效减少贫困、提高生活水平的途径以及培训和指导这些国家的企业家。2014年2月20日该研究所启动"全球发展和减贫计划"（Global Development and Poverty Initiative），鼓励该校科研、教学人员进行跨学科协作研究，通过企业创新消除贫困。此次的计划将鼓励斯坦福大学内多个研究领域的专家参与进来，通过跨学科合作，寻找发展模式转型与创新方案。同时该计划还将充分利用发展中经济体创新研究所在发展中国家设立的地区中心，为研究提供充足的地方资

---

① P. Aghion and P. Howitt, *Endogenous Growth Theory*, The MIT Press, Cambridge, Massachusetts, 1998, p.1 明确指出，创新是一个社会过程，创新活动的强度和方向需要以法律、制度、习俗、规制等因素为前提条件。而这些因素恰恰能影响到人们创新的激励和获取租金、学习经验、组织研发等方面的能力。

② 根据熊彼特的创新理论（Schumpeter, Joseph, *The Theory of Economic Development*, Cambridge, MA：Harvard University Press, 1934, pp.65 - 66），技术创新是一个经济学概念，其核心特征在于实现商业化和市场价值。国家创新能力与技术创新密切相关，强调的是经济体实现技术创新的潜能。Porter, M., Stern, S., "National Innovative Capacity," in *The Global Competitiveness Report* 2001 - 2002, Oxford University Press, 2002, pp.78 - 101 以及 Furman, Jeffery, L., Michael, E. Porter, Scott Stern, "The Determinants of National Innovative Capacity," *Research Policy*, Vol.31 (2002), pp.899 - 933 对此都给出过明确的界定。

源,更加深入地了解发展中经济体创业管理的大背景,鼓励将研究成果投入实地培训和实际问题的解决,促进经济发展和减少贫困。该计划将由斯坦福大学发展中经济体创新研究所和斯坦福大学弗里曼·斯波利国际问题研究所(Freeman Spogli Institute for International Studies)合作管理,目前筹集到启动资金1000万美元。①

(三)创新是后发国家赶超的利器

后发国家的赶超发展往往依赖于后发优势。美国经济史学家亚历山大·格申克龙(Alexander Gerchenkron)在总结德国、意大利等国经济成功追赶的经验的基础上,于1962年创立后发优势理论。该理论认为,由于缺乏某些工业化的前提条件,后发国家可以也只能创造性地寻求相应的替代物,以达到相同的或相近的工业化结果。替代性的意义不仅在于资源条件上的可选择性和时间上的节约,更在于使后发国家能够根据自身的实际,选择有别于先进国家的不同发展道路和不同发展模式。而引进技术是正在进入工业化的国家获得高速发展的首要保障因素。后发国家引进先进国家的技术和设备可以节约科研费用和时间,快速培养本国人才,在一个较高的起点上推进工业化进程;资金的引进也可解决后起国家工业化中资本严重短缺的问题。美国社会学家列维将后发优势具体化为5点内容:①后发国家对现代化的认识要比先发国家在开始现代化时对现代化的认识丰富得多;②后发国家可以大量采用和借鉴先发国家成熟的计划、技术、设备以及与其相适应的组织结构;③后发国家可以越过先发国家的一些必经发展阶段,特别是在技术方面;④由于先发国家的发展水平已达到较高阶段,可使后发国家对自己的现代化前景有一定的预测;⑤先发国家可以在资本和技术上对后发国家提供帮助。其中第2点和第3点是最关键的内容。依据阿伯拉莫维茨(Abramoitz,1989)提出的"追赶假说",后发国家追赶先发国家之所以可能是由于存在技术差距这一外在限制因素,即后发国家与先发国家之间存在技术水平的差距,它是经济追赶的重要外在因素,正因为存在技术差距才使得通过技术创新缩小技术差距进而实现经济追赶成为可能,即生产

---

① http://news.stanford.edu/news/2014/february/global-poverty-initiative-022014.html.

率水平差距的克服为经济的高速发展提供了动力和潜能。而社会能力，即通过教育等形成的不同技术能力，以及具有不同质量的政治、商业、工业和财经制度等是经济追赶的内在因素。而伯利兹、保罗·克鲁格曼（Brezis，Paul Krugman，1993）等在总结发展中国家成功发展经验的基础上提出的基于后发优势的技术发展的"蛙跳"（Leap-flogging）模型证明，后发国家在技术发展到一定程度、本国已有一定的技术创新能力的前提下，可以直接选择和采用某些处于技术生命周期成熟前阶段的技术，以高新技术为起点，在某些领域和产业实施技术赶超。

后发优势理论证明，后发经济体由于存在技术落差以及可以在较高起点缩小这种落差，因此可以实现对发达经济体的技术追赶，从而驱动经济加速和实现赶超发展，尤其是一些新兴经济体和发展中国家在具备了一定的技术发展水平之后，需要而且可能通过一定的技术突破来实现赶超发展。

克劳斯·施瓦布（2013）认为，创新的重要作用无论怎样强调都不为过。在技术发展日新月异的背景下，创新已经成为提高经济和社会发展水平的重要推动力。具备较高创新能力的国家更有可能在未来保持繁荣，同时也更有可能增进人民的福祉。未来人们可能以"富有创新力"和"缺乏创新力"来区分不同的国家，而不再是传统意义上的"发达国家"和"发展中国家"。结构改革以及机制和技术创新是新兴国家实现经济转型、赶超发展和成为世界发展驱动力的关键。技术创新应聚焦于那些能够重塑消费、商业和增长模式的关键性领域，而这又需要一系列制度创新加以保障——为商业营造公平环境、提升交易透明度、强化问责制、确保市场参与者拥有发挥才智和企业家精神的平等机会。世界各国应紧密合作、消除自满，推进结构性改革，并加大那些能够促进就业和可持续发展的关键投资。①

早在20世纪八九十年代新加坡等亚洲"四小龙"起飞的时候，美国知名经济学家保罗·克鲁格曼就对这种过度依赖引进资本和技术的非创新型增长模式提出过尖锐的批评。他在1994年曾发表文章批评新加坡的经济增长只是通过单纯的资本投资而带来的增长，而非提高生产率。这种输入型增长模式在未

---

① http：//news.xinhuanet.com/2013-09/10/c_117303718.htm.

来一定会导致回报率逐渐降低,带来的利益也将会很有限。后来,新加坡通过开放市场、改善投资环境、改进基础设施、增加基础教育和推动创新经济获得了巨大的进步,实现了由新兴经济体向发达经济体的跨越,成为创新领先国家。

世纪经济发展的历史证明,依托优越的资源条件以及稳定良好的国情,个别较小的经济体或许可以成为世界上的富裕国家,但很难成为发达强盛的国家。沙特、科威特、巴林、卡塔尔等中东石油国家和委内瑞拉等依托资源优势的国家均没有成为强大而富有竞争力的国家,相反,以色列、日本、新加坡等资源贫乏的国家通过创新发展成为竞争力极强的国家。21世纪,科技快速进步,新材料不断涌现,对传统资源要素的依赖日益减弱。而且,全球的消费需求不断升级也对产品和服务提出了更高的要求,要求更多的创新和创意,后发国家很难再依托简单的资源要素致富图强。一些国家主要依靠自身丰富的自然资源增加国民财富,如中东石油国家,但这些国家绝非创新国家,一旦资源耗尽,其增长就将失去源头;一些主要依附于发达国家的资本、市场和技术的国家,如一些拉美国家,也不能成为创新国家,一旦外部条件发生变化,这些国家的发展就会出现震荡和衰退危机。即便是先发国家也只有继续推进创新,才能维持自身的领先地位和竞争能力。正如悉尼科技大学商学院院长罗伊·格林(Roy Green)、墨尔本大学经济和政策专家约翰·费里拜恩(John Freebairn)(2013)指出的,澳大利亚在自然资源上有竞争优势,在对这些材料或事物的加工上也有竞争优势,澳大利亚还有高水平的教育,但是,缺乏创新将使澳大利亚变为一个仅仅出口未加工原料的国家,从而使其国民失去世界一流的生活水平。新产品开发和推广需要高科技和创新的支持,如果依靠低技术的劳动密集型产品将无法生存。这就需要挖掘自身的潜能、提升竞争力并寻找新的市场,政府需要更好地支持企业建立新的产品和生产系统。①

按照美国经济学家华尔特·惠特曼·罗斯托(Walt Whitman Rostow)在《经济成长的阶段》(1960)及《政治和成长阶段》(1971)中提出的"经济

---

① http://www.smh.com.au/federal-politics/political-news/innovation-key-to-competitive-future-economists-and-industry-groups-warn-20140211-32g34.html#ixzz2t70SxSjq.

成长阶段论",一个国家的经济发展过程分为6个阶段(最初分为5个阶段,后补充为6个阶段),依次是传统社会阶段、准备起飞阶段、起飞阶段、走向成熟阶段、大众消费阶段和超越大众消费阶段。在传统社会阶段,生产活动中采用的技术是围绕生存而展开的牛顿时代以前的技术,通常都是封闭或者孤立的经济。准备起飞阶段是摆脱贫穷落后、走向繁荣富强的准备阶段,它的特征是主导产业通常是第一产业或劳动密集型的制造业,这一阶段要解决的关键难题是获得发展所需要的资金。起飞阶段是经济由落后阶段向先进阶段的过渡时期。经济起飞必须具备4个条件:①生产性投资率提高,占国民收入的比重提高到10%以上;②经济中出现一个或几个具有很高成长率的领先部门;③发明和革新十分活跃;④适宜的政治、社会以及文化风俗环境。大量劳动力从第一产业转移到制造业,外国投资明显增加,以一些快速成长的产业为基础,国家出现了若干区域性的增长极。成熟阶段是指一个社会已把现代化的技术有效地应用到了它的大部分产业的时期。国家的产业以及出口产品开始多样化,高附加值出口产业不断增多,厂家和消费者热衷新技术和新产品,投资重点从劳动密集型产业转向资本密集型产业,国民福利、交通和通信设施显著改善,经济增长惠及整个社会,企业开始向国外投资,一些经济增长极开始转变为技术创新极。金砖国家目前基本上处于这一发展阶段。在大众消费阶段,主要的经济部门从制造业转向服务业,奢侈品消费攀升,生产者和消费者都开始大量利用高科技成果。目前主要发达国家都已进入这一发展阶段。超越大众消费阶段的主要目标则是提高生活质量。

从罗斯托的阶段论可以看到,一个经济体的经济发展是不断变迁、升级的,而其动因在于经济技术条件的变化。换言之,社会需求对经济提出了升级要求,而技术创新驱动并实现了经济的升级发展。作为处于成熟发展阶段而准备向大众消费阶段迈进的经济体,金砖国家同时也处于一个从要素驱动转向技术创新驱动的关键时期(见图1)。

进入21世纪,世界新科技革命的发展势头更加迅猛,创新成为经济社会发展的主要驱动力和时代的主旋律。创新发展成为世界各国追求发展繁荣的普遍道路,全世界所有的国家均卷入或者积极投身创新的竞争,创新能力已上升为一个国家和地区的核心竞争力。各国均部署新的创新发展战略,调整科技政

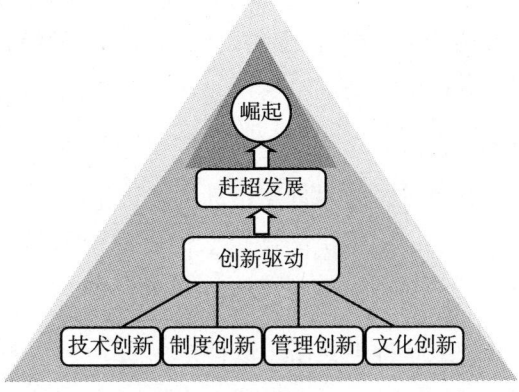

图1

策，大幅度提高创新能力，致力于打造日益强大的创新型国家。为应对2008年的金融危机，发达国家率先发动了一轮以大数据、新能源、信息、生命科学等为代表的科技创新潮流，促进了全球的知识创造和技术创新。如美国在2009年和2011年先后两次发布《美国的创新战略报告》，2011年2月发布《美国的创新战略：确保美国的经济增长和繁荣》。日本确定了面向2020年的10年经济增长新战略，并于2011年9月颁布《第四期科学技术基本计划》，将科研开发投资目标定为国内生产总值的1%，5年内合计达到25万亿日元，将"环境和能源""医疗、护理与健康""地震重建"定位为未来的三大增长支柱，同时强调要开发可再生能源。2010年欧盟提出建设"创新型欧盟"，思路是利用科技创新促进经济增长、战胜危机。2011年11月30日，欧盟提出总预算约800亿欧元的《地平线2020》科研计划，推动信息技术、纳米技术、新材料技术、生物技术、先进制造技术和空间技术的发展，开展气候变化、"绿色"交通、可再生能源、食品安全等领域的研究。发达经济体意欲通过发动新技术革命或称第三次工业技术革命，重振经济增长，再次占据全球经济增长的制高点。从2007年首届夏季达沃斯年会的"变化中的力量平衡"，到2012年的"塑造未来经济"，再到2013年夏季达沃斯第七届年会的"创新：势在必行"，"创新"始终是贯穿夏季达沃斯年会的主题。从经济增长方式到发展理念，从企业管理到制度，从企业领袖观念到行为方式，从消除社会贫困

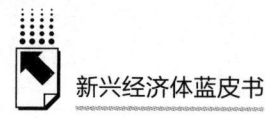

到保护全球环境,"创新"无疑已成为突破发展与进步瓶颈的一把"钥匙"。

美国经济学家罗伯特·戈登（Robert Gordon）认为，目前，世界面临以更加可持续的发展模式来替代传统的经济增长模式的局面，而这需要更加强调创新、生产率和新市场，促进更多的以提高生产率为主要目标的创新。创新不仅是一种技术，更是一种思维，技术创新带动的或许是直接的、快速的生产力革命，而制度和模式创新会有更长远的效果。世界经济需要的不是单纯的创新，而是综合考虑环境、资源与可持续发展的创新。①

联合国开发委员会主席特里奥诺·威博沃（Triyono Wibowo）、英国发展研究所社会学教授约翰·汉弗莱（John Humphrey）等在2013年9月20日联合国贸易与发展会议举办的"发展中国家与全球价值链对接"研讨会上表示，当今全球经济发展的主要特点是在生产流程的碎片化和生产活动的国际化基础上形成了一个"无国界生产系统"，即通常所说的全球价值链。发展中国家和新兴经济体要从全球价值链的下游进入上游，不仅意味着要增加全球价值链的参与度，还意味着要增加出口产品的国内附加值，为此要提高劳动力的教育水平、促进劳动力的流动性、发展专业技术和服务、提高劳动生产率、发展支柱产业并尽可能使出口产品多样化，从资源密集型和劳动密集型产业转向资本密集型和技术密集型产业。② 在全球经济面临后危机时代的低迷和转型的大背景下，作为创新的后发经济体，金砖国家处在经济逐渐成熟和升级的阶段，其外部市场不稳定，部分国家还面临内部资源短缺和外部资源利用受阻的挑战，依托已有的资源密集型和劳动密集型增长模式，已无法继续维持以往的高增长态势，唯有加快自主创新、发展低碳经济和循环经济，推进可持续增长，才能保持源源不断的发展动力，实现继续赶超。

世界经济论坛2013年4月10日发布的《2013年全球信息技术报告》（Global Information Technology Report 2013）显示，信息和通信技术已经大大改变了当今经济的运行模式，在提高商业和服务业效率的同时，信息和通信技术还促进了创新与经济增长，并提供了高质量的就业岗位。如同世不久的

---

① http://www.gmw.cn/xueshu/2013-09/29/content_9051642.htm.
② http://www.csstoday.net/xueshuzixun/guoneixinwen/84978.html.

创新驱动与金砖国家持续赶超

3D打印技术近几年发展迅猛，2012年打印产业价值达22亿美元，2013年增长幅度达30%，正是这类高新技术和产业的快速发展驱动着经济扩张和结构优化。①

美国哈佛大学政治经济学教授阿尔贝托·阿莱西纳（Alberto Alesina）、耶鲁大学政治科学教授乔利恩·沃斯（Jolyon Howorth）和意大利博科尼大学经济学教授弗朗西斯科·贾瓦齐（Francesco Giavazzi）认为，以创新为主要推动力的电子信息产业在促进商业发展、提高生产力、创造新公司、减少负面生态影响并使公共服务现代化方面优势显著。欧洲由于没有创建新企业和创新性企业，而是继续维持20世纪60年代那些促进经济快速增长的体制和产业结构政策，因此其当前的电子信息产业因缺乏管理创新而滞后，其也不再是世界能力和威望的中心。如果欧洲想要继续保持自身在全球的影响力，除了加快经济发展以外，还需要加快技术进步，同时加快国际银行业、贸易、航海、军事能力以及软实力的建设。②

俄罗斯学者米·卡尔米科夫（2014）指出，当代世界已经进入了激烈的技术竞争阶段，国家的地位不取决于国土面积的大小或是其所拥有的地质资源的多少，而取决于其在技术市场上的竞争力以及产品的研发能力。在发达国家，创新对国内生产总值增长的贡献度为80%~90%。在高科技作用日益重要的今天，高技术含量产品在世界贸易中所占的比重越来越高，其总量及附加值已经超过石油和其他自然资源市场交易额的数倍。创新型经济的发展影响到的是内部相互关联的整体经济结构（包括不同规模的企业、教育机构、研究中心、各层级的国家机关、金融市场等）。发达国家的经验表明，取得突破性进展的是那些积极开展研发创新的国家。迈克尔·波特在这个问题上做了非常好的阐释：国家的繁荣不可能继承，而只能通过创造得到。国家的自然资源、可用人力、目前的利率或本国货币的购买力并不能直接造就经济繁荣，经济繁荣要靠产业的创新和升级。③

---

① http://forumblog.org/2013/04/a-new-digital-divide-threatens-growth/.
② http://www.internationalpolicydigest.org/2014/02/09/exploring-europes-significance-globalized-world/.
③ 米·卡尔米科夫：《俄罗斯以国家项目投资促进创新发展》，《中国社会科学报》2014年第6期。

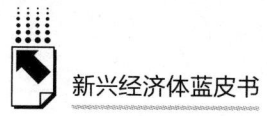

二 有关新兴经济体创新发展的研究

学术界对新兴经济体和金砖国家的创新有不少研究与评价。一些观点认为，金砖国家创新发展的整体状况不容乐观。

钟惠波（2012）在对金砖国家创新体系存在的问题进行比较研究的基础上指出，金砖国家的创新体系存在过分偏重创新的研发和技术因素而忽视创新成果的商业化等问题，各种创新政策缺乏有效融合，阻碍了国家创新体系的全面协调演进，金砖国家的创新体系都因缺乏某种根植性而存在各自的问题。只有从本国特定的经济社会条件和全面发展的视角来考虑本国的创新政策，才有可能构建一个高效的国家创新体系。[①]

美国摩根士丹利专家 Ruchir Sharma（2013）指出，在全球范围内，投资者还在将资金从大宗商品转移到科技行业。这可以解释为什么全球十大最具价值的公司有9家在美国（美国是科技创新的一个中心），而新兴市场的国有企业则没有能力跟上时代的步伐，科技创新从来都不是官僚的强项。[②] 美国学者鲁比尼（2014）指出，金砖四国的经济正遭遇"中年危机"：中国的GDP增长率从连续30年超过10%降到7%；印度经济的增长率从接近9%降到2013年的5%；2013年巴西、俄罗斯和南非的增长率分别处于2.5%、1.3%和1.9%的低水平上。2014年巴西GDP增长率预计为1.8%，俄罗斯为1.7%，南非为2.6%。他认为这些国家金融市场低迷、人口红利消失、增长陷入低潮。投资者们认为金砖国家中的巴西、印度和南非3个成员国同时属于五大脆弱的新兴市场经济体。金砖国家经济增长中的种种问题是因经济增长方式过于简单而产生的，主要依靠单纯的资源流动和效仿或还原现有技术来实现增长，而没有强调困难得多的追求生产率持续增长的创新。2013年所有金砖国家的全球创新指数排名均低于上年，并落后于墨西哥和印度尼西亚等中等收入国家。首先，尽管金砖国家大部分都实现了第一代改革，但市场改革不够，也未

[①] 钟惠波：《金砖四国国家创新体系存在的问题比较》，《科技进步与对策》2012年第2期。
[②] http://cn.wsj.com/gb/20130708/opn073450.asp? source = newsletter.

实现以更多依赖计算机和提高生产率为特征的第二代结构性改革。因此，它们潜在的经济增长速度会降低。一个国家可以依靠稳固的机构、良好的治理、适合的宏观政策，以及储蓄的流动性、资本与劳动力的投入等因素从低人均收入水平上升到中等收入水平，但要想再进一步向发达国家迈进则困难得多。向发达国家水平迈进意味着弃劳动力和资本的资源调动而取全要素生产率的可持续增长，同时还少不了创新、对新技术和数字化经济的投资、开放经济并支持私有经济的发展。相较于优化资源配置、复制或者逆向重构其他国家的技术，创新的实现更为困难。因此，许多金砖国家可能会陷入促进增长的简单因素消失而促进经济向高收入水平转变的动力又难以获取的窘境。金砖国家要摆脱增长困境，就必须进行以市场为导向的投资新技术、促进生产率提高的结构改革。①

世界经济论坛2013年4月10日发布的《2013年全球信息技术报告》显示，在新一轮的信息和通信技术变革驱动的产业革命中，国家间的数字鸿沟依然在扩大，如俄罗斯在过去几年中从不断增长的互联网用户和移动宽带用户中获利良多，然而受政治和监管制度的影响，其电子商务发展依然落后。缓慢发展的商业和创新环境进一步影响了其信息和通信技术发展，并削弱了其促进创新及提高经济效益的能力。②

有观点认为，金砖国家的技术进步与持续发展面临诸多挑战。美国哥伦比亚大学金砖研究室主任马科斯·特洛吉（2012）指出，在过去30多年里金砖国家取得经济成功是因为它们成功地适应了全球经济结构的变化，即在一个就业成为经济成败关键因素的世界里，这些国家落实了多种可行的发展战略，不断提供当地含量（Local Content）以扶持自身经济。但当它们作为世界经济发展引擎时，其未来地位将不再取决于它们能如何有效地适应世界经济，而取决于它们如何有效地塑造世界经济。如果金砖国家能够将其"当地含量"政策转化为发展知识和创新的跳板，那么它们就能成为未来世界里最有活力、最繁荣和最有影响力的国家集团，从成功的当地含量提供者（Local Content

---

① http://blog.sina.com.cn/s/blog_8964104a0101hpgs.html.
② http://forumblog.org/2013/04/a-new-digital-divide-threatens-growth/.

Provider）转变为一个充满活力的知识和创新枢纽。①

俄罗斯学者叶夫根尼·亚辛、列昂尼德·格赫贝格、纳塔利亚·伊万诺娃等（2013）表示，过去俄罗斯经济的高速增长主要依赖于能源产业，但在金融危机过后，这种优势已不再明显。另外，由于接连筹备亚太经合组织峰会、大运会和冬奥会等国家主导的大型项目，国家公共资金这一强大引擎也有所减弱。经济发展模式单一、内生动力不足，已经成为制约俄罗斯经济可持续发展的瓶颈。过去10年，俄罗斯创新活动在生产中所占的比重不超过10%，并且其中一部分还属于进口国外先进仪器设备。创新产品占工业品的比重只有0.8%。国家缺乏长远的发展战略，预算的最终划拨与最初释放的政策信号并不完全一致，成为阻碍创新活动的因素之一。同时，私营资金对高科技制造业领域的投资热情过低，劳动生产率提高缓慢等也阻碍着创新的发展。其向创新型经济发展模式转变的难度，丝毫不亚于从严格的中央计划经济转向市场经济。要转向创新型经济，俄罗斯需要尽快确定未来长期的市场整合与发展方向，努力融入全球价值链上游。必须加强基础设施建设，促进私人和公共部门的合作，提高企业在生产制造部门的创新积极性。政府要创造良好的制度环境，确保政策规则稳定性和良性竞争的发展，包括优化税收优惠管理政策、消除关税壁垒、消除公共采购及科研经费划拨漏洞、解决科研人员老龄化和人才外流问题、保证科研实力，并使科研创新有机地融入市场竞争，形成良性发展循环。②

有学者认为，作为创新跟随和赶超国家，在当前经济全球化趋势不断加剧、国际竞争日趋激烈的背景下，创新竞争力亟待加强的金砖国家只有不断增强综合竞争力，才能在激烈的竞争浪潮中独占鳌头。新兴经济体和发展中国家先后陷入经济减速、通货膨胀压力增大、国际收支恶化和本币汇率贬值的困境之中。要解决这些问题，除了创新，别无他途！

学术界对创新与后发国家的赶超发展之间关系的研究表明，后发国家加速增长、缩小与先行经济体的差距并超越先行经济体是一项艰巨的任务，虽然在

---

① 〔美〕马科斯·特洛吉：《金砖国家的全球竞争战略》，http：//opinion.hexun.com/2012－04－06/140111063.html。
② http：//www.qstheory.cn/zl/bkjx/201401/t20140120_314743.htm.

发展的初级阶段可以通过要素追加和起点低的优势实现起飞,但到一定阶段这种原始动力就会衰竭。因此,要维持持续高速增长必须转变增长路径,培育新的增长点和动力源。其中,创新就是核心和赶超增长的"永动机"。

研究认为,金砖国家过去一段时间表现出来的爆发式增长主要是基于要素禀赋比较优势的发挥而不是技术进步与创新的贡献,金砖国家总体上还处于经济起飞阶段,不属于创新驱动型国家。其未来能否持续赶超与成功崛起完全取决于创新发展能力。因此,金砖国家要立足基本国情,适应经济发展方式转变的要求,处理好科技创新与经济驱动的关系,大力提升综合竞争力。这样才能在变幻莫测的经济全球化浪潮中力挽狂澜,向世界强国之林迈进。

南非学者史蒂芬·盖尔伯、印度学者兰加查理、巴西学者安德烈·索萨(2011)指出,金砖五国面临不同的国际与地区形势,为了达成更多共识,更好地应对国际安全挑战,五国需商讨更好的问题解决方式。实现可持续增长需要创新发展模式,金砖国家需要同时兼顾国家利益和国际利益,它不应该建立在对资源的掠夺和滥用上,而要加大人力资源、教育资源、社会福利等方面的投入。金砖国家应加强研发投入,鼓励科技创新,也应建立机制加强知识产权保护。①

一些学者认为,金砖国家的创新不足也与国际科技合作较弱有关。学者认为,金砖国家的科技合作还主要局限于与发达国家的单向合作,彼此间的横向合作、多边合作较少且成效较差,对各自的经济增长影响微弱。

三 金砖国家创新发展战略规划及比较

作为创新后进国家,金砖国家均意识到科技创新对经济持续增长的重要意义,以及加快科技创新对促进增长方式转变的迫切性,近年来纷纷制定创新发展战略和规划,以指导创新进程。

---

① 张蔚然、余湛奕:《金砖国家智库会议聚焦创新"和而不同"发展模式探讨机制化》,中国新闻网,2011年3月25日。

巴西科技部早在 2001 年 7 月发表的关于科技创新的绿皮书中就提出了巴西在 21 世纪头 10 年的国家科技发展战略及指导方针。2001 年 9 月,巴西科技部和巴西科学院召开的全国科技创新大会确定了未来 10 年巴西科技发展的指导方针和发展战略。为实施"创新产生竞争力,竞争力促进增长"的科技发展战略,巴西推出了若干领域科技发展的重点规划和促进计划,如"2000～2003 年科技发展 4 年计划""新千年研究所计划""十大行业研究开发基金计划"等。巴西科技部制定的科技发展战略计划的核心是最大限度地整合科技创新,把科技创新从目前联邦政府及部分州政府的行动体系中剥离出来,加强区域开发,联邦政府支持州一级或地区研究发展中心的科技创新活动。2012 年末,巴西国家科技委员会通过的《国际科技创新战略规划 2012～2015》明确了该国科技创新的优先领域:信息通信、医疗卫生、石油天然气、国防航天、核能、生物、纳米、绿色经济、可再生能源、生物多样性、气候变化、海洋海岸、社会发展等。巴西总统罗塞夫 2013 年 3 月强调,巴西必须将全部注意力集中在科技创新上,提高自身的建设能力、竞争力和生产率。

中国特别强调要走新兴工业化道路,发展绿色、低碳经济并通过科技创新、人才创新与教育创新推进现代化进程。1998 年,中国提出依靠科技实现民族复兴的国策。2005 年,中国国务院制定了国家中长期科学和技术发展规划纲要,对中国未来 15 年科学和技术的发展做出了全面规划,提出建设创新型国家的重大战略。2006 年 1 月出台的《国家中长期科学和技术发展规划纲要》做出了走自主创新道路、到 2020 年建设成创新型国家的重大战略决策。基本指标是到 2020 年,自主创新能力显著增强,科技促进经济社会发展和保障国家安全的能力及基础科学和前沿技术研究的综合实力显著增强,进入创新型国家行列,全社会研发投入占 GDP 的比重从 1.35% 提高到 2.5%,科技进步对经济增长的贡献率从 39% 提高到 60% 以上。规划纲要还规定到 2050 年中国要成为"科技强国"。中国提出了分四步走的创新建设目标:第一阶段,追赶英国,实现创新攻关能力的突破;第二阶段,追赶德国,实现创新意识、创新环境及长效机制的突破;第三阶段,追赶日本,实现技术创新飞跃并达到技术创新经营的新高度;第四阶段,追赶美国,将创新能力转化为国际竞争力。

中国共产党十八大报告提出，科技创新是提高社会生产力和综合国力的战略支撑，必须摆在国家发展全局的核心位置。

南非早在1996年颁布的《科学技术白皮书》中就提出了建设国家创新体系的目标框架。2002年8月颁布的《国家研究和开发战略》（South Africa's National Research and Development Strategy）是南非科技政策发展的另一个里程碑。该报告指出当时南非的科技体系存在对国家创新体系的投入不足、对科技发展的战略考量不充分、人力资源缺乏、私营部门的研发投入减少、知识产权的立法落后以及对科研机构缺乏统一管理6大弱点，提出了通过创新加速经济发展，在可持续性基础上创造财富、减少贫困、提高人民生活质量的战略导向。2010年底推出旨在调整经济结构的"新增长路线"，为此出台并实施了《南非研究与发展战略》《南非纳米技术战略》《南非生物技术战略》《南非国家航天战略》等具体规划。

自1985年提出"电子印度"战略以来，印度为实现成功崛起为21世纪世界大国的远大抱负，制定了一系列推动创新体系建设的战略规划。1998年印度提出了"信息产业超级大国"目标，要求到2008年时成为世界最大的软件市场和出口国。2010年印度将从"世界办公室"迈向创新型国家设定为国家创新发展战略，提出印度"创新的十年"（2010～2020年），并推出"印度十年创新路线图"。

俄罗斯独立之后，对科技与创新在经济发展中的作用的认识不断深化。2005年俄罗斯政府就出台了《俄罗斯2010年前科技和创新发展战略》。遭遇到2008年金融危机的冲击之后，俄罗斯政府更加重视创新型经济建设，提出要从反危机管理向创新发展过渡，将创新视为俄罗斯未来经济发展的主导。2008年11月17日批准的《俄罗斯2020年前经济社会长期发展战略构想》提出了建设创新型国家和建设具有全球竞争力的国家的战略目标。2009年11月11日通过的《节能和提高能效法》规定，通过推广创新技术，俄罗斯应在2020年前将单位产出能耗在2007年的基础上降低40%，到2030年前使联邦单位的GDP能耗在2005年的基础上降低50%以上，将温室气体排放量在1990年的基础上减少20%～25%。而2011年12月19日俄罗斯政府批准的《俄罗斯2020年前科技和创新发展战略》强调未来俄罗斯要建设智慧型经济，提出3大战略目标,一是开发科学、教育、技术及创新等领域的人才潜能;提高国民对创新产品及创新技术的认知能力;全面扩大创新企业家人数;大力宣传企业创新活动及科学技术活动;大力培养创新型人才。二是提高国家创新能力,在政府机构中广泛地运用现代创新技术,建立"数字化政府",实现公共服务信息化。此外,国家应为创新活动的开展及创新成果的应用创造良好环境。三是提高国家创新体系的开放程度,加快俄罗斯融入全球创新进程的速度,扩大双边及多边国际合作。该战略设立的具体创新指标有:研发资金占GDP的比重从2009年的1.24%提高到2.5%~3%,其中国家财政拨款不低于45%;到2020年,从事技术创新活动的企业比例由2009年的10.4%提升到40%~50%;高技术产品(及服务)占世界高技术产品的市场份额不低于5%~10%;高技术产品出口总额占全球高技术产品出口总额的比重应从2008年的0.35%提高到2020年的至少2%;创新增加值占国内总产值的比重从2009年的11.8%提高到17%~18%;创新产品总产值占本国工业产品总产值的比重从2009年的12.4%提高到25%~35%,超越油气产业;俄罗斯学者发表的论文总数至少占全球论文总数的5%(2008年为2.48%);俄罗斯学者的论文被引用的频次平均每篇不少于5次(2009年为每篇2.4次);至少5家俄罗斯高校进入全球大学200强名单(2009年名单中没有俄罗斯高校);俄罗斯在欧洲专利局、美国专利局及日本专利局登记的专利数量达2500~3000项(2008年为63项);俄罗斯高校通过科学研究与试验设计工作所获得的收入至少占全部收入的25%;俄罗斯高校的科学研究投入占全俄罗斯科学研究投入总额的30%。该战略还规定了2020年前俄罗斯创新发展战略的两个实施阶段:2011~2013年为第一阶段,任务是在整体上提高商业和经济对创新的敏感度;2014~2020年为第二阶段,预计对工业进行大规模的技术改造和现代化改造,构建有工作能力的国家创新体系。与战略相关的总统令确定了未来几年俄罗斯科技优先发展的8大领域以及27项关键技术清单。

综上所述,金砖国家均从战略高度重视创新发展,并制定了一系列创新战略规划,其中中国、俄罗斯和印度三国出台的创新发展规划最多,表现更为突出。

四 金砖国家鼓励创新发展政策措施及比较

金砖国家通过各种政策措施力推创新发展战略的贯彻落实。

（一）扩大研发投入和促进创新投入

中国实施了重大基础研究项目计划（攀登计划）、重大科学工程计划、国家重点基础研究发展规划、知识创新工程（试点）等知识创新系统。中国拟将 R&D 经费占 GDP 的比重由 2010 年的 2% 提高到 2020 年的 2.5%，以接近美国、日本、世界经济合作与发展组织（OECD）2008 年的平均水平。不断完善创新创业投资机制，在 2009 年推出创业板。2013 年 1 月 19 日召开的中国科技大会提出 2013 年的十大科技重点任务：全面贯彻落实全国科技创新大会和中央 6 号文件精神，认真落实深化科技体制改革的各项任务；深入实施国家技术创新工程，强化企业技术创新的主体地位；深入实施国家科技重大专项，加快培育发展战略性新兴产业；加强战略高技术的前瞻部署，抢占未来竞争制高点；加强高新技术集成示范和产业化，支撑产业结构调整；加强基础研究，提升科技持续创新能力；加强农业科技创新创业，促进城乡发展一体化；加强科技惠民；促进文化、社会和生态文明建设；加强基层科技工作，促进区域创新发展；深化科技开放合作，提升科技发展的国际化水平。

俄罗斯政府先后出台了《提高科技产品竞争力和出口能力的发展创新活动措施》的决定、《俄罗斯科技部参与发展俄罗斯地区科技和创新潜力组织工作》的命令、《科技和创新项目（预算内）临时选择规程》、《俄罗斯风险工业发展构想》、《2006～2015 年航天发展计划》、《发展信息通信技术国家基础设施》联邦专项计划、《俄罗斯信息技术园建设纲要》、《2006～2015 年俄罗斯生物技术发展计划》（草案）、《经济特区法》（2005）等。作为构筑国家创新体系组织运行实施与保障的一部分，俄罗斯于 2009 年成立了总统经济现代化和技术发展委员会以监察创新战略成果，并定期向国家杜马做年度报告，将进一步加大国家在创新发展中的投资。俄罗斯政府重启新一轮私有化进程，试图借此吸引外国技术和资金进入俄罗斯，创造

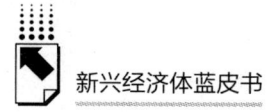

竞争环境，激发创新动力，推动经济转型发展。还需不断提高行政部门的工作效率、完善法律基础、严厉打击腐败，才能使俄罗斯经济真正走上依靠内生动力良性发展的轨道。

2011年，俄罗斯联邦财政和地区财政共计为实施创新项目和方案拨款1.2万亿卢布（约合400亿美元），比2010年同比增长7%左右，同时俄罗斯私人风险基金投资总额约为9600万美元，投资项目数量为52项。普京在2013年底指出，俄罗斯国家资金的主要部分将集中在基础科学研究上，未来3年将通过俄罗斯科学基金投入近480亿卢布（约合16亿美元）以发展基础科学研究。

南非科技部和贸工部在欧盟的支持下于2001年出台了国家培育创新与孵化器计划，对中小型及微型企业在技术改造和产业化启动初期面临高风险、在高附加值产业中所占比重偏低、技术设备比较落后的状况予以扶持，并提供必要的技术孵化平台。从2011年开始南非提出了四项旨在调整经济结构的重大举措：第一，增加对科技研发的公共和私人资本投入，使其占国内生产总值的比重从2007年的0.93%提高至2014年的1.5%和2018年的2%，每年获得的专利数从2008年的91件增至2014年的200件，职业和专业技术人才从现在的7名/万人增加至11名/万人；第二，南非将把握多条海底光缆开通而带来的宽带费用下降的机遇，在全国迅速扩大信息技术的培训和接入，并扩大信息技术在社会发展、公共政策、教育等领域的广泛应用；第三，加强技术推广与改造，以支持创造就业和经济增长，所有机构都要加大对农村发展、小型和微型企业发展以及在经济领域不断扩展的宽带网络应用的支持；第四，继续保持并强化南非目前在知识密集型产业的优势。如南非贸工部2010年2月发布的工业政策行动计划提出新建一个钛和天然纤维复合材料产业，为空客和波音等大型航空公司提供航空级钛材料、航空配件和系统集成。南非优化能源公司正在加快电动汽车"焦耳"的批量生产步伐。同时，科技部《十年创新规划》把太空科学技术产业作为国家优先发展的产业。其目标是提供世界一流的高效服务，进行尖端的航天技术创新、开发与应用研究，建立具有全球竞争力的航天工业，使南非跻身全球航天强国行列。

南非通过设立创新基金，鼓励大型合作研究和技术开发，通过跨学科的研究活动解决南非经济和社会发展过程中面临的各种问题。创新基金直接用于资助那些年度资金需求额为100万~500万元的大型联合研究体,其研究重点是那些能够将知识转化为新产品或改善现有产品质量、提高生产率和服务水平的新工艺。南非的研发机构主要由政府机构和私营部门组成,主要包括4类:①大型国有企业,如Denel公司、Eskom公司和Telcom公司等;②各类科学理事会,主要包括农业研究理事会、科学与工业研究理事会、人文科学研究理事会、医院研究理事会、地球科学研究理事会等,科学理事会是南非国家创新系统的重要组成部分,通过这些委员会,政府能按照国家利益和需求直接从事相关研究和开发工作;③大学和技术院校;④专门领域的研究机构,如水资源研究委员会、国家植物研究所等。

印度注重推动创新发展及其组织保障措施。2007年印度国家知识委员会出版的一份研究印度创新的报告中正式提出"创新"一词。2010年,印度提出通过建立世界级创新园区、百万科技人员下乡、创建国家创新委员会和加强专利保护等措施不断优化印度的创新环境。随着印度总理辛格宣布推出"印度十年创新路线图",印度正式开始实施从"世界办公室"迈向创新型国家的国家战略,专门组建国家创新委员会,负责制定未来的"印度十年创新路线图",以促进有印度特色的包容性创新发展,意味着印度政府正式把创新作为未来经济社会发展的基调。在此框架下在全国建立14所国立创新大学,鼓励创新意识和行为,寻找推动和持续创新的措施及方法,为中小企业和学术科研机构的创新提供便利条件。国家创新理事会还帮助成立邦一级的和领域内的创新理事会,以推动创新战略的实施。2008年印度政府宣布实施"绿色印度""可持续农业"等8大强制性措施。印度的创新战略包括5个相互联系的方面:平台、包容、生态系统、推动因素以及讨论空间。第一,提供涵盖产品、服务、工艺、组织和机构、研发、科技、社会和文化以及思想创新的宽广创新平台。第二,鼓励面向金字塔底层的包容性创新。设立约合10亿美元的包容性创新基金,类似于由政府提供种子资金并吸引其他投资者投资的创新孵化基金,鼓励风险资本和天使投资。提高创新意识,扩大创新的利用范围,降低面向消费者的创新成本,保证创新的质量、规模和可持续性。第三,建立必要的创新生态系统,营造创新文化。包括激励和奖励机制、大学的创新集群、创新性商业集群、微型和中小型企业的创新、组织的自治和灵活性、相关政策和计划、新机制、风险资本、知识产权制度以及信息通信技术手段等。制度、激励措施以及相关政策和手段要能够刺激各个层次的创新。第四，鼓励多学科以及协作方法、破坏性创意等创新促进因素。第五，鼓励创新观点，形成敢于质疑的创新文化。建立国家创新门户网站，使之成为信息交流和促进产学合作的唯一平台。印度国家创新委员会提出要在大学发现和发展20个创新中心、发现和发展20个创新集群以加强区域创新能力。2013年1月，印度中央政府发布了《2013年科学、技术与创新政策》，是印度继1958年的《科学政策决议》、1983年的《技术政策声明》和2003年的《科学和技术政策》之后的第4个国家科学政策，其目标在于将科学、技术与创新协同起来，强调科技创新政策与经济政策的全面融合，重点是建立一个强大和有效的科研创新体系，为印度开辟高科技主导的道路，在2020年进入全球五大科技强国之列。主要内容：一是大力加强对研发和创新创业的支持。出台科学家创新收入提成法案，规定在抵扣专利保护与应用的相关费用后，科学家可以从其创造的知识产权收入中得到至少30%的份额，以提升公共科学研究机构的吸引力，促进公共研究机构知识产权产业化；二是建立新型科技创新孵化机制与商业模式，如推动建立"小创意—小利润"机制与"风险创意基金"机制；三是培养创新人才，强调支持刚入行的创新人员和企业家们，为他们提供教育、培训和指导；四是推动传统知识与现代科技的结合和跨学科研究；五是科技创新要促进社会和谐；六是科技创新政策与包容性经济政策紧密融合，走出一条科技创新与包容性发展融合发展的道路，即既要持之以恒地开展高新技术的国际贸易竞争，又强调科技要为金字塔底层的居民提供经济实惠和便利的产品和服务，如2000美元左右的NANO汽车、70美元的电冰箱、45美元的平板电脑等；七是解决好数据共享与知识产权问题；八是以国际合作推动科技创新，大力开展科学外交、技术协同和技术获取。为了促进从"世界办公室"转向创新型国家，印度强调要改善私营部门的投资环境，实现科技投入倍增，使未来5年公共和私营部门的投资从当前的3∶1转变至1∶1以内，设立总额为500亿卢比（约合9.5亿美元）的由政府和企业联合设立的印度包容性创新基金，主要支持健康、教育、农业、纺织和手工业等社会民生领域的创新；由印度工业联合会与安捷伦公司联合设立印度创新计划，支持草根创新者的创意和发明；设立促进地方创新的基金；设立支持可能无商业利润但有高社会回报的创意和科技冒险的创新基金；探索预算外补助金和创新税收激励的新方式；通过将印度科技出版物占全球的比重从 3.5% 提高到 7%，以及将印度科技论文在全球排名前 1% 的杂志上的登载数量增加到目前的 4 倍，实现到 2020 年印度科技力量排名全球前五的目标；提高各行业青年劳动力的科学应用技能；通过成功范例的复制以及建立新的公私伙伴关系促进科研产出向社会和商业应用转化；通过建立新的机制，培养以科技为基础的高风险创新；促进跨越规模限制和技术领域的资源优化型、成本节约型创新；建立世界一流的科研基础设施，获得印度在一些前沿科学领域的全球领导力；培育充满生机的国家创新体系。

巴西《科技创新行动计划（2007～2010）》提出要建立以企业为主体的创新体系，企业研发投入显著增长。对跨国企业创新投资的吸引力增强，多家知名企业包括通用电气、IBM 等都将在巴西设立全球性的研发中心。自 2013 年 1 月起，巴西政府将拿出 1000 亿雷亚尔（约 480 亿美元），用于增加"支持投资计划"发放的优惠贷款数额。新的一揽子经济刺激措施，主要包括增加贷款数额、降低贷款利息和延长优惠贷款期限等。将 2009 年开始实施的旨在鼓励企业购买更多机器、设备以促进生产方面的投资与创新的"支持投资计划"延长到 2013 年底，参与该计划的企业将获得前半年为 3%、后半年为 3.5% 的优惠贷款利息。巴西《信息产业法》规定，凡是科技创新投资达到当年产值 5% 的企业，可减免 50% 的所得税并免缴工业产品税。巴西政府还向企业提供发展科技的低息贷款，对企业的技术创新项目和需要购买的科研设备给予财政和信贷支持。其他如《私人企业投资科技税收鼓励法》《政府高技术含量产品采购法》等法规既保证了政府对科技的投入，也鼓励了私人企业投资科技事业。

（二）创新科研体制，改善创新环境

科研体制是技术创新的组织、管理、协调和激励机制，在一定程度上决定科研运行及其效率，进而影响到一个经济体的整体创新发展。金砖国家作为创新后发国家和转型国家，其科研与创新体制存在诸多弊端，如国家过分集中科研资源，企业科研和创新激励不足，资源配置结构与监管机制不合理，人才培养和使用机制存在缺陷，科学研究与企业需求往往脱节，许多研究成果不能转化为现实生产力，制约了企业创新能力的提高。美国学者达隆·阿赛莫格卢、詹姆斯·罗宾逊（2012）指出，关于国际经济发展的研究表明，激励民众创新的民主政治体制才能维持长期经济增长。经济体制对创新发展至关重要。早在1961年，诺贝尔经济学奖得主保罗·萨缪尔森就曾预测，苏联的国民收入将在1997年前超越美国，但由于苏联依靠行政命令，无法赋予人们工会权利、获取营业利润的权利和拥有专利的权利，因此无法创新，在20世纪70年代就几乎将源自民众从农业转向工业的增长潜力消耗殆尽。在金砖国家的创新体制中政府的主导地位突出，企业主体的微观基础薄弱，组织管理机制不合理，人才培育与创新精神不足，这些均呼唤体制创新。为了提高科研组织的管理效率，印度于2010年成立了印度国家创新委员会，2011年将印度科技部部长由国务部长级别提升为内阁部长级别，允许这些机构就国家科技发展问题、知识社会给印度带来的机遇和挑战等直接向总理提出建议。

1. 强化企业的创新主体地位

按照熊彼特的观点，创新的主体是"企业家"。[①] 企业作为市场主体应该成为创新的主力，但在金砖国家中企业的创新主体地位并不突出，这在很大程度上抑制了企业家创新精神的充分发挥。中共十八大报告强调，增强产业技术领域的创新能力有赖于企业主导产业技术研发创新的体制机制的建立和完善。为此，政府要深化科技体制改革，强化企业在技术创新中的主体地位，着力构建以企业为主体、以市场为导向、产学研相结合的技术创新体系。让科技要素、创新资源向企业集聚，推进新技术商业化、产业化、市场化。

巴西研发经费的70%来自政府和公共部门，大学和研究中心承担了80%的研发项目，私人企业的研发投资仅占总投资的30%左右，绝大多数企业没有自己的科研机构，因此巴西政府决定采取措施扩大私营企业的研发投入。

2. 改革科研组织的体制管理

从20世纪90年代以来，俄罗斯就对科研单位实施了关、停、并、转，对

---

① 慈玉鹏：《熊彼特论创新》，《管理学家》2010年第10期。

部分科研机构实施私有化,并组建科研生产综合体及科技发展中心,对庞大的科研体系进行组织结构优化,并就基础研究、应用研究和高校科技三部分制定改革计划。1994年颁布的《关于科研组织机构私有化的决定》和《科研组织机构私有化条例》将科研单位分为3类:一是禁止私有化的科研单位,如俄罗斯科学院、农业科学院、医学科学院等6大科学院;二是改组为预算拨款的科学单位;三是改组为国家参股的开放型股份公司的科研单位。通过划分和科研机构重新登记,俄罗斯政府大大减少了获得国家优惠和财政拨款的科研机构数量,从近4000个科研单位中筛选出2280个单位进入国家级科研机构名单。科研机构的所有制形式从20世纪90年代初的单一国有制逐渐发展为国有制形式占主导(约70%)、私有研究机构(约10%)和混合所有制机构(约20%)并存的格局。对科技领域的管理从直接行政干预转向依法管理。自1996年颁布了第一部《科学和国家科技政策法》后,俄罗斯又相继出台了《关于国家支持科学发展和科技开发的决定》《关于向俄罗斯联邦主要科学学派提供国家支持的决定》《1998~2000年俄罗斯科技改革构想》等一系列有关国家科技发展的政策法规,同时还颁布了若干总统令。这使俄罗斯从实施指令性计划的行政管理逐步过渡到市场经济条件下的依法管理。同时,加强了对知识产权的法律保护,完成了有关知识产权计算和会计的立法,明确了国有科研机构对国家投资的科研和试验设计工作所享有的权利和必须承担的义务,通过立法将智力活动的成果作为非物质商品纳入经济循环之中。

2012年12月初俄罗斯教育科学部开始实施名为"千所实验室"的全新科技计划,而后又从2013年春开始实施"俄罗斯科学分布图"科技新项目。俄罗斯教育科学部与普华永道在俄罗斯全境开展合作,建立一个俄罗斯科学家个人或团队所取得的科研成果的数据库,从中发现具有国际水平的科学家和科学团队,作为将来国家科技计划项目评审委员会的成员或项目经费的资助对象。建立这种数据库的目的在于使国家科技计划项目的评审更具权威性;使国家对科技项目的财政资金支持更具针对性;使科学家研究成果的查询更具透明性以抑制学术腐败。2013年俄罗斯总统普京批准了关于俄罗斯改组国有科学院及对部分联邦法律进行修订的联邦法,同时还签批了关于联邦科研机构管理署的总统令,成立了直属俄罗斯联邦政府的权力执行机构,负责俄罗斯科学院各研

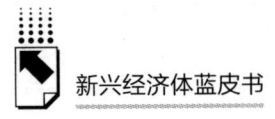

究所人员和国有资产的管理工作,由此推开了对俄罗斯最大的创新机构——俄罗斯科学院的大规模改组。

针对南非技术创新能力相对落后、经济发展滞后的现实,为推动创新发展,2008年11月17日南非总统签署了《2008年技术创新局法案》,该法案规定2009年组建直属南非科技部的南非技术创新局,南非政府成立技术创新局的目的是通过各种财政和非财政(政策等方面的鼓励措施)手段,增强南非国家以及私人企业和研发机构的技术创新能力,促进技术新成果的商业化,增强南非的整体技术创新能力,促进经济发展,提高人民的生活质量。

巴西为进一步突出"创新"二字在国家战略中的重要意义,在2011年8月将科技部正式更名为"科技与创新部"。

3. 加大对企业技术创新的财税政策扶持力度

金砖国家都对技术创新企业给予财税优惠和支持。如通过财政专项资金对风险较高的高新产品研发和产业发展进行支持,对研发投入抵扣所得税,对高新产品实行较低税率或者若干年税收减免,政府采购向低碳产品、高新产品倾斜等。

2006年9月8日中国财政部、国家税务总局为贯彻实施《国家中长期科学和技术发展规划纲要(2006~2020年)》(国发〔2005〕44号)及《国务院关于印发实施〈国家中长期科学和技术发展规划纲要(2006~2020年)〉若干配套政策的通知》(国发〔2006〕6号)的有关规定,发布了对进行技术创新的企业实施所得税优惠政策的通知(财税〔2006〕88号)。该通知指出,对财务核算制度健全、实行查账征税的内外资企业、科研机构、大专院校等(以下统称企业),其研究开发新产品、新技术、新工艺所发生的技术开发费,按规定予以税前扣除;对企业当年提取并实际使用的职工教育经费,在计税工资总额2.5%以内的部分,可在企业所得税前扣除;企业用于研究开发的仪器和设备,单位价值在30万元以下的,可一次或分次计入成本费用,在企业所得税税前扣除,其中达到固定资产标准的应单独管理,不再提取折旧;企业用于研究开发的仪器和设备,单位价值在30万元以上的,允许其采取双倍余额递减法或年数总和法实行加速折旧,具体折旧方法一经确定,不得随意变更;自2006年1月1日起,国家高新技术产业开发区内新创办的高新技术企业,自获利年度起两年内免征企业所得税，免税期满后按15%的税率征收企业所得税；上述企业在投产经营后，其获利年度以第一个获得利润的纳税年度开始计算；企业开办初期有亏损的，可以依照税法规定逐年结转弥补，其获利年度以弥补后有利润的纳税年度开始计算。

2011年，俄罗斯国家杜马通过了关于更改俄罗斯联邦税典为创新活动创造优惠税收条件的法案。根据该法案，俄罗斯企业和个人投资创新领域将获得多项税收优惠。创新企业在注册的前3年享有财产税优惠，3年后如该企业被认定又引入了新的高效创新项目，其财产税优惠将得到延续。俄罗斯政府采取了税收政策、海关税率、政府采购、支持企业参加国际展览会等一系列改善中小企业经营环境的措施。俄罗斯经济发展部制定了以优惠价格向小企业租赁国家资产的决定，租赁价格为市场价的40%。2012年俄罗斯设立了"保护企业家权利总统全权代表"这一职位，其主要任务是保护本国及外国企业家在俄罗斯的权利，推动暂停使用部门法规、促请法院及时制止政府官员的非法行为等。

巴西的《信息产业法》规定，凡是用于科技创新的投资达到当年产值5%的企业，可减免50%的所得税并免缴工业产品税。

印度强调对电子产品、软件和生物等高科技产业的扶持与鼓励，重视引进国外的资金和技术来推动国内企业的技术创新，并对风险投资行业给予税收优惠政策。第一，税收减免。印度对建立研发中心并通过科技部认证的企业为技术研发所采购的国产物品免征货物税、对科研机构用于研发的设备和零部件等免征进口关税。研发机构取得的收入，仍用于研发与创新活动的，免征所得税，承担国家专项研究计划的研发开支可加量免征125%，承担该计划的国家实验室和高等院校的负责人也可获得个人所得税的加量免税。从事科技研发活动的公司，自确认之日起5年内减征所得税。对企业采用本国技术或在欧盟、美国及日本取得的专利技术而设计制造的产品，3年内免征商品税。印度大部分邦对软件技术和产品进出口免税，对用于研发和生产的生物技术专业物品免征进口关税。对产品全部用于出口的软件企业在2010年前免征所得税，在软件园区注册的企业10年内免缴所得税，设在自由贸易区内生产高科技电子出口产品的企业5年内免征所得税。此外，印度对长期风险投资者的资本利得和红利收入全部免税。外国投资者投资高新技术产业园区内的企业，可以在投产的8年内任选5年免缴所得税。第二，税收扣除与加速折旧。印度企业支付给科研机构的研发费用以及企业的研发机构在科研开发项目上的全部支出可以享受100%的税前扣除。采用本国技术和设备建立的企业，该设备可按照40%的比率实行加速折旧。信息技术企业技术研发的投资可按当年发生的研发费用给予125%的超额扣除。第三，设立技术开发应用基金征收研究开发税。印度税法规定，企业引进国外技术，将按照引进费用征收5%的研发税，用于设立技术开发和应用基金，以资助国内企业从事科技研发、创新成果转化和引进技术的消化活动。印度还对国有和私营企业征收"研究和开发税"，但对将营业收入的2%用于研发的企业免征该税。

4. 强化金融扶持

世界创新发展的实践证明，帮助企业解决创新开发、风险融资和投产推广的资金需求是有效创新的关键，特别是中小企业、微型企业在进行技术创新时普遍面临资金难题。在这方面金砖国家均出台了鼓励政策。

2007年俄罗斯政府将于1999年建立的"俄罗斯开发银行"改名为"俄罗斯中小企业银行"，专门负责为俄罗斯生产型、创新型和高科技型中小企业提供资金支持。2009年以来俄罗斯通过国家资本介入促使大企业制定创新发展专项计划。俄罗斯推出了数十项国家中小型企业发展扶持规划及小型企业在科技领域发展的援助基金规划，俄罗斯银行还为中小型企业设立了专门扶持项目，以实现对中小企业创新的支持。2011~2013年用于实施这些项目的资金约为3万亿卢布，计划2020年前联邦预算为俄罗斯斯科尔科沃创新中心项目提供1830亿卢布。联邦预算提供的直接拨款用于建设基础设施，包括企业孵化器、科技园区、工业园区、工程中心、集群发展中心、高科技设备引入中心、工业设计中心、技术权限中心、技术转移中心等，以支持中小型企业在创新和工业生产领域的发展。此外，还通过扩大中小型企业参与国有企业垄断的基础设施的采购来促进中小企业的创新发展。2013年俄罗斯出台了包括17个项目在内的创新发展和现代化经济发展规划。

巴西联邦政府于2013年3月15日颁布了一项为期两年的科技创新计划，提供329亿雷亚尔（约合170亿美元）信贷用于巴西企业提高技术创新能力。

这笔信贷投资主要用于农牧业、能源、石油和天然气、医疗卫生、航空航天与国防、信息技术以及可持续发展7个具有战略意义的经济部门。政府集中国家财力支持创新发展在巴西科技发展历史上还是第一次。为鼓励和支持企业的技术创新，巴西政府准备创立国有"巴西工业创新研究院"，并使之成为实验室与企业之间的桥梁，为实施中的科技创新项目提供支持。研究院在创办后的最初两年里，将有10亿雷亚尔的预算。

2010年11月23日南非政府宣布追加30亿兰特（约合4.29亿美元）用于改善南非的银行体系，这一行动将高度整合金融机构与金融服务，降低银行的服务成本并刺激创新，主要用于援助南非制造企业摆脱国际金融危机的影响。南非金融机构也为本国跨国企业走出去提供了雄厚的资金支持。南部非洲开发银行在能源、电信、供水、交通、旅游、金融服务和农业等领域大力支持南非跨国企业的国际化经营，特别是支持其对邻近的南部非洲地区及整个非洲大陆的渗透。

5. 强化知识产权保护政策

金砖国家注意加强知识产权保护，建设创新保障机制。如巴西政府相继出台了多项措施，进一步整合现有科技资源，极大地调动科研人员和企业的积极性。2004年12月，巴西《创新法》出台，鼓励科研单位、学校和企业双向联合，使科研机构和高校参与创新的全过程，缩短科研成果的转化周期，以培育和提高企业的竞争力，增强自主创新能力，改变技术成果转化滞后的被动局面，促进社会经济可持续发展。巴西政府通过设立科研项目基金和制定优惠财政政策，支持科研人员的项目研究（特别是在应用科学领域）。要求大部分科学团体参加国家确定的优先项目和计划，在项目执行期间，既要考虑科学进步的要求，也要兼顾科技人才的培养。巴西科技部制定了科技发展战略计划，核心是把科技创新从目前联邦政府及部分州政府的行动体系中剥离出来，加强区域开发，联邦政府支持州一级或地区研究发展中心的科技创新活动。同时大力推动生产部门对科技发展的投入，实现国家科研开发经费的多元化，对民族企业的科研活动给予财政支持。增强技术自主能力，发展和推广适合本国条件的独创性技术。适应科学发展的要求，开辟新的科技领域，开发具有出口潜力和国际竞争力的技术。

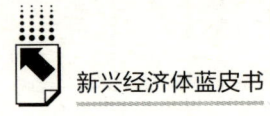

印度则在逐步完善传统医药处方和草药资源的专利系统基础上争取国际知识产权组织和发达国家的认同，将传统知识作为"超前艺术"纳入国际知识产权体系。

6. 鼓励自主创新发展

金砖国家均鼓励自主创新。近年来，中国把提高自主创新能力作为国家战略。2009年11月，中国宣布将开展国家自主创新产品认定工作，鼓励企业进行科技创新和保护知识产权，规定经认定的自主创新产品有望被纳入《政府采购自主创新产品目录》，并将在政府采购活动中享受政策扶持。2010年4月，中国对自主创新产品的认定标准调整为：凡是在中国境内依法具有法人资格的企业都可以根据自主创新方面的规定获得认定，取消了产品商标初始注册地必须为中国的标准，同时有资格竞标的产品不再需要拥有达到国际标准的技术。

印度鼓励"双核心"自主创新模式，即把国产化作为实现自主创新的核心环节，积极鼓励企业从事研发和使用国产技术，对引进国外技术征收引进税，并用这项税收建立风险投资基金，资助国内企业从事国内科技成果的转化及对引进技术的消化活动。在印度自主创新的过程中，政府与企业发挥了重大作用，这种政府与企业共同推动自主创新的模式被称为"双核心"模式。印度政府的作用主要表现在：其一，发展高等教育，奠定自主创新的人才基础。在20世纪90年代，印度科技人员的数量已位居世界第三。其二，通过税收优惠、设立科技园区等方式促进自主创新企业的孵化，鼓励自主创新。20世纪90年代初，由电子部倡导的软件科技园计划开始实施，大大带动了印度全国软件产业的发展，有效提升了自主创新能力。其三，发展创业投资，为自主创新提供资金支持。大约有70%的信息技术和通信领域的企业依靠创业投资的支持而起步，较好地解决了创新资金不足的问题，有效促进了自主创新。印度的"双核心"模式有效提升了印度的自主创新能力和科学技术水平，促进了印度的经济发展。

（三）创新人才培养和人才使用机制

人才培育是技术进步的基础和支撑。金砖国家充分重视人才在科技创新中的关键作用。中国通过出台和实施"千人计划"、制定和颁布人才中长期规划纲要以及建立科学家工作室等方式培养和引进国内外顶尖科技人才。中国制定的《2002~2005年全国人才队伍建设规划纲要》首度提出"实施人才强国战略",2004年中国将人才强国战略作为专章列入"十一五"规划纲要。2008年12月,中共中央办公厅转发《中央人才工作协调小组关于实施海外高层次人才引进计划的意见》,规定围绕国家的发展战略目标,从2008年开始,用5~10年,在国家重点创新项目、重点学科和重点实验室、中央企业和国有商业金融机构、以高新技术产业开发区为主的各类园区等,引进并有重点地支持一批能够突破关键技术、发展高新产业、带动新兴学科的战略科学家和领军人才回国(来华)创新、创业,即海外高层次人才引进计划(简称"千人计划")。2010年公布的中国《国家中长期人才发展规划纲要(2010~2020)》提出要"开发利用国内国际两种人才资源",大力吸引海外高层次人才和急需紧缺专门人才,坚持自主培养开发与引进海外人才并举,积极利用国际教育培训资源培养人才,全面部署实施人才强国战略。人才强国战略作为发展中国特色社会主义的三大基本战略之一,写进党的十七大报告和新党章。到2013年底已累计引进约4000人,其中包括40多位发达国家的科学院院士等世界顶尖科技人才。2012年,中国开始推行"万人计划",立足培养国内高层次的创新、创业人才。为了吸引外国高技能专业人员以拓宽技术人才库,国务院法制办公室2013年5月3日提出将为国家急需的外国高水平人才和专业人士发放R1和R2两种新类型的签证,R1签证具有居留权,而R2签证允许多次入境和出境。

印度于2013年出台的科技和创新政策指出,落实第四套科技创新政策的当务之急是创新人才的培养尤其是青少年人才的培养。首先,要将科学与创新的精神植入社会各个部门,营造出创新的环境与氛围;其次,要为全国的年轻人创造学习科技、增强技能的机会,为有才华的年轻人创造在科技创新部门就业的机会。这两项任务都与人才培育紧密相关。一是把创新渗入从小学到研究生院的一整套创新教育体系。创新委员会与人力资源部合作,从2013年开始设立了创新奖学金,颁给大中小学学生。并设立了专门的工作坊和课程,教育和激励学生创新。在每一个区级教育和培训机构建立创新中心。设立全球第一家"元大学",对印度国家知识网络进行整合,促进跨学科创新,重点方向包括气候变化、公共卫生和教育等。在印度国家人才搜寻计划中设立国家创新奖学金,以资助学龄儿童开展创新,并提升家长、教师和整个教学体系对创新的认知。二是加强本国顶尖教育的机构建设。印度计划建立14所创新大学,旨在强化大学自主权,鼓励大学在新兴领域大胆探索,吸引身居国外的印度籍科学人才回国,进一步提升教育的质量和国际化水平。三是推出青年科学人才资助计划。5年内投入5亿美元,对优秀高中生给予补助,接受资助的学生规模达100万人。四是设立科技人员学术休假制度。把原来专属于美国大学教授每七年一次的学术带薪休假推广到科技领域,鼓励科学家和技术人员在此期间开展商业冒险实践或者专心提炼创意。五是建立"大学创新集群",创新委员会与人力资源部合作建立了20家设计创新集群。

多年来印度的人才流失现象十分严重,印度有90%的计算机人才在国外发展,仅在美国硅谷工作的印度裔美国人就多达30万人。[①]为了培养优秀人才,印度政府采取了一系列措施,主要包括:促进创新在社会各阶层的扩散;建设以科学为基础的价值系统;强化科技创新部门的公共责任意识;致力于培养青年科学人才和领导者;增加女性科研人员的比例;在大学中积极开展研究;对做出贡献者给予奖励等。作为发展中大国,印度与中国的国情在很多地方极为类似,因此其人才战略对中国最具借鉴意义。印度政府采取了多项积极有效的措施,客观上为人才回流或循环流动以及留住现有人才起到了重要作用。第一,科教兴国,高等教育优先。自独立以来,印度历届政府就信奉科教兴国,执行高等教育优先的政策,从科技研发到基础科技应用,为印度经济建设培养了一批高层次人才,也使印度成为当之无愧的世界软件大国、第三人才大国。第二,创建"科学人才库"。从20世纪60年代起,印度政府就开始投资创建"科学人才库",吸引并接纳海归人才。这种人才库的建立,使印度政府可以有效掌握海外人才的分布,根据国家发展需要有的放矢,从而更有效地利用这一资源,有针对性地吸引人才回流或者使其为国服务。第三,大力兴建科技园、科技城。为吸引人才回国,印度政府在班加罗尔、海德拉巴以及德里

---

① http://blog.sina.com.cn/s/blog_46ebb5ba01000e5n.html.

等城市大力兴建科技园,鼓励高科技人才回国创业。此外,印度政府还斥巨资兴建了科学城,作为国外人才回国工作、为国服务的永久基地。1982年,在美国一些公司和大学工作的印度工程师和科学家,曾在一次讨论会上提出在印度泰米尔纳杜邦科塔吉里投资1.25亿美元建设科学城。印度政府对此进行了可行性研究,泰米尔纳杜邦也为此拨出250英亩土地,一旦科塔吉里科学城试验成功,印度还将在其他地方建设科学城或技术城。目前,伴随着高科技产业的迅猛发展,印度已成为全球重要的计算机软件开发基地,这一成就显然得益于印度政府鼓励海外人才回国创业的政策。第四,给予技术人员丰厚的报酬。近年来,除政府积极采取措施吸引人才回国外,许多日益壮大的印度公司为吸引"海归"更是不惜成本,给予技术人员丰厚的报酬。在印度一些知名大公司,软件技术人员的年薪年增长率已达30%。第五,营造良好的发展环境。印度政府还致力于为归国人员营造良好的发展环境,以期更有力地吸引人才。从20世纪80年代开始,印度政府就对软件产业实行了一系列优惠政策,积极营造良好的投资环境,为海外留学或者工作人员回国开办软件企业或者从事软件开发大开"绿灯"。被吸引回国的海外人才大都具备从事软件开发与服务的良好技能,积累了丰富的经验,也拥有一定的资金,特别是与海外同行有着十分密切的联系,每人都形成了一张巨大的海外"关系网",对促进软件出口起到了重要作用。第六,外国企业的商业事务外包。与中国国情相同,廉价劳动力的大量存在以及科技的快速发展,使印度吸引了一大批欧美的高科技公司来印度投资办厂。英特尔、甲骨文、微软等一批知名的跨国公司都在印度设有分公司,而且,几乎每个星期都有一家新的生物科技风险基金创立。第七,对等承认的双重国籍。对特定国家的高层次人才,印度政府在2003年正式宣布印度将在国际上实行对等承认双重国籍的政策。政府允许当前居住在美国、加拿大、英国、法国、澳大利亚等发达国家的印度裔拥有双重国籍,允许他们在印度国内生活、工作以及购买房产。这项措施的出台对吸引大批外籍印度人才回国起到了重要作用,这几年印度回国人员特别是从美国回国的人才大幅增加。第八,创设"海外印度人日",凝聚海外印度裔。为有效利用海外印度裔的"故乡情结"和民族情怀,从2003年起,印度政府就决定每年举办一次规模盛大的"海外印度人日",旨在吸引更多的海外印度裔为印度的建设出钱出力。这种以节日形式将国家政策品牌化、以民族群体来凝聚人才的政府行为，其国际影响力及由此产生的效果很值得称道。虽然这不是吸引人才回国的根本因素，但对于促使人才为国效力还是有一定帮助的。对于许多海外人才而言，其在欧美主流社会"二等公民"的身份总不免尴尬，一旦有机会，他们就会选择回国施展才能。近几年来，随着印度经济的高速发展，印度政府加大了吸引人才回归的力度，高科技人才的回流潮悄然兴起。

巴西近年来特别重视培养高级创新人才。近10年来，巴西高校毕业生的结构严重不合理，人文学科毕业生增长66%，而理工科毕业生仅增加1%，只有2.3万人，全国获得博士学位的只有12万人，不到总人口的千分之一，到海外留学的只有2.3万人（2010年），只占大学生总数的0.4%。为改变这一状况，巴西政府于2011年8月正式颁布"十万青年留洋计划"，联邦政府出资约20亿美元提供7.5万个奖学金名额、私企提供2.5万个奖学金名额，资助和鼓励10万个巴西学生到国外"最好的大学"去深造。同时，政府每年出资吸引200位左右的国外科技工作者到巴西从事科研和学术交流活动。"十万青年留洋计划"意在加快高等教育国际化步伐，解决巴西的技术人才短缺问题，让巴西"保持与世界最先进的科学技术同步发展"。巴西科技部还制定了相关政策，通过奖学金和津贴等方式，鼓励高级科研人员留在国内企业和科研机构工作，以解决本国人才流失问题并吸引人才回国工作。目前，在巴西的800多所高等院校中，有80所设立了科研中心。

从2003年起，南非先后在一些大学建立了6个"杰出人才研究中心"，希望通过5～10年的努力，培养一支高水平的科学家队伍。南非通过实施科研人员评估与评级体系、研究首席计划、优秀中心计划以及各类人才培养计划，取得了良好效果。

为建设创新型国家，俄罗斯采取了支持创新人才、建设创新型大学、加强"科教一体化"等一系列创新人才培养措施，制定了教育—科学—生产一体化的发展大纲，推进人才建设。俄罗斯提出要大力培养创新型人才，开发科学、教育、技术及创新等领域的人才潜能，提高国民对创新产品及创新技术的认知能力；全面扩大创新企业家人数、大力宣传企业创新活动及科学技术活动等。

2010年4月俄罗斯出台了支持国防工业青年人才的"千人计划"。俄罗斯联邦委员会2011年3月16日通过了简化海外高端人才移民登记手续的相关法律，以吸引海外高端人才到俄罗斯工作。目前，在俄罗斯工作的海外高端人才不仅可以像以前一样按照居住地进行移民登记，还可按工作地登记，此外，如果在俄罗斯拥有住房，还可作为接收方将家人接至俄罗斯。另外，俄罗斯议会对现行法律进行了修订，规定暂住俄罗斯的外国公民和无国籍人士进行移民登记的期限从过去规定的3日内延长至7日内。为稳定科技人才队伍，俄罗斯大幅度提高科研人员的工资，将科研人员的平均工资从2008年的2万卢布（约合700美元）/月提高到3万卢布/月以上。

（四）优先发展战略新兴产业和创新园区

通过培育和优先发展技术领先的战略新兴产业部门，尽快消除产业技术瓶颈，快速转化科研成果，带动整个国民经济的结构优化。2005年俄罗斯《经济特区法》颁布后开始兴建工业生产型、技术推广型和休闲型经济特区。2010年开始建设俄罗斯的"硅谷"——斯科尔科沃科技园区，以吸引国内外顶尖学者、工程师、建筑师、经理人和金融人士的加盟，使其成为高技术研发和商业化中心。近3年来，高科技园区确立的五大优先研发方向是信息技术、太空技术、生物技术、核能和节能，已经吸引一批世界著名企业入驻。此外，俄罗斯还大力发展各地的科学城。2007年俄罗斯政府决定成立俄罗斯风险公司，把纳米技术、医学、清洁能源、生物技术和信息技术作为风险投资的优先领域。

南非着重发展生物高新产业。根据《国家生物技术战略》建立了多个生物技术创新中心，战略要求生物技术创新中心要与学术界和产业界密切合作，将医药、农业和产业化作为生物技术研究开发活动的重点，着力研究开发应对艾滋病、疟疾、肺结核等疾病的药物和疫苗。

近年来巴西陆续推出"新千年研究所计划""十大行业研究开发基金计划""绿—黄计划基金"等若干领域科技发展的重点规划和促进计划，重点支持信息、生物、纳米技术、基因技术等领域的发展。2013年3月，巴西创新融资署启动了创新企业计划，计划在2013～2017年投资14.3亿美元用于宇航防务领域的技术开发，该计划鼓励巴西年营业额在780万美元以上，或在上年资本净值超过200万美元的企业或宇航企业申请资金。"巴西更大计划"规定，国家经济与社会开发银行在资助创新和投资方面发挥重要作用，向科技部所属科研与项目基金提供20亿雷亚尔用于扩大机构创新，并将增加到50亿雷亚尔，是2010年的5倍，重点扶持纳米材料、纳米生物与化学及纳米机器3个领域的科研项目。巴西政府以立法形式确立科技政策，较好地确保了科技发展在国家经济和社会中的地位和作用，使政府的科技政策保持长期性和连贯性，并通过立法加大了科技投入。巴西大力扶持新能源产业的发展，规定到2020年将温室气体排放量在预期基础上减少36.1%~38.9%。

印度鼓励参与国际大型研发基础设施和大科学项目的建设；吸引私人部门增加研发投资；强化产学研合作，提升印度科技的全球竞争力；建立绩效评估与激励体系，鼓励研究人员的积极性；通过科技创新实现社会包容；促进科技创新成果向社会转移；从主观直觉转向基于证据的科技投资决策等。同时大力推动生产部门对科技发展的投入，实现国家科研开发经费的多元化，对民族企业的科研活动给予财政支持；扩大技术自主能力，发展和推广适合本国条件的独创性技术；适应科学发展的要求，开辟新的科技领域，开发具有出口潜力和国际竞争力的技术。

南非注重通过创新发展低碳经济。2011年10月18日南非政府公布的《南非应对气候变化政策》白皮书规定了2020~2025年的温室气体排放限额以及2036~2050年的排放量限额。2011年11月17日，南非政府签署了《绿色经济协议》，协议要求到2020年，安装至少30万台屋顶太阳能光伏发电装置。南非工业发展公司将在未来5年投资250亿兰特（约31亿美元）发展绿色经济。根据国家能源效率战略的要求，各部门要在2015年之前实现能源强度减少目标，即居民用户减少15%，商业与公共建筑减少10%，交通部门减少10%，工业和矿业部门减少15%。支持发展可用于发电的清洁燃煤技术，包括碳捕获和封存技术；支持开发电动汽车技术，支持生产面向非洲市场的清洁厨灶和加热器。2013年南非政府启动新的生物经济战略，计划通过加强产业和学界间的合作，促进以生物为基础的服务、产品和创新发展。新的发展战略要求政界、学界和产业界共同合作,确保生物技术和生物创新与市场紧密结合。此外,战略还将建议在南非成立创业投资基金,支持进一步挖掘国家丰富生物资源价值的创新性行为。预计到2030年,生物技术和生物创新将通过基于生物的服务、产品、创新、知识产权管理为南非的GDP增长做出更大贡献。南非科技部部长德里克·哈内科姆(Derek Hanekom)表示,生物创新对南非实现产业和社会发展目标意义重大,南非拥有世界上10%的已知植物物种和15%的已知海洋物种,生物多样性和丰富的本土知识是南非最大的资产,南非可以通过多学科间的合作,为某些部门提供原材料,进行生物勘探,发展制药产业、化妆品产业等,利用本土植物和动物提供粮食资源,促进当前经济发展。①

(五)加强科技合作,促进共同创新

国际合作是开放经济下新兴经济体利用全球创新资源、联合攻关、促进科技创新、分享先进技术从而推动经济共同繁荣的重要途径。金砖国家具有很强的科技合作潜力和动力。作为科技跟随和后进国家,金砖国家除了继续大力开展与技术发达国家的合作外,还要拓宽彼此间的科技合作,为各自的科技进步和创新发展提供动力。正如印度工商会联合会前会长 Y. K. 莫迪(2011)在三亚峰会期间举办的金砖工商会上指出的,金砖国家要变成富裕国家,就必须提高资源和能源的使用效率,以最清洁、最低碳的方式发展,为此,金砖国家要减少对化石能源的依赖,加强节能的交流与合作,分享利用太阳能、风能等新能源的经验。②

金砖国家开始意识到推动科技合作的重要性和迫切性,近年来金砖国家的合作领域开始从单纯的经贸合作延伸拓展到科技与创新合作。目前金砖国家的科技合作主要还是双边科技合作,多边科技合作刚刚破题。

在金砖国家的科技合作中,中俄科技合作开展较早,也较有成效。20世纪90年代以来,中俄在两国总理定期会晤机制的框架内,建立了中俄科技合

---

① http://www.southafrica.info/business/trends/newbusiness/biotech-150114.htm.
② http://szb.hkwb.net/szb/html/2011-04/14/content_38003.htm.

作分委会，实现了国家、政府部门和地区之间以及科研院所之间的对口科技合作。中俄两国在金砖国家框架下，通过技术与资金等科技创新要素的双向流动，推动了两国技术创新领域的务实合作。两国各具研发优势，科技合作空间很大。俄罗斯在基础研究、航天技术、军事技术和能源技术等领域都处于世界领先地位，但是科技发展不平衡，而中国的科研基础设施和研究成果数量颇多，但总体水平较低、应用创新较少。另外，中俄两国都面临西方发达国家的技术出口管制。美国等发达国家的技术限制为中俄两国扩大科技合作提供了动力。中俄科技合作在核能、航天、军工、深海探测等多方面均取得了巨大成就。在金砖国家的科技合作中，中俄科技合作的规模最大、成效最突出。经过多年发展，中俄科技合作的领域不断拓展，从传统产业中的矿业、能源、冶金等向生态技术、新材料、环保、海洋开发等领域拓展；合作规模不断扩大，从一般合作向大项目合作发展，核电站、热电站、水电站、石油天然气合作等大型项目合作已进入实质性阶段；合作水平不断提高，从一般科技合作向高新技术合作转变，在生物技术、新材料、激光、超导、纳米等高新技术领域取得显著成果；合作形式不断创新，中俄通过共同制定发展规划和合作协议、共建联合研究机构、建立合作载体与平台等方式不断改善合作效果。中国与俄罗斯在烟台、哈尔滨、浙江巨化等地设立了中俄科技园区。2012年，中国从俄罗斯引进民用技术43项，合同金额达1.4亿美元，2013年1~3月，中国引进俄罗斯的民用技术13项，合同金额达1178万美元，同比增长46%。中国从俄罗斯引进的项目主要集中在核电、航空、航天、电子等领域。2013年3月中俄两国共同签署了《中俄关于合作共赢、深化全面战略协作伙伴关系的联合声明》，声明提到将中俄两国前所未有的高水平政治关系优势转化为经济、人文等领域的务实合作成果，技术创新合作是其中的重要内容。2013年8月22日在中俄总理定期会晤委员会科技合作分委会第十七届例会上，双方就共同举办科技活动、进一步扩大中俄两国地区间科技和创新合作、加强两国在国际组织框架下的科技合作等议题深入交换了意见。双方还确定了2014~2015年的科技合作项目清单。

中印科技合作业已启动。中印早在1988年就签署了科技合作协定并决定成立中印科技联委会。2002年双方签署了涵盖科技、水利、空间等领域的合作文件。2006年9月中印两国科技部在北京签署了《科技合作谅解备忘录》，成立部长级中印科技合作指导委员会。2006年中印双方认为应在科技领域建立中印合作伙伴关系，并决定在地震工程学、气候变化和天气预报，以及以先进材料为主的纳米技术、生物技术和制药技术等领域开展合作。2008年，中印双方提出要提高在能源、科技、环保等领域的合作水平。2011年11月21日中印在新德里发表了《联合宣言》，同意在以生物纳米为主的生物技术和制药等领域开展合作。2012年11月26日，第二次中印战略经济对话同意开展绿色低碳产业合作，双方签署了铁路、软件、工业能效等方面的合作备忘录，并签署了总额为48亿美元的企业间双向投资意向协议，这些合作备忘录有望带来高达数百亿美元的双边投资，印度将在中国设立高科技研究中心。2014年3月18日，在第三次中印战略经济对话中双方认为，中印两国均面临结构调整和深化改革的双重压力，需要相互分享和借鉴发展经验，促进技术创新，转变发展方式，以保持经济持续、稳定、健康发展。双方就加强基础设施、信息技术、节能环保、能源及金融等领域的合作充分交换了意见，一致同意继续改善投资和贸易环境，鼓励两国企业扩大相互投资，加强基础设施、节能环保、信息技术、能源和金融领域的合作，并更多地向民生领域倾斜，以更好地促进两国经济可持续发展并造福两国人民。双方签署了关于可持续城镇化、信息通信技术等领域的合作备忘录以及开展城镇化和能源领域联合研究的行动计划。中印双方与联合国开发计划署共同发布了《中印低碳发展研究：问题与挑战》研究报告。报告认为，虽然中印两国的经济实力和制度结构不尽相同，但两国的合作研究将有利于推动双方向可持续发展目标迈进。报告还为促进中印低碳经济合作、分享经验、推动知识交流并传播新理念提供了切实可行的建议，确定了中印技术合作的若干重点部门和领域，包括清洁煤及发电技术、工业、建筑及交通节能技术、风能及太阳能利用和碳捕捉技术等。

中巴科技合作成就显著。自1976年中巴科技合作协定签订以来，到2001年中巴两国政府举行了15次会议，双方共签订了400多个政府间科技合作项目。2001年以来中巴两国的科技合作进一步加速。2004年成立了两国政府间最高级别的科技合作机制——中国—巴西高层协调与合作委员会（以下简称"高委会"）。高委会框架内设有政治、经济、科技与创新等11个分委会。高委会第一次会议于 2006 年在巴西举行，科技与创新分委会第一次会议于 2008 年在巴西举行，第二次会议于 2011 年 8 月在中国举行。双方专家围绕科技创新政策、纳米技术、卫星气象、竹子种植与加工技术、生物技术、气候变化等进行了深入交流，并且达成了多项合作意向。中巴科技合作领域涵盖了航天航空、信息技术、通信、水电、农牧业、林业、医学医药、环保、地质、交通能源、化工、生物技术、水产养殖和新材料等领域。2012 年，巴西科技部与中国科技部建立了"中巴纳米创新研究中心"，发展两国纳米技术在农业和气象上的应用。在两国政府的多项科技合作中，航空航天领域的合作是最大的亮点。中巴两国的地球资源卫星计划始于 1988 年，中巴分别于 1999、2003 和 2007 年三次成功发射联合研制的地球资源卫星。2013 年 12 月 9 日双方发射第四枚地球资源卫星失利后，巴西通信部部长保罗·贝尔纳多于 2013 年 12 月当地时间 17 日表示，巴西和中国将于 2014 年再次合作发射一颗新卫星，以替代当月 9 日发射失败的资源一号 03 星。两国在航天领域的合作成为南南高科技合作的典范。

中国与南非于 1999 年 3 月签订了政府间科技合作协定，并成立了中南政府间科技合作联委会。中南两国科技部分别于 2000、2003、2005、2010 和 2013 年轮流在两国召开了 5 次中南科技合作联委会，确定将生物技术、矿冶技术、全球变化科学、传统知识体系、古人类学作为未来共同支持的五大重点领域，通过中南联合研究计划，双方共同支持了 47 个科技合作项目（截至 2011 年前），覆盖了生物技术（含食品加工、农业和医药）、新材料和先进制造技术、信息技术、环境保护、采矿冶金、资源勘探、空间技术、交通运输、古人类学、本土知识体系等领域。其中，桉树健康合作项目、远程医疗项目、路面加速加载测试项目等一批合作项目取得了明显的经济和社会效益。2013 年 10 月 15 日举行的中国—南非科技合作联委会第五次会议暨中南国家双边委员会科技分委会商定了第 7 批中南联合研究计划项目，并就下一阶段的合作方向、重点领域与合作方式等交换了意见。双方同意通过共建高水平的联合实验室或联合研究中心、开展旗舰项目、开展中南联合研究计划、开展短期访问项目、共同组织科技展和企业对接活动、共建科技园等合作形式，深入推进中南科技合作。

其他金砖国家之间的双边科技合作也在开展之中。俄罗斯与印度的高科技合作特别是军工、核能利用等方面的合作非常密切并且取得了成功。2012年10月15日印度和俄罗斯就印度库丹库拉姆核电站3号机组和4号机组的电子商务谈判问题达成一致。2010年10月6日，俄罗斯与巴西签署了扩大双方在通信及信息技术领域方面的合作的双边备忘录。俄巴两国之间的专家互派工作目前已顺利展开，双方将积极利用两国关系的政治潜力，促进通信及信息技术合作的快速发展。据2007年4月16日的报道，俄罗斯已经与巴西就太空合作签署了政府间协议，该协议的签署将对巴西的太空研究与联合商业项目起到政治性推动作用。协议对遵守防扩散制度也很重要，因为它涵盖了知识产权与火箭技术转移的所有方面。而且，与俄罗斯这样一流的航天大国合作，可在国际社会上提高巴西火箭及航天事业的可信度。2003年8月，巴西的VLS-1火箭在发射台上发生爆炸后，俄罗斯率先派遣专家组前往调查，帮助巴西获得新的发射安全与火箭技术，参与巴西VLS-1的现代化升级工作。俄罗斯还积极协助巴西建造Alcantara航天中心。2013年3月28日普京在与南非总统雅各布·祖马会谈时表示，俄罗斯愿意为南非发展核能产业提供从原料生产到核电站设计和制造等方面的帮助。俄罗斯向南非提供的帮助不仅是使用先进技术建设某个核电站，而是从整体上帮助这个国家的核行业发展，包括生产资源、建设核电站、研究反应堆以及设计和制造南非自己的核电设备。

印度、巴西和南非在2003年6月6日成立的印度、巴西和南非对话论坛三边混合委员会（IBSA）框架下开展了科技领域的合作。10多年来举行了多次三边对话，讨论签署了诸多涉及科技领域的合作协议。2006年9月13日在巴西首都巴西利亚召开的首届南非—印度—巴西对话论坛峰会上，三国再次强调要加强三边科技合作，签署了技术标准和程序备忘录以及海上商业航行和运输协议，决定成立工作组在能源合作的战略框架内研究生物燃料，推广使用替代能源，三国同意在和平利用核能方面开展合作。

金砖国家框架下的多边科技创新合作也已提上日程。在2011年举行的第三次金砖峰会上，金砖国家决定建立金砖国家—联合国教科文组织工作组，利用教科文组织这一框架研拟共同发展战略，把教育放在国家级的优先位置上，在"南南合作"和全球合作等多个层面和体系下开展切实有效的合作，通过发展教育，努力消除贫困并促进经济、社会的可持续发展。2011年9月15日，由金砖五国科技部门的高官出席的科技创新合作第一次高官会在大连夏季达沃斯论坛召开，会上商讨了五国科技创新合作的战略、优先领域及工作机制等议题，通过的《联合声明》就金砖五国开展科技创新合作提出了建议，并同意在科技创新战略和政策交流、促进技术转移、粮食安全与可持续农业、气候变化和自然灾害减灾、新能源、可再生能源与节能、纳米技术、基础研究、医药、生物技术等领域开展合作。高官会还就工作机制等达成一致，决定成立科技创新工作组，具体负责推动和落实金砖国家的科技创新合作。2013年3月金砖国家签署了《金砖国家贸易投资合作框架》，为新的科技创新合作创造了环境。2013年11月5日在巴黎召开的联合国教科文组织第37届大会举行了金砖国家教育部部长会议，五国教育部部长围绕金砖国家间的高等教育和职业教育合作，教育、研究和技术发展领域伙伴关系的建立以及金砖国家与教科文组织伙伴关系的建立等议题进行了讨论。金砖国家在教育领域的合作重点包括：在全球提倡教育并给予政治支持，通过技术合作、知识共享，在共同优先的领域促进高等教育、职业教育培训等方面的合作共赢；建立教育发展合作知识库，提升金砖国家作为发展伙伴的形象、知名度和行为能力；通过教育合作，为2015年后金砖国家的教育议程提供支持，分享技术知识，有力地推动金砖国家科技人才的培育。2014年2月10日金砖国家在开普敦举行首届科技和创新部长级会议并发表《开普敦宣言》，确定了金砖国家科技创新的主要合作领域，该宣言还建议2014年在巴西举办的第六届金砖国家领导人峰会上签署金砖国家科技创新合作谅解备忘录。

总体上看，金砖国家已经就科技创新合作和文化交流等达成了一系列意向，推进合作创新发展的决心越来越大。

五 金砖国家创新发展成就

近年来，金砖国家通过实施创新兴国战略，在技术进步和创新发展方面都取得了不同程度的成就。

（一）金砖国家科技创新进步明显

2014年2月6日，美国国家科学委员会（National Science Board）的一份最新报告显示，中印等亚洲主要经济体的科技产品总份额已经超过美国，特别是中国在高科技制造业方面的表现几乎已经与美国保持一致。自2001年开始，美国、欧洲在全球的研发份额就有所缩减，分别从37%下降到30%，从26%下降到22%。同一时期，中国的科研水平一直处于亚洲领先的地位，在全球占有的比重也从4%上升至15%。① 美国国家科学委员会主席、美国国家可再生能源实验室主任丹·阿维祖（Dan Arvizu）认为，在21世纪的第一个10年，全球科研领域发生了戏剧性转变，一些新兴经济体已经明白科学与创新在全球市场和经济竞争中的重要性，研发创新可以增强国家的竞争力、提升民众的生活水平，是未来社会福利增长的驱动力，因而其越来越把科学和技术建设放在优先的位置。

根据全球咨询管理公司博斯公司2013年10月28日发布的《2013年全球创新1000强》研究报告，在全球创新1000强中，中国的上榜企业达75家，总研发支出达205亿美元，比上年的50家中国企业、共151亿美元支出分别增长了50%和36%。同时，中国企业研发支出占全球创新1000强总研发支出的比重也从上年的2.5%提高到3.2%。2008~2013年，中国企业研发支出占全球研发支出的比重从0.4%上升至3.2%，实现7倍增幅，增速远高于欧美企业。印度研发支出占全球研发支出的比重则从2010年的2.6%上升到2012年的2.9%。② 中国科技产业化基地建设进展显著，中国有国家高新区56个，国家火炬计划特色产业基地200多个，软件产业基地30多个。中国高科技制造业的规模在2003~2012年扩大了近6倍，在全球所占的份额也从8%上升至24%，接近美国（27%）。中国高新技术产品出口额占出口总额的比重由2002年的20.8%提高到2011年的28.9%。2012年高

---

① http://www.sciencedaily.com/releases/2014/02/140206164557.htm.
② http://www.ccidthinktank.com/plus/view.php?aid=1719.

新技术产品出口总额达6012亿美元,同比增长9.6%。① 中国单位产出能耗近年来明显改善。2013年农业科技进步贡献率达55.2%,主要农作物良种覆盖率达96%以上,农作物耕种收综合机械化率达57%。②

巴西的科技发展在拉美国家中处于领先地位,在自动化信息技术、小型飞机制造、汽车生产、水电工程技术、采矿、生物工程及新材料等领域具有较高的水平,生物能源技术世界领先,在热带病的免疫研究和药物开发方面成绩显著,其生物医药技术产品占国内的市场份额达80%以上,在破译和绘制人类癌细胞基因图谱方面的世界排名仅次于美国。

印度培养了大批高素质的科学家、数学家和工程师,是世界上最大的智力出口国之一,印度的生物科技和软件信息科技已经居于发展中国家的前列,其软件综合指数位居世界第一,制药产业等享有世界声誉。印度在能效方面取得明显进步,2010年跌破每1万美元产出200公斤石油当量,达到了与美国差不多的水平。到2013年底,印度知识密集型产品的产值占GDP的比重超过16%。

俄罗斯的航天技术、军工尖端技术、核能技术、电脑安全防护技术等在世界领先。2012年7月,俄罗斯国家信息技术创新和发展协会对2011年俄罗斯创新领域工作成果进行的总结数据显示,风险基金投资规模较高的领域仍是信息和通信技术,其投资资金规模占比为24.4%;其次是能源及节能领域,占比为13.9%;交通和发动机制造领域占比为12.5%;生物技术和医疗技术领域占比为11.1%。与2010年投资规模相比有较大幅度上升的领域是IT领域(增幅为5%),投资规模降幅最大的领域是环境和资源保护领域(降幅为3.1%)。近3年来,俄罗斯政府支持创新项目的投入约2亿美元,国家在24个地区共建立了50多个技术创新中心,占地50万平方米,有上千个小型高新技术企业。批准科技发明专利数十万件,其中发明专利约9万件,工业创新产品约1万件。1999~2008年金砖国家的专利申请量如表1所示。

---

① http://finance.eastmoney.com/news/1350,20121107258152346.htm;lhttp://www.askci.com/news/201301/22/221354956666.shtml.

② http://www.most.gov.cn/ztzl/qgkjgzhy/2014/2014mtbd/201401/t20140113_111548.htm.

表1　1999~2008年金砖国家专利申请量

单位：件

年份	中国	俄罗斯	印度	巴西	南非
1999	50044	27844	4826	17509	—
2000	51906	32337	8503	17376	—
2001	63450	34090	10592	17204	3971
2002	80232	33308	11465	16022	4452
2003	105317	34870	12613	17704	4894
2004	130384	30190	17466	19272	5221
2005	173327	32253	24505	20005	5554
2006	210501	37691	28940	24074	10753
2007	245161	39439	—	21825	—
2008	289838	41849	—	23565	—

资料来源：世界银行数据库，各相关年份《中国科技统计年鉴》。

南非拥有世界级的研究机构并在科学和医药方面取得显著进步。南非在矿石开采与冶炼、核能、农业和生物、医学等方面的技术具有一定的国际竞争力。

（二）金砖国家的国际科技竞争力和影响力显著增强

金砖国家国际论文发表数量明显增加。汤森路透2013年3月27日发布的研究表明，每个金砖国家的经济创新都有其独特的一面。中国在关键创新指标方面已超过了其他金砖国家。在过去10年间与其他金砖国家相比，中国在科研与创新领域投入的资金更多、发表的科研论文更多，申请的专利也更多。从创新投入来看，虽然金砖国家的创新投入相比发达国家仍存在一定差距，但近年来呈现不断上升的趋势，逐步强化自主创新、建设创新型国家，已成为金砖国家的中长期发展战略。2011年发表的研究论文量达15万多篇，比2000年增长了6倍多。2001年11月1日至2014年4月30日在全球十大科研论文产出国家中，中国仅次于美国居第二位。依据英国自然出版集团（Nature Publishing Group）2012年8月发布的名为《自然出版指数2011——中国》(*Nature Publishing Index 2011 China*) 的报告，中国在《自然》系列期刊上发表的论文数量从2000年的12篇增加到2010年的152篇（占5.3%）。依据汤森路透的数据,在全球最有影响力也就是被引用次数居于前1%的论文(以下简称"高被引论文")中,由中国科学家发表的超过10%,中国高被引论文量占总量的比例从2001年的1.85%增长到2011年的11.3%,排名全球第4;相比之下,美国高被引论文量的比例从2001年的64.3%下降到2011年的50.7%。预计中国将在2014年超越目前排名第2的德国和排名第3的英国,成为继美国之后高被引论文数量最多的国家。[①] 中国国际科学论文被引用数由2005年的世界第13位上升至2009年的第9位。

巴西侧重于农业科学、植物科学和动物科学,在石油和农业化学相关专利领域最为活跃,超过了所有其他金砖国家。俄罗斯在物理、空间科学和地球科学领域的论文产出最为活跃,其中物理领域的论文产出以该领域最高的被引频次居于领先位置。印度在制药创新领域领先,在金砖国家中其制药领域占据主导地位。巴西2009年发表科学论文3.21万篇,居世界第13位,其中农业科学、动植物科学方面的论文占世界总量的9.89%和7.04%。印度2009年发表科学论文3.87万篇,占全球论文总量的3.34%,世界排名第7位;专利申请数量为3.68万件,批准1.6万件,比2008年增加4.8%。2012年,印度国家创新委员会的"印度十年创新路线图"获得欧洲创意战略和创新研究院颁发的素有"工业奥斯卡"之称的赫尔墨斯革新大奖的"最具人性化创新政策"奖。

(三)研发投入与发明专利等增长较快

根据联合国教科文组织2010年的科学报告,金砖国家用于科技创新的研发总支出占世界研发总支出的比重从2002年的10.5%上升到2007年的15.3%。汤森路透2013年的报告表明,金砖国家与G7国家在科学研究、创新和教育领域的投资差距正日益缩小。过去10年,中国的研发投入平均每年增长约12%,大约是美国研发投入年增长率的7倍,从1995年的占GDP约0.6%稳步增长到2008年的1.54%和2011年的1.6%,成为世界第二大研发投资国。2013年,金砖国家的研发支出基本保持增长态势。中国全社会的研

---

① http://www.ebiotrade.com/newsf/2012-8/201281392334656.htm.

发支出从 2010 年的 7000 多亿元增加到 2013 年的 11800 亿元，占 GDP 的比重接近 2%；国内有效发明专利达 59 万件，比 2012 年增长 24%；国际科技论文数量稳居世界第二，被引用次数上升至第 5 位；全国技术合同成交额达 7469 亿元，年增长率为 16%；全国高技术产业主营收入预计突破 11 万亿元，同比增长 10%。巴西 2009 年的研发支出为 221.75 亿美元，比 2008 年增长 15.14%。南非 2009 年的研发支出为 28.66 亿美元，比 2008 年增长 12.9%。印度 2009 年的研发支出占其 GDP 的 0.88%。俄罗斯 2010 年的研发支出为 72.53 亿美元，比 2009 年的 75.93 亿美元下降约 4.48%。1996~2011 年金砖四国与美国研发投入占 GDP 的比重比较如图 2 所示。

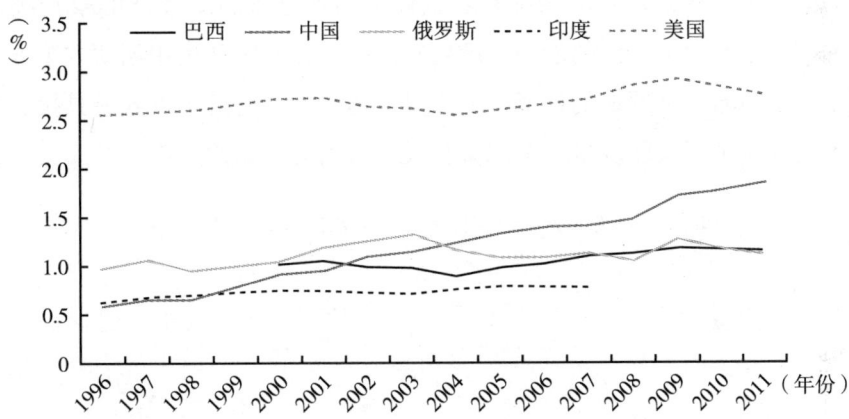

图 2　1996~2011 年金砖国家研发投入占 GDP 比重国际比较

资料来源：世界银行数据库。

（四）创新环境有所改善

营商环境是影响企业创新的重要维度。营商环境较好的经济体更有利于本地企业家创造更多的就业机会，这也是朝着到 2030 年终结极度贫困的正确方向迈出的一步。改善营商环境使企业家能够发展企业和回报社会，这是本地和全球经济增长的关键。程序复杂、成本高昂、制度薄弱的经济体正在逐步采纳表现较好的经济体的一些做法，这有助于它们在营商指标的许多方面迎头赶上。营商环境的改善可以为企业家扩大经营奠定基础。假如全世界的经济体都遵循开办企业的规管程序的最佳实践，企业家每年在满足官僚程序的要求方面大约可以节省4500万个工作日。整体上金砖国家在2006~2013年7年间的营商环境均有所改善（除巴西基本没有变化之外），中国、俄罗斯更为明显（见图3）。世界银行2012年12月11日发布了金砖国家和美国、日本在过去10年创立企业的难易度变化图，以注册一家企业的所有成本除以当年人均GNI（国民总收入）来体现创业的难易度。美国长期维持在1.4%以下的低水平（水平越低意味着越容易）。金砖国家的这一比率整体而言都呈快速下降趋势，这些发展中大国为谋求经济发展在鼓励企业创立方面都取得了很大进步，中国从2003年的17.8%迅速降至2012年和俄罗斯并列第二的2.1%，已接近创业国度美国的水平。从近几年的情况来看，俄罗斯推进创新型经济的政治决心很大，并拥有动员相关资源的能力，政府管理部门在制定和运用创新政策方面也积累了一定经验。俄罗斯的投资吸引力显著增强，并跻身于世界最具投资吸引力国家前列。中国、印度也居全球最具投资吸引力国家前列。

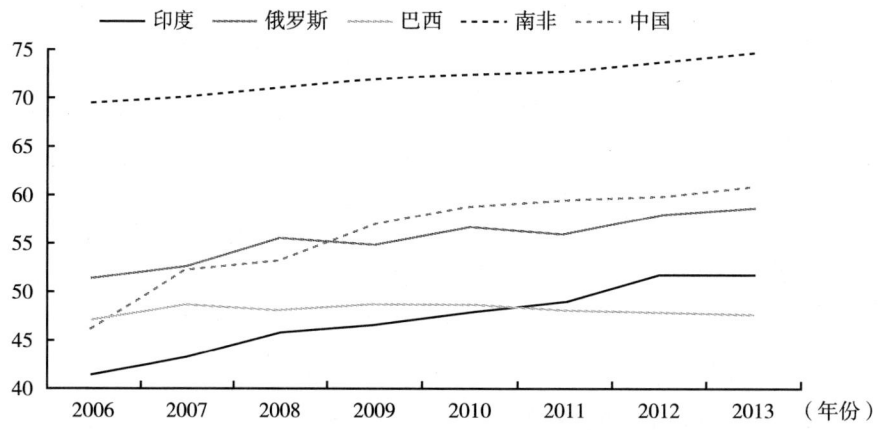

图3 2006~2013年金砖国家营商环境变化〔与前沿距离（100）缩小〕情况

注："前沿距离"显示一个经济体与每个营商环境指标自2006年以来所达最高水平的总体差距，由0~100的区间表示，100代表最前沿（最高水平）。

资料来源：世界银行数据库。

根据2013年10月29日世界银行与国际金融公司（IFC）联合发布的《2014营商环境报告》，金砖国家总体营商环境表现不一，俄罗斯改善最大，中国和巴西也有所改善。自2005年以来，中国（不含港澳台）共实施了18

项规管改革,外资审批和核准范围不断缩小,2005~2012年,中国商务部的审批数量已由3000多件减少到100余件,审批量减少97%。2013年中国在"获得信贷"和"履行合同"方面进行了改革,这些改革使中国(不含港澳台)的营商监管环境与发达经济体间的差距逐渐缩小,提升了2013年中国的综合排名(第2位)。2013年俄罗斯通过实施一系列减少官僚作风和形式主义的"路线图"和全面改革,特别是大幅度改善了电力接入环境,使用电环境的排名跃升了71位,接入电网成本降低了70%,停电平均时长缩短至0.9小时,低于欧洲1.7小时的平均时长和全球3.3小时的平均时长。在注册财产方面也有了大幅改善,前进了29位。2013年俄罗斯通过安装高科技设备的通关站点,使产品进口通关时间缩减了7天,出口通关时间缩减了6天。这些大幅度改革使俄罗斯2013年在189个经济体中的营商环境综合排名在一年之内跃升了20位,从第112位上升到第92位,成为2013年金砖国家乃至全球营商环境改善幅度最大的国家,得到了世界银行的认可和赞扬。俄罗斯计划继续推进营商环境改革,如2014年将改成全程在线办理报关文件,产品通关时长从以前的数月降至6小时以内,到2018年进出口手续办理时间削减到2小时以内。2013年巴西的营商环境综合排名上升了2位,位居第116位;而印度则下滑了3名,排在第134位;南非排在第41位,比2012年下滑6位。

营商环境的改善促进了金砖国家的外资利用。中国多年来一直是对FDI最具吸引力的发展中国家,俄罗斯、印度和巴西在过去10余年间也大幅度提高了排名。2012年金砖四国(中国、巴西、俄罗斯、印度)均进入全球吸引外资国家前15强,分别居第2、第4、第9和第15位(见图4)。

(五)高端科技人才队伍不断扩大

金砖国家通过各种政策大力培育和引进创新人才,取得明显成效。截至2013年底,中国的"千人计划"已吸引专家4000名,还带动了一大批海外人才踊跃回国创业。如中国北京的中关村打造新型人才特区的计划进展顺利,已有1万多名海外归国人才创办了超过5000家高新技术企业,分别是10年前的20倍和12倍。

人才培育与金砖国家高等教育的快速发展密不可分。根据2013年12月5

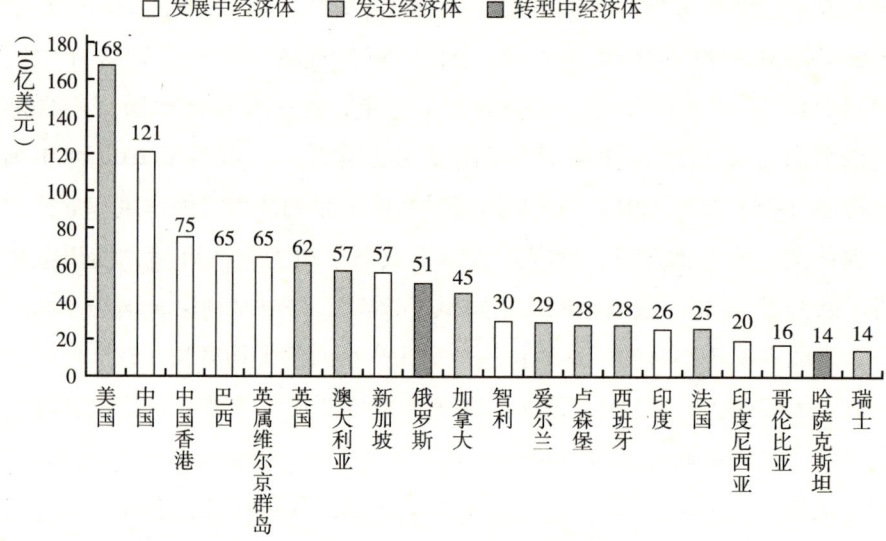

图4 2012年全球吸引外资20强

资料来源:联合国贸易和发展会议《2013年世界投资报告》。

日英国《泰晤士高等教育》首次在全球发布的2014年金砖五国和其他17个新兴经济体的大学排名,金砖国家在其中占据显著位置。其中,中国大陆有23所院校入围前100强,居22个金砖国家和新兴经济体大学排名榜首,在前10强中占4个席位,其中北京大学和清华大学分获第1名和第2名。中国科学技术大学和复旦大学分别进入第6位和第8位。中国大陆共有6所院校入围前20强,有15所院校入围前50强。巴西有4所院校入围前100强。南非共有5所院校入围前100强,其中4所院校在前50强榜内,分别是:开普敦大学(第3位)、威特沃特斯兰德大学(第15位)、斯坦陵布什大学(第21位)和夸祖鲁-纳塔尔大学(第45位),比勒陀利亚大学排在第78位。俄罗斯仅有2所院校入围前100强,分别是莫斯科国立罗蒙诺索夫大学(第10位)和圣彼得堡国立大学(第67位)。

总体上金砖国家在科技创新和创新发展方面均给予了很大关注并做出了很大努力,致力于落实创新驱动发展战略,创新政策环境不断完善,科技体制改革取得实质性进展,但从现有的国际评价情况来看,在金砖国家中中国在研发投入、科技产出和出口方面进步较大(见图5)。按照中国国务院发展研究中心、福建师范大学和社会科学文献出版社2013年9月发布的《二十国集团（G20）国家创新竞争力报告（2011～2013）黄皮书》，2001～2011年，在G20国家创新竞争力排名中，中国有明显进步，巴西有进步，俄罗斯相对稳定、略有波动，印度大致维持不变，南非不断下降。在G20中金砖国家排名总体不高，除中国2011年进入前8位之外，其余均在第11位以后，即处于中后位置。中国在金砖国家的创新指数排名中居于首位。金砖国家在创新发展方面均取得了一些成就，但成就并不一致。多数指标显示，中国是金砖国家中创新能力潜力最大的国家，创新资源能力已经进入世界先进水平，创新攻关能力也相对有优势，持续发展能力较强，在创新技术实现方面也有一定的竞争力。俄罗斯的创新发展模式和中国类似，以创新资源和攻关能力为主要驱动力，实现了较好的技术发展，但创新支持和持续发展能力稍弱。印度最大的优势在于创新人才实现能力，以及创新持续发展能力和创新网络能力，与中国不同，印度模式是一种顺从发达国家的创新模式，即从创新环境和持续能力方面着手推动创新。①

按照中国科学技术发展战略研究院2014年3月30日发布的《国家创新指数报告2013》，中国的创新能力稳步上升，国家创新指数排名在全球40个主要国家中升至第19位，比2012年提高1位，而俄罗斯、南非、巴西和印度分别居第32位、第35位、第38位和第39位。2012年中国的科技进步贡献率达52.2%，比2003年提高了11.3个百分点。2013年中国高技术产业出口占制造业出口的比重居世界首位，知识服务业增加值居世界第3位。2013年中国企业的创新取得长足进步，企业创新指数比2000年增长2.2倍。从具体指标来看，企业研发经费快速增长，占全社会总量的76%，占全球企业科研经费总量的13%，比2000年提高了11.5个百分点。企业发明专利申请量达到17.6万件，万名就业人员发明专利拥有量达29.2件，分别比2000年增长21倍和9倍。发明专利申请和授权表现突出，创新能力领先于其他金砖国家。2012年中国、南非、俄罗斯的创新排名及与美国的比较情况如表2所示。

---

① http://finance.people.com.cn/GB/67543/6945218.html。

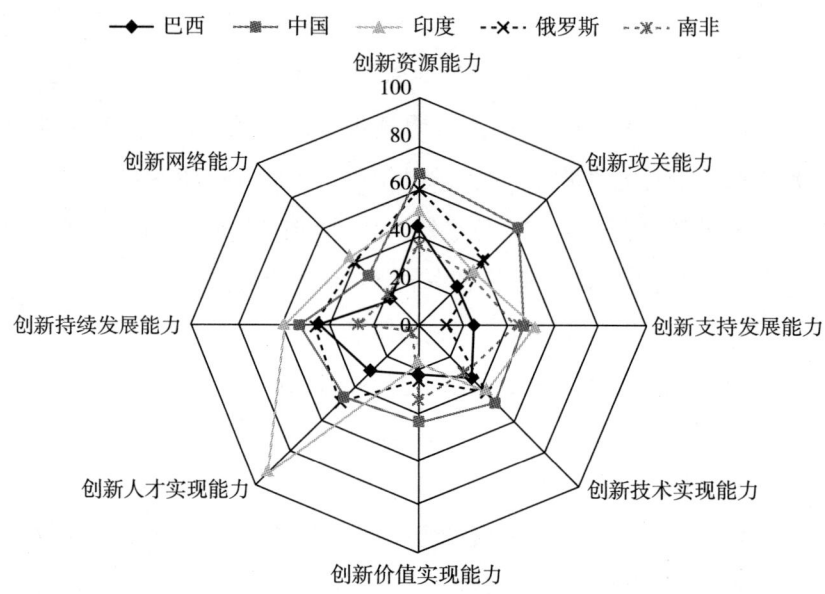

图 5　2007 年金砖国家创新要素指数比较

资料来源：中国人民大学《中国创新指数研究报告》，http：//news.sohu.com/20080302/n255468942-1.shtml。

表 2　2012 年中国、南非、俄罗斯创新排名及与美国的比较

国家	总排名	研发强度	生产力	高新技术密度	研究人员集中程度	制造能力	高等教育	专利
中国	29	25	67	9	40	6	66	4
南非	50	35	56	35	54	50	95	68
俄罗斯	14	29	41	2	24	38	2	8
美国	1	9	3	1	10	52	26	6

资料来源：俄罗斯 CNEWS，2013 年 2 月 10 日。

六　金砖国家创新发展面临的困境与挑战

虽然近年来金砖国家的创新发展取得了一定成就，但总体上创新尚未成

为其经济增长的原动力,在进一步推动创新战略实施方面面临一系列难题。印度的创新资源能力、攻关能力和价值实现能力相对薄弱,影响了其创新发展。巴西和南非的创新能力较弱。中国和俄罗斯的创新力量比较分散,缺乏市场互动,创新在国内很难实现合作分工的协调发展,因而在国际竞争中难以体现国家的整体竞争力。相对于发达国家来说,金砖国家的创新支持能力明显不足,在创新网络能力建设方面有较大断层,创新秩序和创新环境需要加强。①

(一)创新发展速度不够快,科技创新等国际竞争力较弱

在全球创新体系中金砖国家依然处于较为落后的位置。虽然在过去几年里,金砖国家的创新指数与竞争力在整体上有所改善,特别是中国表现突出,但在全球排名中依然处于中后位置。

根据美国康奈尔大学、欧洲工商管理学院和世界知识产权组织2013年7月1日在日内瓦发布的《2013全球创新指数报告》,在全球142个国家和地区中,2013年金砖国家的全球创新指数排名均出现下滑,俄罗斯从2012年的第51位下滑到第62位,巴西从2012年的第58位下滑到第64位,印度从第64位下滑到第66位,中国从第34位下滑到第35位,南非从第54位下滑到第58位(见表3)。从表3可见,金砖国家在全球创新竞争力排名中总体上处于中后位置,而且巴西、南非和印度2011~2012年的竞争力排名比2008~2009年有所下降。中国和印度在创新基础设施和创新环境方面处于劣势。中国技术贸易排名第68位、文化排名第83位,排名相对落后,显示出中国技术创新能力和文化软实力不容乐观的现实。总体上金砖国家有必要进一步加大对创新能力的投资,更好地发挥其创新潜力。相比领先创新型经济体,中国创新能力的提升空间仍然很大。②

---

① http://finance.people.com.cn/GB/67543/6945218.html.
② http://www.wipo.int/pressroom/en/articles/2012/article_0014.html.

表3 2008、2010、2012和2013年金砖国家和美国创新指数比较

	2008年		2010年		2012年		2013年	
	得分	排名	得分	排名	得分	排名	得分	排名
巴　西	3.25	50	37.75	47	36.6	58	36.33	64
俄罗斯	2.93	68	56	34.52	37.9	51	37.2	62
印　度	3.44	41	34.52	46	35.7	64	36.17	66
中　国	3.59	37	46.43	29	45.4	34	44.66	35
南　非	3.41	43	35.22	59	37.4	54	37.6	58
美　国	5.28	1	56.37	7	57.7	10	60.31	5

注：2008年为10分制，其余年份为100分制。
资料来源：http：//www.wipo.int/export/sites/www/freepublications/en/economics/gii/gii_2013.pdf.
http：//www.phbang.cn/plus/view.php?aid=1108。

　　从世界技术发展的一般规律来看，技术追赶有引进模仿和自主研发两种途径，其成本效益比和所需时间是不同的，金砖国家目前还处在引进模仿与跟随创新的阶段，自主创新能力还不够强，没有形成具有世界影响力的原创技术、产品和品牌，对本国经济增长和全球贸易的影响力依然较小，在最前沿技术的研发方面还是跟随者。金砖国家的技术自主能力弱，技术对外依赖度高。金砖国家普遍缺乏自主核心技术和著名品牌，关键技术的进口依赖度很高，技术贸易逆差普遍突出，表明金砖国家的产出与贸易竞争力不强、技术进口依赖严重。金砖国家对发达经济体均存在较大的技术依赖，关键技术的自主性不足。中国在很大程度上仍是以引进、购买和模仿外国技术为主，对外技术依存度很高，关键技术的对外技术依存度达50%以上，航空设备、精密仪器、医疗设备、工程机械等战略性高技术产品的技术依存度则高达80%以上，高端医疗软件、集成电路芯片的进口份额均达90%，从汽车、家用电器到电脑、通信设备等都可以发现"技术锁定"的踪迹。而发达国家关键技术的对外依存度都在30%以下，美国和日本则在5%左右。2012年，中国的技术贸易逆差约为150亿美元。2013年全年中国服务贸易进出口额达5200多亿美元，同比增长11%以上，逆差额达1100多亿美元。① 美国学者蒂姆·沃斯托尔（2012）

---

① http：//www.chinairn.com/news/20130509/171226677.html。

指出，中国的高贸易顺差来自一些低技术产品，而非来自高技术领域，技术贸易领域实际上存在高额逆差。例如从每部 iPhone 手机中中国实际上只能赚到 8 美元，这就是净贸易额中包含的数据。① 经过 30 多年的大规模外资引进及实施以市场换技术战略之后，中国的自主汽车制造技术和汽车品牌依然很弱，缺乏在国际上叫得响的自主品牌，而且自主品牌的国内占有率还在下降。中国汽车产销量连续 4 年居全球首位，但自主品牌占有率不到 50%，出口比例更低。如 2013 年中国的汽车产量约为 2200 万辆，同比增长 14%，其中自主品牌乘用车共销售 722.20 万辆，只占乘用车销售总量的 40.28%，占有率较上年同期下降 1.57 个百分点。② 由于质量和服务比外资品牌缺乏竞争力，中国汽车协会预计 2014 年中国品牌的汽车销量将进一步下降。2014 年 1 月，中国自主品牌乘用车共销售 70.94 万辆，环比下降 6.63%，同比下降 5.07%，占乘用车销售总量的 38.41%，占有率环比下降 4.35 个百分点，同比下降 4.9 个百分点。其中，吉利汽车公司一家的销售量就下降 47%，而通用汽车公司等外国品牌则实现创纪录的销售量。如果政府放宽外资股比，中国汽车品牌将"被扼杀在摇篮中"。③ 主要原因在于中国自主品牌产品的核心竞争力同外国品牌相比还是有差距，先进技术产品的推广和利用滞后。中国计划 2015 年实现电动汽车年销量 50 万辆的指标，但 2013 年仅销售 1.26 万辆，核心技术开发缓慢和各种激励机制、配套措施的不足使先进技术成果的普及率不高。其他金砖国家的汽车制造技术也比较落后。2012 年，俄罗斯新乘用车销量为 270 万辆，其中俄罗斯国产品牌只有 21.5%，原有的拉达、伏尔加、莫斯科人等少数几个自主品牌日渐衰落。巴西的汽车市场被跨国公司所垄断，缺乏本土品牌。虽然巴西目前已成为世界第四大汽车市场，但汽车质量不过关，如焊缝有缺陷、缺乏安全功能等，造成巴西"公路死亡数量"急剧上升，公路交通死亡率居全球第 5 位。巴西法律规定，2014 年所有的汽车都要安装安全气囊及防抱死系统，但这是其他工业国家早已采用多年的标准。在相当长一段时期里，科技进步和创新在巴西新自

---

① 〔美〕蒂姆·沃斯托尔：《中国的技术贸易赤字》，载〔美〕《福布斯》双周刊网站，2012 年 12 月 7 日。
② http://qiche.srzc.com/2014/hangye_0125/7306.html.
③ http：//dg.fzg360.com/car/201402/501375_1.html.

由主义的国家战略中缺乏有效定位,巴西对自主创新和自主品牌重视不够。2004年以前,巴西法律甚至禁止政府直接资助公司的创新行为,也不允许公司雇用大学研究人员,这样不仅削弱了创新主体自身的能力建设,而且制约了主体间的交流互动,构成中小企业创新的重要障碍。巴西鼓励跨国汽车公司入境投资设厂,通过出让国内市场换取国际投资,本国研究开发机构遭到弃置,这阻碍了本国自主创新和自主品牌的发展,其研发投入强度始终在1%以下徘徊,直接后果是高端产品市场被跨国公司完全占领,产业结构的低水平重复导致经济发展在低水平徘徊,如本国汽车产业和汽车市场被跨国公司控制,成为依附型产业。

2013年全球十大科技成果没有金砖国家的贡献。在生物产业领域知名杂志《基因工程与生物技术新闻》(Genetic Engineering & Biotechnology News)2013年4月初公布的全球生物制药公司研发20强中没有一家是金砖国家的。2013年全球企业研发投入前20强排行榜中也没有一家金砖国家的企业。一些重大科技领域仍然被发达国家占据。在大数据、芯片、等离子屏、机器人、纳米、新能源等高精尖技术领域,金砖国家与发达国家的差距在拉大。依据福建师范大学等(2013)的研究成果,在G20这一全球主要经济体中,金砖国家的创新竞争力排名总体上处于较为落后的位置,2011年的平均得分均低于G20的整体得分(中国除外,见表4)。

表4 2001、2009和2011年金砖国家在G20国家中创新竞争力排名变化

2011年排名	国家	2001年得分	2009年得分	2011年得分	总体得分变化(2001~2011年)	得分变化速度排序
1	美国	88.8	83.8	67.2	-21.6	19
2	日本	58.5	53.0	42.5	-16.0	18
8	中国	23.3	34.1	38.8	15.5	1
11	俄罗斯	27.0	28.9	25.3	-1.7	8
13	巴西	18.6	24.3	24.1	5.5	3
15	印度	13.2	14.8	18.6	5.4	4
18	南非	21.9	20.7	18.0	-3.9	10
	平均分	35.0	36.8	31.7	-3.3	—

资料来源:《二十国集团(G20)国家创新竞争力报告(2011~2013)黄皮书》,社会科学文献出版社,2013。

(二)创新效率和经济贡献度不显著

作为创新效果体现的生产率即全要素增长率在金砖国家的提升远远低于其GDP增长率,如中国从2006~2010年的4%下降至2012年的2%,印度则几乎陷入停滞。近年来,俄罗斯在航天领域多次发生重大事故,造成巨大经济损失和不良国际影响,凸显技术滞后、设备陈旧、科技人员衰老已成为阻碍俄罗斯宇航进步的绊脚石。中国软科学研究计划项目组2011年12月发布的对金砖国家创新体系效率的实证研究结果表明,无论是研发效率还是科技成果向经济的转化效率,金砖国家均处于较低水平。发达国家的技术效率均值为0.770865,规模效率均值为0.990327;金砖国家的技术效率均值为0.228798,规模效率均值为0.283339。造成这种差距的关键因素有两点:其一是金砖国家创新行为主体的错位以及联动机制的缺失,其二是有效改善研发效率和促进科技成果转化的创新环境的缺乏。① 目前,金砖国家全要素生产率(TFP)对经济增长的贡献率整体上只有25%~30%,远低于发达国家70%以上的贡献率。有关测算表明,金砖国家的技术水平相对较低,尚处在对发达国家技术的模仿阶段。2000~2008年中国TFP增长率均值为0.9188,巴西为0.9088,俄罗斯为0.9986。金砖国家的能源利用效率只有发达国家的1/4~1/3。根据世界经济论坛与埃森哲咨询管理公司2012年12月18日共同推出的《2013全球能源工业效率研究》报告,在金砖国家中,巴西的能源工业效率居第21位,俄罗斯居第27位,南非居第59位,印度居第62位,中国仅居第74位。目前金砖国家在全球科技产品中占有的份额相当低,特别是自主技术产品更少。如2011年俄罗斯高新技术产品出口总额仅占其国内生产总值的0.31%和全球高新技术产品出口总额的0.03%。

虽然金砖国家进入世界500强的企业数量越来越多,2013年金砖国家累计进入世界500强的企业达100多家,与2000年时只有少数几家不可同日而语,但其核心竞争力并不强。迄今为止,全球100强企业和品牌均没有金砖国家的。中国资源领先类企业的劳动生产率水平较国际500强中的领先企业

---

① http://roll.sohu.com/20111204/n327806326.shtml.

差距很大，如中国采掘业中的龙头神华集团的劳动生产率不足澳大利亚必和必拓集团的10%，中国炼油业龙头中石化的劳动生产率不足荷兰皇家壳牌的20%。① 南非劳动生产率降低到自1967年以来的最低点，比许多新兴市场的效率低很多。南非当前员工的素质较低、技能不足是导致劳动生产率偏低的主要因素。南非大学企业管理系教授埃德蒙·费雷拉（Edmund Ferreira, 2014）的调查结果显示，员工的工作技能普遍偏低，很多员工不会打字和使用电脑键盘。南非政府应推动公共机构改革和行政文化建设。另外，政府还该意识到加快公共服务改变的重要性，用技术确保劳动力满足南非的公共服务需求。②

技术水平与劳动生产率较低还影响到金砖国家对外资的吸引力。近期，一些发达国家的跨国公司从中印等国回流主要是因为劳动生产率不高和制造质量不佳。英国贸易投资总署2014年2月估计，自2011年以来，有1500个就业岗位回流到英国，过去3年有8万个制造业就业岗位回流到美国。如2013年，总部位于赫尔的惠灵顿长靴制造商WedgeWelly的管理团队做出决定，把其新服装品牌Grace的生产线从中国迁往莱斯特，火车模型玩具制造商霍恩比（Hornby）也将飞机组件生产从印度迁回东萨塞克斯郡（East Sussex）。6%的企业表示，计划未来3年将生产线"回流"。35%的企业认为，企业将生产线迁回本土的主要原因是想提高产品和零配件的质量，紧随其后的是消除不确定性、提高交付速度，以及降低运输成本。有23%的企业提到了供应链中断风险。只有16%的企业表示，劳动力成本优势丧失是一个重要因素，但非主要因素。③ 可见，西方企业从中国、印度等新兴国家回流的主要原因并非工资成本上升，而是希望产品的制造质量更好。这意味着中国、印度等需要花更大的力气革新技术以提升制造品质。

---

① 李俊江、孙黎：《中国资源类企业"走出去"的成本与风险》，《江汉论坛》2012年第1期。
② http：//www.unisa.ac.za/news/index.php/2014/01/sa-labour.
③ 布赖恩·格鲁姆、塔尼亚·鲍维利：《向英国回流的生产线》，〔英〕《金融时报》2014年3月25日。

(三)创新基础不扎实、创新发展环境不好

1. 金砖国家的创新发展环境和机制存在较大缺陷和不足

按照2013年10月29日世界银行与国际金融公司联合发表的《2014营商环境报告》,金砖国家在世界主要经济体中处于落后位置。中国的综合排名居第96位,居金砖国家的第3位,中国10个分项排名分别为:设立企业居第158位,获得建设许可居第185位,电力建设居第119位,注册资产居第48位,获得银行信贷居第73位,投资者保护居第98位,税收居第120位,跨境贸易居第74位,合同执行居第19位,破产保护居第78位。外商投资企业也通过在华商会表达其对当前中国投资环境的各种"抱怨",其中包括劳动力成本攀升、产业政策倾向于国有企业、法律的制定与实施缺乏透明度、知识产权保护执法不力、市场准入壁垒、在华经营压力增大等。例如,美国中国商会《2013年度商务环境调查报告》指出,更多的企业对许可申请的公平性表示担忧。许多企业可能遇到的市场准入壁垒之一——申请获得营业执照难度大这一问题正变得日益严重。2011~2013年,认为"获得许可时对外资企业和中国企业一视同仁"的受访者比例从29%下降至14%。同时,受访者中认为"外资企业许可审批程序较复杂、透明度较差、时间较长"的比例则从29%跃升至41%。另外,在2013年的调查中,认为"获得许可时对中国企业和外资企业一视同仁,但执行上存在差异且缺乏透明度"的受访者人数有所上升(见图6)。

2. 科研资源投入不足,资源配置与管理机制不佳

一方面,金砖国家的研发投资与世界先进水平相比仍然较低。印度总理辛格2012年1月18日在印度第99届科学大会上发表演讲时承认,研发支出在印度国内生产总值中所占比重太低且停滞不动,他呼吁在2017年第12个五年计划结束时把对研发的支出翻番,将研发支出占GDP的比重从目前的约0.9%增加到2017年"十二五"结束时的2%。巴西计划在未来8年将研发投入占GDP的比重提高到1.5%。虽然中国的研发投入占世界第二,但最近20年中国的科研经费累计投入量不及美国最近两年的累计投入量,也少于日本最近4年的总投入,说明科研基础依然薄弱。另一方面,在现有科研资源的配置和管

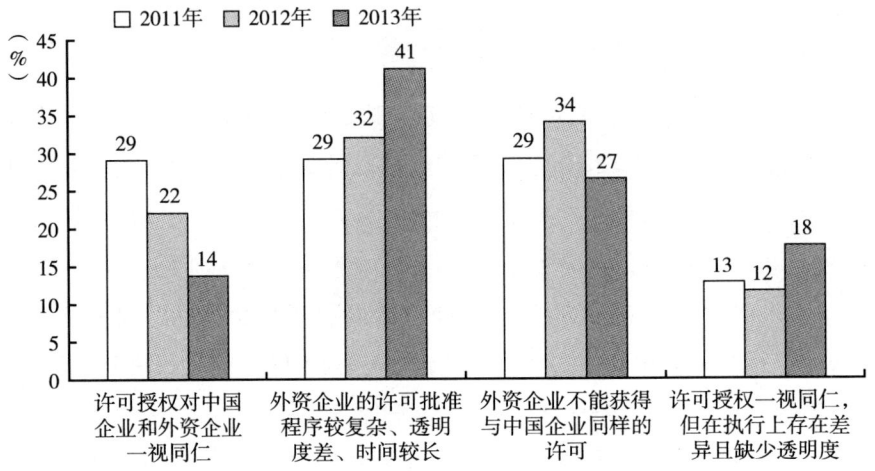

图 6　2011~2013 年外资企业在华经营许可难易度变化

资料来源：美国中国商会《2013 年度商务环境调查报告》。

理方面存在的官僚主义和腐败也制约了创新资源的有效利用和创新发展的活力。科研资源分配的管理体制不合理，科研管理腐败蚕食宝贵的研发资金，也严重抑制创新成效。金砖国家政府投入占研发总投入的比重过大和国有科研机构占用资源过大，与发达国家以企业为研发投资主体的情况形成强烈反差。巴西政府的科技研发投资占50%，而政府研发投资大多集中在研究机构的科研方面而非企业的技术推广和升级方面。印度企业的研发投入占国家研发总投入的比重则不足30%。中国研发体系中政府与国有机构占据垄断地位，企业研发尚未占据基础和主导地位，而政府主导的科研资源配置体系存在难以克服的主观随意性强、寻租腐败和预算软约束等问题，很难真正激发起科技创新的活力，研发投资浪费和效率低下问题严重。知识产权立法较为滞后；在人才储备上，优秀科技人才流失严重。俄罗斯的商业和投资环境不佳，缺少创新激励体系，特别是竞争不足，国有大型企业依靠垄断地位优先获取借贷资源，而中小企业的生存和发展空间被挤压。

3. 创新环境不够好

2013 年俄罗斯获得建设许可这一分项的排名在全球 189 个国家中处于第 178 位，而跨境交易排在第 157 位。正如美国世界安全研究所俄罗斯和亚洲项目主任尼古拉·兹洛宾所说，营造创新氛围才是俄罗斯技术革命的主要任务。如果没有自由的创新氛围，一切都将是创新发展的仿制品，拥有科学城也无济于事。俄罗斯对创新产品的需求不足是限制其创新发展的主要障碍，丰富的油气资源和能源价格保持高位固然使俄罗斯赚取了大量美元，但也在客观上抑制了企业特别是能源企业的创新动力，能源开发容易盈利吸引了大量投资而抑制了对创新部门的风险投资。

2013年南非的营商环境比上年下降6位，排第41位，营商环境有所恶化。如一家企业在南非平均需要花费19天的时间才完成各项注册手续，企业将平均等待226天才能获得电力供应。除此之外，阻碍南非营商环境发展的因素还有跨国交易、不动产登记和注册以及合同执行不够便利。

生活环境不佳以及知识产权保护不力等也成为影响中国等金砖国家创新发展的不利因素。中国欧盟商会2013年称，空气污染使中国吸引顶尖人才的工作越来越难，一些外国经理人也因雾霾离开中国，此外经济增长放缓、互联网审查制度严格、进入中国市场受到限制、侵犯专利权和剽窃知识产权等也影响境外高端人才在中国就业。巴西贫富差距大，关闭了人才成长的大门。俄罗斯依靠资源暴富的人中大多数可能是掮客或冒险家，而非真正的企业家。印度在资本准入方面还存在较高门槛，需要进一步自由化。

4. 企业成为创新主体的积极性普遍不足

企业尚未成为积极的创新主体。俄罗斯政府单方面主导创新供给的倾向更为明显，研发经费的61.9%由政府提供，73%的研究机构隶属于政府，78%的研究人员在政府研究机构工作，86%的研发固定资产属于公有资产。俄罗斯缺乏有效监督机制的政府主导的技术创新导向型创新政策，与依赖自然资源出口的推动型经济增长方式相结合的结果是，研发部门资源使用效率低下与商业部门创新需求不足并存，这也是当下俄罗斯国家创新体系迫切需要解决的关键问题。俄罗斯总理梅德韦杰夫特别批评作为俄罗斯经济"火车头"的能源部门的创新情况非常糟糕，俄罗斯最大的石油公司2008年的研发费用仅为1100万美元，相当于当年总投资额87亿美元的0.13%和公司经营收入的0.015%，仅相当于俄罗斯第二大石油公司，即私有的卢克石油公司每年研发费用的1/10。相比而言，美国埃克森石油公司的研发支出超过8.1亿美元，占公司收入的比例超过0.2%。壳牌石油公司的研发支出超过12亿美元，占公司经营收入的0.3%；道达尔公司的研发支出为9亿美元，约占公司经营收入的0.35%。为了改善俄罗斯不断恶化的投资环境，遏制国有企业效率低下和腐败丛生的现象，2011年3月和4月梅德韦杰夫还免除了在国有企业任职的数名俄罗斯政府高官并代以独立的经济界人士。中国也存在大型国企创新主动性、积极性严重不足的问题。尽管中国一些大型国企实力雄厚，位居世界500强，但缺乏创新动力和机制，主要依托政府政策和垄断优势生存和盈利。例如芯片、操作系统、数据库以及通用协议和标准仍有90%以上依赖进口，装载关键信息系统的主机有99%是外国品牌，金融、电信、能源等核心行业的信息系统被国外提供商垄断。这些均与大型国企有实力而不愿创新、中小企业有愿望而缺乏创新实力有关，结果大中小企业均无法有效创新，导致整个国家的创新发展滞后，核心技术无法攻克。

5. 人才流失影响金砖国家的创新发展

金砖国家高端人才的外流极大地威胁其创新发展。中国面临的人才流失严重程度不亚于环境污染。中国教育部2013年发布的《教育对外合作与交流进展情况》显示，1978~2012年底，各类出国留学人员总数为264.47万人（其中，2012年为39.96万人），回归率不足40%，超过60%的留学生滞留海外，其中科学和工程领域的滞留率平均达85%。近20年间，俄罗斯高级人才流失超过10万人。印度、巴西和南非也有大量人才流失到美国等发达国家。英国曼彻斯特大学的俄罗斯裔科学家安德烈·海姆和康斯坦丁·诺沃肖洛夫，以石墨烯研究获得2010年的诺贝尔物理学奖，俄罗斯总理梅德韦杰夫就此事批评俄罗斯政府没有在年轻学者毕业之后向他们提供有吸引力的条件从而导致了人才的流失。

七 金砖国家创新发展方向与前景展望

要扭转当前世界经济的低迷形势，使其重回快速增长轨道就必须加大创新力度。金砖国家传统的增长驱动模式正受到稳定性与可持续性不足的威胁。美国未来学家约翰·奈斯比特2014年4月在吉林大学、东北师范大学等的演讲中指出，21世纪是个重大的转型时代，崛起中的新兴国家需要突破旧的思维模式，形成新的思维模式。新兴国家形成新的思维模式需要注重以下5个方面：不破不立，勇于放弃旧事物、旧观点；要时时把自己置身于全球发展的大背景下；增强核心竞争力，并与新的社会增长机会相联系；探究其中出现的新的消费阶层；教育改革是重中之重。他还建议当代中国大学生在新兴国家兴起的大背景下，注重改变自己的思维习惯，以更加开阔的心胸迎接未来①。

世界经济前景的不确定性也激发着世界各国加快创新的渴望。以新能源、大数据、电动汽车和3D打印机等为代表和驱动力的第三次工业革命风起云涌，技术创新将成为全球经济增长的新动力，美国在应对国际金融危机的过程中，通过创新发展战略加快技术研发、教育投资，因而在新一轮经济增长中具有明显的比较优势。金砖国家等的赶超力量只能源自创新、干中学，在高起点上缩短与先发国家的技术差距，如果缺乏技术赶超，则经济赶超就是一句空话。在过去一段时间内，中国、印度的劳动力成本优势，南非、巴西和俄罗斯的资源优势都促进了资本引进、出口扩大和经济快速增长。但随着中国、印度的劳动力成本上升和大宗商品周期的结束，以及俄罗斯、巴西、南非资源开发峰值的到来和国际行情的波动，金砖国家的增长潜力衰减，经济面临集体"失速"的窘境。在外部环境不佳、内部原有动力衰减的背景下，金砖国家面临从粗放增长转向集约增长的转折点。金砖国家的经济发展"失速"从表面上看与美国的货币政策调整有关，其实根源在于金砖国家因缺乏"创造性破坏"而没有在后危机时代重获比较优势，因而，要实现持续赶超，金砖国家必须加快从禀赋要素驱动到技术驱动的创新转型，经过一场"结束的开始"式改革。

展望2014年及未来更长时期，在外部环境低迷波动、内部传统增长动力衰减的压力下，金砖国家为实施其大国抱负，稳定其经济增长，实现继续赶超发展，将更加坚定地推行创新转型战略并在以下方面做出持久努力。

（一）更加重视创新发展，推动创新战略进一步落实

中国国家主席习近平在2014年6月9日中国科学院第十七次院士大会、

---

① 曾江、郝欣：《新兴国家需突破旧思维模式》，《中国社会科学报》2014年4月14日，第583期。

中国工程院第十二次院士大会上强调，科技是国家强盛之基，创新是民族进步之魂，科技实力决定着世界政治经济力量对比的变化，也决定着各国各民族的前途命运。"只有把核心技术掌握在自己手中，才能真正掌握竞争和发展的主动权，才能从根本上保障国家经济安全、国防安全和其他安全。不能总是用别人的昨天来装扮自己的明天。"他呼吁加快在机器人、人工智能和其他先进领域的自主创新[①]。有评论认为，2014年5月高新技术爱好者莫迪当选印度新总理，将开启印度创新发展的新阶段。早在2013年1月17日，时任古邦部长的莫迪就抛出了"莫迪公式"：信息技术+印度人才=印度未来（IT + IT = IT, Information Technology + Indian Talent = India Tomorrow）。莫迪认为信息技术产业和电信业是印度创新的引擎，是"品牌印度的一座灯塔"，是驱动未来印度成为知识超级大国的动力，也是促使穷人生活改善的媒介。莫迪提出了从"e治理"到"m治理"的理念转变。"e治理"是把移动互联网和电信技术应用到政府治理中，实现简单、有效和经济的治理；而"m治理"则更进一步，充分利用手机和移动互联网技术来实现"e治理"。莫迪多次提到了印度必须成为下一代信息技术——云技术和大数据——的世界级创新中心。

（二）继续加大研发支出，推动新兴战略产业发展

金砖国家将采取有效措施，加大教育和科学技术的研究开发投入，提高教育和科研的产出效率和水平。鉴于现有研发投入力度不足，金砖国家将进一步加大创新投入，缩小与发达国家在技术进步方面的差距。金砖国家将特别注重对某些选定的战略新兴产业的优先发展和支持。

（三）继续优化创新体制机制，构建良好创新环境

创新包括技术创新和制度创新，只有将二者有机结合，才能推动劳动生产率提高。改革科研体制，优化企业技术创新的软、硬环境，提升科研资源配置的合理性和效率对金砖国家至关重要。金砖国家需要进一步克服科技资源配置的行政垄断，强化市场竞争性引导和配置，加强知识产权保护等。如2013年

---

① http://news.anhuinews.com/system/2014/06/09/006453419.shtml.

俄罗斯已启动的科学院改革将进一步深入推进，中国科研经费配置与管理改革将进一步完善，抑制暗箱操作和腐败现象。金砖国家也将进一步加强知识产权保护的立法和执法建设，切实维护创新者的利益，使创新成果得到有效保护，并通过市场得到合理回报，有效鼓励企业和其他市场主体通过创新发展自己。金砖国家还需要大力弘扬崇尚创新、宽容失败的创新文化，培育尊重知识产权的价值观，营造有利于创新的社会氛围。

（四）在全面合作框架下进一步推动科技合作和创新经验借鉴

随着金砖国家合作机制的日趋完善，相互之间的合作交流也将增多和深化。首届金砖国家科技和创新部长级会议2014年2月9日至12日在南非开普敦举行，会议主题是"通过科技创新领域的战略伙伴关系推动公平增长和可持续发展"。金砖五国科技部部长或代表重申加强金砖国家务实合作、落实历届金砖国家领导人峰会提出的加强科技和创新领域合作倡议的意愿，共同发表的《开普敦宣言》确定了在金砖国家框架下科技创新合作的重点领域和合作机制，包括在基础科学和前沿科技领域共享科技资源，加大重大科研基础设施的开放；加强国家间科技创新战略对话，共享科技创新的经验和最佳实践；支持青年科学家的交流和培训计划等。这无疑是金砖国家务实合作的最新进展，并将促进金砖国家下一步的科技合作。金砖国家科技发展的潜力巨大，各自在一些领域拥有优势。彼此间的科技合作不仅能够降低成本，而且使获得和分享关键技术更加容易。同时，加强彼此间的科技合作还有利于扩大国际科技的合作空间，提高自身的科技自主性，带动经贸投资，降低对发达国家的技术依赖。具体来说，未来金砖国家将在如下一些领域开展科技合作：①开展科技创新战略对话，建立合作平台和机制，共享科技创新的经验和最佳实践。②科技资源共享，加大重大科研基础设施的开放合作，金砖国家通过制定国家间科技合作协定，促进多边科技合作机制化，建立金砖国家科技联合委员会，深化科技合作，优化资源配置，实现金砖国家间资源优势互补。③建立金砖国家创新共同基金，对联合科研的项目予以重点资金支持。在关系民生改善的领域内加强合作，如防灾减灾、水污染治理、节能环保、新能源、食品安全和公共健康等领域。加强面向未来的基础科学和前沿科技合作，提供更多的科研成果和技术产品。④加强金砖国家企业及科研机构的合作,增进金砖国家企业间的互访,在共同学习和研发中突破关键技术;相互开放高科技投资与产品市场,降低关税和门槛,扩大创新产品的市场开发和分享;鼓励建立金砖国家间国际科技合作创新联盟和技术联盟,不断形成有利于金砖国家发展的技术标准。⑤建立金砖国家合作科技开发园区,鼓励金砖国家企业到园区共同建设研发中心和产业化基地,充分利用当地的优势创新资源,汇集当地优秀科技人才,研发和生产高新技术产品,推动重大科研联合攻关和成果分享。⑥制定科技合作战略,推动政策研究合作与经验借鉴。建立科技合作战略联合研究小组,给予长期稳定的财政支持,针对金砖国家科技创新与科技合作存在的不足和问题开展合作研究,共同发布金砖国家科技创新与科技合作战略研究报告,为深化和拓展金砖国家间的科技合作提供支持。

(五)金砖国家的创新发展将取得更大成就

金砖国家在加快转型过程中采取的诸多创新战略举措将陆续产生作用并对经济增长产生新的驱动力。这些国家在外部环境波动性和不确定性大的背景下,均面临刺激经济保持适度增长和调整结构、创新转型的对冲力,特别是中国,既要抑制过度投资带来的产能过剩,加快调整产业结构,转向质量更好的增长,又要使这种调整和转型不伤害不断下滑的增长,出路只有加快创新,使创新的驱动力明显超越传统驱动力,只有这样才能在抑制落后驱动力的惯性的前提下加快新兴要素即创新要素的发力,实现创新转型、结构优化和稳定增长的全赢。其他金砖国家的具体状况或有差异,但都必须致力于创新发展,实现创新驱动,创新要素在金砖国家增长中的作用将稳定增强是可以期待的趋势。

八 总结与启示

人类的经济发展史已经证明,创新是一个经济体也是全球经济繁荣与进步的不竭动力。后发劣势的克服从长远来看难以依赖传统的禀赋要素优势,只有建立在智慧、知识基础上的创新才能形成后发优势并实现赶超发展。金砖国家作为技术、体制、管理等的跟随性经济体，依靠对外开放和资源禀赋优势在过去一段时间实现了赶超式发展，但随着自身经济规模的扩大、资源禀赋条件的变化、国际市场行情的变化和内外增长条件的调整，其增长动力难以为继，迫切需要重新寻求新的增长动力，以实现后危机时代更长期的赶超发展。创新是唯一可以、可能的方向和途径。

近年来金砖国家纷纷出台各种创新发展战略和政策举措，在推进创新发展方面付出了巨大努力，也在一些领域取得了一些不同程度的成效，对经济稳定和繁荣做出了一定贡献，并有一些可供彼此借鉴的经验。

第一，注重人力资本的积累。总体上金砖国家都比较重视创新人才的培养，积极积累人力资本。中国、印度的出国留学人员规模巨大，俄罗斯特别注重高尖人才对创新经济的基础作用，并注重以依托人力资本的高技术经济与中印等劳动密集型经济展开差异化竞争。

第二，坚持吸收借鉴与自主创新相结合的创新模式。后发国家的创新模式主要有引进吸收与自主研发两大类，金砖国家一般两者并用，各有侧重，成效也各异。但相对而言，中国更多的是以引进、模仿为主，走以市场换技术的创新模式，在模仿中学习创新。虽然这种模式能够较快地推广利用高新技术，但因缺乏核心创新能力而容易陷入循环引进和产品出口受制于专利短缺的怪圈。俄罗斯、印度更多地主张自主研发、以引进为辅，虽然进展与普及较为缓慢，但能够形成自身实实在在的技术与品牌，如印度的软件设计、IT 服务和医药技术，俄罗斯的航天航空技术、核能技术、卡巴斯基计算机防火墙技术等。俄罗斯人设计的很多高科技软件被韩国三星、LG 等公司采用，巴西基因组、生物能源技术等都是具有国际先进水平的自主技术。因此，其他金砖国家在注重自主研发创新方面的经验值得中国借鉴。

第三，注重打造创新园区，以高新产业带动创新经济发展。后发大国经济部门众多，每个部门齐头并进搞创新容易受到资源、人力、技术开发和推广等多方面的约束。中国先开办经济特区，继而建设一批国家高新科技园区以及各种类型的科技孵化园区和工业开发园区等，形成科技园区经济，促进出口和经济转型升级的做法已被证明是成功的，值得其他金砖国家的借鉴。俄罗斯、印度近年来实际上也在大力推进高新园区建设，以带动产业和整个经济的创新发展，在一定程度上是对中国经验的借鉴。

第四，不断完善创新激励机制建设，创造良好的创新环境。创新激励机制关系到创新环境的形成。缺乏良好的创新氛围和土壤，创新就会变得缓慢。金砖国家均意识到创新制度建设的重要性，并制定了很多改善创新的政策举措，如五国均扩大研发投入、培育创新人才、引进先进人才和遏制人才外流，为创新企业和创新活动提供财税、融资、基础设施使用等方面的便利，如简化科技企业的注册登记和注销手续，设立政府主导的风险投资基金、科技孵化器及基础设施良好的科技园区，鼓励政府采购高新产品，对高新产业采取可能的关税保护，同时制定鼓励出口的出口退税措施，完善知识产权保护等，但创新机制与环境与发达经济体相比依然有较大差距。俄罗斯在营造具有国际竞争力的营商环境和制度方面走在金砖国家前列，印度在推动和激发民众参与创新和分享创新成果方面也值得其他金砖国家借鉴。

总体上，2011年以来的创新指数国际评价以及目前金砖国家面临的赶超后劲不足显示，金砖国家在创新发展方面的努力还不够，成效还不明显，还存在诸多不足和缺陷，创新步伐和创新力度与发达经济体相比仍有较大差距。金砖国家的创新发展还处在一个比较低的水平上或者说起始阶段，距离转型目标还很远。金砖国家需要在借鉴西方发达国家创新发展的成功经验的基础上加强彼此间的合作与交流，这将为其在2014年及更远时期的创新发展带来政策启示以及务实合作成果，促进其共享式发展和繁荣。

参考文献

［1］欧阳峣：《新兴大国的自主创新道路——以"金砖四国"为例的研究》，《大国经济研究》第三辑，经济科学出版社，2011。

［2］陈琦、欧阳峣：《发展中大国技术创新溢出效应及比较研究》，《大国经济研究》第五辑，经济科学出版社，2013。

［3］欧阳峣、罗会华：《金砖国家科技合作模式及平台构建研究》，《中国软科学》2011年第8期。

[4] 朱廷珺、孔思源、李宏兵：《知识产权保护与金砖国家的创新路径——中、俄、巴的比较研究》，《兰州商学院学报》2012年第1期。

[5] 钟惠波：《金砖四国国家创新体系存在的问题比较》，《科技进步与对策》2012年第1期。

[6] 乐纯：《国家创新竞争力与经济增长相关性研究》，《现代物业》2012年第9期。

[7] 李大明、尹磊：《支持自主创新：税收政策之比较——以韩国、印度、新加坡和台湾为例》，《涉外税务》2006年第10期。

[8] 林跃勤、周文：《金砖国家持续赶超所面临的难题》，《光明日报》2011年4月15日。

[9] 张晶：《金砖国家创新体系效率较低》，《科技日报》2011年12月4日。

[10] 刘云：《学学印度的敝帚自珍》，《环球时报》2011年11月14日。

[11] 汤森路透：《金砖国家科技影响力研究报告》，《科学观察》2013年第2期。

[12] Solow, Robert M., "A Contribution to the Theory of Economic Growth," *Quarterly Journal of Economics*, Vol. 70, No. 1, (February 1956): 65 – 94.

[13] Barro, Robert J., and Xavier Sala – i – Martin, "Technological Diffusion, Convergence, and Growth," *Journal of Economic Growth*, Vol. 2, No. 1. (March 1997): 1 – 26.

[14] Lucas, Robert E., Jr., "Making a Miracle," *Econometrica*, Vol. 61 No. 2, (March 1993): 251 – 272. Romer, Paul M. "Endogenous Technological Change," *Journal of Political Economy* 98 (5, part 2): 71 – 102, 1990.

[15] Владимир Путин: «Военно – техническое сотрудничество РФ со странами БРИКС и Вьетнамом выйдет на качественно новый уровень», http: //file – rf. ru/news/10119.

[16] Делегации стран БРИКС примут участие в работе 2 – го Международного форума инновационного развития «Открытые инновации», http: //www. russkiymir. ru/briks/news/99010/.

[17] Странвы Брикс Овсудили Сотрудничество Вссфере Науки, http: //www. strf. ru/material. aspx? catalogid = 25338&d_ no = 74518.

国别报告

Country Mandates

B.2
巴西:"中等收入陷阱"威胁及应对

〔巴〕马科斯·皮雷斯(Marcos Cordeiro Pires)*

摘　要: 本报告在回顾"中等收入陷阱"的概念基础上分析了20世纪80年代以来巴西经济发展的变化情况及其面临"中等收入陷阱"威胁的表现,提出了巴西摆脱"中等收入陷阱"的政策举措与努力方向。

关键词: 巴西　中等收入陷阱　威胁　应对

"中等收入陷阱"是一个新近提出的概念,世界银行的经济学家首次将这一概念引入学术界。当一个国家的人均收入达到中等水平后,由于片面追求人均收入及劳动力成本的提高,而生产力没有同比例地提升,便会陷入"中等收入陷阱"。当

---

* 马科斯·皮雷斯,巴西圣保罗州立大学经济学系教授。

进入这一阶段后，一方面其较高的生产成本无法与劳动密集型的低收入国家竞争，另一方面又无法与高生产力、高附加值、高技术含量的发达国家竞争，从而陷入了两难境地，其经济发展在工业化层面出现停滞或衰退的现象。

这是20世纪贯穿发展中经济体工业化进程的典型问题。对于一个较为落后的经济体而言，由低收入阶段进入中等收入阶段，比由中等收入阶段进入高收入阶段显然要容易得多。以进口替代为基础的工业化虽然也能取得一定的经济发展成果，却是以低科技含量、低劳动力素质为代价的。然而，要达到高国民收入，就必须增强劳动力的技能，这就需要更高的人力资源素质、更完善的基础设施以及开展国家项目时更强的社会凝聚力。

世界银行经济学家因德米特·吉尔（Indermit Gill）和霍米·拉斯（Homi Kharas）在2007年首次讨论了中等收入经济体渐失经济发展动力的问题。他们分析了亚洲国家经济发展所面临的挑战，并指出一些发展中国家和地区已成功跃过了"中等收入陷阱"，如新加坡、韩国、中国的台湾和香港等。然而，还有一些发展中国家如印度尼西亚、马来西亚、菲律宾、泰国及许多拉美国家却饱受"中等收入陷阱"困扰，人均收入徘徊不前，难以突破。2011年，拉斯和另一位经济学家将这一理论深化，试图更准确地定义"中等收入陷阱"这一概念，并提出克服这一陷阱的措施。世界银行的皮埃尔·阿根诺（Pierre Agenor）及高级顾问、副行长奥塔维亚诺·卡努托（Otaviano Canuto）进一步研究了该理论，强调生产力及公共政策的重要性。

值得注意的是，目前关于"中等收入陷阱"的讨论主要是在微观经济层面进行的，对其他经济领域关注较少。但事实上，其他经济领域也无疑会影响到一国的整体经济水平。

对面临中等收入陷阱的国家进行考察后，我们会发现，拉丁美洲地区是受此陷阱困扰最严重的地区，正如伊娃·保斯（Eva Paus）所强调的那样："当今，许多拉美国家都面临中等收入陷阱。一方面，在标准化产品方面，它们无力与低工资国家相竞争；另一方面，在技术密集型产品与服务方面，它们也无法与高科技国家相抗衡。究其原因，是因为许多拉美国家政府从未制定过相应的产业政策，也未创造相应的制度环境，来推动本国高科技产业及其他经济领域取得飞跃性的进步。"

一 巴西面临"中等收入陷阱"的表现

对1960~2012年巴西的经济状况尤其是其GDP及人均GDP进行分析后我们会发现,其有三个时期的特征十分明显:1960~1980年,经济高速增长;1980~2002年,经济停滞;2002~2012年,人均收入恢复性增长。

(一)1960~2012年GDP与人均收入状况

1960~1980年,巴西政府致力于建设垂直整合的产业结构。早在之前的30年里(1930~1960年),巴西经济已经走出了1929年国际经济危机的影响,从面向出口市场的经济向进口驱动型的内生性经济转变。

在此期间,以生产资料(钢铁、石油、电力、大宗化学品)及耐用消费品(轿车、电子技术、电器用具)为基础的工业化进程十分明显。

尽管在此期间巴西的经济波动较大,20世纪60年代与70年代分别经历了原材料危机与两次石油危机,但巴西经济仍然保持着7.54%的年均增长率,生产资料及耐用消费品领域的工业化进展迅速,使巴西经济走向整合化与复杂化。

1980~2002年,巴西经济经历了一系列内外冲击,人均收入几乎停滞。在这一时期,巴西GDP的年均增长率为2.39%,与其人口增长率十分接近,因此,在这22年期间,巴西的人均收入仅增长了4.5%。从外部冲击的角度来分析,值得一提的是,由于受美国1980~1983年货币政策变动、1982年墨西哥国际金融市场冻结、1987~1988年外债延期偿付的影响,以及20世纪90年代发展中国家一系列金融危机的影响,巴西经济出现了外债危机。

从内部冲击的角度来分析,1982~1985年巴西政治危机导致其军事统治的垮台,1980~1999年巴西政府的财政危机,1986~1994年的恶性通货膨胀,1990~2002年华盛顿共识(Washington Consensus)带来的政策调整等,都是这一时期巴西经济受到的内部冲击。

2002~2012年,巴西经济的各项指标都有所改善,年均GDP增长率为3.59%,人均收入整体增长了30.5%,经济显现出一定的活力。在这个时期,巴西执政党——劳工党推行了一些较为温和的社会改革：提高居民消费水平，缩小收入差距，提振国内经济团体。这为巴西2003~2008年的经济增长创造了良好的外部环境，商品价格大幅回升，这与中国对巴西市场需求的增大以及巴西成功克服了始于2008年经济危机的创伤有很大关系。然而，该时期巴西经济基础的夯实力度不够，因此巴西经济未能取得大幅增长。

（二）外部经济环境变化

巴西面临"中等收入陷阱"威胁的另一个表现是1980~2002年外部经济的脆弱性。在这一时期，巴西经济经常账户的赤字不断，需依靠外国资本来弥补国际收支差额。这更多的是由外债、贷款偿还成本而不是贸易差额引起的。

正因为如此，为消灭账户赤字，巴西经济表现出了对外债极大的依赖性，这在一定程度上使其在国际交易中丧失了自主权。在1991~2000年的私有化期间，巴西的许多外国资本流向"非贸易"领域，也就是公共基础设施领域，如电信、交通、电力、天然气等行业。

如果外国资本的流入依旧不足以清除经常账户赤字，那么政府就会采取提高利率的办法来吸引更多的投机性短期资本。1998~2008年，巴西国内利率比国际标准要高出很多，然而，这只能解决短期问题，而且会造成其他严重的长期后果。

当加息依旧不能彻底扭转对外负债形势的时候，巴西政府就只能被迫向国际货币基金组织寻求贷款援助，国际货币基金组织反过来会要求巴西政府推出相关的经济计划，而这些计划并不利于巴西的经济调整。

巴西经济的外部脆弱性还表现在其较差的经济发展长期规划能力。汇率是保障一国工业出口竞争力的重要因素之一。适度预测汇率的未来走向，可为经济主体提供基本的经济行为框架。然而，巴西的汇率缺乏稳定性，不利于其工业化战略的实施。

需要注意的是，巴西出口的工业制造品的生产商大多数是巴西境内跨国公司所属的子公司。巴西最大的50个出口集团中，23个都是跨国公司，而这些跨国公司中，工业集团占了16个，分布在汽车制造、石油、天然气、造船及

大型装备行业。

从以上分析可看出，巴西经济未能在高科技及高附加值行业获取较大的收益，因此无法在世界各国经济中脱颖而出。另外，来自国内进口市场的制约也加重了巴西企业的负担。

二 制约巴西经济发展的结构性问题

（一）历史制约因素

从殖民时代起，巴西经济的定位就是先满足一些欧洲大都市的需求，再满足工业化国家的整体需求。另外，充分利用幅员辽阔及气候适宜的优势，生产大型热带产品也成为巴西最主要的经济模式之一。

直到1822年巴西独立，这样的经济模式一直未曾改变。手工劳动起初很稀缺，但后来随着奴隶制的推行，许多本地居民及非洲居民沦为劳动力。1888年奴隶制被废除，然而按照惯例，这些重获自由的大批劳动力不能被纳入正规劳动力市场。在咖啡种植园等经济活跃地带，欧洲及日本裔的移民取代非洲裔工人成为新的雇佣劳动力。这就导致接近一半的劳动力只能流向非正规市场，他们低薪且无社会保障。

在1889~1930年巴西第一共和国期间，巴西的经济模式沿袭了殖民时代的传统，即大规模地生产并出口热带产品。1929年世界经济开始大萧条，为了应对出口商品数量及价格大幅下降的局面，维持国内的消费水平，巴西的经济模式才有所改革。从1930年开始，巴西采取了进口替代工业化的经济策略（尝试通过关税、进口配额和政府补贴贷款等手段保护本土产业）。

直到后来，受巴西1930年政变的影响，传统地主阶级到中央政权都得到了改革，工业化才上升为国家目标，新兴群体控制了国家机构及城市生活，推动了国内新型工业的诞生。

1930~1960年，巴西扩大了国内市场，经历了工业化迅猛发展的阶段，大力发展钢铁、石油行业，吸引了许多国外企业，这些国外企业生产高科技消费品如汽车、家电、电子设备、药品等。通过给予国外企业优惠待遇及压缩工资成本（移除劳动组织），巴西经济在20世纪70年代取得了大幅飞跃，被称为"巴西奇迹"。

正是在1960~1980年，巴西经济快速发展，使其成功跻身中等收入国家行列。工业制造品的出口也超过了农产品及矿产品的出口。然而，正如上文所提到的，由于国内储蓄不足，作为经济增长引擎的外债，在后来长达20年的时期里却变为巴西经济发展的阻碍。

尽管该时期巴西经济取得了长足进步，但地区差异及收入差距并未消除。一方面，一些低素质的廉价劳动力聚集的地区如圣保罗、里约热内卢郊区等的发展严重滞后；另一方面，巴西经济仍未摆脱对发达国家资本及技术的依赖，其大部分高科技密集行业被跨国企业控制。

随后，从1980年起，巴西经济遭遇了一系列外部冲击。巴西仍然是世界上贫富差距最大的国家之一。

随后的20年内，巴西的外债问题进一步恶化，外部瓶颈的影响逐渐扩散至国内经济，出现了经济萧条、财政危机、恶性通货膨胀等，贫困家庭的负担加剧。1989年11月的月度通货膨胀率达到了其历史最高点。

多年来，巴西并没有在具有较高技术复杂性的行业打造出世界级公司。巴西历史上一些具有天然竞争优势的行业，如动物蛋白、纤维素、铁矿石或橙汁等生产领域，很少出现世界级公司。虽然生产这些商品对维持该国的贸易平衡非常重要，但无法为该国创造更高的收入，更无法使其摆脱中等收入陷阱。

（二）体制性约束

体制制约也是导致巴西陷入"中等收入陷阱"的一大因素。巴西的社会结构中充满不平等现象，社会规则多为特权阶层服务。很多时候，资源、财富及就业机会的分配，也与家庭在社会秩序中所处的位置有关，而不是由个人能力决定。在奥地利政治经济学家约瑟夫·熊彼特（Joseph Schumpeter）看来，这样的社会环境不利于创业文化的出现，严重束缚了个人的创新精神。值得注意的是，此类现象并不完全发生在巴西人身上，而是天主教文化占主导地位的拉美社会的共同特征。

因此，在打破传统精英阶层的霸权方面，巴西大众阶层面临许多困难。然而，在200多年的历史里，巴西从未采取过全面彻底的改革，以打破殖民时期遗留下来的社会不平等结构。

最典型的例子就是，巴西的土地高度集中在少数家庭手里。巴西从未有过全面的土地改革来提高农民收入。与工业化成功经验不同的是，巴西并未以大众消费为基础来分配耕地，因而没有建立完善的土地市场。

三 巴西发展困惑

现在，很多学者将"中等收入陷阱"的概念与聚合理论（Concept of Convergence）联系起来。聚合理论是在2008年富裕国家尤其是美国和欧盟成员国的经济停滞不前甚至出现萎缩的情况下提出的，而此时发展中国家继续保持稳步增长。学者、顾问和专家们纷纷做出预测，预言大型新兴经济体尤其是金砖国家，将在21世纪中期赶超富裕国家。

中国经济学家胡鞍钢在他的著作《2030年的中国》中指出，世界经历了三次全球经济增长浪潮。前两次浪潮发生在资本主义黄金时代，第一次发生在1870~1930年，当时全球经济年增长率为2.1%；第二次发生在1950~1973年，在此期间，全球经济年增长率为4.9%；自20世纪90年代初以来，掀起了第三次全球经济增长浪潮。1990~2030年，全球经济预计以每年3.5%的速度增长。

根据聚合理论拥护者的观点，在工业革命后的前两次浪潮中，获得经济增长的主要是发达经济体，导致少数几个完成工业化的国家与其他仍处于殖民主义的国家或低经济水平国家之间的收入差距与日俱增。在第三次浪潮中，将能够目睹一次经济大聚合，这主要归因于大型新兴经济体如中国、印度、巴西和俄罗斯的崛起和快速发展。

当然，对发展中国家包括巴西持悲观论调的也大有人在，代表人物之一是印度经济学家鲁奇尔·夏尔马（Ruchir Sharma）。根据夏尔马的观点，除了仍然保持快速发展态势的中国以外，其余金砖国家的时代已经终结。在其最近的一篇文章《新兴市场的衰落》（The Decline in Emerging Markets）中，夏尔马呼吁大家重新认识聚合理论的内涵。他认为，除中国外，过去10年中几个崛起的新兴国家，如巴西、俄罗斯和南非，其当前的经济增长率都低于美国，这些国家实际上已经不能被认为是"追赶者"。夏尔马认为，阻碍新兴经济体追赶发达国家步伐的不是所谓的"中等收入陷阱"，而是"发展陷阱"。由于许多新兴市场严重依赖商品出口贸易，因此，当出口商品价格较高时，它们就成为发达经济体的追赶者，但当出口商品价格停滞不前时，它们就无法继续实现追赶。例如巴西，其经济主要依赖于商品出口，特别是铁矿石、石油和大豆的出口，而只有3.3%的出口商品具有高附加值。

巴西整体的教育质量较差。大量的人才外流，也将其无形中推向了"中等收入陷阱"。这不仅与一直存在的投资不足问题有关，还与原始生产过程中的文化有关。过去，在一个工艺及其他创造性活动受抑制、文化生活受天主教教义控制的社会，难以发展优良的技术教育，更别说创建大学。巴西第一所大学于20世纪才正式成立，而美洲第一所大学（秘鲁的圣马科斯大学）16世纪就成立了。截至目前，巴西每百万居民中只有1190名研究人员，毕业生中工程师所占的比重只有4%。根据国际学生能力评估计划（PISA）评估，巴西学生在数学方面的水平仅居世界第57名。

另外，巴西许多高端人才被工业化国家的高薪工作吸引，造成人才外流。即使在尖端产业取得发展，跨国集团也很快就会将这些产业收购，这种现象曾在20世纪80年代和90年代出现于巴西的工业自动化行业中。

巴西是世界上税收制度最复杂的国家之一。在巴西，一家企业每年需要花费2600个小时来处理烦琐的税务事宜。对巴西这样一个中等收入水平的国家来说，税收占国内生产总值（GDP）的比例达36%，这一数字似乎有点过高。在巴西，企业总体税收支出相当于其收入的68%。令人遗憾的是，巴西政府对税务机构的官僚主义作风也显得无能为力。巴西是一个联邦制国家，拥有三级政府——联邦政府、州政府和市政府。按宪法规定，联邦政府收取大部分税收。然而，在过去25年内，试图简化巴西税收制度的努力往往因为州政府的否决而受阻，因为他们担心改革会导致税收锐减。换句话说，减少税收几乎不可能实现。

此外，巴西的公共管理水平也较为薄弱。巴西各级政府已经做出了努力，来提高管理水平，增强公共支出控制，但仍然有很大的进步空间。巴西中产阶级的消费意识很强，而穷人因政府推出的社会包容计划，也开始具有消费主义意识。问题在于，为了满足消费需求，就必须有生产，然而，对生产而言，除了要重视人们的消费水平外，还必须重视人们教育和文化水平的提高。因此对巴西来说，克服"中等收入陷阱"是一个巨大的挑战。

巴西总统迪尔玛·罗塞夫（Dilma Rousseff）日前表示，经济发展的最高目标之一是改善人们的生活条件，这两者是紧密相连的。显然，对阻碍本国经济实现更快更好增长的因素，巴西政府也有所警惕。

近年来，巴西政府一直努力改善国内基础设施。巴西联邦政府已通过一项名为"加速增长计划"（PAC）的投资计划，用以扩修公路与铁路，建造现代化港口，完善电信系统，以及增加能源供应。该项投资计划始于2007年，即路易斯·伊纳西奥·卢拉·达席尔瓦（Luiz Inácio Lula da Silva）总统的第二个任期，并在现任迪尔玛·罗塞夫（Dilma Vana Rousseff）总统执政期间继续执行。该计划一期投资约为6570亿雷亚尔，二期投资到2014年预计达9559亿雷亚尔。为满足2013年世界杯和2016年里约热内卢奥运会的需求，巴西扩建与翻新了几个大城市的机场。4G移动通信网络已覆盖所有世界杯赛事的承办城市。然而，尽管做出了种种努力，巴西的网速排名还是仅居世界第84位，而且巴西只有很少一部分人使用最先进的互联网技术，每100户居民中只有0.01户使用光纤，而韩国是21.6户，日本是17.7户。

教育也是巴西政府一直关注的重点领域，政府将盐下油田开采权费的75%用于改善基础教育。据巴西教育部部长阿洛伊西奥·梅尔卡丹特（Aloizio Mercadante）估计，未来30年内，巴西在教育领域的投资至少会达到5000亿美元。由于在巴西很多公立学校设施匮乏，需要得到更多投资以支撑全日制教育，而且这些公立学校87%分布在巴西的北部和东北部地区，因此建立完善的公立大学体系也备受巴西联邦政府关注。新的联邦大学陆续建立，并在近几年内聘请了数以千计的教授。巴西联邦政府发起了一项名为"全民大学"的计划（Pro Uni），资助未考取公立大学的学生进入私立大学学习。另外一项名为"无国界"（Without Borders）的联邦计划，旨在让50万名巴西本科毕业生出国继续深造，尤其是科技和自然科学领域的学生。

（翻译：白乐、陈媚娜）

B.3
俄罗斯经济增长趋缓原因及创新转型

〔俄〕米哈伊尔·戈洛夫宁（Михаил Юрьевич. Головнин）*

摘　要：
　　本报告在国际比较的基础上回顾了2013年俄罗斯的经济增长情况，描述了其经济增长趋缓的内外因素，分析了2014年及未来更长一段时间影响其经济增长的环境，展望了未来俄罗斯经济转型与发展的前景。

关键词：
　　俄罗斯　增长趋缓　前景展望

一　2013年俄罗斯经济增长减速及其原因分析

　　延续2012年的经济增长放缓趋势，2013年俄罗斯经济大幅减速。2013年俄罗斯的第二、第三季度实际国内生产总值年均增长率下降到1.2%。其中GDP组成中投资指数表现最差，2013年前3个季度都出现了负增长，而消费增长率虽然有所下降，但还是高于国内生产总值增长率。第二、第三季度的净出口增长还是值得一提的——2010年以来出口增长速度首次超过进口增长速度（见图1）。

　　从生产方面来看，2013年工业生产出现负增长率。采矿业，包含燃料部门在内，在2013年的前11个月都表现为低增长（1.2%），制造业同期收缩0.6%。

　　金融服务、房地产和医疗保健服务业则在2013年的第二、第三季度做出了积极贡献。因为2012年1～11月受恶劣天气的影响，农业生产总量比2011

---

* 米哈伊尔·戈洛夫宁，俄罗斯科学院经济研究所副所长。

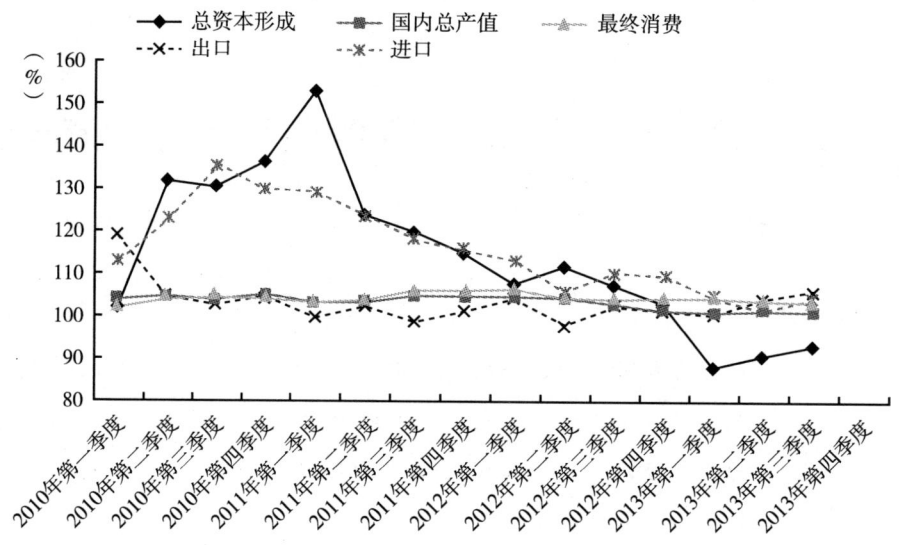

图1 2010~2013年俄罗斯经济主要指标（与上年同一季度比较）

资料来源：俄罗斯联邦国家统计局。

年同期下降4.9%。2013年1~11月农业生产增长率达到6.8%。但是农业在俄罗斯国内生产总值中只占一小部分（2013年前3个季度农业占国内生产总值的比重大约为3.1%），所以其增长率极易被忽略（见图2）。

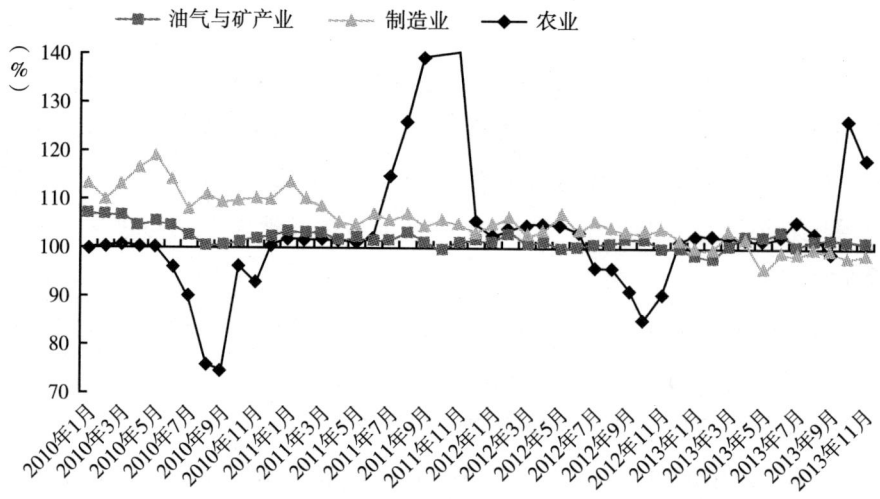

图2 2010~2013年11月俄罗斯油气与矿产业、制造业与农业产出变化

资料来源：俄罗斯经济发展部，www.economy.gov.ru。

（一）俄罗斯经济增长放缓的外部因素

2008 年的全球经济和金融冲击是俄罗斯经济消极增长的重要外部原因。影响俄罗斯 2013 年经济形势的因素可以归结为以下几点。

1. 国际油价影响

俄罗斯的经济发展轨迹一直与石油价格波动紧密关联，因为石油是影响其出口的重要因素。在经历了 2010～2011 年的石油价格飙升（涨幅分别为 29% 和 40%）后，2012 年石油均价一直处于停滞状态，而 2013 年则下跌了 2.7%。

油价下降影响了俄罗斯的出口动力。2013 年 1～11 月期间俄罗斯的出口比上年同期缩水 1.3%，虽然下半年出口增长率有所反弹（见图 3）。

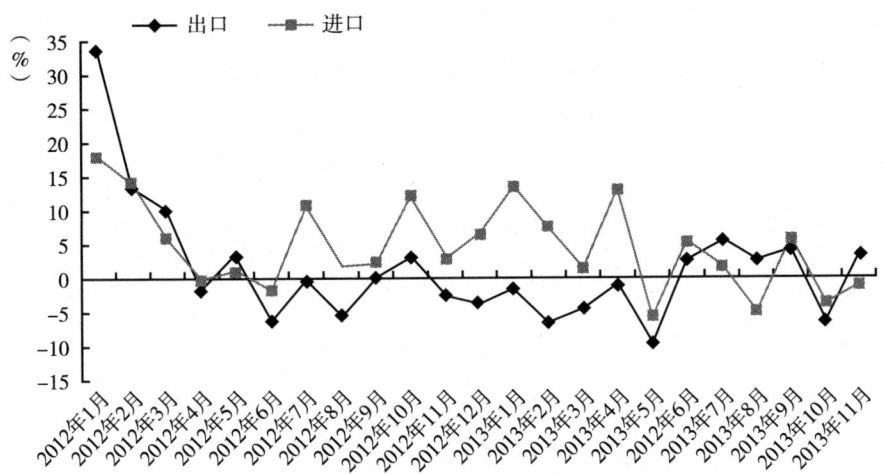

图 3　2012～2013 年 11 月俄罗斯月度进出口增长变化

资料来源：俄罗斯中央银行。

如图 3 所示，考虑到净出口实际增长率的改善情况，石油价格波动并不是俄罗斯经济活动的唯一负面影响因素。

2. 国际资本流动变化因素

在全球金融危机后，新兴市场国家面临巨大的外国资本流入，包括投机资本，因为相比于发达国家，新兴市场的经济发展态势更好，利率较高。但在这些发展背后有一个主要因素，那就是发达经济体的经济政策立场，即刺激性的财政和货币政策,包括所谓的非常规政策措施(量化宽松政策)。应当指出,这个首先由美国发起的策略带来的是相互矛盾的结果。一方面,它有助于支持美国经济的发展,从而带动全球经济增长;另一方面,它导致了上面提到的对投机性资本流动和美元汇率的低估,并对其他国家的对外贸易产生了影响。对于俄罗斯而言,美国的经济政策似乎无法对其国民经济产生直接影响。但一些统计数据显示,当前的美国货币政策将对油价产生影响,导致更高的石油出口额,但这是以牺牲非石油部门的发展为代价的,使俄罗斯的卢布汇率升值,从而导致俄罗斯国外资产的增值速度超过外债的增速。

美国退出宽松政策产生的投机心理也对俄罗斯经济产生了很大影响。2013年6月19日,美联储主席本·伯南克(Ben Bernanke)宣布,美国联邦储备系统将可能在下半年开始逐渐退出量化宽松货币政策,这令投资者的情绪改变,并导致资本流出新兴市场,随后造成汇率下降(见图4)。在金砖国家中,印度、巴西和南非受创最严重。2013年5月至9月,印度卢比的名义有效汇率下跌13.8%,巴西雷亚尔下降9.2%,南非兰特下降6.5%。俄罗斯虽然不是最大的受害国,但其卢布也贬值4.8%,这可以通过过去的跨境资金流与中央银行的干预看出(从2013年6月开始俄罗斯在市场上大量抛售外汇)。

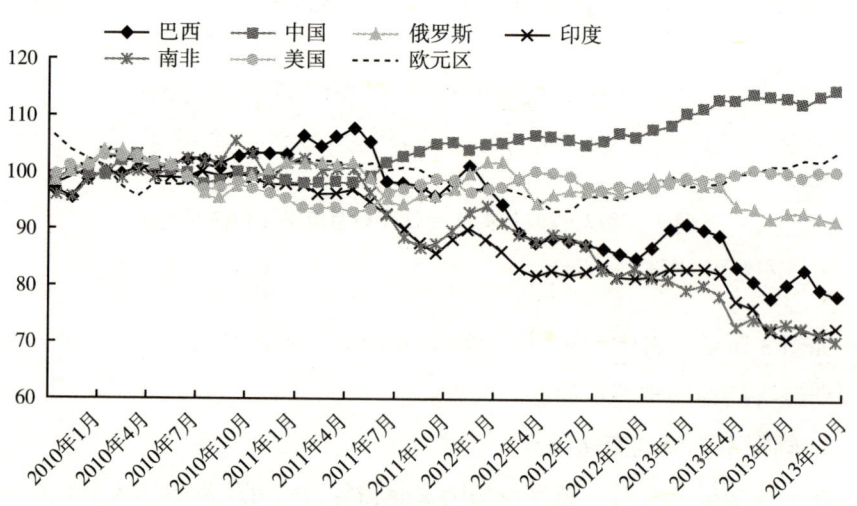

图4 金砖国家、美国及欧元区名义有效汇率变化(2012年=100)

资料来源:国际清算银行,http://www.bis.org/statistics/eer/index.htm。

应该指出的是,在全球金融市场局势紧张前,俄罗斯没有经历过外国资本大量流入的情况(见表1)。全球金融危机过后,私人资本净流出发生变化,这种情况在20世纪90年代及2000年初十分典型。2013年前3个季度,俄罗斯参与跨境资本流动增强,但主要是资本流出。伴随石油价格波动对出口的负面影响,经常账户盈余/国际收支经常项目顺差(Current Account Surplus)出现萎缩。2012年前3个季度,俄罗斯国际收支经常账户的盈余为615亿美元,2013年同期则下跌至283亿美元。尽管2013年跨境资本流动受到负面冲击,但主流趋势并没有显著改变。

表1 俄罗斯跨境资本流动主要指标

单位:亿美元

	2010年	2011年	2012年	2012年第三季度	2013年第三季度
直接投资	-9.4	-11.8	1.8	-3.9	-12.8
净金融资产的收购	-52.6	-66.9	-48.8	-37.6	-83.4
负债净额	43.2	55.1	50.6	33.8	70.6
投资组合	-1.5	-15.3	17.0	11.7	-0.3
净金融资产的收购	-3.4	-9.8	-2.3	-3.1	-6.3
负债净额	1.9	-5.4	19.3	14.8	6
其他投资	-8.7	-47.7	-43.9	-34.4	-14.5
净金融资产的收购	-19.2	-83.4	-84.5	-57.0	-65
负债净额	10.5	35.7	40.6	22.6	50.5
私营部门资本净流入/流出	-30.8	-81.4	-54.6		-62.7*

*预估2013年全年。

资料来源:俄罗斯中央银行。

3. 2010年欧洲债务危机的持续影响

应该注意的是,欧盟在俄罗斯的对外经济关系中起着主导作用。2013年1月到11月的统计显示,欧盟占俄罗斯对外贸易成交额的比重接近50%。2011~2012年,欧盟占到俄罗斯外国直接投资的流入和流出额的70%~75%,但后者在很大程度上被高估。一些欧洲国家(以塞浦路斯为首,包括荷兰、英国、卢森堡等)实际充当了俄罗斯所谓"往返投资"(Round-tripping Investments)的离岸或半离岸中心。

2010~2011年,俄罗斯的整体经济并没有受到欧债危机太大的影响,之所以如此，主要得益于在此期间的石油价格上涨，以及对俄罗斯经济的大量投资。但随后 2012~2013 年，俄罗斯经济开始减速。欧债危机的溢出效应主要通过贸易、投资（在此指国外直接投资）和金融途径显现。在出口方面主要表现在欧盟经济体对俄罗斯的燃料需求下降。2011~2012 年，俄罗斯向欧盟出口的石油量下降，2012 年底到 2013 年初天然气出口也出现下降。评估国外直接投资流的影响十分复杂，因为需要把上述提到的离岸影响考虑在内。不过 2012 年俄罗斯对欧盟的外国直接投资确实出现了下降，但根据初步数据，2013 年塞浦路斯银行业危机并没有对俄罗斯及该国的投资互动产生太大影响。而金融方面则体现在俄罗斯股票市场的变化波动过度依赖于欧洲的股票市场。

2013 年欧盟经济开始复苏，尽管步伐缓慢。2013 欧盟经济的增长量尚不稳定，因此欧洲的经济复苏还不能被视为是可持续的。根据 2014 年国际货币基金组织的全球发展报告，2013 年欧盟国内生产总值收缩 0.4%。所以俄罗斯的经济减速可以被视为受到欧债危机的持续性影响。

应当指出，除俄罗斯外，一些新兴市场在 2013 年也表现出增长速度放缓，主要是中东和拉美经济体。这些国家也经历了与俄罗斯相似的冲击（中东国家、墨西哥等也是能源出口国家），但这些国家没有对俄罗斯经济造成太大冲击。中国作为与俄罗斯经济关系最密切的新兴市场，2013 年的经济增长相比于 2012 年 7.7% 的增长率保持稳定。中国现在是俄罗斯的主要贸易伙伴（2013 年 1~11 月俄罗斯的对外贸易份额中中国占 10.5%），但 2013 年的前 11 个月俄罗斯与中国的贸易也有一定下滑，俄罗斯对华出口量与上一年同比下降 1.6%，而从中国的进口量则上升了 1.6%。

（二）制约俄罗斯经济增长的内部因素

俄罗斯经济对外部因素的依赖性增强。然而，对不同因素的分析显示，2013 年俄罗斯经济的明显下降不完全是因为外部因素，内部因素也起到了重要作用。

上面的统计数据显示，经济变缓的主要因素在于投资问题，而最终消费在一定程度上支撑着增长。月度数据也支持这一结论（见图 5）。2013 年大部分时间，投资与上一年相比都有所缩减，而实际可支配收入及实际工资尽管整体呈下降趋势，但增长率为正。

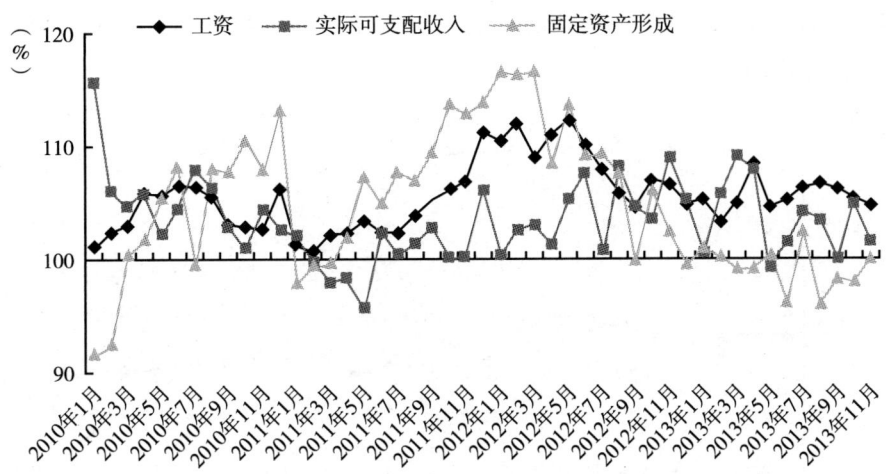

图 5 2010～2013 年 11 月俄罗斯固定资产形成、实际可支配收入及月度工资变化

资料来源：俄罗斯经济发展部，www.economy.gov.ru。

造成 2013 年俄罗斯投资负增长的原因有以下三点。

第一，前几年（2010～2012 年）每年投资的增长率较高（年均 7.8%），而这主要是由国家投资以及国有企业投资带来的。而在 2013 年，这种投资有所缩减。在地区层面上，一些国家投资为经常性支出所取代；国有企业也削减其投资项目（如俄罗斯最大的国有企业之一俄罗斯天然气工业股份公司在 2013 年的投资项目与上年相比削减了 28%）。

第二，2013 年前 11 个月的建筑投资额与上年同期相比下降了 1.3%。在很大程度上，2013 年前完成的主要国家项目可以解释这一趋势。

第三，公司的财务状况恶化。2013 年 1～11 月，公司收益与上年同期相比降低了 15.7%，投资基础也因此受到遏制。投资的另外一个来源——企业银行贷款的增长率在 2013 年也比 2012 年有所降低（见图 6）。

家庭信贷增长率的下降尤为明显，其中部分原因是监管措施。因为监管者对这种低准备金的信贷具有高增长率表示担忧。这一趋势和收入状况都对最终消费产生影响。

俄罗斯国内的经济政策毫无疑问也对经济增长本身产生了影响。俄罗斯的货币政策主要集中于消除通货膨胀，在 2015 年前达到通货膨胀目标制设定的目标。2013年，以月度为基础的年通货膨胀率在俄罗斯或多或少地得以稳定下来（见图7）。

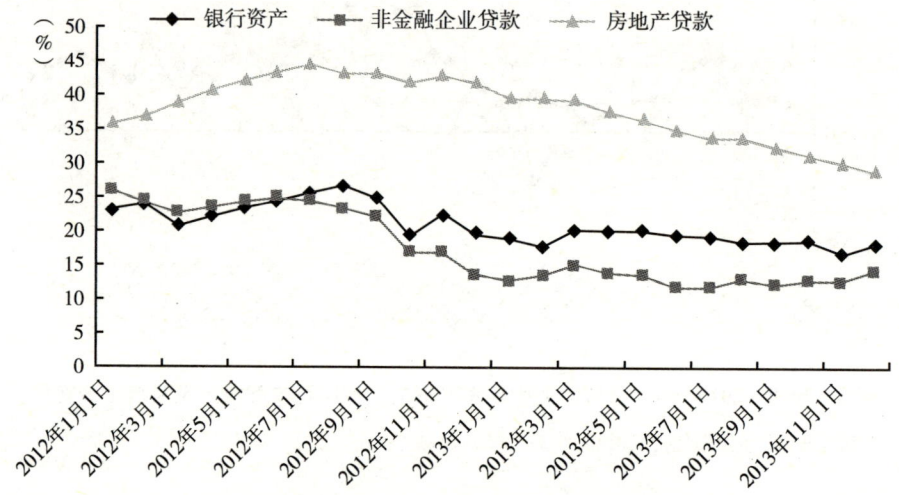

图6 2012～2013年11月俄罗斯银行指标

资料来源：俄罗斯银行业调查（网络版）2014年1月第135号。

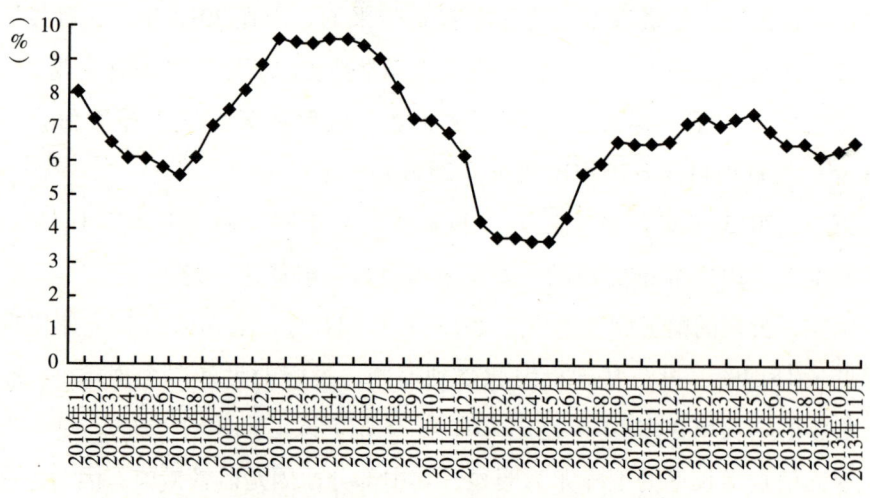

图7 2010～2013年11月俄罗斯月度通货膨胀率

资料来源：俄罗斯中央银行。

政策利率（贴现率）一整年都保持在8.25%的水平，尽管有较大的实施宽松政策的压力。在我们看来，货币政策依然有调控的空间。货币供应的增长率仍然处于较低水平,尽管在 2013 年上半年有所上升(见图 8)。而如图 6 所示,金融资产的增长率在 2013 年平稳下来,甚至出现下降趋势。

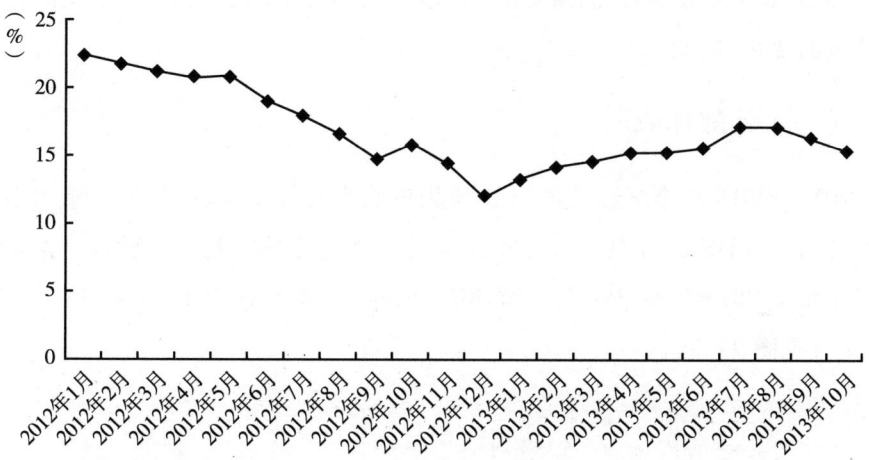

图 8　2012~2013 年 10 月俄罗斯 M2 变化情况(与上年同月比较)

资料来源:俄罗斯经济发展部,www.economy.gov.ru。

毫无疑问,俄罗斯的税收政策对国家经济状况的依赖程度很高,但主要依赖于油价的变化。2013 年 1~11 月,俄罗斯预算中超过 50% 是所谓的"石油相关税"。2013 年 1~11 月,与石油和天然气相关的税收占 GDP 的 9.6%,而在 2012 年同期则是 10.3%。在此期间其他税收来源缓慢缩减,占 GDP 的比重从 9.8% 下降至 9.4%。

结果,联邦预算中的税收收入占 GDP 的比重从 2012 年 1~11 月的 20.1% 下降到 2013 年同期的 19.1%,与此同时,政府还缩减开支,在经济大幅减速但是没有严重财政问题的情况下实施这种政策颇为奇怪。联邦预算支出占 GDP 的比重也由 2012 年 1~11 月的 18.7% 下降至 2013 年同期的 18%。2013 年 1~11 月,预算盈余约占 GDP 的 1%。

可以说,2013 年俄罗斯并未采取一切可以采取的经济政策以遏制经济增速放缓。因此,政府经济政策的不作为或者少作为是俄罗斯 2013 年经济表现不佳的不可忽视的原因之一。

二 俄罗斯经济发展前景

展望2014年及更长时期的未来,俄罗斯的经济增长取决于内部条件和外部环境的变化。

(一)外部环境

2014~2015年全球经济的增长预测被认为对俄罗斯的发展有利。国际货币基金组织(IMF)在其最近发布的《世界经济展望》报告中预测,全球经济增长率将从2013年的3%上升至2014年的3.7%,在2015年将进一步升至3.9%(见图9)。

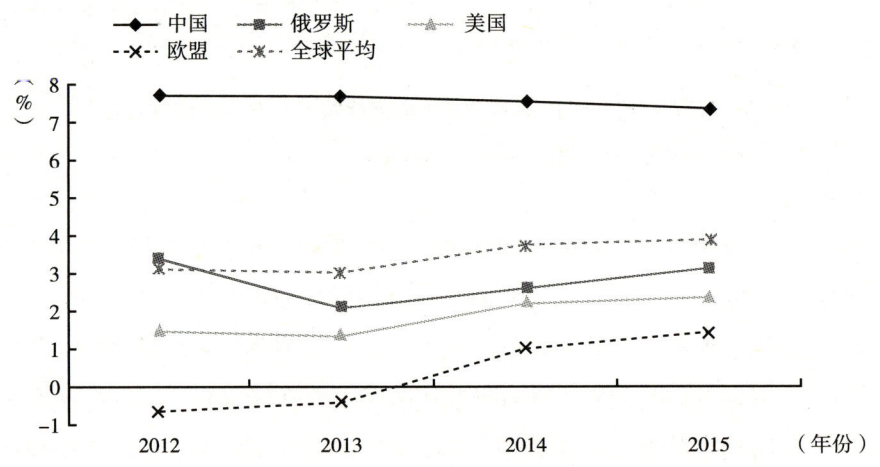

图9 2012~2013年经济增长率及2014~2015年预测

资料来源:国际货币基金组织:《世界经济展望》,2014年1月。

但俄罗斯经济的发展可能未必如此乐观,因为即使欧盟经济增长在2014年得以恢复,在最近两年内还是会受到一定程度的抑制。因此,不能期望其对俄罗斯能源的需求出现大幅上升。另一个值得关注的是对中国经济减速的预测,因为中国已经成为俄罗斯主要的贸易伙伴。

除此之外,俄罗斯还应注意与金融市场发展相关的重大风险。2013年夏季的事件表明,仅仅是对主要发达经济体的政策变化预期都可能会在很大程度上改变市场情绪。这就提出了进一步推动国际金融体系改革以降低全球金融风险的必要性问题。而且在这个过程中,金砖国家的参与是至关重要的。

(二)内部条件

由于内部因素在俄罗斯当前的经济发展中发挥着至关重要的作用,所以其似乎面临改变经济政策立场的问题。关于如何通过短期的经济政策来刺激经济增长的问题已经引发了激烈的讨论。政府中所谓的"自由派"主张结构改革,提倡相对紧缩的财政政策和货币政策。

然而,也有一些人支持较为积极的反周期政策,呼吁放宽货币政策和减少(甚至放弃)财政控制。我们试图证明在货币政策和财政政策方面都还有回旋余地。然而,只有这些政策措施不足以应对俄罗斯经济结构的变化,以及克服所谓的"荷兰病"。目前,创新型经济对产业政策的需求很迫切。

由俄罗斯科学院编制的《2013年俄罗斯经济发展报告》包含了对目前政府经济政策的替代方案。该报告主要强调投资刺激的必要性,而这一点在经济过渡时期尤为重要。如果说自由主义经济学家更多地依赖于改善投资环境从而吸引外资,以及降低通货膨胀从而促进私人投资,那么学院派经济学家则更强调作为投资者的国家以及更为宽松的经济政策的重要作用。

除轻微地放松财政政策和降低利率外,还存在其他一些促进投资增长的重要途径。其中包括政府储备基金(储备基金和国家福利基金),其直到今天还担任着危机时期"缓冲器"的角色。2013年11月,俄罗斯总统普京曾强调作为经济"稳定剂"的储备基金的重要性,但其也为部分基础设施项目(主要是运输项目)使用国家福利基金大开"绿灯"。投资基金的另外一个来源可能是中央银行的外汇储备,其目前已经超过了各项充足性的标准。从2014年开始,它们足以支付16个月的进口总额。比如,外汇储备的盈余部分可用于有针对性的外汇信贷(用于必要的设备和技术进口)。这种信贷分配机制应该是非常透明的。

同样需要注意的是,刺激投资并不需要以促进居民的实际收入增长为前提,尤其是无固定职业的那部分人口的收入。国家杜马(下议院)于2013年

12月批准的2014~2016年联邦预算,对预算支出进一步减少做出了预测,其占国内生产总值的比例将从2013年的19.9%下降到2016年的17.9%。在其他支出方面,计划减少对社会政策的支出,其占国内生产总值的比例将从2013年的5.7%下降到2016年的5.0%。

这种财政政策趋势使人对经济增长占国内生产总值3%~4%的预测产生了怀疑。应该注意的是,2013年底,俄罗斯经济发展部(Ministry of Economic Development)改变了其对2014年经济增长的预测,从原来的3%调至2.5%。然而,这种预测在假定实际工资增长减速至3.3%的同时,又将对投资增速的预期上调至3.9%,若无任何特殊经济政策措施的刺激,这种假设似乎不太现实。

普京总统在2013年12月12日的联邦议会上指出了关于俄罗斯经济发展前景的几个重要问题。这些问题主要涉及区域发展、改善投资环境的措施、创新型活动的刺激以及俄罗斯经济的去离岸化等。

去离岸化措施对俄罗斯来说似乎非常重要,因为离岸化已经给俄罗斯经济带来一系列严重的问题。它会导致资本外流(缺乏针对资本流动的限制措施)、预算收入不足和外部冲击风险增加等问题(如2013年的塞浦路斯危机)。普京总统针对这些问题提出了相应的举措,包括:第一,对在离岸收税区注册的俄罗斯国有公司根据俄罗斯税法征收税收;第二,在境外注册的公司不再享有从预算或国家开发银行获得支持或担保的机会;第三,不允许外国企业获得国家合同。如果这些措施能够成功施行,那么俄罗斯经济就有可能实现投资增长。

支持创新型活动在俄罗斯的经济结构性变化过程中发挥着至关重要的作用。但是,这些活动的发展应该与一些取得优先发展权的基础产业的发展联系起来,以支持这些产业的现代化(如机械制造、交通、公共事业等)。普京总统宣布了几项措施,包括着力引导机构关注创新发展目标、创造对高技术的内部需求等。需要注意的是,从根本上说,建立创新体系共有两种方式:引进技术或者基于自身科学发展情况创立体系。在俄罗斯,第二种方式的前提条件是与苏联在研究方面的遗产紧密相关的。然而,近期在这样的背景下出台的政策措施似乎并不与之相符。俄罗斯科学院的改革为其研究人员带来了不确定的氛围。与此同时，一些支持基础研究的措施已经得到落实，例如俄罗斯科学基金会的成立。然而，创新型活动发展也需要采取一些措施以应用基础研究成果，即所谓产业研发。

因而，应对和解决俄罗斯经济增长的减速问题并保持未来的稳定快速增长取决于经济模式的转变，而后者又在很大程度上取决于政府的经济政策。

（翻译：张尼　林跃勤）

B.4 印度经济创新发展的挑战与前景

朱翠萍[*]

摘　要： 自1991年实行市场化改革以来，印度经济持续增长，其大国梦想日渐清晰。但近年来，金砖不断"褪色"，为此印度政府推出了科技创新计划以恢复经济。印度要想重新实现增长，就必须借鉴新兴国家的发展经验，同时吸取教训，依靠创新来解决目前面临的各种问题，包括资源约束问题、产业结构问题、双赤字问题等。印度的经济发展既有自身的优势，也有比较明显的劣势；在创新方面虽有自己的特点，但只局限于某些领域。先进与落后伴生，创新与守旧并存，这个最具增长潜力之一的国家的未来经济发展之路充满了不确定性和挑战。

关键词： 印度　经济发展　创新　挑战

近年来，金砖国家作为新兴经济体的典型代表，以强劲的经济表现和"4C"优势即消费（Consumption）、原材料（Commodity）、整合效益（Convergence）和公司治理（Corporate Governance）吸引了全球投资者的眼球。即使在世界经济处于低谷的2008年，全球GDP下降了6%，发达国家的GDP下降了8%，发展中国家和新兴经济体的GDP也只下降了4%，远远低于发达国家的下降幅度。在金砖国家中，下降幅度最大的是俄罗斯和巴西，分别为

---

[*] 朱翠萍，云南财经大学印度洋地区研究中心秘书长。

7.8%和0.6%，中国和印度的增长率基本保持不变，分别为9.2%和6.8%。全球金融和经济危机考验了金砖国家金融和经济系统的稳定性。①

2012年，金砖五国的GDP总量占世界GDP总量的21%，贸易总额占世界贸易总额的15%，外汇储备占全球的75%。根据高盛公司的预测，到2050年，世界经济格局将会大洗牌，全球新的六大经济体将会变成中国、美国、印度、日本、巴西和俄罗斯。金砖五国合并的国内总产值可能在2041年超过西方六国（G7中除去加拿大）。其中，巴西将于2025年取代意大利的经济地位，并于2031年超越法国；俄罗斯将于2027年超过英国，于2028年超过德国；如果"不出意外"，中国可能会在2041年超过美国成为世界第一经济大国；印度可能在2032年超过日本成为世界第三经济大国②。事实上，预测只是一种可能而不是现实。"可能"能否变为"现实"取决于各自设定和保持的政策环境。

一 印度的经济增长与竞争力

作为金砖国家的印度，在独立以后的20多年里，经济增长缓慢，年平均增长率只有3%~3.5%，被称作"教徒式增长率"。印度经济的快速增长始于1991年市场化改革之后，其在新兴经济体中的增长速度虽然逊色于中国，但也达到了平均6%~8%的高速增长。由此也引发了几年前理论界对中印经济增长的比较以及印度经济是否能赶超中国的大讨论。根据世界银行2014年4月发布的最新报告，按购买力平价计算，印度的GDP已经超过日本，成为世界第三大经济体。但是，在网络论坛上，印度的城市脏乱差、贫富悬殊、等级制度等都是评论的焦点。印度是一个典型的对立体，是一个有6000年以上历史的古老文明国家，同时又是一个年轻的国家；政治上实行议会选举制，现实中政治又明显受到家族、种姓、宗教因素左右；经济增量接近2万亿美元，跻身世界前10强，但人均GDP目前只有1500美元左右，在全球排名第130位；

---

① 〔俄〕维阿彻斯拉夫·M. 夏夫苏科夫：《全球金融系统中的金砖国家》，《国际经济评论》2013年第6期。

② 《与BRICs一起梦想 通往2050年的道路》，http://www.doc88.com/p-201946729017.html。

印度在《福布斯》富人榜上的数量在亚洲独占鳌头，但印度的赤贫人口数量也是全球第一；印度的计算机软件业、制药业、服务外包等发展迅速，是印度的"名片"，但停水停电、假药泛滥、交通阻塞也是城市日常生活中顽固的"牛皮癣"。①

1991年，印度开启了经济转型的机会之窗，一系列制度改革与创新触发了印度经济的快速增长。2000~2009年，印度国内生产总值平均增长率达7.42%。国际货币基金组织（IMF）的数据显示，2010年印度GDP的增速甚至达10.4%，首次超过增速10.3%的中国，一时间赢得了外界的一片掌声和对其未来经济的普遍看好。2011年1月初普华永道发布的报告显示，按购买力平价（PPP）衡量，2010年印度的经济总量可能达到4.41万亿美元，超过日本的4.32万亿美元，成为世界第三大经济体。印度媒体《经济时报》称，以卢比购买力计算GDP，2011年印度可能超过日本成为世界第三大经济体。从绝对规模来看，2012年印度实现的GDP总量为1.8万亿美元，位居世界第10位，GDP增长率为5.3%，人均GDP为1592美元，印度成为世界第十大经济体。

2013年全球经济平均增长率达3.5%，高于2012年的3.2%。2014年美国经济逐渐迈上复苏之路，欧洲国家将保持强有力的竞争力水平，抑制全球经济活动的负面因素将逐渐消退，全球的经济增长将逐渐加速。在相对稳定的外部环境下，印度的金砖成色能否恢复，取决于莫迪上台后印度在推进经济体制改革中的创新能力以及在全球的竞争力。

根据2013年9月4日世界经济论坛发布的《2013~2014年全球竞争力报告》②，2013年新兴经济体的增速放缓，但优势依然存在。以金砖国家为例，中国前两个季度的经济增长率分别为7.7%和7.5%，位列全球各大经济体之首；巴西2013年第一季度的经济环比增速为0.6%；印度上个财年的增速为

---

① 〔印〕莫汉·古鲁斯瓦米、左瓦拉·辛格：《追龙：印度能够赶超中国》，王耀东等译，时事出版社，2010。
② 自1979年以来，世界经济论坛每年发布一份全球竞争力报告，报告的竞争力排名基于2004年引入的全球竞争力指数，该指数由制度、基础设施、宏观经济环境、商品市场效率等12个类别的指标组成。2011年10月，该机构宣布调整竞争力评价方式，引入"可持续发展竞争力指数"作为竞争力排名的重要衡量标准。

5%，本财年增速预计在5.5%左右；俄罗斯2013前2个季度的增长率分别为1.6%和1.2%；南非2013年的增速预期为2%。该报告显示，在五大新兴经济体中，中国的竞争力最强（第29位），领先于南非（第53位）、巴西（第56位）、印度（第60位）和俄罗斯（第64位）。其中一个值得注意的现象是，印度的竞争力已连续4年下滑，其和中国的竞争力差距从2006年的8位扩大到今天的31位。该报告指出，印度的"宏观经济环境"进一步恶化（第110位）。2012年，印度的通货膨胀率和公共赤字占国内生产总值的比重已接近10%。事实上，印度主权债务违约的风险已明显高于2011年。印度国内腐败和官僚主义盛行，糟糕的"公共卫生和教育水平"（第102位）也是印度生产率低下的主要原因。① 2008～2013年金砖国家的竞争力排名比较情况如表1所示。

表1 金砖国家的竞争力排名比较

年份	中国	印度	巴西	俄罗斯	南非
2013	29	60	56	64	53
2012	29	59	48	67	52
2011	26	56	53	66	50
2010	27	49	56	63	45
2009	29	49	56	63	45
2008	30	50	64	51	45

资料来源：世界经济论坛发布的全球竞争力报告。

无论如何，一个国家或地区的经济能否持续增长取决于其政策环境和创新能力。正是意识到了创新的重要性，2010年以来，印度政府从国家层面强化科技创新战略规划，提出了从世界办公室迈向创新型国家的发展战略。印度总理辛格曾宣布，2010～2020年为印度"创新的十年"，并推出了"印度十年创新路线图"。在总理的亲自提议和推动之下，印度国家创新委员会于2010年成立，使命是推动印度成为创新型国家。②

---

① 《2013～2014全球竞争力报告：中国位列第29》，http：//money.163.com/13/0910/00/98CDJTPM00252G50.html。
② 《印度的国家战略：从世界办公室迈向创新》，http：//www.hprc.org.cn/leidaxinxi/whjykj/201306/t20130614_224475.html。

二 创新引领软件业成为印度崛起的标志性"建筑"

常言道,需求乃创新之母。如此说来,匮乏自然是创新之父了。印度人不得不面对种种困难现状,如此一来,无论男女,个个都成了善于变通的行家能手。"变通"是一种创造性地处理事情、迅速解决问题的能力。善于变通,拥有创造机会的能力,再加上自由的环境,让这个民族从贫困的深渊挺立而出,成为当今世界发展速度最快的国家之一(仅次于中国)。[①] 尽管印度国内仍然存在诸多问题,但从幅员、资源、人口、地缘、文明素质这些方面来看,印度拥有崛起为亚太乃至全球大国的先决条件,尤其是在软件领域,印度创新发展的优势非常突出。

印度的信息技术产业、信息服务业、银行业、机床制造业等行业已经跃居世界前列。[②] 特别是印度的软件技术享誉世界,这源于印度早期抓住了信息革命的机遇,政府大力扶持软件业,不断完善相关的法律法规,加强在软件发展领域的知识产权保护,并且以出口为导向,培养了一大批竞争力强的大型软件企业。印度人由此被认为是推动20世纪90年代信息技术革命的核心,印度也被列入世界软件最好和最具竞争力的国家。[③] 印度软件业的快速产业化与国际化,主要得益于政府对软件产业在财力上的大力支持以及在基础设施建设方面的鼎力扶持。印度早在1986年就制定了《计算机软件出口、软件发展和软件培训政策》。进一步的,印度于1992年取消了设备和产业进口的许可证,并给予信息技术企业特殊的优惠政策。经过近30年的发展,印度的软件业已经成为印度经济的支柱产业,在全球软件市场占有重要位置,特别是在服务外包方面,占据了全球服务外包市场的半壁江山。印度全国软件和服务业公司协会近期发布了一份行业发展报告,预计印度软件业在2013财年(2013年4月1日~2014年3月31日)的总收入将达1080亿美元,其中出口达758亿美元,增长10.2%。新增就业岗位18.8万个,直接就业人数达300万人,间接就业人数达950万人。当前印度软件业产值约占国内生产总值的8%,出口额占国

---

① 〔印〕卡迈特·纳特:《崛起的印度》,湖南人民出版社,2012。
② 〔印〕卡迈特·纳特:《崛起的印度》,湖南人民出版社,2012。
③ 郑瑞祥主编《印度的崛起与中印关系》,当代世界出版社,2006。

内总出口额的23%~25%。同时,印度软件业吸收了37%的外资,在印度对外直接投资榜上名列第4,占全球服务外包市场52%的份额。① 2013财年印度软件业发展与海外市场分布情况如图1所示。

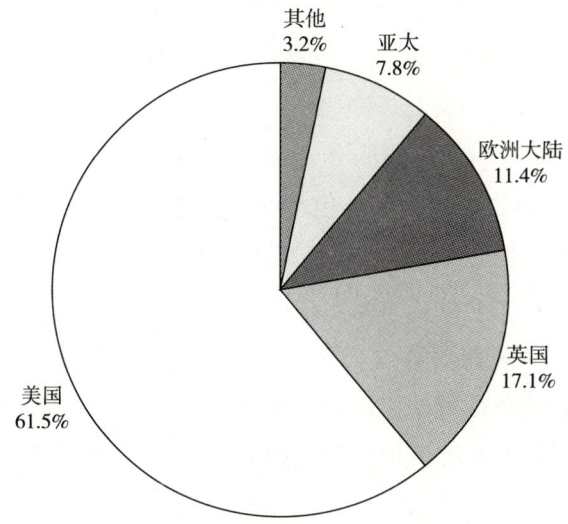

图1 2013财年印度软件业发展与海外市场分布

资料来源:印度全国软件和服务业公司协会发布的行业发展报告。

印度软件业一枝独秀,源于印度在1998年时将信息产业确定为优先发展的产业,提出了10年实现"软件超级大国"的目标。为了加速发展信息技术产业,政府打破信息基础设施经营的垄断局面,采取倾斜政策鼓励创新,将有限的资源集中于发展软件产业,特别是针对软件技术园区的政策为印度软件业的腾飞发挥了重要作用。根据世界银行的一份调查,80%的美国公司都把印度作为国外软件来源的首选市场。但是外包的生命线掌握在海外主顾手里,受国际金融危机的影响,外包大单日益减少,印度软件业遭遇到前所未有的挑战。为了突破瓶颈,目前印度软件公司加强了自主研发力度,期待通过自主品牌生产实现转型②。

---

① 《印度软件业期待转型 望摆脱"外包专业户"形象》,http://www.china.com.cn/international/txt/2013-06/26/content_29230248.htm。
② 《印度软件业期待转型 望摆脱"外包专业户"形象》,http://www.china.com.cn/international/txt/2013-06/26/content_29230248.htm。

世界对印度的关注大都集中在低成本、高质量和大量技术熟练的劳动力上,通过外包业务可以看出,印度给人的感觉就是世界的后勤车间。[1] 印度的外包公司如印孚瑟斯技术公司、塔塔咨询服务公司和威普罗科技公司,是发展中国家承接国际服务转移的成功典范。同时,印度庞大的工程师队伍和技术熟练员工在造就工程外包的"神话"中发挥了重要作用。预计到2015年,全球工程流程外包市场的市值将达1400亿美元,印度可能拉动全球1/5以上的市场需求[2]。统计数据显示,印度服务外包在全球市场份额中的比重持续上升。2001~2002财年印度占全球服务外包产业的比重为39%,2005~2006财年上升到45%,2009年超过一半达51%,2010年继续上升到55%。全球服务外包市场2005年的规模为6000亿美元,2011年达1.39万亿美元,预计2015年全球服务外包产业规模将超过2万亿美元,年均复合增长率有望保持在10%以上。[3] 2009年全球业务流程外包市场总额为5608亿美元,2010年达6167亿美元,2011年达6772亿美元。[4] 2011年全球离岸服务外包市场规模约为1026亿美元。

服务外包产业已经成为印度经济的支柱产业,具有非常明显的外向型结构特征。从图2可以看出,2006~2011年,印度服务外包产业快速扩张,产业总规模从2006年的374亿美元增长到2011年的882亿美元,年复合增长率高达23%。其中,出口规模从2006财年的242亿美元,增长到2011财年的594亿美元,净增352亿美元,年复合增长率达20%;同期国内市场规模从2006财年的132亿美元,增长到2011财年的288亿美元,年复合增长率为17%。

无疑,印度在信息技术与服务外包方面取得的巨大成就与其在科技创新方面采取的倾斜政策密切相关。传统观点认为创新是昂贵的,需要大量高素质的人才、资金和设施资源,用研发投入、科研人员数量、产出专利数量来评价一个系统的创新能力。进入21世纪以来,印度学者普拉哈拉德针对印度

---

[1] 尼尔马里亚·库马尔:《即将来临的印度制造》,中信出版社,2011。
[2] 〔印〕卡迈特·纳特:《崛起的印度》,湖南人民出版社,2012。
[3] 张大龙:《印度服务外包的成功经验》,《中国国情国力》2013年第3期。
[4] 《中国服务外包发展报告(2010~2011)》,社会科学文献出版社,2011。

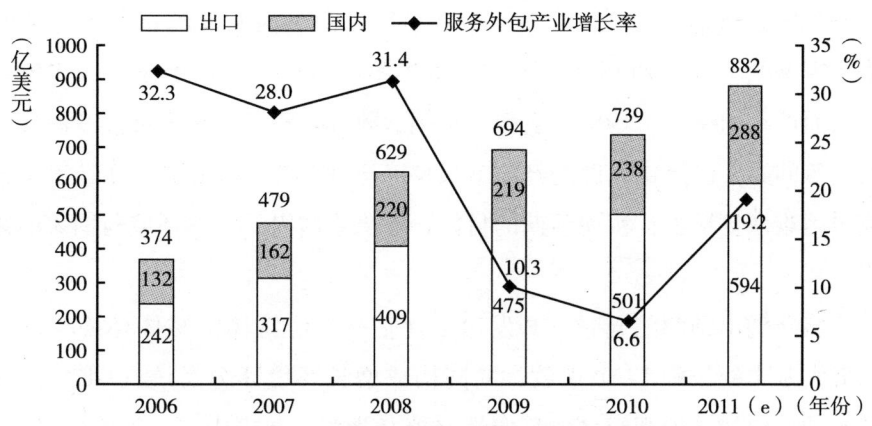

图 2　2006~2011 年印度服务外包产业规模及增长情况*

资料来源：《离岸服务是否进入了调整期》，中国外包网，http://www.chnsourcing.com.cn/outsourcing-news/article/20798.html。

现实提出的"金字塔底层"的创新战略，逐步被印度政府接受。随后，包容性创新在印度不断得到发展壮大。这种创新大多数不是在实验室进行的，它们是在组织和机制上的创新，能够共同合作和创造，从而降低成本，为广大基层人民群众提供有益的解决方案。① 为了实现经济持续稳定增长，印度不断调整和优化国家创新战略，不断地从单纯关注科研能力向注重实现创新多元价值的"包容性创新"方向努力。但是从目前的状况来看，印度实施创新发展战略依然面临诸多方面的挑战与压力。

三　印度经济创新发展面临的挑战

印度历史学家拉玛昌德拉·古哈（Ramachandra Gula）在 2013 年 8 月为《印度斯坦时报》（*Hindustan Times*）撰写的文章中说，印度的现状可以说是"骄傲和耻辱各占一半"。政治家、作家沙希·塔鲁尔（Shashi Tharoor）也表达了对印度未来发展前景的忧虑，"谁能解决曾经是四大主要宗教、十几种不

---

① 《印度的国家战略：从世界办公室迈向创新型国家》，http://opinion.hexun.com/2013-06-10/155039110.html。

同传统舞蹈、85种主要政治党派、300多种土豆做法发源地这一不老文明的未来"？① 印度这个即将超过中国成为世界第一人口大国的国家，未来发展面临巨大而严峻的挑战，特别是腐败、贫困、收入差距、管理不善以及僵化的社会结构等问题，已经使印度的经济增长率降至6%以下。未来印度经济是否能够克服困难恢复增长，实现预期的目标，取决于国内的整体环境与国家的创新能力。

高盛在做出预测的同时，开发出了评估一个经济体的整体环境与创新能力的五大基本领域和13个指数，共同构成增长环境评分系统（GES）。这五大基本领域包括：宏观经济的稳定性（通货膨胀、政府赤字、外债）；宏观经济条件（投资率、经济开放程度）；技术能力（电脑、电话、互联网的普及率）；人力资本（教育、预期寿命）；政治条件（政治稳定性、法治、腐败）。② 那么，从这些指标来考察，印度近年来的创新环境与创新能力具有以下特点。

第一，近年来印度经济遭遇增速明显放缓与通货膨胀居高不下的"滞胀"困境，且双赤字现象突出，宏观经济波动较大。人们之所以对印度经济充满信心，是因为印度从1991年实行市场化改革以来，其经济连续20年保持了稳定增长的势头（见图3）。根据世界银行的统计数据，以现价美元计算，2010年印度GDP达1.68万亿美元，增长率高达10.55%。2011年以来，受美国经济复苏乏力和欧洲主权债务危机持续存在的影响，全球经济增速进一步放缓，印度经济也未能摆脱大环境的消极影响。与前几年举世瞩目的经济增长成就相比，2011年以来，印度经济并没有像预期的那样发展，金砖出现了"褪色"迹象。2011年印度以现价美元计算的GDP达1.85万亿美元，增长率却滑落到6.33%，这是自2003年以来（除2008年外）增长率首次低于7%。

2012年印度GDP总量为1.83万亿美元，位居世界第10位。根据世界银行的最新统计，2012年印度的经济增长率只有3.24%，跌至10年来的最低水平。

---

① 《印度未来的道路》，http://www.ftchinese.com/story/001047609。
② 《与BRICs一起梦想 通往2050年的道路》，http://www.doc88.com/p-201946729017.html。

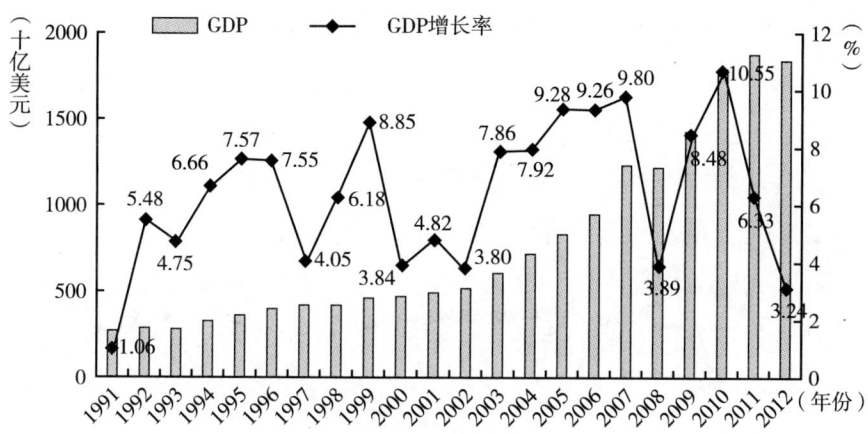

图 3　1991～2012 年印度 GDP 与 GDP 增长走势（以现价美元计算）

资料来源：世界银行数据库，http://www.worldbank.org.cn/。

根据印度的官方统计，2012～2013 财年，印度没有实现 6.2% 的预期增长目标，只实现了 5% 的经济增长率。但是，这一数据在 2014 年 1 月 31 日被调整为 4.5%。① 根据国际货币基金组织 1 月 23 日的最新预测，2013 年印度 GDP 总量为 2.1 万亿美元。印度在这一年不断地调低年初设定的 6.1%～6.7% 的经济增长率目标，根据 2014 年 1 月印度较为乐观的估计，其 2013～2014 财年的经济增长率也仅为 5%，勉强与前一年"打了个平手"。

尽管印度政府陆续开出了一系列"药方"以改善经济，但"疗效"并不明显，反而加剧了通货膨胀。居高不下的通货膨胀率意味着印度的经济增长并不是来自于实体经济中物质产品和劳务价值总和的上升，而是更多地来自于价格上升的贡献。印度自市场化改革以来，经历了多次高通货膨胀。从图 4 可以看出，1991 年，印度以居民消费价格指数（CPI）衡量的通货膨胀率曾高达 13.87%；1994 和 1995 年，其通货膨胀率也分别高达 10.21% 和 10.22%；1998 年的通货膨胀率又上升到 13.23%，此后开始下降。但是，自 2009 年以来，印度的通胀膨胀率就一直在高位徘徊，2009 年为 10.88%，2010 年为 11.99%，2011 年略有下降，为 8.86%，2013 年为 9.31%。其中燃油价格上涨和

---

① "Centre Lowers GDP Growth to 4.5 Percent for 2012 – 2013," http://www.thehindu.com/business/Economy/centre – lowers – gdp – growth – to – 45 – per – cent – for – 201213/article5639463.ece.

食品价格上涨是主要原因,而推动食品价格上涨的原因则是粮食、蔬菜和水果等价格的持续上涨。

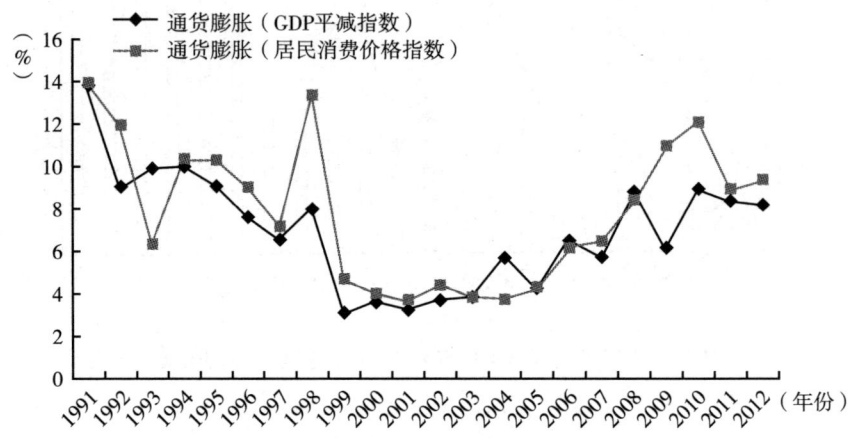

图 4　1991~2012 年印度通货膨胀变化

资料来源:世界银行数据库,http://www.worldbank.org.cn/。

2012 年以来印度中央银行不断紧缩货币,也曾经十几次加息,但货币政策的作用始终有限,导致通货膨胀不降反升。2012 年 1~12 月,印度以 CPI 衡量的通货膨胀率持续上涨,4 月曾经高达 10.22%。2013 年通货膨胀率也一直在高位徘徊。为此,印度多地曾发生大规模的群众游行示威,抗议物价持续上涨。无疑,印度正面临经济增速放缓和通货膨胀居高不下的尴尬局面。同时,由于滞胀风险加大,货币政策也陷入两难困境。如果为了稳定经济增长而采取宽松的货币政策,可能导致物价失控;如果为了治理通货膨胀而紧缩货币,则经济进一步下行的风险将导致印度的"金砖失色"。居高不下的通货膨胀增加了印度中央银行通过降息刺激经济的难度,已经成为影响经济增长的主要障碍。

印度在经济增速大幅回落的同时,又遭遇贸易赤字持续上升的尴尬局面。从图 5 世界银行的统计数据可以看出,近 10 年来,印度的贸易总额不断上升,以现价美元计算的贸易总额(包括商品和服务)从 2000 年的 1260 亿美元上升到 2012 年的 10196.6 亿美元,贸易总额占 GDP 的比重从 2000 年的 26.44% 上升到 2012 年的 55.36%。与此同时,贸易赤字也迅速上升,由 2000 年的 42.5

亿美元上升到2012年的1419.6亿美元，贸易赤字占贸易总额的比重由2000年的3.37%上升到2012年的13.92%。

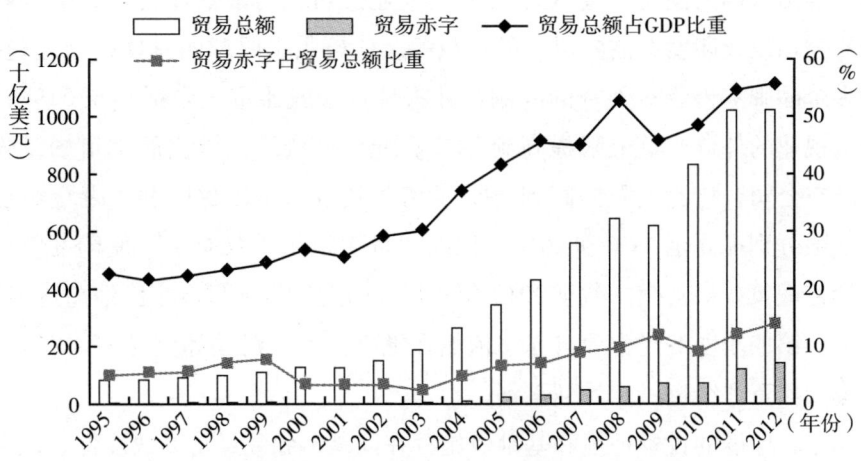

图5　1995~2012年印度贸易总额与贸易赤字变化情况

资料来源：世界银行数据库。

根据印度工商部的统计数据，2012年1~12月，印度货物贸易总额为7792.35亿美元，同比增长1.5%。其中出口2924.80亿美元，同比下降3.4%；进口4867.55亿美元，同比增长4.8%；贸易逆差1942.75亿美元，逆差扩大20.3%。2013年1~6月，印度累计进出口4057.17亿美元，同比增长3.23%。其中，累计出口1551.52亿美元，同比增长2.16%；累计进口2505.65亿美元，增长3.09%；累计贸易赤字954.13亿美元，同比上涨6.87%。

经济增长放缓导致税收收入下降，接近两位数的高通货膨胀不断恶化印度的财政赤字状况。经济增速下滑、高通货膨胀、高财政赤字和贸易赤字共同作用，加上全球经济增速放缓导致外国直接投资数量下降，使印度卢比大幅贬值。未来卢比如果持续走弱，将使目前的财政赤字面临更大的压力。有经济学家估计，印度政府如果不能采取新的改革举措开源节流，则其2012~2013财年的财政赤字可能攀升到占GDP的6.1%。为此，印度财政部长奇丹巴拉姆2012年9月29日宣布了一项为期5年的财政紧缩计划，计划用5年时间将财政赤字占GDP的比重从2012~2013财年的5.3%降低到2016年的3%。同时，

2012年9~10月期间，辛格政府还推出了一系列改革措施，包括上调柴油价格、向海外超市连锁商开放零售业、撤销对外投资航空公司和广播公司的禁令、批准出售四大国有产业（印度斯坦铜业公司、国家铝业公司、矿产和金属交易公司以及印度石油公司）的产权等。比较吸引眼球的具体措施还包括：放开多个品牌零售业对外资的限制，并将外资参股比重上限提高至51%；将广播电视业的外资比重上限提高到74%；允许外资进入国内航空市场或收购国内航空公司，持股上限提高到49%；将外资进入本国保险和养老金市场的投资上限分别提高至49%和26%。但高通货膨胀和"双赤字"使印度中央银行的调控政策效果甚微。截至2012年9月，印度经常项目赤字已经高达223.1亿美元，第四季度的经常项目赤字依然在继续扩大。财政和贸易的"双赤字"使印度的投资评级进一步受到重创。

第二，印度的投资环境和基础设施存在问题，导致经济开放度低、缺乏增长的基本宏观条件，从而制约了经济发展。根据理查德·尼尔森的分析框架，国家创新体系包括支持研发的政府机构、教育培训机构以及贸易和外国直接投资政策，这些政策决定了一国的对外开放程度以及对国外知识和技术的接受程度。[1] 印度不仅拥有劳动力成本优势，而且技术人才的英语优势也是吸引跨国公司投资的关键，但是体制和政策性差异阻碍了技术和管理方面的溢出效应的发挥。没有任何单一因素能够促进技术进步或鼓励企业掌握创新的能力，进而将新产品推向市场或创造新技术。恰恰相反，转型过程涉及解决问题，以及反复试验和不断摸索。不合时宜的制度、不适当的技术和激励机制以及落后的技术，都会阻碍创新和资源的更有效利用。[2]

印度虽是巨大的市场，却也是国际知名的"问题市场"，投资环境差，行政效率低，保护主义盛行，基础设施不足，这些都制约了外资的热情和能动性。此外，印度是世界上关税和非关税保护水平最高的国家之一，印度保守的市场准入政策也在客观上阻碍了中印经济关系的进一步发展。多年来，印度对中国商品实行"反倾销"，对中国投资设限，这成为中印经贸合作的

---

[1] 温迪·道伯森：《亚洲新势力2030：世界经济重心转移》，赵长一译，中国金融出版社，2010。

[2] 〔美〕理查德·尼尔森：《国家（地区）创新体系比较分析》，知识产权出版社，2012。

重要障碍。比如，2010年，印度政府有关部门禁止电信运营商采购中国的电信设备，并禁止中国华为和中兴两家公司参与印度总值为200亿卢比（约合29.4亿元人民币）的GMS项目竞标，中国企业在印度的投资努力频频受阻。虽然印度有非常成功的产业包括外包、软件和制药业，但印度很多制造业缺乏竞争力，没有生产出多少中国消费者需要的产品。印度在向外商开放投资方面也一直进展缓慢。如果印度放低投资门槛，中国企业对印度的直接投资将成为中印双边贸易的重要补充，该国较低的工资对中国制造商将很有吸引力。同时，印度极有竞争力的制药和信息技术领域的公司可以更快、更好地进入中国市场。

第三，科技创新能力不足是制约印度经济发展的关键。根据创新理论，技术创新是经济增长的关键。尽管印度在信息技术和外包领域具有较强优势，但是与发达国家相比，印度在开发和运用技术方面的能力依然很弱。从表2的主要参数可以看出，研发支出占GDP的比重，2004年印度为0.85%，中国为1.44%，中国远远超过印度；到2010年，中国上升到1.76%。从每百万人口研发部门的研究人员数量来看，2004年印度为119人，中国为708人，几乎是印度的6倍，到了2009年中国的这一数字上升为863人，上升了22%。印度的公共研究机构占研发支出总额的70%~80%，这些资金中的80%分配给国防、太空和核研究，其余20%通过四个大型公共组织进行分配：印度科学

表2　金砖国家科技和创新指标比较

指　标	巴西	俄罗斯	印度	中国	南非
研发支出占GDP比重（%）	1.16（2010年）	1.16（2010年）	0.85（2004年）	1.76（2010年）	0.87（2009年）
每百万人口研发部门的研究人员数量（人）	704（2010年）	3092（2010年）	119（2004年）	863（2009年）	—
2009年发表在科技期刊上的文章数量（篇）	12306	14016	19917	74019	2864
2011年高新技术出口额（亿元）	84.15	54.44	128.71	4571.07	19.03
2010年非本地居民的专利申请数量（件）	19981	13778	30909	98111	5562
2010年本地居民专利申请数量（件）	2705	28722	8853	293066	821

资料来源：世界银行网站。其中，印度和南非的指标有缺失。2004年的数据来自温迪·道伯森：《亚洲新势力2030：世界经济重心转移》，中国金融出版社，2010。

与工业研究委员会、印度农业研究委员会、科学和技术部以及印度医学研究委员会。同时,从在科技期刊上发表的文章数量来看,2009年中国是印度的3.7倍;从高新技术的出口额来看,中国大约是印度的36倍。

为了鼓励创新而给予研发者一定的保护是合理的,比如专利制度就是给予研发者保护的制度。专利保护越强,研发者的积极性越高。① 专利数量是国际上公认的用来衡量创新理念和创新产品的指标,虽然与发达国家相比,金砖国家的这一指标普遍偏低,但中国获得的专利数量是印度的3倍。目前两国都还没有创造出属于自己的世界知名品牌。印度的高科技生产商都是世界级的企业,但其产品都隐藏在后台业务和流程中。中国联想所拥有的著名品牌ThinkPad个人电脑和印度塔塔汽车所拥有的著名品牌如捷豹和路虎,都是从西方公司收购来的。②

同时,作为科技创新型社会的支柱,印度的整个教育系统正处于衰退的困境中。"印度教育沙漠中的少数几片绿洲引起了外界过分的关注,而与之相对的是一片整体破败的景象:损毁的教学楼、机制失调的大学以及低落的学习风气",更关键的是,歧视性政策的制定使得目前高等教育中的不平衡现象更加严重,而且印度理工学院和管理学院在创新能力上的缺失使这种"绿洲"体制难以为继。③ 2012年澳大利亚墨尔本大学出版的《21世纪大学协会报告》对48个国家和地区进行了排名汇总,排名显示印度这个金砖经济体的整体高等教育水平排在榜单的最末位,落后于印度尼西亚、南非、土耳其、克罗地亚和墨西哥。④ 作为世界上人口最多的国家之一,印度接受高等教育的人口比例仅有13%左右,目前印度大约有6亿人处在25周岁以下,这些人对教育资源特别是高等教育的需求巨大。印度目前有480所大学、22000所学院,如果将接受高等教育的人口比例提升至30%,那么印度未来需要新增800~1000所大学和35000所学院。当前发达国家接受高等教育的人口比例约为40%,部

---

① 徐平:《日本的经济赶超为什么会突然"逆转"?》,《国际经济评论》2013年第6期。
② 温迪·道伯森:《亚洲新势力2030:世界经济重心转移》,赵长一译,中国金融出版社,2010。
③ 〔印〕莫汉·古鲁斯瓦米、左瓦拉·辛格:《追龙:印度能够赶超中国》,王耀东等译,时事出版社,2010。
④ 《美报:印度高等教育水平全球最差》,http://news.xinhuanet.com/cankao/2012-05/18/c_131596673.htm。

分国家甚至达53%。① 无疑，教育对经济发展尤其是发展中经济体的持续增长具有关键作用。

尽管印度信息技术服务业的成功使这个国家似乎显得很富有创新精神，但是，印度的制度改革特别是金融制度改革远远落后于实体经济的发展，已经成为经济增长的主要瓶颈。尽管在金砖国家中，印度的金融体系效率相对较高，但是缺乏维持长期发展的多样性，发挥重要作用的依然是政府而不是市场力量。印度的银行体系拥有218家商业银行，其中100家归政府、私人投资者和国外投资者所有；其余大部分是地区农村银行，数以万计的分支机构遍布全国各地。受到政府政策的约束，银行的所有权高度集中在政府手中，政治因素影响了银行分配资本的方式及其所能收取的利息。② 2008年美国金融危机的爆发，对发展中国家的影响是非常大的，特别是印度。尽管印度一直以来都以信息技术领域的高度专业化而闻名世界，但创新明显不足，近年来"双赤字"现象突出。一个国家的外债规模应该和该国的出口创汇能力密切相连。作为一个发展中国家，在连年保持巨额贸易和财政赤字的情况下，每年筹措1500亿美元的新债，难免会出现挑战。如果这样的趋势延续下去，特别是面临动荡的国际金融环境和疲软的外部市场环境，印度很可能会陷入债务危机。③

同时，印度政府设有对中小企业提供必要融资的机构。一份关于无组织部门的报告描述了印度所面临的挑战。据估计，无组织部门对印度GDP的贡献率为30%，但只得到金融机构贷款的5%~6%。这些企业的规模受到印度劳工法的限制，也因为优先贷款政策的定量要求和政府规定的利率上限而面临银行融资渠道的限制。因此，政府过度干预以及限制性的政府政策使金融机构难以为经济增长提供必要的融资。要解决金融体系中存在的问题，关键是要改善市场运行的机制，通过制度创新和机制化运作方式放松税收管制，减少对保险、养老基金和银行的制度限制，使其成为经济持续增长的"催化剂"。

---

① 《印度拟将高教人口比例增至30% 10年需增千所大学》，http://www.chinanews.com/gj/gj-sswh/news/2010/03-25/2189767.shtml。
② 温迪·道伯森：《亚洲新势力2030：世界经济重心转移》，赵长一译，中国金融出版社，2010。
③ 宋泓：《外部平衡约束与发展中国家的经济发展——以印度为例》，《国际经济评论》2012年第5期。

印度的创新能力不足还表现在制药领域。印度是世界上最大的药品生产国之一,但是自主创新的药品非常有限,大多数是复制配方,在一定程度上挤占了创新的空间。比如,印度西普拉公司、瑞迪博士实验室公司、尼古拉斯-皮拉莫公司和兰伯西公司等全球性大公司,更多的也是将研发部分剥离出去。

第四,人力资本质量问题严重制约印度的国家创新能力提升。现代社会的一个重要特点,就是接受并追求创新,创新需要一定的社会氛围,需要对原创研究的心理认同和政策鼓励。[①] 罗默的创意模型和卢卡斯的人力资本溢出模型代表了新增长理论的主流思路,强调知识资本和人力资本投入所产生的溢出效应是经济持续增长的关键。创新与发展最基本的要素就是人力资本。尽管印度人力资源充裕,人口红利值得期待,但人力资本存量较少和质量较低阻碍了创新与发展。到2020年,将有2.5亿名印度人处在15~24岁这个年龄段,这一数字超过了世界上除了4个人口最大国家之外的所有国家的总和。到那时,印度2/3(由1990年的3/4下降至此)的人口仍将处于被称为"第二印度"的农村,这些地区的农业发展速度一直处于下降阶段,农业收成惨淡,公共投资和服务也较少。尽管人口红利值得期待,但是只要无法受到教育并获得生产性的工作机会,文盲和没有受过教育的年轻人就将成为负担而不是资产。图6的数据显示,新兴经济体的劳动力质量与发达国家的差距还很大,其中在印度的劳动力人口中,接受过高中及以上教育的人数所占的比重仅为41%,远远低于发达国家90%以上的比重。[②]

同时,引人注目的信息技术服务业和科技制造业只雇用了大约3000万人。根据预测,到2026年,印度将有70多个人口超过100万的城市。特别是在人口众多的落后地区,城市的工资不足以吸引移民,城市贫民窟的条件比农村好不了多少。由于技术贫乏,农民工无法在城市获得工作。因此,在人力资本质量较低的前提下,期待印度庞大的人口会产生人口红利进而促进创新与发展是不现实的,除非适龄劳动力能够从农业的低效率工作中摆脱出来,否则所谓的人口红利将成为印度社会未来动荡的风险来源。[③]

---

① 徐平:《日本的经济赶超为什么突然"逆转"?》,《国际经济评论》2013年第6期。
② 中国2020课题组:《2020:中国在世界的定位》,《国际经济评论》2013年第3期。
③ 温迪·道伯森:《亚洲新势力2030:世界经济重心转移》,赵长一译,中国金融出版社,2010。

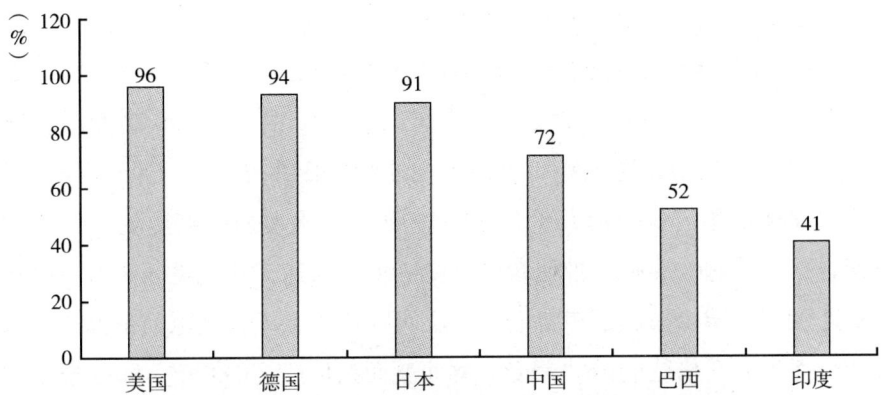

图6　劳动力人口中接受高中及以上教育的人数所占的比重

资料来源：Barro & Lee 中金公司研究部。转引自中国2020课题组《2020：中国在世界的定位》，《国际经济评论》2013年第3期。

第五，政治不稳定、腐败问题以及政府政策的低效等也是印度经济创新发展面临的严峻挑战。首先，印度政局不稳。印度是极少数在工业化之前就实行民主政治的国家，被西方誉为"最大的民主国家"。但从半个多世纪以来的实践来看，印度民主政治的质量并不高。当前，伴随国内政治力量格局演变和社会矛盾的加剧，印度的民主政治正经历着动荡的严峻考验。政治上越来越分散的趋势，使得国大党无法在腐败、社会治安、贫困等民众"饥渴"的问题上有实质性的举措或突破，从而在2014年的大选中惨败而丧失政权。未来，新一届政府除了要解决增长问题、通货膨胀问题以及贸易与投资领域的诸多问题外，还要面对种姓对立和民族宗教冲突这些难题。而日益拉大的贫富差距、基础设施建设和结构性矛盾等问题同样不容小觑。据印度官方公布的数据，目前仍然有24%的印度人生活在贫困线以下。2013年2月，印度11个全国性行业的工会组织了全国范围的大罢工，得到了约1亿民众的积极响应。民众谴责政府的市场化改革措施是"反穷人"的改革，要求政府立即采取措施抑制通货膨胀、提高最低工资。此次罢工被认为与政府该月21日准备向议会提交的预算削减计划以及在军事采购中出现的丑闻曝光密切相关。有商业机构预测，此次罢工造成了48亿美元的经济损失。

其次，印度的腐败问题长期存在。尽管每届政府都高举反腐败旗帜，但收效甚微。2004年,《印度时报》在全国六大城市进行的民意测验的结果显示,有98%的人认为政治家和部长是腐败的。2008年英国的《经济学人》杂志中关于印度的特别报道提及,印度的522名国会议员中,有120名面临犯罪指控,绝大多数和腐败有关。2010年,印度连续曝出多个腐败丑闻,其中"电信部部长安迪穆图·拉贾白菜价发手机牌照"被认为是印度历史上最大的腐败丑闻,据估计这一腐败事件使政府遭受的损失高达310亿美元。这一腐败丑闻曾在印度多个城市掀起了声势浩大的反腐败浪潮,不仅使电信部部长被迫引咎辞职,而且令辛格政府因"蒙受羞辱而颜面扫地"。2011年,印度报纸的头版依然时常被腐败丑闻占据着,这些丑闻包括:非法侵占印度南部与东部的矿产资源,在新德里英联邦运动会(Commonwealth Games)的组织过程中贪污受贿,将移动电话合约压价数十亿美元,以及孟买数不清的房地产丑闻等。这些丑闻不仅涉及印度许多最有权势的领导人,而且还揭露了官员是如何滥用国家的土地征用权、基础设施合同的控制权以及对自然资源的垄断来中饱私囊的。① 印度国大党领导的联合政府因为一系列丑闻而声誉受损,几乎导致印度议会陷入瘫痪。尽管联合政府采取了相应的措施,但2012年这一现状并没有得到实质性改善。3月22日,印度政府又曝出新一轮腐败丑闻,政府被指控把煤矿资产低价出售给印度国内一些最富有的企业家,从而损失了2100亿美元的潜在收益。作为反对党的印度人民党(Bharatiya Janata Party)立刻利用这些丑闻指控和抨击现任政府,批评以总理曼莫汉·辛格(Manmohan Singh)为首的政府存在"重大欺诈"和"不作为"。印度人民党发言人普拉卡什·雅瓦德卡尔(Prakash Javadekar)称这一行为是政府"正在洗劫国家",因为矿业部正处于辛格政府的监督之下。② 对于印度的腐败问题,拉纳·达斯古普塔认为,"几乎不用怀疑,这种腐败将会长期存在下去。实际上,语言本身已经无法形容印度上层商人和官僚之间关系网络的高度复杂性。仅仅把它看作贪婪政客攫取财富的一种手段,未免低估了它的影响力。实际上,它已经成为将资本

---

① 拉玛昌德拉·古哈:《腐败在拖印度后腿》,FT中文网,http://www.ftchinese.com/story/001039788。
② 詹姆斯·拉蒙特:《印度辛格政府再曝丑闻》,FT中文网,http://www.ftchinese.com/story/001043800。

快速输入政治体系的重要引擎,而其他方式都达不到它的速度。将这样一部强大的机器移走将是极其困难的"。① 看来,民主也阻止不了腐败,况且印度的各项民主制度并不完善。

综上所述,印度的国家创新能力虽然有其自身的特点,但只限于某些领域。作为金砖国家之一的印度,其经济增速放缓除了受外部环境的影响之外,更多的是由低效的国家治理以及与发达国家相比在管理和创新能力方面的巨大差距造成的。

四 金砖能否"金光灿灿"——印度经济创新发展的前景

金砖五国的国土面积占世界面积的27%,人口占世界人口总和的43%。根据世界经济论坛发布的《2012～2013全球竞争力报告》的排名,金砖国家中,中国在全球144个经济体中排在第29位,居于首位。其中,巴西排在第48位,印度排在第59位,俄罗斯排在第67位。事实上,金砖国家各有各的问题。就印度而言,其基础设施薄弱,制约了经济发展,政府官僚体制对经济干预过多,限制了私人投资。财政赤字与银行有限的贷款能力,使印度的增长模式难以为继。就巴西而言,其依靠矿场资源和其他大宗商品的出口发展经济,但基础设施薄弱,金融机构不健全,发展模式单一,这些问题制约了其经济可持续增长。俄罗斯则过度依赖能源出口,剧烈波动的原油价格对其经济发展有很大的负面冲击,同时市场化改革不足,法制不健全,难以吸引足够的外资。② 金砖国家的发展面临巨大挑战。正如国际货币基金总裁克里斯蒂娜·拉加德(Christine Lagarde)在2014年达沃斯世界经济论坛上所表达的观点,2014年全球经济的复苏值得期待,但两个"R"令人担忧。第一个"R"是"风险"(Risk),包括美国退出宽松货币政策以及欧元区可能陷入通货紧缩所

---

① 拉纳·达斯古普塔:《印度公众对腐败失去耐心》,http://www.ftchinese.com/story/001040319。
② 黄海洲等:《全球再平衡新特点》,《国际经济评论》2012年第5期。

产生的风险;第二个"R"是"重置"(Reset),包括全球各地实施结构性改革所面临的困境。①

2014年,世界普遍对全球经济的发展前景持谨慎乐观的态度,而对新兴经济体的脆弱性表现出担忧。对于印度来说,原古吉拉特邦首席部长、印度人民党领袖纳伦德拉·莫迪(Narendra Modi)以压倒性优势取胜并于2014年5月26日宣誓就职,正式成为印度新一任总理,称将书写印度的"光辉未来","莫迪时代"似乎带给了印度人民更多的期待和希望。但事实上,古吉拉特邦的经济业绩难以复制,印度经济恢复发展面临的挑战依然很大。但从长远来看,印度仍然是新兴经济体中最具发展潜力的国家之一。

(一)印度将逐渐成为商业竞争的中心

印度的竞争优势在于英语的普及和熟练程度。在印度,只要上过学的人基本上都能讲一口流利的英语,受过高等教育的人的英语水平则更高,几乎可以与英国人相媲美。这使大批掌握一流电脑和咨询技术的人才可以从事知识流程的外包,从而使印度有可能成为世界重要的科技中心之一。

印度的金融体系效率相对较高,这将为印度参与全球商业竞争提供支撑。由于民主政体以及由此所导致的信息和金融市场的规范化程度和透明度较高,印度经济的证券化程度要远高于中国。印度股票市场上所有上市公司的流通市值是其GDP的80%,而中国则不到10%,说明印度经济的证券化程度是中国的8倍。②

同时,印度正吸引着众多跨国公司的眼球,如汽车制造商、跨国制药企业、移动电子企业、网络供应商等。随着印度城市化进程的加速推进,印度中产阶级家庭的数量也会倍增,印度将成为全球商业竞争的主战场。根据新加坡移动设备公司Canalys的数据,印度是诺基亚单一的最大市场,2012年诺基亚全球手机出货量为3.36亿只,印度占了13%。但是,诺基亚的印度市场占有

---

① 《2014达沃斯在谨慎乐观中闭幕》,http://www.ftchinese.com/story/001054590。
② 李晓:《印度经济能够赶超中国吗?》,《国际经济评论》2006年第6期。

率呈现下降趋势。2012年出货到印度的手机达1.7亿只，其中诺基亚占了26%，三星紧随其后，为22%。①

（二）"包容性创新"理念与相关政策有利于提升可持续发展的空间

在世界经济逐渐告别衰退而复苏隐忧尚存的情况下，包括印度在内的新兴市场国家无疑仍然会遭遇发展"阵痛"。印度经济将在未来20年保持增长，因为印度有提高投资的空间和不断增长的劳动力。但是一个不容忽视的现象是，印度的成本优势正在逐渐失去。从目前看，印度的创新举措并没有取得相应的成效，印度经济持续发展的关键是通过政策创新解决"质量问题"，包括印度的"名片"——信息技术产业，如何通过提高质量而培育竞争优势显得尤为重要。不仅仅是产品质量，还包括人力资本的质量。

印度的经济增长潜力被普遍看好，与其转型过程中的技术创新、产业创新和制度创新密不可分。从长远来看，如果能够持续通过科技创新寻找新的增长点，印度将是对全球资金最具吸引力的地方，也是最具增长潜力的国家之一。印度软件公司出口一直处于价值链的低端，导致了更多业务外包。政府已经迫切地意识到，要实现软件业朝着价值链高端发展的目标，首先要提高科技创新能力以创造新的生产力。实现这一目标需要不断加大对人力资本的投资力度，通过提升创新能力利用好目前的人口红利，努力将教育投入更多地转化为人力资本，进一步将人口红利转变为现实的生产力。其次，要通过产业创新培育竞争优势。充分发挥比较优势，不断加强基础设施建设来改善短板，不断进行产业结构调整以培育竞争优势。如果仅仅依靠服务业是无法实现可持续发展的，特别是像印度这样的人口大国，发展劳动密集型的制造业，才能够创造更多的就业机会，通过就业解决贫困问题和维护社会稳定。最后，要通过制度创新释放经济活力。为此，在思考国家如何才能持续繁荣的问题上，印度不断推出一系列包容性创新理念和相应的举措，包括科技创新政策、教育体系创新政策、

---

① 《诺基亚手机去年印度份额26%今年或被三星反超》，http://it.sohu.com/20130323/n369952737.shtml。

高素质人才培养创新政策等，并建立创新中心以及"大学创新集群"等，营造创新的环境与氛围，以解决经济发展中的紧迫挑战。2013年1月，印度中央政府发布了建国以来的第四套创新政策，在推进包容性创新、加强创新人才培养等方面出台了诸多重大举措，将科技创新政策与经济发展政策紧密融合。① 一系列包容性创新的战略如果能付诸实施，则一定能为经济稳定和可持续发展注入新的动力。

（三）城市化将成为未来推动印度经济增长的最大潜力

正如苏珊·伯杰（Suzanne Berger）所言，创新和生产力的增长不是个人英雄主义，而是人力资源与基础设施、金融机构、法律体系、商业惯例、官僚体制、研究机构、公共文化等社会资本相结合的产物。② 对于印度来说，未来的挑战就在于能否维持一种更加有利于创造财富、增加投资和就业的增长方式，因为只有增加投资才能增加就业，只有增加就业才能消除贫困。解决这个问题的关键是城市化。印度和中国一样，正在引领一波城市扩展浪潮，这将推动亚洲复兴，重获其在欧洲与北美工业革命之前所拥有的国际地位。到2025年，将有近25亿名亚洲人居住在城市，约占世界城市人口的54%。2005~2025年，中印两国将占亚洲城市人口增长的62%多以及世界城市人口增长的40%。麦肯锡全球研究所的最新研究显示，预计到2025年，中国城市人口将新增4亿，占该国总人口的64%；印度城市人口将新增2.15亿，占该国总人口的38%。③ 从这个角度来看，加速城市化发展是推动印度经济持续增长的最大潜力和强劲动力。

五 结束语

印度的劳动力成本优势、英语语言优势、企业家创新能力以及信息技术服

---

① 《印度的国家战略：从世界办公室迈向创新》，http://www.hprc.org.cn/leidaxinxi/whjykj/201306/t20130614_224475.html。
② 苏珊·伯杰：《我们怎样竞争：今日全球经济中的跨国公司合一制胜》，兰登书屋，2005。
③ 理查德·多布斯、希里什·桑科：《中国和印度的城市化》，《金融时报》2010年5月24日。

务和业务流程外包领域的成功和巨大潜力，都折射出印度实现未来的经济增长目标的美好前景。但是，基础设施严重落后、自然资源和环境成本制约、人力资本劣势、法律体系滞后和监管缺失等"短板"，也使得未来印度的经济创新发展面临巨大障碍和挑战。从短期来看，避免信用等级继续下调是印度政府的当务之急，而治理通货膨胀、避免"双赤字"、阻止经济下滑是关键。国际信用评级机构标准普尔和惠誉两家机构在2012年4月将印度主权信用评级为BBB－，评级前景从稳定下调至负面。2012年6月12日，全球评级机构标准普尔公司发布题为《印度是否将成为金砖国家中第一个折翼天使？》的报告（标准普尔报告中的金砖国家没有包括南非），认为印度可能失去其"投资级"主权债务评级。印度政府如果在控制财政赤字方面无所作为，其信用等级是否会沦为"垃圾级"？既要避免经济下滑，又要治理通货膨胀和"双赤字"，印度货币政策调整的空间非常有限。而且印度长期以来积聚的价格管制、零售业管制等结构性问题非常突出，预示着印度政府新一轮创新与改革面临的阻力会很大。尽管"莫迪时代"到来，但预计2014年印度经济依然难以摆脱高通货膨胀、贸易赤字、财政赤字、卢比贬值等影响。不过这些阻力并没有削弱印度成为世界强国的信心，印度财政部部长帕拉尼亚潘·奇丹巴拉姆在2013年3月初力挺预算提案时声称，"什么也阻挡不了印度成为世界第三大经济体，我们将和美中并肩而立。我们拥有实现这个目标的一切起源，但只有努力工作并尊重经济规律才能实现这一目标"。而新一届总理莫迪在大选锁定胜局后的首次公开讲话中，也宣称要让21世纪成为"印度世纪"。

B.5
中国经济：稳定增长与创新转型

张 兵*

摘 要：

2013年，面对错综复杂的国内外环境带来的经济下行压力，中国坚持稳中求进的工作总基调，不断加强和改善宏观调控，使经济增长呈现稳中有进、稳中趋好的发展态势，同时创新转型也得到了持续推进。面对充满不确定性的国际形势和国内调结构、促改革的艰巨任务，未来一段时期中国在着力稳增长的同时，还需要进一步推进创新转型，从而不断为经济增长和发展提供可持续的动力。

关键词：

中国经济 稳中趋好 创新转型 可持续发展

2013年，面对错综复杂的国内外经济运行环境，中国始终坚持稳中求进的工作总基调，深入贯彻十八大和十八届三中全会精神，坚定不移地推进改革开放，不断加强和改善宏观调控，经济增长呈现稳中有进、稳中趋好的发展态势，同时创新转型也取得了进一步成效。

一 经济增长稳中趋好

2013年，中国经济发展面临的国内外环境依然错综复杂。从外部来看，发达经济体的经济复苏依旧乏力，新兴经济体的经济增速也普遍下滑；从国

---

* 张兵，经济学博士，南开大学经济学院副教授。

内来看，中国经济长期积累的结构性矛盾突出，部分行业产能过剩问题严重，地方政府和企业债务压力加大等。面对错综复杂的国内外环境带来的经济下行压力，中国坚持稳中求进的工作总基调，通过实施积极的财政政策和稳健的货币政策不断加强和改善宏观调控，使2013年的经济增长呈现稳中有进、稳中趋好的发展态势，比较圆满地实现了政府工作报告所预定的宏观调控目标。

首先，从经济增长速度来看，如图1所示，2013年中国实际国内生产总值（GDP）在第一季度同比增长7.7%，在第二季度增长7.5%，在第三季度增长7.8%，在第四季度增长7.7%；四个季度的环比增长速度则分别为1.5%、1.8%、2.2%和1.8%。经初步核算，中国2013年全年GDP总量达568845亿元，按可比价格计算，比2012年增长7.7%。中国在2013年的经济增长，无论是与印度、巴西等其他金砖国家相比，还是与美国、日本、德国等发达国家相比，增长速度都是最快的，增长的稳定性也是最高的（见表1）。在经济保持较稳定增长的同时，2013年中国的物价水平也总体稳定，全年居民消费价格指数（CPI）与2012年相比上涨2.6%，各月的涨幅均没有超出3.5%的"上限"（见图2）。经济的稳中趋好带来了就业的增加和人民收入水平的提高。根据国家统计局的统计，2013年末全国就业人员比2012年末增加

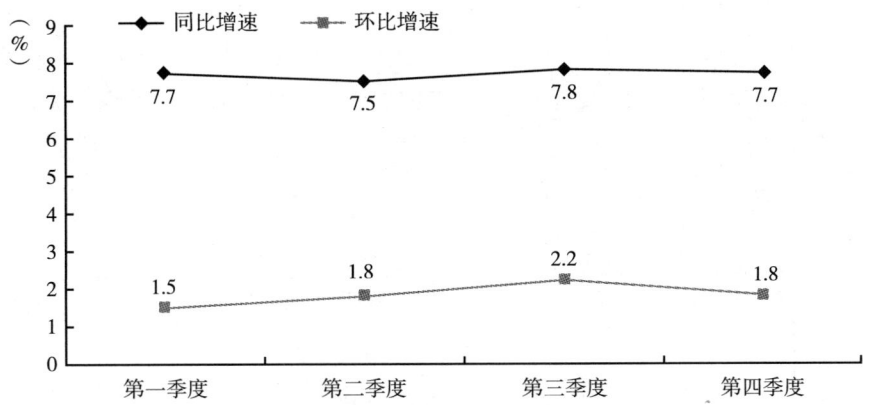

图1　2013年中国GDP季度同比和环比增长速度

资料来源：中华人民共和国国家统计局：《2013年国民经济发展稳中向好》，2014年1月20日；《2013年GDP（国内生产总值）初步核算情况》，2014年1月21日。

了273万人,其中城镇就业人员增加了1138万人。2013年中国城镇居民人均可支配收入达26955元,比2012年名义增长9.7%,扣除价格因素后实际增长了7.0%;农村居民人均纯收入达8896元,比2012年名义增长12.4%,扣除价格因素后实际增长了9.3%。2013年全国居民收入的基尼系数为0.473,这是在2008年达0.491的最高点后连续第5年回落。

表1 主要经济体2013年实际GDP季度增长率

单位:%

国家	第一季度	第二季度	第三季度	第四季度
巴西	1.7	3.3	2.2	2.0
俄罗斯	1.0	0.8	1.1	2.2
印度	4.6	3.0	5.5	4.5
南非	1.8	1.9	1.8	2.1
美国	1.3	1.6	2.0	2.6
日本	-0.1	1.3	2.4	2.5
德国	-0.3	0.5	0.6	1.4
英国	0.5	1.7	1.8	2.7
法国	-0.4	0.5	0.3	0.8

注:各国第四季度的数据为估计值。
资料来源:EIU:Country Data。

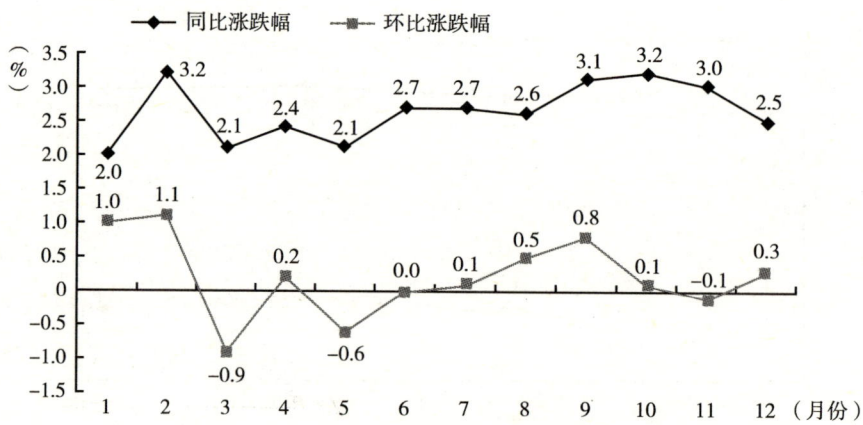

图2 2013年1~12月中国CPI同比和环比涨跌幅

资料来源:中华人民共和国国家统计局:《2013年12月份居民消费价格变动情况》,2014年1月9日。

其次,投资、消费、工业生产和进出口贸易等方面的宏观经济数据也显示出2013年中国经济稳中趋好的发展态势。根据国家统计局的统计,2013年中国全年固定资产投资(不含农户)达436528亿元,比2012年名义增长19.6%,扣除价格因素后实际增长19.2%。2013年全年社会消费品零售总额达234380亿元,比2012年名义增长13.1%,扣除价格因素后实际增长11.5%。

2013年全国规模以上工业增加值按可比价格计算比2012年增长9.7%,其中第一季度同比增长9.5%,第二季度增长9.1%,第三季度增长10.1%,第四季度增长10.0%。从图3中的月度增长率可以看出,2013年规模以上工业增加值同比实际增长率各月均维持在8.9%以上的较高水平。同时,从图4可以看出,2013年全国规模以上工业企业实现利润62831亿元,同比增长12.2%;实现主营业务收入1029149.8亿元,同比增长11.2%;主营业务利润率达6.04%。

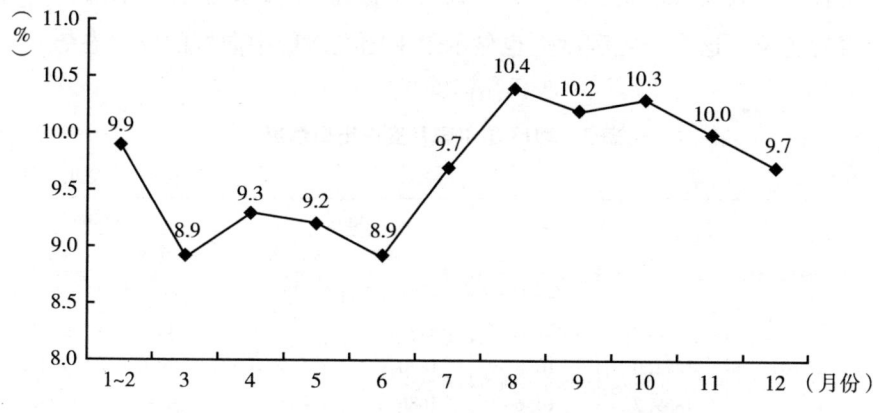

图3 2013年中国规模以上工业增加值月度同比增长率

资料来源:中华人民共和国国家统计局:《2013年12月份规模以上工业增加值增长9.7%》,2014年1月20日。

从进出口贸易的发展来看,在美欧等发达经济体经济复苏的带动和出口退税等政策的推动下,2013年中国的商品贸易进出口总额首次突破了4万亿美元,达41603.1亿美元,比2012年增长7.6%,其中出口22100.2亿美元,增长7.9%;进口19502.9亿美元,增长7.3%。中国由此超越美国成为世界第

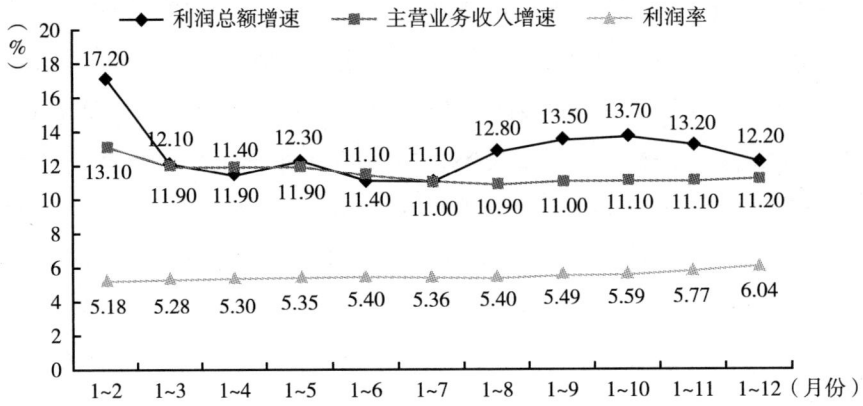

图4 2013年中国规模以上工业企业主要经营指标累计值

资料来源:中华人民共和国国家统计局:《2013年全国规模以上工业企业实现利润总额62831亿元,比上年增长12.2%》,2014年1月28日。

一货物贸易大国。从表2中的月度进出口数据可以看出,2013年各月中国进出口增长率的波动幅度仍比较大,但总体上波幅比2012年有所下降,呈现逐步改善的迹象,这在一定程度上也显示了中国经济稳中向好的发展态势。

表2 2013年中国月度进出口情况

单位:亿美元,%

月份	出口		进口		进出口	
	金额	同比增长	金额	同比增长	金额	同比增长
1	1872.8	25.0	1591.7	29.6	3464.5	27.0
2	1393.0	21.8	1244.5	-15.0	2637.5	1.1
3	1821.0	10.0	1830.7	14.1	3651.7	12.0
4	1869.7	14.6	1686.4	16.6	3556.1	15.6
5	1826.9	0.9	1621.6	-0.4	3448.5	0.3
6	1742.4	-3.1	1469.8	-0.8	3212.2	-2.1
7	1859.3	5.1	1681.5	10.9	3540.8	7.8
8	1905.6	7.1	1622.9	7.2	3528.5	7.1
9	1856.1	-0.3	1705.5	7.5	3561.6	3.3
10	1854.0	5.6	1543.3	7.6	3397.3	6.5
11	2021.9	12.7	1683.9	5.3	3705.8	9.3
12	2077.4	4.3	1821.0	8.3	3898.4	6.2

资料来源:中华人民共和国海关总署进出口主要统计数据。

最后，各类企业和经济景气指数也反映了2013年中国经济增长稳中向好的发展趋势。从图5中国家统计局中国经济景气监测中心发布的2013年各季度中国企业景气指数和企业家信心指数来看，虽然有所波动，但始终处于100以上的景气区间，表明2013年中国企业的景气状况良好，企业家对未来的预期谨慎乐观。同样，从图6中国家统计局服务业调查中心和中国物流与采购联

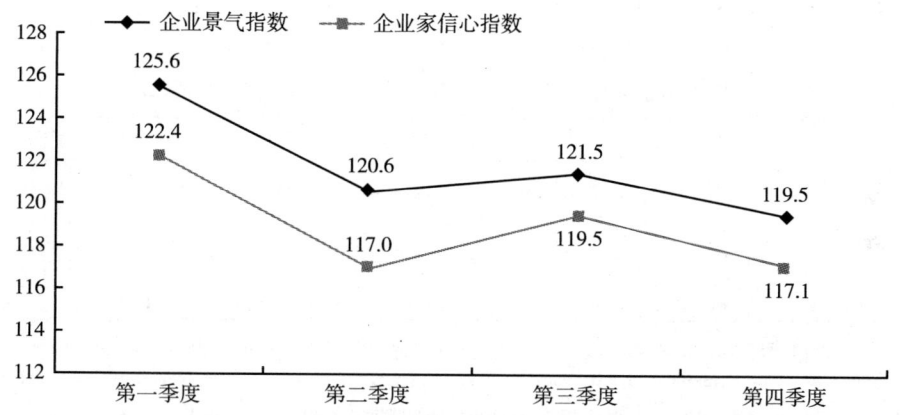

图5　2013年各季度中国企业景气指数和企业家信心指数

资料来源：中华人民共和国国家统计局：《2013年第四季度企业景气指数为119.5》。

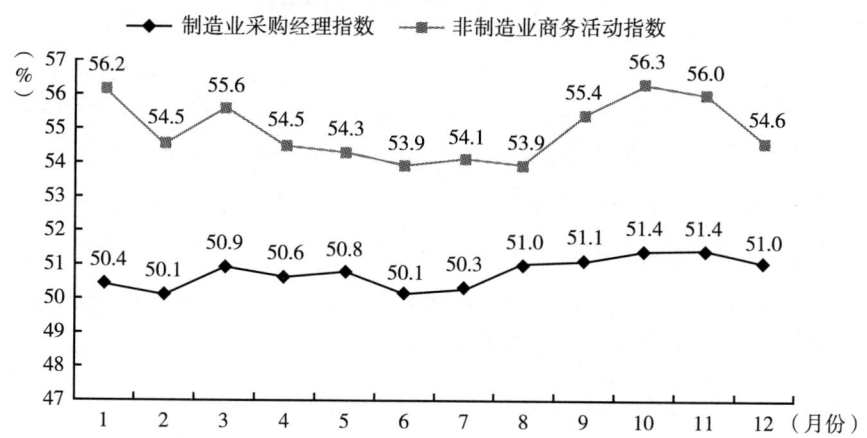

图6　2013年各月中国制造业采购经理指数和非制造业商务活动指数

注：50% = 与上月比较无变化。

资料来源：中华人民共和国国家统计局：《2013年12月中国制造业采购经理指数为51.0%》和《2013年12月中国非制造业商务活动指数为54.6%》。

合会发布的中国制造业采购经理指数（PMI）和中国非制造业商务活动指数来看，两类指数始终位于50%临界点以上的扩张区间，表明2013年中国制造业和非制造业持续保持了增长和扩张态势。另外，表3中世界大型企业联合会（The Conference Board）发布的中国先行和同步经济指数以及OECD发布的中国经济综合先行指数（Composite Leading Indicators），均表明中国经济在2013年逐步实现了稳中趋好的发展态势。

表3 世界大型企业联合会和OECD发布的2013年各月中国经济指数

	1月	2月	3月	4月	5月	6月	7月	8月	9月	10月	11月	12月
先行经济指数	255.3	258.4	257.0	260.5	261.4	263.6	267.3	269.2	272.3	274.1	277.8	279.0
同步经济指数	229.9	236.6	237.4	238.5	240.3	243.0	245.5	248.3	248.7	250.6	252.8	256.2
综合先行指数	100.1	99.9	99.7	99.5	99.5	99.4	99.5	99.6	99.6	99.5	99.4	99.3

注：先行和同步经济指数2004年＝100；OECD综合先行指数长期趋势＝100。
资料来源：The Conference Board，http：//www.conference-board.org/data/bciarchive.cfm?cid=11 和OECD，http：//www.oecd-ilibrary.org/economics/composite-leading-indicators_2074384x-table1。

二 创新转型持续推进

长期以来，中国经济的增长模式主要呈现高投入、高能耗、低效率的粗放型增长特征。2012年召开的中国共产党第十八次全国代表大会强调，经济增长和发展要更多地依靠科技进步、劳动者素质的提高以及管理创新来驱动，要更多地依靠节约资源和循环经济来推动，不断增强经济的可持续发展能力。2013年召开的中国共产党十八届三中全会也进一步强调，要加快转变经济发展方式，加快建设创新型国家，推动经济更有效率、更加公平、更可持续地发展。

近年来，中国不断加大改革力度，坚持走自主创新道路，大力实施知识产权战略，科技创新能力不断增强，从而为经济增长的转型升级提供了有力的支撑。通常，一个社会劳动生产率和全要素生产率的变化可以在一定程度上反映其技术创新和进步的状况。如表4所示，无论是与印度、巴西等其他金砖国家相比，还是与美国、日本等发达经济体相比，近几年中国劳动生产率的增长率和全要素生产率的增长率总体上明显高于其他国家，这可以在一个侧面反映出近几年中国通过创新推动经济增长转型升级取得了一定成效。

表4 主要经济体劳动生产率增长率和全要素生产率增长率

单位：%

年份	中国		巴西		印度		俄罗斯		南非	
	劳动生产率增长率	全要素生产率增长率	劳动生产率增长率	全要素生产率增长率	劳动生产率增长率	全要素生产率增长率	劳动生产率增长率	全要素生产率增长率	劳动生产率增长率	全要素生产率增长率
1981	2.0	0.0	—	—	4.1	2.2	—	—	—	—
1982	5.2	3.4	—	—	1.7	-0.2	—	—	—	—
1983	8.2	5.6	—	—	5.6	3.8	—	—	—	—
1984	11.0	8.4	—	—	2.3	0.5	—	—	—	—
1985	9.7	6.3	—	—	3.5	1.9	—	—	—	—
1986	5.9	2.4	—	—	3.5	1.6	—	—	—	—
1987	8.4	5.0	—	—	2.1	0.4	—	—	—	—
1988	8.1	4.9	—	—	6.8	5.5	—	—	—	—
1989	2.2	0.0	—	—	4.4	2.6	—	—	—	—
1990	-11.3	-9.8	—	—	3.7	1.6	—	—	—	—
1991	8.0	5.5	—	—	-1.0	-2.4	-3.1	—	—	—
1992	13.1	9.8	—	—	2.9	1.6	-12.4	—	—	—
1993	12.8	8.1	3.1	2.4	1.8	1.0	-7.1	—	—	—
1994	12.0	7.2	3.5	2.7	4.2	3.1	-9.7	—	—	—
1995	9.9	5.4	1.9	1.0	5.4	3.7	-1.0	—	2.5	—
1996	8.6	4.4	4.7	2.1	5.8	4.2	-2.9	-0.9	8.3	—
1997	7.9	4.1	1.3	0.2	2.5	0.7	2.2	3.4	7.1	—
1998	6.6	2.8	-0.8	-2.1	4.5	2.7	-2.5	-2.7	3.9	—
1999	6.5	3.0	-2.1	-2.4	5.4	3.5	7.3	7.6	5.1	—
2000	7.4	3.9	6.3	4.3	2.4	0.8	6.4	6.9	5.7	—
2001	7.2	3.9	-5.6	-4.5	1.9	0.8	4.9	3.8	5.1	3.5
2002	8.4	4.7	-1.9	-1.1	0.5	-0.6	2.4	1.8	—	4.0
2003	9.3	5.2	-0.4	-0.4	5.1	3.7	7.2	5.2	4.2	2.8
2004	9.3	5.4	0.2	1.3	4.6	3.1	5.6	4.7	2.8	2.2
2005	10.7	6.7	0.2	0.5	5.7	4.1	5.0	3.5	-0.1	0.2
2006	12.2	7.9	2.4	2.0	9.6	6.3	7.2	5.5	1.1	0.9
2007	13.6	9.5	4.3	3.0	9.3	5.9	5.9	4.0	4.7	2.8
2008	9.3	5.2	2.3	1.8	3.8	0.7	4.1	1.6	-6.7	-6.1
2009	8.8	4.5	-0.6	-1.4	8.0	5.1	-5.0	-4.8	1.2	-1.8
2010	10.0	5.5	4.8	4.2	9.9	6.9	3.5	2.6	6.2	3.3
2011	8.8	4.6	0.0	-0.9	4.8	2.3	3.0	2.2	1.5	0.6
2012	7.3	3.2	-1.2	-2.0	4.0	1.6	2.3	1.7	-0.1	-0.8
2013	7.3	3.7	1.3	0.1	4.1	2.1	1.5	0.6	-1.1	-1.7

续表

年份	美国		日本		德国		英国		法国	
	劳动生产率增长率	全要素生产率增长率	劳动生产率增长率	全要素生产率增长率	劳动生产率增长率	全要素生产率增长率	劳动生产率增长率	全要素生产率增长率	劳动生产率增长率	全要素生产率增长率
1981	1.5	0.5	3.7	2.2	—	—	—	-0.4	1.2	-1.0
1982	-1.1	-2.4	2.5	1.3	0.5	-0.9	4.3	2.7	2.2	0.4
1983	3.3	2.9	1.3	0.4	3.0	1.5	4.6	3.5	1.3	-0.5
1984	3.0	3.2	4.0	2.9	2.6	1.8	0.8	0.6	2.2	0.6
1985	2.1	1.5	5.3	3.3	1.9	1.3	2.6	1.9	1.9	0.4
1986	1.2	0.9	2.4	0.9	0.8	0.3	3.6	2.9	1.7	0.3
1987	0.8	0.8	3.0	1.6	0.6	-0.2	3.1	2.6	1.5	0.5
1988	1.9	1.8	5.4	4.5	2.6	1.9	2.2	1.9	3.6	2.5
1989	1.6	1.4	3.3	2.3	2.5	1.9	0.0	-0.8	2.6	1.7
1990	0.7	0.3	3.2	2.0	2.9	-0.8	1.4	-0.1	1.7	0.4
1991	0.8	0.0	1.5	0.2	-18.4	-13.8	1.4	-1.1	0.9	-0.6
1992	2.9	2.6	-0.1	-1.6	2.9	1.2	3.8	1.6	2.1	0.4
1993	1.2	1.1	-0.1	-1.7	0.3	-1.4	4.5	2.9	0.5	-0.8
1994	1.7	1.7	0.7	-0.8	2.6	1.7	4.1	3.2	1.8	1.0
1995	1.2	0.7	1.9	0.5	1.4	0.8	2.3	1.3	1.2	0.6
1996	2.3	1.7	2.2	1.1	0.9	0.2	2.5	1.2	0.5	-0.3
1997	2.2	1.7	0.5	-0.2	1.9	1.3	2.6	1.4	1.5	0.6
1998	2.9	2.1	-1.5	-3.0	0.5	0.4	2.4	0.5	1.7	1.2
1999	3.3	2.5	0.7	-0.7	0.2	0.2	1.6	-0.2	0.9	0.6
2000	1.5	1.0	2.5	1.7	1.6	1.6	3.1	1.3	1.2	0.7
2001	0.9	0.0	0.9	-0.1	1.4	0.8	1.4	-0.2	0.3	-0.5
2002	2.1	1.5	1.6	0.5	0.6	-0.1	1.5	0.2	0.2	-0.5
2003	1.9	1.7	2.0	1.7	0.5	-0.1	3.0	2.0	0.8	-0.2
2004	2.7	2.4	2.1	2.3	0.4	0.2	2.1	1.2	2.2	1.3
2005	1.5	1.2	0.9	1.0	1.0	0.6	2.2	1.2	1.2	0.4
2006	0.7	0.4	1.2	1.3	3.3	3.1	1.9	0.8	1.6	1.0
2007	0.7	0.1	1.6	1.8	1.7	1.8	2.7	1.3	0.8	0.8
2008	0.2	-0.1	-0.8	-1.1	-0.4	-0.5	-1.5	-2.1	-0.7	-1.2
2009	1.0	1.6	-4.1	-5.3	-5.1	-5.2	-3.6	-4.6	-1.8	-2.6
2010	3.1	3.7	5.0	4.8	3.3	3.3	1.4	1.0	1.6	1.3
2011	1.3	1.8	-0.3	-0.1	2.0	2.1	0.6	0.4	1.4	1.2
2012	0.9	1.3	1.7	1.7	-0.2	-0.2	-0.9	-0.9	0.0	-0.4
2013	0.8	0.7	0.9	1.2	0.0	-0.1	0.3	0.3	0.5	0.2

资料来源：EIU：Country Data。

另外,我们还可以通过一个社会专利数量特别是最富创新性且知识含量最高的发明专利数量的变化来反映其技术创新的基本情况。据统计,近年来中国发明专利申请受理量保持了年均20%以上的高速增长,依次实现了对欧洲、韩国、日本和美国的超越,在2011年成为世界第一发明专利申请大国。同时,中国国内居民实用新型专利和外观设计专利申请量、国内商标申请与注册量已连续多年居世界第一。中国国家知识产权局于1994年正式加入《专利合作条约》(PCT),截至2012年中国已累计申请PCT国际专利超过8万件。如表5所示,根据世界知识产权组织(WIPO)的初步统计数据,2012年中国PCT国际专利申请量达18627件,居世界第4位。

表5　PCT专利申请主要来源国

单位:件

国家	2008年申请量	2009年申请量	2010年申请量	2011年申请量	2012年申请量
美　国	51642	45627	45008	48596	51207
日　本	28760	29802	32150	38888	43660
德　国	18855	16797	17568	18568	18855
中　国	6120	7900	12296	16406	18627
韩　国	7899	8035	9669	10447	11848
法　国	7072	7237	7245	7664	7739
英　国	5467	5044	4891	4844	4895
瑞　士	3799	3672	3728	3999	4194
荷　兰	4363	4462	4063	3494	3992
瑞　典	4136	3568	3314	3466	3585
意大利	2883	2652	2658	2671	2836
加拿大	2976	2527	2698	2923	2748
芬　兰	2214	2123	2138	2080	2353
澳大利亚	1938	1740	1772	1740	1708
西班牙	1390	1564	1772	1725	1687
其　他	13726	12656	13346	14389	14466
总　计	163240	155406	164316	181900	194400

资料来源:国家知识产权局:《专利统计简报》2013年第5期。

从表6中也可以看出,近年来中国专利申请结构不断优化。2013年在发明、实用新型和外观设计三种专利申请受理量中,最富创新性且知识含量最高的发明专利申请受理量保持高速增长,增速位居三种专利之首,且发明专利申请受理量占三种专利申请受理总量的34.7%,首次超过了1/3。同时,近年来中国在发明、实用新型和外观设计三种专利申请受理量和授权量中,发明专利来自国内机构和企业的申请受理量和授权量逐步超过了来自国外机构的申请受理量和授权量。另据国家知识产权局统计,2008~2012年中国战略性新兴产业发明专利授权量年均增长率达26.04%。自2008年开始累计计算,截至2012年末,中国战略性新兴产业发明专利累计授权量与2010年末相比增长了1.16倍。特别是如表7所示,在七大战略性新兴产业国内外在华发明专利授权数量中,除新能源汽车之外,其他战略性新兴产业的发明专利来自国内机构的授权量均超过了来自国外机构的授权量。这些数据在一定程度上也反映了近年来中国技术的自主创新能力不断提高,从而为经济增长转型升级提供了坚实的基础。

表6 中国三种专利申请受理量和授权量

单位:件

指标		1990年		1995年		2000年		2005年	
		受理	授权	受理	授权	受理	授权	受理	授权
发明	国内	5832	1149	10018	1530	25346	6177	93485	20705
	国外	4305	2689	11618	1863	26401	6506	79842	32600
实用新型	国内	27488	16744	43429	30195	68461	54407	138085	78137
	国外	127	208	312	276	354	336	1481	1212
外观设计	国内	3265	1411	15433	9523	46532	34652	151587	72777
	国外	452	387	2235	1677	3588	3267	11784	8572
指标		2010年		2011年		2012年		2013年	
		受理	授权	受理	授权	受理	授权	受理	授权
发明	国内	293066	79767	415829	112347	535313	143847	704936	143535
	国外	98111	55343	110583	59766	117464	73258	120200	64153
实用新型	国内	407238	342256	581303	405086	734437	566750	885226	686208
	国外	2598	2216	4164	3024	5853	4425	7136	6637
外观设计	国内	409124	318597	507538	366428	642401	452629	644398	398670
	国外	12149	16646	13930	13862	15181	14229	15165	13797

资料来源:中华人民共和国国家统计局:《中国统计年鉴2013》和国家知识产权局:《2013年12月专利业务工作及综合管理统计月报》。

表7　2012年七大战略性新兴产业国内外在华发明专利授权数量

单位：%

产　业	国内	国外	产　业	国内	国外
新一代信息技术	12646	8696	新能源	2500	756
节能环保	10508	2630	高端装备制造	1930	928
生物	10236	3393	新能源汽车	793	1148
新材料	6666	2865			

资料来源：国家知识产权局：《专利统计简报》2013年第11期。

三　中国经济增长需要进一步创新转型

2014年面对充满不确定性的国际形势和国内调结构、促改革的艰巨任务，中国经济仍面临较大的下行压力。2014年第一季度中国国内生产总值为128213亿元，按可比价格计算，同比增长7.4%。联合国经济与社会事务部在2014年1月发布的《2014年世界经济形势与展望》（*World Economic Situation and Prospects 2014*）报告中预测2014年和2015年中国经济增长率将分别为7.5%和7.3%，低于2013年7.7%的经济增长速度；国际货币基金组织在2014年1月和4月发布的《世界经济展望》（*World Economic Outlook*）中也预测2014年和2015年中国经济增长率将低于2013年，分别为7.5%和7.3%；世界银行则在2014年1月发布的《全球经济展望》（*Global Economic Prospects*）报告中预测2014年和2015年中国经济增长率将分别为7.7%和7.5%。

面对经济下行压力，中国在着力稳增长的同时，还需要进一步加大改革创新力度，推动经济增长加速转型升级。虽然近年来中国的技术创新能力不断提高，改革创新对经济增长的驱动力日益显著，但中国的技术自主创新能力和质量与其他国家相比仍存在较大差距。如前所述，2012年中国PCT国际专利申请达18627件，居世界第4位，但申请量在PCT总申请量中只占9.6%的份额，远低于美国（26.3%）和日本（22.5%）所占的比重。中国国家知识产权局利用由发明创造质量、申请文件撰写质量、审查质量以及经济质量4个一级指标，10个二级指标构成的发明专利质量测度指标体系对世界主要国家的专利质量进行比较，研究结果得出2012年专利质量指数排名前3位的国家分别为美国（78.55）、英国（75.77）和日本（67.00），中国的专利质量指数为43.34，不但低于欧美日等发达国家，而且还低于韩国（60.28）。[①] 这在一定程度上反映出中国的专利质量总体还不高，创新对于经济转型升级和发展的有效支撑力度还不够。

导致中国的技术自主创新能力和质量与其他国家相比存在较大差距的原因是多方面的。一方面，中国目前仍处于经济和社会的转型期，市场制度、产权制度以及知识产权保护制度等制度建设仍存在许多不合理、不健全、不完善之处，这在客观上限制了中国技术自主创新能力和质量的提高。另一方面，中国在科技投入方面存在投入总量不足、基础研究投入薄弱等问题，这是制约中国技术自主创新能力和质量的主观原因。事实上，20世纪以来随着技术创新活动的深入发展，研究与开发（R&D）已经成为世界上许多国家技术创新系统的内生变量。经济学家克里斯托弗·弗里曼（Christopher Freeman）指出"现代产业的一个显著特点就是技术创新主要由专门机构——R&D承担"。[②] 由于政府、企业和大学的R&D制度能够带来创新过程中飞跃性的突破，各国的技术创新特别是重大的技术创新往往都是从R&D开始的，R&D已经成为技术创新的主要推动力，同时研究与开发能力也成为反映一个国家技术创新潜力的重要指标，研究与开发投入的高低直接影响着自主创新能力和质量的提高。虽然2013年中国投入研究与开发的经费达11906亿元，研究与开发支出占国内生产总值的比重（即R&D投入强度）达2.09%，但这一水平无论是与美国、日本等发达国家相比，还是和韩国、中国台湾等一些新兴工业化国家（地区）相比，差距仍然非常明显（如表8所示）。较低的R&D投入水平成为制约中国技术自主创新能力和质量提高的一个重要因素。

---

① 国家知识产权局：《专利统计简报》2013年第13期。
② Christopher Freeman, *The Economics of Industrial Innovation*, London: Frances Pinter, 1982, p.131.

表8 部分经济体 R&D 支出占 GDP 的比重

单位：%

经济体	2000年	2006年	2007年	2008年	2009年	2010年	2011年
中　　国	0.90	1.39	1.40	1.47	1.70	1.76	1.84
澳大利亚	1.47	2.01	—	2.26	—	2.20	—
加 拿 大	1.91	2.00	1.96	1.92	1.94	1.85	1.74
法　　国	2.15	2.11	2.08	2.12	2.27	2.24	2.24
德　　国	2.47	2.54	2.53	2.69	2.82	2.80	2.88
意 大 利	1.04	1.13	1.17	1.21	1.26	1.26	1.25
日　　本	3.00	3.41	3.46	3.47	3.36	3.25	3.39
韩　　国	2.30	3.01	3.21	3.36	3.56	3.74	4.03
英　　国	1.82	1.74	1.77	1.78	1.84	1.80	1.77
美　　国	2.71	2.65	2.72	2.86	2.91	2.83	2.77
欧　　盟	2.20	2.26	2.29	2.36	2.41	2.37	2.37
俄 罗 斯	1.05	1.07	1.12	1.04	1.25	1.13	1.09
新 加 坡	1.85	2.16	2.36	2.64	2.20	2.05	2.23
南　　非	—	0.93	0.92	0.93	0.87	—	—
中国台湾	1.94	2.51	2.57	2.78	2.94	2.91	3.02

资料来源：OECD：Main Science and Technology Indicators Database，June 2013。

同时，中国研究与开发支出中基础研究投入薄弱、所占比重过低。一些学者根据对各国不同发展阶段数据的比较得出结论，认为研究与开发支出中基础研究、应用研究和开发三类研究活动之间的支出水平具有相对稳定的比例，大约为1.5∶2.5∶6，即基础研究在工业化的不同阶段大约占研究与开发支出总额的15%左右（如表9所示）。美国等发达国家的三类研究活动在过去30多年基本稳定在这一比例，这或许正是 R&D 中三类研究活动相互依存的内在关系的反映。而近几年中国基础研究经费在全国 R&D 支出总额中的比重只有5%左右（见表10），基础研究支出占 GDP 的比重在2013年只达到0.1%，这一水平无论是与美国、日本等发达国家相比，还是与俄罗斯、南非等其他金砖国家以及韩国、中国台湾等发展中国家（地区）相比都存在不小的差距（如表11所示）。过低的基础研究投入会造成中国基础研究的落后，从而使技术创新缺乏基础研究的支撑，进而严重制约中国技术自主创新能力和质量的提高。

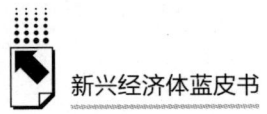

表9　工业化不同阶段三类研究的比例

单位：%

	基础研究	应用研究	试验发展
工业化第一阶段	10~20	25~35	50~65
工业化第二阶段	15~25	25~30	45~60
工业化后阶段	12~16	21~26	60~65

资料来源：曹鹏：《技术创新的历史阶段性研究》，东北大学出版社，2002。

表10　中国R&D支出中三类研究活动所占比重

单位：亿元，%

	2005年		2010年		2011年		2012年	
	支出额	比重	支出额	比重	支出额	比重	支出额	比重
R&D	2449.97	—	7062.58	—	8687.00	—	10298.41	—
基础研究	131.21	5.36	324.49	4.59	411.81	4.74	498.81	4.84
应用研究	433.53	17.70	893.79	12.66	1028.40	11.84	1161.97	11.28
试验发展	1885.24	76.95	5844.30	82.75	7246.80	83.42	8637.63	83.87

资料来源：中华人民共和国国家统计局：《中国统计年鉴2013》。

表11　部分经济体基础研究支出占GDP的比重

单位：%

经济体	2000年	2006年	2007年	2008年	2009年	2010年	2011年
中　国	0.05	0.05	0.05	0.05	0.08	0.08	0.09
澳大利亚	0.38	0.43	—	0.45	—	—	—
法　国	0.51	0.50	0.52	0.54	0.59	0.57	—
意大利	—	0.32	0.31	0.32	0.34	0.32	—
日　本	0.37	0.40	0.40	0.39	0.42	0.39	0.42
韩　国	0.29	0.46	0.50	0.54	0.64	0.68	0.73
英　国	—	—	0.19	0.19	0.20	0.19	—
美　国	0.43	0.46	0.49	0.51	0.55	0.54	—
俄罗斯	0.14	0.16	0.19	0.19	0.25	0.21	—
新加坡	0.22	0.45	0.41	0.45	0.45	0.42	0.43
南　非	—	0.17	0.19	0.19	0.20	—	—
中国台湾	0.20	0.26	0.26	0.28	0.31	0.29	0.29

资料来源：OECD：Main Science and Technology Indicators Database，June 2013。

针对上述存在的问题，为了提高技术自主创新能力和质量，中国一方面应继续加大改革力度，不断完善社会主义市场经济体制，加强市场制度、产权制度以及知识产权保护等制度的建设，从而进一步为技术创新创造良好宽松的制度环境和氛围。因为技术创新的发生有赖于制度创新的支持和激励，制度创新可以为技术创新的顺利进行提供有利的制度环境和条件。人类历史上许多重大技术创新（如蒸汽机的发明等）的产生都和市场制度、产权制度、专利制度等制度创新有着密切的联系。许多经济学家都对制度在技术创新中的重要作用进行过具体分析，其中美国经济学家纳尔逊（Richard R. Nelson）以美国为例，对一国促进技术创新的制度结构安排进行了系统分析；① 新制度经济学家诺思（Douglass C. North）等人也从制度学派的角度出发，对制度演进（特别是专利制度）在推动技术创新方面所发挥的重大作用给予了高度的评价。② 另一方面，中国应采取扩大政府科技投入以及实施税收优惠鼓励企业进行技术创新等政策措施，进一步加大对技术创新的投入力度，特别是增加对基础研究的投入，鼓励基础研究上的重大发现和理论突破，由此推动技术自主创新能力和质量的提高。实际上，党的十七大已经把"提高自主创新能力，建设创新型国家"作为国家发展战略的核心和提高综合国力的关键，十八大进一步强调要"实施创新驱动发展战略"，并为此提出了一系列具体的指导和实施意见。十八大报告指出："科技创新是提高社会生产力和综合国力的战略支撑，必须摆在国家发展全局的核心位置。要坚持走中国特色自主创新道路，以全球视野谋划和推动创新，提高原始创新、集成创新和引进消化吸收再创新能力，更加注重协同创新。深化科技体制改革，推动科技和经济紧密结合，加快建设国家创新体系，着力构建以企业为主体、市场为导向、产学研相结合的技术创新体系。完善知识创新体系，强化基础研究、前沿技术研究、社会公益技术研究，提高科学研究水平和成果转化能力，抢占科技发展战略制高点。实施国家科技重大专项，突破重大技术瓶颈。加快新技术新产品新工艺研发应用，加强技术集成和商业模式创

---

① 〔美〕纳尔逊：《美国支持技术进步的制度》，载多西等著《技术进步与经济理论》，经济科学出版社，1992。

② 〔美〕道格拉斯·C. 诺思：《经济史中的结构与变迁》，上海人民出版社，1994。

新。完善科技创新评价标准、激励机制、转化机制。实施知识产权战略,加强知识产权保护。促进创新资源高效配置和综合集成,把全社会智慧和力量凝聚到创新发展上来。"① 总之,在当前和今后一段时期,只有不断加速提升自主创新能力和质量,才能不断促进中国经济转型升级,进而不断增强中国经济的可持续发展能力。

---

① 胡锦涛:《坚定不移沿着中国特色社会主义道路前进,为全面建成小康社会而奋斗——在中国共产党第十八次全国代表大会上的报告》,2012年11月8日。

南非经济创新发展与转型

张春宇 唐 军[*]

摘 要： 近年来，面对来自国内外的多重挑战，旧有的发展战略逐步显现出成效不足的弊端，南非做出了实施包容性增长战略的重大战略抉择，走上了创新发展和转型之路。2013年，受制于制造业持续疲软、财政支出控制和资本回流等因素，南非经济增速连续第二年放缓。不过，随着后危机时代全球经济特别是发达国家的经济调整逐步进入尾声，2014年南非经济创新发展和转型的外部环境将进一步改善，包容性增长战略对南非经济增长的重新发动也有望初见成效。从中长期来看，未来南非经济的发展机遇与挑战共存，南非的经济创新发展和转型仍然任重道远。

关键词： 南非 包容性增长 创新发展 转型

刚刚过去的2013年是新南非诞生的第20个年头，在过去的20年里，新南非在经济发展的多个领域均取得了显著的成就，同时在经济治理上也面临诸多问题。在成就方面，种族隔离的藩篱被打破，种族和性别平等状况均得到显著改善；经济取得连续增长（除受国际金融危机影响最为严重的2009年外），物价水平得到有效控制，就业规模逐步扩大，南非经济的全球化发展取得长足进步；教育、医疗和社会保障等公共事业均取得了明显进步。在问题方面，种

---

[*] 张春宇，中国社会科学院世界经济与政治研究所；唐军，北京师范大学国民核算研究院。

族隔离时期遗留下来的收入不平等、失业率畸高、经济发展不平衡、高暴力犯罪率等依然是困扰南非经济中长期发展的主要问题①；高艾滋病感染率等新出现的问题也给经济发展带来深刻的负面影响；1998年亚洲金融危机、2008年国际金融危机及随后的欧债危机等重大外部冲击也给南非的经济发展路径带来了深远影响。

近年来，面对来自国内外的多重挑战，南非旧有的发展战略逐步显现出成效不足的弊端，南非经济走到了创新发展和转型的十字路口，面临应对主要发展问题的重大战略抉择。2006年，旨在加大政府干预经济力度、促进就业增长和减少贫困的《南非加速和共享增长倡议》开始实施，标志着南非经济创新发展和转型的开始，而2008年国际金融危机对南非经济的重大负面冲击在客观上加快了这一创新发展和转型的进程。2009年以来，南非政府明确提出包容性增长理念并推出以包容性增长战略为核心的"新增长路线"和《国家发展规划：2030年愿景》，南非经济正在沿着创新发展和转型之路快步前行。

本报告共分四个部分，以南非经济创新发展和转型为主题，第一部分对近年来南非经济创新发展与转型的内在逻辑进行了探讨，第二部分对2013年南非经济创新发展与转型的最新形势进行了回顾，并对2014年南非经济发展的前景进行了展望，第三部分对中长期南非经济创新发展与转型的机遇和挑战进行了分析，最后一部分对南非经济创新发展与转型的主要经验进行了总结。

一 近年来南非经济创新发展与转型的主要历程

（一）新南非经济的发展及其主要问题

新南非政府成立20年了，以2008年国际金融危机的爆发为界，南非的经济发展可以分为两个阶段。第一个阶段是从20世纪90年代初新南非的诞生到2008年金融危机的爆发。在这一时期，南非经济重新走上稳定增长的轨道。

---

① Ncube, M., Shimeles, A. and Verdier - Chouchane, A., "South Africa's Quest for Inclusive Development," AfDB Working Paper No. 150, May 2012, pp. 5 - 23.

南非经济创新发展与转型

1993～2008年共16年间,南非经济持续增长,年均增速在3.4%左右;到2008年,不变价国内生产总值是1992年的1.72倍。① 第二个阶段始于2009年。从表面上来看,在经历2009年短暂的负增长后,南非经济正在重拾增势。实际上,步入中等收入国家行列的南非正面临经济发展的重大困局。与新南非成立之初的美好憧憬相背离的是,尽管新南非诞生以来经济取得了持续的增长(除2009年以外),但是种族隔离时期遗留的收入不平等、失业率畸高、经济发展不平衡、暴力犯罪率仍然较高等问题并没有明显改观。对于已然晋升中等收入国家的南非而言,这些中长期问题构成了抑制其经济增长动力的"中等收入陷阱"。

第一,收入和财富不平等,贫困问题仍然比较严重。2011年,南非收入最低的10%居民仅占有约0.5%的收入,同时收入最高的10%居民占有的收入高达58%,收入和支出基尼系数分别高达0.70和0.63②,是世界上收入差距最大的国家之一。新南非政府成立以来,贫困人口均难以从经济增长中获益,贫困率几乎没有明显改善③。过大的收入和贫富差距既能抑制需求、压抑经济增长,又可能引发社会不满、造成社会动荡,是影响社会稳定的重要不安定因素。

第二,失业率畸高。南非是世界上失业率最高的国家之一。2012年,南非的经济活动人口在1800万左右,失业人口超过400万,失业率为25.1%,如果考虑因长期失业而放弃寻找工作的人群,南非的失业率甚至高达36.3%。④ 高企的失业率既加剧了贫困和收入不平等,又是暴力犯罪率居高不下的重要原因。

第三,经济发展不平衡。南非经济还存在广泛的地区发展不平衡、城乡发

---

① IMF, World Economic Outlook Database, October 2013.
② 支出基尼系数以不含税的消费支出计算。参见 AfDB, Republic of South Africa Country Strategy Paper 2013-2017, Southern Africa Resource Center, November 2012, pp. 8;巴西国家地理与统计局、俄罗斯联邦统计局、印度中央统计局、中国国家统计局、南非国家统计局:《金砖国家联合统计手册(2013)》(中文版),2013。
③ Duclos, J-Y and A. Verdier-Chouchane, "Analyzing Pro-Poor Growth in Southern Africa: Lessons from Mauritius and South Africa," *African Development Review*, 2011, 23 (2), pp. 121-146.
④ "The Presidency for Performance Monitoring and Evaluation," *Development Indicators 2012*, Pretoria, 2013, p. 23.

展不平衡以及产业发展不平衡,这些不平衡共同存在并相互关联。豪登省(Gauteng)、西开普省(West Cape)等省份城市化水平高,工业和服务业较为发达,人均收入水平均较高,而林波波省(Limpopo)等省份城市化水平低,产业结构较为单一,以农业或矿业为主,人均收入水平也相对较低[1]。经济发展不平衡制约着南非经济总体水平的提高,不利于南非经济增长潜力的释放。

第四,暴力犯罪率仍然较高。新南非政府成立以来,随着种族和解政策的推行以及社会治理水平的提升,暴力犯罪率总体上呈下降态势。2003~2004财年南非平均每十万人暴力犯罪宗数为1910.5起,到2011~2012财年南非平均每十万人暴力犯罪宗数已经下降到1232.5起,降低幅度达到35%[2]。尽管如此,南非暴力犯罪率仍然处于较高水平。暴力犯罪率是国内治安环境和投资环境的重要指针,较高的暴力犯罪率不利于南非投资环境的改善和投资规模的增长。

新南非诞生前,上述问题或许可以在一定程度上归咎于种族隔离制度。在种族隔离制度已经废除以后,南非政府需要为这些根深蒂固的经济社会问题寻求新的解决方法。新的出路并不是全盘否定新南非诞生以来的经济发展战略,而是要对新南非早期经济发展战略实施过程中积累的经验和教训进行深层次的反思。

(二)对新南非早期经济发展战略的反思

解决南非经济发展中存在的上述症结主要有三种政策视角[3]。一是种族视角。从种族视角来看,如果实现种族平等,那么在市场竞争中自然可以实现经济增长、就业机会和经济地位的平等。二是再分配视角。从再分配视角来看,通过再分配政策可以增加黑人的就业机会和收入,调节分配关系,缩小收入和贫富差距。在实践中,该类政策面临的阻力最大,以致难以大范围、大规模实施,往往只能作为辅助政策。三是就业视角。从就业视角来看,应该直接依照

---

[1] "The Presidency for Performance Monitoring and Evaluation," *Development Indicators 2012*, Pretoria, 2013, p. 27; Statistics South Africa, "Gross Domestic Product: Third Quarter 2013," *Statistical Release* P0441, November 26, 2013, p. 11.

[2] 南非财政年度始于第一年的4月1日,终于第二年的3月31日。参见"The Presidency for Performance Monitoring and Evaluation", *Development Indicators 2012*, Pretoria, 2013, p. 74。

[3] 唐军、张春宇:《南非包容性增长战略的进展及启示》,《当代世界》2013年第7期。

充分就业目标制定经济社会政策，实现经济地位的平等，并最终达到改善收入分配关系、促进经济均衡发展和降低暴力犯罪率的目的。在实践中，这一政策要求政府进行强有力的干预，但是与大规模再分配政策相比，这类政策的阻力更小。

1996年南非政府制定的《增长、就业和再分配计划》实际上是从种族平等视角出发制定的政策。该计划主要包括推进私有化、削减财政赤字、增加劳动力市场灵活性、促进出口、放松外汇管制以及鼓励中小企业发展等内容。从理论逻辑上来看，该项政策具有鲜明的"新自由主义"色彩[①]。按照该计划的设想，上述政策的实施可以推动经济增长，增加就业，逐步改变分配不合理的情况。然而，该政策的效果并不尽如人意。问题在于，该项政策无法在短期内提升经济发展速度及创造足够的就业机会，特别是在种族隔离解除后劳动力参与率总体提升的情况下。从"新自由主义"的初衷来看，该类政策实际上本身也不谋求短期效应，认为能够在长期内解决问题即可。新南非诞生之初的10年间，虽然经济持续增长，但是3%水平的增速不足以破解收入和贫富差距困局。

2003年南非议会通过的《广泛性黑人经济振兴法》是1994年新南非政府制定的黑人经济振兴政策的深化。从本质上来看，该项政策属于基于再分配视角的政策。该法案主要包括五方面的内容：第一，从企业和产业层面为黑人经济振兴制定量化目标；第二，制定倾斜性的国有企业重组政策；第三，实行政府优先采购政策；第四，支持黑人经济组织的发展并且设立黑人振兴战略顾问委员会；第五，通过公私合作推行黑人经济振兴项目。尽管上述再分配性较强的政策取得了一定的进展，但是总体进展较为缓慢，从成效上看也仅属于辅助性政策，难以改变经济发展的总体面貌。以土地所有权转移计划为例，虽然2003年《广泛性黑人经济振兴法》提出了2014年前实现向黑人转移8200万公顷总农地面积中的2450万公顷（合30%）农地所有权的目标，但是南非农村发展和土地改革部的数据显示，截至2012年实现所有权转移的农地约为795万公顷，仅完成预定目标的1/3左右[②]。更重要的是，在具体政策的实施

---

① Ncube, M., Shimeles, A. and Verdier - Chouchane, A., "South Africa's Quest for Inclusive Development," AfDB Working Paper No. 150, May 2012, pp. 5 - 23.
② "The Presidency for Performance Monitoring and Evaluation," *Development Indicators 2012*, Pretoria, 2013, p. 35.

过程中，再分配性收益往往主要为少数黑人精英群体所获取，最广大的黑人低收入群体难以从中获益。

在2008年国际金融危机的冲击下，南非的经济增速下滑，失业水平高位增长，南非经济中存在的问题被进一步放大。2012年南非失业率高达25.1%，比2008年增加了2.2个百分点。在失业率高位增加的情况下，收入不平等等问题也趋于恶化。在这种情况下，南非经济社会发展需要新的思路。既然从种族视角和再分配视角出发制定的政策都难以在促进经济增长和增加就业上取得明显成效，那么直接从就业视角出发制定新的发展战略就成为南非政府的必然选择。

（三）南非包容性增长战略的实施

包容性增长成为指引南非经济社会发展战略的重要指针。包容性增长寻求的是社会和经济的协调发展、可持续发展。对于南非这一有着长期实行种族隔离制度的国家来说，包容性增长似乎具有先天的吸引力和号召力。但是，包容性增长的提出实际上还有更为深刻的经济社会背景。从根本上来说，包容性增长是在面临"中等收入陷阱"的情况下，南非政府为了化解经济发展困局而做出的面向中长期发展、致力于创新发展和转型的重大战略抉择。

2006年开始实施的"南非加速和共享增长倡议"是南非政府经济增长战略思路开始发生变化的开端。该倡议要求加大政府干预经济的力度，通过加强基础设施建设、实行行业优先发展战略、加强教育和人力资源培训等措施，促进就业增长和减少贫困。这一倡议实际上要求政府进一步加强对经济的干预以解决就业以及与就业相关的贫困问题，改变了之前"种族平等政策"配合辅助性"再分配政策"的政策思路。

2009年，南非总统祖马在其就职典礼中提出要以促进就业为中心建立更具包容性的经济，包容性增长战略开始逐步被列入议事日程。像大多数政策理念一样，南非包容性增长战略并不是任何一种已有政策的简单复制。按照总统祖马包容性增长的思路，2010年南非政府提出了"新增长路线"发展战略。该战略一方面肯定了以往政策思路的有效性，另一方面强调要将就业置于经济发展的中心位置。其实质内涵是进一步加大政府对经济增长和就业问题的干预力度。2011年，祖马再次在其国情咨文及政府财政预算报告中提出了包容性经济增长战略。2011年11月，以"新增长路线"为蓝本，南非政府制定了更详尽具体的《国家发展规划：2030年愿景》，包容性增长战略最终从设想变成具体的实施方案。

按照新的发展战略，南非政府计划优先发展基础设施建设、农业、矿业、绿色低碳经济、制造业、旅游及服务业6个重点领域，每年创造50万个新增就业机会。根据《国家发展规划：2030年愿景》的规划，截至2020年南非将新增500万个就业岗位，失业率也将从25%左右降至15%左右的水平；截至2030年南非将新增1100万个就业岗位，失业率将进一步下降到6%左右；为了实现上述就业目标，2030年前平均经济增长率必须达到5.5%左右，到2030年投资率也必须从现有的不足20%提高到30%左右①。

总的来看，减少贫困、增加就业和保护环境是南非"新增长路线"和《国家发展规划：2030年愿景》的三大基本政策取向，而技能开发和就业创造以及区域一体化是南非当前经济发展战略的两大支柱②。南非政府的包容性增长战略事实上是以增加就业为根本着眼点，同时融合了种族平等政策和再分配政策的综合性政策体系，也是南非政府对新南非诞生多年以来经济社会政策进行总结和反思的结果。

二 2013年南非经济发展形势回顾和2014年前景展望

（一）经济增长

因为2008年国际金融危机的爆发，2009年南非经济出现了新南非诞生以来的首次负增长，随后在国内经济刺激政策和全球经济总体复苏等因素的推动下，2010~2011年经济增速明显反弹。不过，受国内罢工潮和政府支出增速

---

① South Africa National Planning Commision, *National Development Plan: Vision for 2030*, November 2011, pp. 1-40.
② AfDB, *Republic of South Africa Country Strategy Paper 2013-2017*, Southern Africa Resource Center, November 2012, pp. 19.

下降以及欧元区经济低迷等因素影响，2012年经济增速明显回落。其中部分负面因素的作用延续到了2013年，使南非面临较为复杂的经济形势。

受制造业低迷和政府支出增速下滑的影响，2013年南非经济增长较为低迷。2013年前3个季度，南非国内生产总值同比增速分别为1.6%、2.3%和1.8%，前3个季度累计同比增速为1.9%；剔除季度因素的前3个季度的环比增长率分别为0.8%、3.2%和0.7%，第一季度经济增速较慢，第二季度经济增长较为强劲，而第三季度经济增速再次放缓，其中第一、第三季度增速较慢均与制造业负增长直接相关，同时第二季度经济的强劲增长也得益于制造业生产的短暂反弹[1]。尽管矿业生产有所恢复[2]，但是制造业增速仍然低迷，政府支出增速同比继续下滑是经济增速同比下降的主要原因。此外，兰特大幅贬值引致的投资需求增速放缓也是重要原因。据国际货币基金组织的估计，2013年南非经济增速为1.8%，同比下降0.7个百分点，是2012年以来连续第二年下滑[3]。

目前来看，预计2014年南非经济增长有望出现反弹。据国际货币基金组织的预测，2014年南非经济增速将达2.8%，同比提高1个百分点[4]。预测2014年南非经济有所反弹主要基于三点原因。一是发达国家经济回暖带动全球经济提速，南非经济的外部需求将相应改善，其中欧元区经济的恢复增长直接有益于南非的出口。二是兰特的连续大幅贬值改善了贸易条件，有利于南非矿业和制造业扩大出口，刺激相关行业的增长。三是随着兰特币值的企稳，外商投资信心也将有所恢复，投资需求增速也有望高于2013年。

（二）物价

近年来，南非物价水平在大部分年份都得到了有效控制。2000年以来，

---

[1] Statistics South Africa, "Gross Domestic Product: Third Quarter 2013," *Statistical Release* P0441, November 26, 2013, p. 2–4.
[2] 2012年8月，南非马里卡纳铂金矿大罢工演变成严重流血冲突，并引发新一轮罢工潮，给南非矿业和交通运输业等支柱产业造成严重冲击，是当年经济增速下滑的重要原因之一。
[3] IMF, "Is the Tide Rising?" *World Economic Outlook Update*, Washington D.C., January 21, 2014, p. 2.
[4] IMF, "Is the Tide Rising?" *World Economic Outlook Update*, Washington D.C., January 21, 2014, p. 2.

除少数年份（2002年、2007~2009年）外，南非的物价水平一直被控制在低于6%的水平。2011~2012年，受能源价格等因素影响，南非居民消费价格指数平均增长率连续增长，其中2012年已经达到5.6%。进入2013年以后，受能源价格和服务价格上涨因素的影响，居民消费价格指数的增速依然较快。

2013年南非居民消费价格指数的平均增长率为5.7%，比2012年略高0.1个百分点，全年消费价格增速较为平稳①，是2011年以来居民消费价格指数平均增长率连续3年增长，已经接近南非货币政策允许的3%~6%的物价调控区间的上限，通胀压力较大。其中，包括主要能源产品在内的受管理的居民消费价格指数（CPI for Administered Prices）的平均增长率达到7.8%，而提出该类价格的价格指数的平均增长率仅为4.8%②，显示能源等产品价格上涨仍然是通胀压力的主要诱因。应该指出的是，2013年兰特的大幅贬值在能源产品价格等进口依赖程度较高的消费品价格增长中也起到了重要作用。

从目前情况来看，预计2014年南非居民消费价格指数平均增长率将略有回落。据国际货币基金组织的预测，2014年南非居民消费价格指数平均增长率为5.4%，同比下降0.3个百分点③。原因主要在于，兰特贬值幅度的收窄将降低进口价格上涨因素对居民消费价格指数的贡献。值得注意的是，2014年1月底南非储备银行的加息决定可能预示着货币政策的适度收紧，从而可能加大货币政策对物价水平的控制力度。

（三）就业

近年来，南非的就业形势以2008年国际金融危机为明显的分界线。国际金融危机发生以前，受经济连续多年扩张特别是2004~2007年以5%左右增长率连续增长的影响，从2003年开始，南非的失业率连续下降，2008年失业率被控制在23%以下，是2000年以来的最低水平。国际金融危机爆发

---

① Statistics South Africa, "Consumer Price Index: December 2013," *Statistical Release* P0141, January 22, 2014, p. 2.
② Statistics South Africa, "Consumer Price Index: December 2013," *Statistical Release* P0141, January 22, 2014, p. 3.
③ IMF, *World Economic Outlook*, October 2013.

以后，南非经济陷入短暂衰退，随后经济增速也明显低于危机爆发前几年的水平。在这种情况下，2009~2010年甚至出现了不仅无法吸收新增劳动力而且就业人数也连续减少的不利局面，南非失业率连续上升，2012年失业率已经超过25%。

从现有数据来看，估计2013年南非失业率将有所下降。2013年第三季度，南非失业率为24.7%，比第二季度降低了0.9个百分点，就业形势向好，在制造业就业人数环比减少3.9%（近7万人）的情况下，农业和建筑业就业人数略有减少，而其他行业主要是服务业的就业人数均有较为明显的增长，环比增长率均超过3%，其中批发零售贸易业、金融业和公共服务业环比增加就业人数均在10万人左右，是就业增长的主要推动力量[1]。

近年来，南非政府推出的公共就业项目如"扩大的公共工作项目"（EPWP）和"社区工作项目"（CWP）在就业增长中起到了一定的作用。"扩大的公共工作项目"始于2004年4月，计划到2014年3月底，前两期"扩大的公共工作项目"可以提供450万个工作机会，截至2012年3月底已经实际提供了379万个工作机会[2]；该计划的第三期将于2014年4月开始实施。"社区工作项目"始于2009年，计划到2014年提供33万个社区工作机会，截至2012年底已经提供了近16万个工作机会[3]。不过，由于工作机会具有临时性，实际就业时间因参与的公共工作项目而变化，长短不一，因而可能带来就业人数和失业率的短期波动。同时，由于公共就业项目依赖政府支出，项目是否能够得到长期推动依赖于政府的支出效率及其可持续性。

从目前情况来看，预计2014年失业率仍将维持现有水平或者略有变化。主要原因在于，尽管2014年预测经济增速不足以完全吸收新增就业人口，但是公共就业项目如新一期"扩大的公共工作项目"的启动也能够创造部分就业机会，从而可能维持现有水平或者略有变化。

---

[1] Statistics South Africa, "Quarterly Labour Force Survey: Quarter 3, 2013," *Statistical Release P0211*, October 29, 2013, p. 4.

[2] "The Presidency for Performance Monitoring and Evaluation," *Development Indicators 2012*, Pretoria, 2013, p. 24.

[3] "The Presidency for Performance Monitoring and Evaluation," *Development Indicators 2012*, Pretoria, 2013, p. 25.

（四）国际收支

近年来，南非的经常账户常年处于逆差状态，资本和金融账户以顺差居多，但受国内外各种因素的影响而易于发生变化。2011年受兰特大幅贬值的影响，资本回流特别是证券项下资本回流增加，资本和金融账户的顺差明显减少。2012年兰特币值出现剧烈波动，贬值预期仍然较为强烈，资本和金融账户下外国直接投资净流入仅16.73亿兰特（以2012年底汇率换算约合1.9亿美元）①，同比大幅下降，加上证券项下资本的净回流，当年资本和金融账户出现了大幅逆差。同时，2012年受罢工潮等因素影响，矿业生产受到严重打击，黄金、铂等贵金属矿产出口减少，致使当年商品和服务出口增速仅有0.1%，经常账户逆差同步扩大，经常账户逆差与国内生产总值之比达6.3%，同比增加了2.9个百分点②。

2013年南非货物和服务贸易出口增速超过进口增速，经常账户贸易逆差持续扩大的压力有所减轻。据国际货币基金组织的估计，2013年南非商品和服务出口增速为5.3%，进口增速为5.1%，是2010年以来出口增速首次超过进口增速。不过，考虑到2012年出口增速的低迷，2013年的最新变化并非南非贸易逆差扩大的形势出现反转的信号，而极可能仅仅是短期的出口增速恢复性增长所致。同时，受2013年兰特大幅贬值影响，南非资本和金融账户继续承受资本回流的压力。

从目前情况来看，2014年南非国际收支形势存在较大的不确定性。在经常账户方面，随着兰特的贬值以及发达国家经济回暖特别是欧元区经济告别衰退，出口形势有望继续好转，同时受兰特贬值影响，进口增速可能有所放缓，贸易逆差可能保持不变或略有变化，经常账户逆差相应保持不变或略有变化。不确定性主要源于南非储备银行货币政策走向的不确定性。如果年初的加息预示着货币政策的收紧，那么资本流动可能发生逆转，兰特贬值幅度有望得到控制，从而减少资本和金融账户的逆差压力。

---

① "The Presidency for Performance Monitoring and Evaluation," *Development Indicators 2012*, Pretoria, 2013, p.7.
② IMF, *World Economic Outlook*, October 2013.

（五）财政政策和货币政策

2008年国际金融危机发生以后，为了促进经济增长，南非出台了刺激性经济政策。在财政政策方面，政府用于基础设施建设等项目的投资支出增加，财政赤字和政府债务与国内生产总值的比值也同步增加，债务负担大幅增加。2008~2012年南非财政结构性赤字和政府债务与国内生产总值之比分别从2.4%和27.8%增加到4.2%和42.3%①。在货币政策方面，在通胀压力下降以及实际产出与潜在产出缺口较大的背景下，南非储备银行从2008年12月开始连续多次调低回购利率，一直持续到2010年11月。在此期间，南非储备银行回购利率持续调低到5.5%，下调幅度累计达到650个基点，名义利率下调到30年来的最低水平，货币市场利率也处于极低的水平②。随后，在2011年全年维持回购利率不变的情况下，2012年7月，为了应对经济下滑的形势、进一步刺激投资，南非储备银行货币政策委员会再次将回购利率下调50个基点，回购利率继续调降到5%③。

2013年南非政府加强了对财政支出的控制，同时保持货币政策的稳定。在财政政策方面，由于连续几年来财政赤字增长超过预期，南非政府在年度预算中着力加强了对财政支出的控制。通过控制支出的增长速度，旨在将赤字与国内生产总值之比从2012~2013财年的5.2%降低到2015~2016财年的3.1%，从而将政府债务与国内生产总值之比控制在略高于40%的水平。在货币政策方面，全年维持5%的回购利率不变。此外，为了提高出口竞争力，改善经常账户的收支并促进制造业的复苏，放任兰特适度贬值是近年来南非政府的重要货币政策动向之一。以年初与年末的时点汇率相比，2011~2013年，南非兰特对美元的汇率分别贬值了14.4%、4.9%和16.5%④，连续3年累计贬值幅度达到39.8%。

---

① IMF, *World Economic Outlook*, October 2013.
② 张春宇、唐军:《2011年南非金融发展报告》，载刘鸿武主编《非洲地区发展报告2011》，中国社会科学出版社，2012。
③ South Africa Reserve Bank, "Report on Monetary Policy," in South Africa Reserve Bank, Annual Report 2012/13, 2013, pp. 10–14.
④ AfDB, Financial Information Database, December 31, 2013.

从目前情况来看，预计 2014 年南非仍将继续加强对财政支出的控制，同时可能对货币政策进行适度调整。在财政政策方面，随着政府债务与国内生产总值之比的持续走高，财政可持续性问题日益紧迫。从"新增长路线"和 2030 年国家发展规划的长期目标出发，南非政府必须进一步加强对财政赤字的控制，以确保债务水平的可持续性，从而为政府投资支出和未来逆周期操作预留必要的空间。在货币政策方面，2014 年 1 月 29 日，南非储备银行宣布将回购利率上调 50 个基点，回购利率调高到 5.5%。在经济增速仍然低迷的情况下，这一举措主要旨在影响物价上涨和资本流动的预期。预计 2014 年内将维持这一回购利率，进一步上调回购利率的可能性较小。同时，随着兰特贬值幅度的不断扩大，兰特贬值的负面影响也将日益明显。在这种情况下，预计南非储备银行将加大对外汇市场的干预，年内兰特贬值的幅度有望得到控制。

三 中长期南非经济创新发展与转型的主要机遇与挑战

（一）主要机遇

从目前情况来看，南非现有经济形势与其 2030 年发展规划所设想的发展速度仍然有很大的差距。特别是在就业方面，在现有经济增速条件下根本无法实现每年新增 50 万个就业岗位的目标。尽管如此，从中长期来看，作为小国开放经济体，南非经济创新发展和转型的难度相对较小，创新发展和转型的时间窗口也相对更短，因而从全球范围来看仍然存在不少有助于南非提高经济增速、扩大就业以及实现其长期发展规划的重大机遇。

第一，制造业的振兴。截至 2012 年底，南非制造业的就业人数为 170 万人左右，占总就业人数的比重为 12% 左右[1]，同时 2012 年南非制造业增加值占国内生产总值的比重也在 12% 左右[2]。考虑到制造业对其他产业就业的拉动

---

[1] Statistics South Africa, "Quarterly Labour Force Survey: Quarter 3, 2013," *Statistical Release* P0211, October 29, 2013, p. 6.

[2] Statistics South Africa, "Gross Domestic Product: Third Quarter 2013," *Statistical Release* P0441, November 26, 2013, p. 24.

作用，制造业创造就业的能力应该高于产业平均水准，而劳动密集型制造业对就业的拉动能力则更为可观。对于南非失业率高企的原因，有两种比较有代表性的观点。一种观点认为，南非高失业率的原因在于工会和集体工资谈判带来的工资向下刚性，南非工资水平总体维持在种族隔离时期的较高水平，难以向下调整，使南非的工资水平远高于市场出清水平，最终导致失业率畸高这一罕见的经济现象[1]。另一种观点认为，20世纪90年代以来南非非矿产贸易品生产部门特别是制造业增加值占国内生产总值份额的相对萎缩是南非失业率高企的根本原因[2]。上述两种解释实际上并不矛盾。工资向下刚性观点强调了工会制度下包括制造业企业在内的生产企业的劳动力成本，制造业相对萎缩观点则强调了制造业发展相对萎缩的情况下，劳动力需求特别是低技能劳动力需求不足而导致低技能劳动力结构性失业的经济机制。问题的症结在于，工会制度使得劳动力市场无法发挥其固有的劳动力资源有效配置功能。在南非现有的政治架构下，由于工会制度难以动摇，从而只能通过汇率贬值这一手段来为南非制造业发展获取竞争力优势。2013年以来，南非开始探索建立经济特区以促进经济增长和就业。显然，如果在经济特区内可以减少工会制度对工资的扭曲，建立更加灵活的劳动用工制度，那么经济特区的建设也有望降低企业的用工成本，增加企业特别是制造业企业对失业劳动力的吸收，为降低失业率探寻一条新路。

第二，区域经济一体化的深化。对于南非而言，非洲区域经济一体化意味着更加广阔的外部市场，可以为其国内产业增长提供强劲的外部需求动力，同时区域经济一体化也可以降低南非获取国外资源、能源和产品的成本，提高其自身的国际竞争能力，强化其在一体化区域内的领导地位。正因为如此，南非一直非常重视领导和参与区域经济一体化。在南非的推动下，南部非洲发展共同体已经于2008年开始自由贸易区的建设。目前，始于2011年6月的东南非共同市场、东非共同体和南部非洲发展共同体三方自贸区谈判也正在进行之中。拟建立的三方自贸区将涵盖26个非洲国家，人口接近6亿人以上，人口

---

[1] Banerjee, Abhijit, Sebastian Galiani, Jim Levinsohn, and Ingrid Woolard, "Why is Unemployment So High in South Africa?" *CID South Africa Project Report*, Harvard University, July 2006.

[2] Rodrik, D., "Understanding South Africa's Economic Puzzles," *The Economics of Transition*, The European Bank for Reconstruction and Development, 2008, 16 (4), pp. 769–797.

总量和经济总量均接近非洲总量的60%。显然，这一自贸区将极大地扩大南非的外部市场空间。未来，随着非洲经济的发展和非洲大陆经济一体化程度的不断提高，南非经济有望进一步摆脱本国劳动力、资源和市场的限制，获取更大的经济增长动力。

第三，世界性金融中心以及区域性航运和贸易中心的建设。南非金融业具有完备的市场体系、成熟的制度基础和丰富的发展经验。南非银行业的集中度较高，具备全球竞争能力，而金融市场则更是有超过百年的历史，包括发达的股票、债券、期货和各类衍生产品，是世界范围内发展程度较高的市场之一。2012年，南非银行业创造了约占国内生产总值10%的增加值[1]，不仅自身提供了数十万个就业岗位，而且在促进资本融通和投资增长中发挥着重要的枢纽性作用。以非洲大陆潜在的庞大金融需求为依托，南非具备成为世界性金融中心的基础条件。当前，南非政府正在致力于将约翰内斯堡打造成世界性金融中心。世界性金融中心的建设无疑将大大增加南非金融业金融资源配置的总体规模，既能够创造更多的就业岗位，又能够为南非投资率的提升吸引更多的外部资金。

第四，绿色低碳经济的发展。由于包括化石能源在内的大部分资源均不可再生，这些资源的价格在长期内将不断提高，而且面对化石能源燃烧带来的碳排放污染，国际社会和各国政府也正在积极行动，通过提高碳排放成本和门槛来实现对碳排放的总量控制。资源使用成本的增加为绿色低碳经济的发展提供了可观的发展空间，其所涵盖的绿色低碳产品的研究与开发、制造、技术服务等行业将作为新生行业获得较大的发展空间。目前，南非已经把绿色低碳经济作为经济发展战略的重点领域之一。未来南非绿色低碳经济不仅将具备满足国内需求的能力，而且也可能利用其区域性技术优势开拓区域市场乃至国际市场。

（二）主要挑战

从当前南非的经济发展形势来看，大规模增加就业的战略固然有效，但是其实施却严重依赖于以促进就业为目的的政府支出的增长和总体投资水平的提

---

[1] Statistics South Africa, "Gross Domestic Product: Third Quarter 2013," *Statistical Release* P0441, November 26, 2013, p. 24.

高。考虑到南非政府本身财力增长的限制和较大的投资率缺口，实现上述国家发展规划势必会面临极大的困难，需要政府综合运用各种政策手段加以引导和解决。从中长期来看，以包容性增长战略为核心的南非经济创新发展与转型面临较为严峻的挑战。

第一，维护社会和谐稳定的能力。南非现有长期发展规划的时间跨度接近20年。在如此长的时间跨度内，特别是在南非经济本身存在收入不平等、高失业率等问题的情况下，在推动经济创新发展与转型的同时维护社会和谐稳定是需要南非政府重视的问题，也是政府在制定改革和发展方案时需要考虑的首要问题。未来南非政府不仅需要面临类似2012年8月罢工潮这样的突发事件，而且可能需要考虑、防范现有执政联盟由于改革和发展议题的争议而瓦解、分化的可能性。

第二，兰特贬值带来的负面冲击。当前兰特的贬值走势对提高南非经济的竞争力无疑具有必要性。从政策设计来看，兰特币值将重新相对稳定在一个较低的水平上，以利于国内企业贸易条件的改善。但是，兰特贬值带来的进口价格上涨和资本回流等负面冲击也会给南非经济的稳定和发展带来一定的损害。因此，围绕兰特汇率的货币政策决策应该把握好力度，将负面冲击限制在能够控制的范围以内。

第三，政府债务的可持续性。政府当期加大干预必然增加未来的债务负担。从近年来南非政府的预算来看，"新增长路线"实施数年以来南非政府对财政赤字和政府债务的控制并不成功。在赤字方面，2011年政府预算预计可以把2012~2013财年的赤字控制在4.6%，但是2013年的政府预算却显示2012~2013财年的赤字实际达5.1%。在政府债务方面，2012年政府预算预计可以把政府债务与国内生产总值之比控制在38%左右，2013年政府预算又提出可以把上述债务比例控制在略高于40%的水平。如果政府对赤字和债务的控制始终像以上年份一样"水涨船高"，那么控制的结果必然是无法控制，政府债务的可持续性就难以保证。为了在保障政府债务可持续性的同时提升国内投资水平，应该注意调整政府支出的结构并创新政府支出方式，以政府支出拉动私人投资支出。

第四，外部债务的可持续性。由于南非的储蓄率已经下降到较低水平（15%~20%），为了提升经济增速，投资率的提高将主要依赖于举借外债，从而将加大外部债务负担。南非外债和外资依赖程度本身较高，易受外部冲击。未来投资率的提高如果完全依赖外债，势必大幅增加外债负债和对外资的依赖程度，削弱南非经济应对外部冲击的自我调节能力，因而南非未来投资率的增长应该以提高国内储蓄率为基础。归根结底，外部债务的可持续性取决于国内储蓄率是否可以随经济增长而提高，从而形成经济增长与储蓄率和投资率相应提高的良性循环。

第五，现有产业结构吸纳就业能力的缺陷。当前，南非第二产业增加值占国内生产总值的比例已经从20世纪六七十年代超过40%的水平降低到目前不超过20%的水平，同时服务业比重接近70%[1]，而除旅游业和生活服务业等少数行业外，服务业本身对第一、第二产业的依赖性较大。在没有相应产业基础的情况下，直接增加就业较为困难。从中长期来看，如果不能实现当前以服务业为主的产业结构的适当转型，那么南非经济吸纳就业的能力将难以达到长期发展规划的目标。

四 南非经济创新发展与转型的主要经验

对于其他同样谋求创新发展与转型的国家而言，南非近年来经济创新发展与转型的实践过程中主要有以下几方面经验值得关注。

第一，加大财政对教育投入的支持。加大对教育的投入是消除种族隔离负面影响的长期战略，也是新南非诞生以来始终坚持的政策。新南非政府不断加大对教育的投入，着力对教学课程设置、教育资金筹措体系和高等教育体制进行改革，并且增加技能和就业培训方面的投入。目前，教育投入已经上升为政府财政预算的第一大支出。统计数据显示，2010年南非公共教育支出占国内生产总值的比重为10.1%（2000年仅为4.5%），教育支出占财政支出的比重则达到18%[2]。上述教育支出比重已经远远超过了许多发达国家的水平。南非政府对教育投入的大力支持有利于为经济结构变化提供合格的劳动力储备，是支持经济创新发展与转型的重要举措。

---

[1] UNSD, National Accounts Main Aggregates Database, 2013.
[2] 巴西国家地理与统计局、俄罗斯联邦统计局、印度中央统计局、中国国家统计局、南非国家统计局：《金砖国家联合统计手册（2013）》（中文版），2013。

第二，以增加就业为重心的发展战略。南非就业政策的核心在于增加投资，提升经济增长速度。大多数发展中国家都不同程度地存在就业机会不足的问题。一些发展中国家在步入中等收入国家行列后，同时也面临经济转型发展。这一时期由于经济增长趋缓，就业压力也会明显增加。此外，南非政府出台的包括新投资、升级或扩建企业税收优惠、就业基金在内的就业促进政策也是值得关注的重要经验。

第三，积极的社会再分配政策。南非政府的新发展战略中包括完善社会保障制度以及为低收入人群改造住房、实行用电用水补贴等政策举措。这些举措对于降低收入不平等的负面影响、为低收入人群和事业人群提供基本生活保障是十分必要的。

第四，绿色经济的发展。面对日益明显的能源瓶颈和不断增长的环境保护需求，南非把绿色发展作为包容性增长战略的重要组成部分。与此同时，绿色发展同样可以提供新的就业岗位。根据南非的《2010综合资源规划》，南非规划在20年内，实现发电所用燃料的42%来自可再生资源。南非国有的工业发展总公司（IDC）也已经把发展绿色经济作为其首要的投资重点。该公司计划在从2010年开始的未来5年内向南非的绿色产业投入15.6亿美元的资金，以期实现增加就业和减少碳排放的目标。该公司的一部分资金还将用于南非能源部的混合能源计划，旨在使南非清洁能源发电量到2030年提高3725兆瓦。2011年11月，南非政府与企业家、劳工组织和社区组织签署了一项涉及南非运输业、生物燃料业、制造业、建筑业、可再生能源发电事业等相关行业，旨在鼓励发展绿色经济的协议。该协议的实施将创造30万个就业机会。此外，南非政府还将推动议会通过向企业强制征收环境污染补偿费的法案。南非签订绿色发展协议、征收污染补偿费等做法也有一定的借鉴价值。

第五，防范政府干预政策的副作用。南非包容性增长战略明显依赖于政府对经济干预程度的提升。但是，政府干预政策的副作用同样值得警惕。政府赤字问题是其中最突出的后果之一。南非政府的数据表明，南非包容性增长战略的实施伴随着财政赤字占国内生产总值比值的增加。2009年以来，南非政府赤字明显增加。赤字增长的直接后果是南非政府债务负担的增长。未来包容性增长战略的实施还将进一步增加政府债务和偿债负担。

参考文献

[1] 巴西国家地理与统计局、俄罗斯联邦统计局、印度中央统计局、中国国家统计局、南非国家统计局：《金砖国家联合统计手册（2013）》（中文版），2013。

[2] 唐军、张春宇：《南非包容性增长战略的进展及启示》，《当代世界》2013年第7期。

[3] 张春宇、唐军：《2011年南非金融发展报告》，载刘鸿武编《非洲地区发展报告2011》，中国社会科学出版社，2012。

[4] AfDB, Republic of South Africa Country Strategy Paper 2013-2017, Southern Africa Resource Center, November 2012.

[5] Banerjee, Abhijit, Sebastian Galiani, Jim Levinsohn, and Ingrid Woolard, "Why is Unemployment So High in South Africa?" *CID South Africa Project Report*, Harvard University, July 2006.

[6] Duclos, J-Y and A. Verdier-Chouchane, "Analyzing Pro-Poor Growth in Southern Africa: Lessons from Mauritius and South Africa," *African Development Review*, 2011, 23 (2), pp. 121-146.

[7] IMF, "Is the Tide Rising?" *World Economic Outlook Update*, Washington D. C., January 21, 2014.

[8] IMF, *World Economic Outlook*, October 2013.

[9] Ncube, M., Shimeles, A. and Verdier-Chouchane, A., "South Africa's Quest for Inclusive Development," AfDB Working Paper No. 150, May 2012.

[10] Rodrik, D., "Understanding South Africa's Economic Puzzles," *The Economics of Transition*, The European Bank for Reconstruction and Development, 2008, 16 (4), pp. 769-797.

[11] South Africa National Planning Commision, *National Development Plan: Vision for 2030*, November 2011.

[12] South Africa Reserve Bank, "Report on Monetary Policy," in South Africa Reserve Bank, Annual Report 2012/13, 2013, pp. 10-14.

[13] Statistics South Africa, "Consumer Price Index: December 2013," *Statistical Release* P0141, January 22, 2014.

[14] Statistics South Africa, "Gross Domestic Product: Third Quarter 2013," *Statistical Release* P0441, November 26, 2013.

[15] Statistics South Africa, "Quarterly Labour Force Survey: Quarter 3, 2013," *Statistical Release* P0211, October 29, 2013.

专题报告

Special Report

B.7
金砖国家创新竞争力综合评析*

福建师范大学竞争力研究中心课题组

摘　要： 本报告认为，创新已成为当今世界竞争格局中的主要驱动力和国家竞争力的决定性因素，本报告阐述了国家创新竞争力的内涵及构成要素，在建立国家创新竞争力评价指标体系和评价模型的基础上，对金砖国家的创新竞争力进行了详细测算和差异比较分析，提出了提升金砖国家创新竞争力的战略途径。

关键词： 金砖国家　创新竞争力　综合评析

当今世界，谁掌握了先进科技，谁就掌握了经济社会发展的主动权，谁就

---

* 本报告由全国经济综合竞争力研究中心福建师范大学分中心负责承担，执笔人为黄茂兴教授、林寿富博士、李军军博士和陈伟雄博士。

掌握了国家竞争的主动权。在新的全球竞争格局下，创新是科技和经济社会发展的主要驱动力，每个国家都必须走创新驱动的发展道路，显著提高国家创新竞争力，这是国家发展战略的核心。本报告基于对金砖国家创新竞争力的比较分析，积极探寻新兴市场国家创新竞争力的推动点及影响因素，为世界各国提升科技创新能力提供有益的借鉴。

一 国家创新竞争力的内涵与构成要素

（一）国家创新竞争力的提出

在世界经济一体化进程中，国际经济竞争越来越激烈，提升国际竞争力成为理论界和政府、企业共同关心的内容。国家创新竞争力是国家竞争力的重要组成部分和关键影响因素。在世界经济论坛（WEF）和瑞士洛桑国际发展管理学院（IMD）各自发布的国家竞争力报告中，科技创新活动的地位非常突出，报告提出了国家科技竞争力的概念，并构建了其测度指标体系。

由于关注的竞争主体与层次不同，一般国家竞争力细分为国家经济竞争力、国家文化竞争力、国家产业竞争力、国家创新竞争力等。从某种程度上看，国家创新竞争力是决定和影响一个国家整体竞争力水平的最根本因素，它充分反映了一个国家或地区在世界科技体系中的地位和重要性，也反映了国际科技产业分工的基本格局。开展国家创新竞争力的研究顺应了当前国际国内科技创新的变革趋势，具有重要的现实意义。通过国家创新竞争力的研究，既可以使一个国家或地区更好地了解和把握自身参与国际竞争的实力和潜力，进而调控和指导国际技术交流与合作，也有助于其深刻认识世界科技发展方向和发展重点，挖掘各国科技创新能力的优势和劣势，为各国政府制定科技政策、产业政策提供科学的决策依据。

（二）国家创新竞争力的内涵

要准确理解国家创新竞争力的科学内涵，需要关注以下六个方面。一是全球竞争背景。科学技术的全球化是世界科技发展的必然趋势和内在要求，任何一个国家都不可能在封闭和孤立中获得发展,而必须准确把握前沿的科学技术,积极参与到全球科技的价值链当中,找准自身的定位,寻找自身的优势,这样才能更好地参与国际竞争,不被世界所淘汰。二是创新资源要素的动态性。创新资源的丰富与否是国家创新竞争力强弱的一个重要表征,而创新资源的内涵是不断变化和扩充的,随着现代科技创新的发展,过去一些不可利用的创新资源在现在或将来可能会变成可利用的创新资源。三是创新资源利用的效率。追求创新资源利用效率的最大化是国家创新竞争力的一个重要目标,国家竞争主体对各种可利用的资源的优化整合与创新能力往往决定了一个国家创新竞争力的强弱。四是竞争市场状况。国家创新的竞争场所是国际科技和技术市场,那么国际科技和技术市场的开放程度和竞争程度就直接决定了国家创新竞争力真实状况的准确性。开放自由、竞争激烈的国际科技和技术市场才能够真实反映一个国家的创新竞争力,国家创新竞争力与国家科技实力之间的偏差也就比较小。五是特定创新活动的优势要素。一国只有在全球创新的价值链中找准位置,明确自身比较优势,抓住有利环节,才能更好地发挥优势,切实提升自身的国家创新竞争力。六是竞争结果。在全球创新价值链的分工格局下,国家创新竞争力的目标具有宏观经济特征,具体表现为国家科技创新活动在全球创新价值链中所处的位置,实现由低附加值环节向高附加值环节、由非战略环节向战略环节的提升。

(三)国家创新竞争力的构成要素

从上述国家创新竞争力的六个方面中,我们提炼出创新基础竞争力、创新环境竞争力、创新投入竞争力、创新产出竞争力、创新持续竞争力五个构成要素作为国家创新竞争力的重要基石,同时它们也是影响国家创新竞争力的主要内容。

创新基础竞争力是最基本的构成要素。创新基础反映了一个国家科技投入、知识创造和技术转化应用的能力和水平,是国家创新竞争力的重要影响因素。创新基础竞争力既反映了一个国家的经济社会发展基础和水平对创新竞争力的推动作用,也反映了一个国家创新竞争力的内在需求,以及国家对创新竞争力提升的重视程度。

创新环境竞争力是国家创新竞争力形成的原始驱动力,也是国家创新竞争力提升的必要条件。一个具有优越创新环境的国家能够更有效地集聚创新资源、培育创新载体，同时也能更好地促进创新成果的转化，实现创新成果的市场化，进而有效提升创新绩效和创新成长能力。

创新投入竞争力是国家创新竞争力形成的基石和有效保障。有投入才有产出，创新资源的投入是国家创新竞争力的物质基础，是一切创新活动的基础和保障。资源投入的规模、质量和结构直接决定了创新产出的多少和创新效率的高低。

创新产出竞争力是国家创新竞争力形成的实现载体。创新产出的规模和质量体现了创新活动的有效程度和水平，直接决定了创新竞争力的高低。创新产出竞争力既反映了一个国家创新活动的有效性和水平，也反映了一个国家行为的执行能力，是国家创新竞争力的主要内容。

创新持续竞争力是国家创新竞争力形成的重要体现。创新会对一个国家的生产和生活造成很大影响，同时它们又反过来影响创新。一个国家的创新竞争力既体现在当前的水平上，也体现在未来的发展潜力上。同时，创新还具有扩散和辐射效应，会影响到其他国家的创新竞争力，这也反映在该国的创新持续竞争力上。

需要强调的是，国家创新竞争力的五个构成要素并不是相互独立的，而是以要素—结构—组织—功能—优化为主线的相互作用的统一整体。各个要素适当比例的增长及协调能够更好地推动国家创新竞争力的全面提升。

二 金砖国家创新竞争力评价指标体系和评价模型

（一）国家创新竞争力评价指标体系的建立原则

由上述内容可知，国家创新竞争力的内涵非常丰富，涉及的内容非常广泛，综合评价分析国家创新竞争力是一件系统工程，要有一套科学合理的评价指标体系才能进行有效评价。构建国家创新竞争力评价指标体系必须遵循以下几项原则，这样才能保证指标体系的科学性和合理性。一是系统性和层次性相结合。科技创新系统是一个复杂的系统，涉及各个方面的内容，共同构成一个有机整体，因此反映创新系统的水平和特征的创新竞争力指标体系也应该是一个有机整体，首先应该遵循系统性原则。其次，科技创新系统又可以进一步分解为多个层次、多个相对独立的子系统，因此，又必须遵循层次性原则。二是完备性和独立性相结合。为了更全面地反映各国的创新竞争力，指标体系要尽量全面完整地反映各国创新系统的全部特征和综合状况，但同时又要力求精简和指标的相对独立性，根据系统的层次性对指标进行分类，同一层次下的各项指标尽量不重叠或相互包含，以更全面地反映系统的整体发展状况。三是一般性和可比性相结合。指标体系中的指标要具有一般性，要能够反映各国的普遍状况和特征。同时，也要考虑可比性，以便能在评价时进行横向和纵向比较，从而更好地找出影响创新竞争力的真正因素。四是科学性和可操作性相结合。指标体系中的指标要能够科学、客观地反映创新竞争力的概念、内涵、作用机理和现实状况，要经得起推敲和检验。同时，指标要具有可操作性，指标数据要容易收集，数据来源要可靠、权威，统计口径要一致。五是动态性和稳定性相结合。创新系统是一个动态发展的系统，但在某一个具体时刻上，它又是静态的，具有一定的稳定性，因此，它是动态和静态的统一。我们一方面要反映创新系统的动态特点，及时将创新系统的新形势、新特点反映在指标体系当中，不断修改、完善指标体系；另一方面，我们也要保证指标体系的相对稳定性，不轻易调整指标体系。

（二）金砖国家创新竞争力评价指标体系的构建

根据国家创新竞争力的概念、内涵和构成要素，遵循指标体系的构建原则，我们把指标体系分为系统层、要素层和基础层（分别对应一级指标、二级指标和三级指标），构建了一套多要素、多层次的金砖国家创新竞争力指标体系。

指标体系中系统层指标（即一级指标）只有1个，即创新竞争力（A1）。该指标起到总纲的作用，总体反映一个国家创新竞争力的水平，也是整个指标体系评价的总目标。

系统层的下面是要素层。要素层主要由创新基础、创新环境、创新投入、创新产出、创新可持续五个要素构成，反映各个要素对整个创新系统的支撑作用。金砖国家创新竞争力指标体系的主要框架如下。

1. 创新基础竞争力（B1）

创新基础竞争力是最基本的构成要素。创新基础反映了一个国家科技投入、知识创造和技术转化应用的能力和水平，是国家创新竞争力的重要影响因素。创新基础竞争力既反映了一个国家的经济社会发展基础和水平对创新竞争力的推动作用，也反映了一个国家创新竞争力的内在需求，以及国家对创新竞争力提升的重视程度，是衡量创新竞争力强弱的基础性指标。

2. 创新环境竞争力（B2）

创新环境竞争力是国家创新竞争力形成的原始驱动力，也是国家创新竞争力提升的必要条件。一个具有优越创新环境的国家能够更有效地集聚创新资源、培育创新载体，同时也能更好地促进创新成果的转化，实现创新成果的市场化，进而有效提高创新绩效和创新成长能力，是衡量创新竞争力强弱的重要标志。

3. 创新投入竞争力（B3）

创新投入竞争力是国家创新竞争力形成的基石和有效保障。有投入才有产出，创新资源的投入是国家创新竞争力的物质基础，是一切创新活动的基础和保障。资源投入的规模、质量和结构直接决定了创新产出的多少和创新效率的高低，是衡量创新竞争力强弱的关键指标。

4. 创新产出竞争力（B4）

创新产出竞争力是提升国家创新竞争力的重要内容，创新产出的质量和水平直接决定了一国创新能力的强弱。创新产出竞争力是创新活动和行为的效应体现，是衡量创新竞争力强弱的重要指标。

5. 创新持续竞争力（B5）

创新持续竞争力是维护和塑造国家创新竞争力的重要方面。创新持续竞争力既包括国家创新能力的显在状况，也包括国家创新能力的潜在影响。

参考文献

［1］UNSD, National Accounts Main Aggregates Database，2013.
［2］巴西国家地理与统计局、俄罗斯联邦统计局、印度中央统计局、中国国家统计局、南非国家统计局：《金砖国家联合统计手册（2013）》（中文版），2013。

B.8
金砖国家创新体系构建：
机遇与瓶颈

〔美〕查尔斯·霍纳（Charles Honer）*

摘　要：

本报告回顾了创新概念的缘起和演变、国际创新能力评估方法及创新国家体系的内涵、相关理论研究及其对金砖国家的适用情况，论证了创新对金砖国家持续发展的重要性，对金砖各国的创新要素、创新状况进行了详细分析和国际比较，对金砖国家构建持续发展的创新体系面临的机遇和挑战进行了分析，对金砖国家致力于创新、谋求赶超发展的前景进行了展望。

关键词：

金砖国家　创新体系　机遇　瓶颈

"中年危机"，这是2014年1月达沃斯论坛上美国经济学家努里埃尔·鲁比尼（Nouriel Roubini）对金砖国家经济现状的描述。鲁比尼列出了这些经济发展源泉正在枯竭的国家所面临的一系列问题，并强调必须抛开国家资本主义，实施以市场为导向的结构改革，提高生产力。生产力的可持续增长离不开创新，而这"比增强资源活力和对技术进行复制或还原要难得多"，投资新技术、刺激私有经济增长和进一步开放经济十分有必要[①]。

---

* 查尔斯·霍纳（Charles Honer），美国学者。
① 努里埃尔·鲁比尼："金砖国家是否处于中年危机？"，世界经济论坛博文，http://forumblog.org/2014/01/brics-midlife-crisis/，2014年1月24日。

的确，金砖国家2013年的全球创新指数排名与前年相比都有所下降，且低于墨西哥、印度尼西亚等其他中等收入国家①。金砖国家要调整经济以更好地鼓励内生创新并非易事，商品超循环的终结、国家人口老龄化的加剧、新兴经济体经济增长速度的减慢等都使缺乏创新的后果更加明显。金砖国家如何避免陷入"中等收入陷阱"以及调整经济结构来推动创新，这不仅仅是推断和遵循欧美各国和亚洲先进国家发展模式的问题。创新的根源以及政府在鼓励创新中扮演的角色自19世纪中期起便成为学术界讨论的话题，进入20世纪后几十年以来，越来越多的文献专门探讨如何应对不同新兴经济体所面临的不同挑战。本报告旨在介绍这些文献的思想来源，讨论评估创新能力的现有理论及方法，检测其对金砖国家的适用度，以及如何用其将金砖国家的案例与其他处于同等发展水平的国家和发达国家进行比较。想要用寥寥数页讲清这些问题存在一定难度，因此本报告在一个宽泛、宏观的理论性讨论和微观的数据性分析之间有较为明显的分割。

一 创新及国家创新体系的理论回顾

经济思想历史学家及当代的创新理论家们，都将提出国家在鼓励产业发展中扮演角色的早期经济模型追溯到亚历山大·汉密尔顿（Alexander Hamilton），早于德裔美国经济学家弗里德里希·李斯特（Friedrich List）②。作为使用"国家体系"这一名词的第一人，李斯特赞同汉密尔顿对"幼稚产业保护"的倡导，以此为方法帮助德国经济赶超英国。传统的经济观点认为个体或公司追求的是自身利益的最大化，而李斯特则阐述了以国家作为主角和分析单位的经济会是何种景象，认为经济政策应当最大限度地让公民受益。③ 受到由李斯特思想发展出的历史经济学派的影响，21世纪澳籍美国经济学家约瑟夫·熊彼特（Joseph Schumpeter）对传统模型提出了进一步修正：认为创新应当是经济增

---

① 康奈尔大学、欧洲工商管理学院及世界知识产权组织：《2013全球创新指数》。
② 克里斯托弗·弗里曼：《从历史视角看国家创新体系》，《剑桥经济学期刊》1995年第5期。
③ 克里斯托弗·弗里曼：《从历史视角看国家创新体系》，《剑桥经济学期刊》1995年第5期。

长的主要催化剂,而不是"看不见的手"在有效地主导经济活动。①

从20世纪80年代起,这些基础思想被几位理论家重新解释并赋予了生机,用来解释世界经济发生的变化,包括"二战"后西欧的恢复,日本作为经济大国的崛起,亚洲、南美洲和非洲的发展等。为了试图解释创新对市场的影响以及创新本身的基础,理查德·纳尔逊(Richard Nelson)、克里斯托弗·弗里曼(Christopher Freeman)、伦德瓦尔(Bengt - Ake Lundvall)、比约恩·约翰逊(Bjorn Johnson)在熊彼特强调企业家作用的基础上重新定义了这一概念。②伦德瓦尔及其导师弗里曼发展了一个创新框架,一个包括企业、机构和市场的交互过程,进而提出了国家创新体系(National Innovation System,NIS)的概念,将其作为一种分析工具,在后来的10年中,伦德瓦尔与约翰逊合作发展出"学习型经济"(Learning Economy)的思想③。同时,跨国公司海外研究与开发的发展使得关于研究与开发国际化及其对地方经济影响的相关文献增多。④这也使人们对创新的认识更加丰富,因为在熊彼特对创新的解读中,这种使商品适于发展中市场的产品开发和本地化不能算作前沿的技术变革。⑤

这一刚刚萌芽的研究领域分为若干流派和分支,其最初的主干是讨论在国家或行业水平上对创新进行评估是否有用,创新或学习是否是认识发展中国家技术推广的最佳途径,对创新能力的评定方法哪个更有效⑥。最近,对世界经济及产业的数据获取日益便利,催生了更多的创新定量分析,其中包括由康奈尔大学、欧洲工商管理学院以及世界知识产权组织公布的全球创新指数。《2013全球创新指数》强调发挥地方活力在国家创新中的重要性,还包括了新的度量标准,例如H指数和收录专利数等,以更好地对创新质量进行评

---

① 莱昂内尔·罗宾斯:《经济是相似中的经济发展理论》,麦克米伦出版公司,1968。
② 伦德瓦尔:《创新体系与经济发展之见解》,《创新与发展》2011年第1期。
③ 伦德瓦尔:《创新体系与经济发展之见解》,《创新与发展》2011年第1期。也可参见雷迪:《新兴经济体中的全球创新》,劳特里奇出版公司,2011。
④ 雷迪:《新兴经济体中的全球创新》,劳特里奇出版公司,2011。
⑤ 伦德瓦尔:《创新体系与经济发展之见解》,《创新与发展》2011年第1期。也可参见雷迪:《新兴经济体中的全球创新》,劳特里奇出版公司,2011。
⑥ 伦德瓦尔:《创新体系与经济发展之见解》,《创新与发展》2011年第1期。

估、测定。①

根据读者目的的不同，这些不同的方法有着各自的优势。普拉萨德·雷迪（Prasada Reddy）对金砖国家其中四国的创新进行了深入详尽的评估，不仅报道了商业及大学领域的研究与开发状况，而且提供了政策如何刺激、影响以及与研究和开发相协调的概况，具有历史意义。同时，其对科学、技术与信息的过于关注导致其忽视了工作组织中的重要因素，而新熊彼特派（Neo-Schumpeterian）以及其他理论家则认为该领域也十分重要。他们的研究为创新提出了一个更广泛但理论上也更严格的观点，扩大了新古典主义经济学的范围，填补了空隙，解释了为何一些经济体能够成功地发展起来而一些则没有，为从不同出发点起步的经济体提供了更加细分、多样的发展模型。单从度量标准的多样化与综合性来看，全球创新指数为人们设立了一个标准，为决策者对国家间、地区间、不同收入群体间以及年度之间进行比较提供了极佳的工具。

二 国家研发活动的孤立、地域差异以及社会经济差距

新古典主义重视生产要素禀赋的相对优势并将其视作相对优势的中心，熊彼特对此进行改进，将企业创新作为经济竞争的关键要素。这一改进更具说服力，因为研究与开发日益国际化，高附加值商品的生产不再集中于少数几个经济体。要将基于静态要素禀赋的分析转向强调相互依赖的机构、政策、市场及人力资本网的分析，对金砖国家创新进行评定的学者们认为：历史对此有影响。过去的政策影响了今天的制度安排，来自外部地缘政治、经济环境的直接或间接力量（例如，帝国政权对其之前殖民地施加的政策，或对特定资源和商品高需求的贸易格局）以及文化态度等都影响创新成果的产出。② 因此，这些国家在发展其全球创新指数上所面对的问题不尽相同，但是受内部共性和全球经济大气候的影响，金砖国家间也存在一些共性。

---

① H指数旨在通过跟踪个人或团体的文章被其他文章引用至少 H 次来量化所发表科技文章的质量。
② 何塞·卡西奥拉托与海伦·拉斯特雷斯：《金砖国家科学、技术与创新政策简介》，载伦德瓦尔编《金砖国家与替代选择：创新体系与政策》，赞美诗出版社，2011。

在脱离殖民统治或建立新政府后，很多南半球国家开始在加大科学、技术及信息教育投资的基础上发起赶超。如今领先的亚洲经济体之前首先关注的是在下游产业活动（如设计）中增强竞争力，之后又向上游产业（如应用研究）发展，中国、巴西、印度这些国家则强调基础研究能力，希望借此获得下游产业活动（如应用研究、产品设计开发与制造）中的溢出效应。① 然而，如果没有科学技术研究进程不同部分之间的相互联系，则难以设计组织向下游产业移动。如今这些国家仍未能充分利用其在科学、技术及信息领域的人力资本。大学、政府组织以及私人企业间协调合作的欠缺更加剧了这一问题。②

同时，要想在金砖国家绘制一幅像欧洲和北美那样的高等教育蓝图是不正确的。金砖国家确实拥有众多世界一流的大学，但其教育质量相差较大，除俄罗斯之外，金砖国家对大学适龄人口的高校录取比例均低于30%。③

社会与知识经济的充分接轨面临产业和机遇的地域分布问题，也面临教育机会和教育质量的问题。《2013全球创新指数》强调了地方活力在促进或约束创新中的重要性，而地区差异的现象在金砖国家中都十分显著。卡西奥拉托（Cassiolato）和拉斯特雷斯（Lastres）指出，巴西GDP中将近60%来自东南各州，中国沿海省份的发展远远超出内陆省份，豪登省及开普敦西部对南非GDP的贡献几乎有一半之多，而俄罗斯的工业化则集中在莫斯科、圣彼得堡、下诺夫哥罗德及叶卡捷琳堡等城区周围。在一项针对中国与印度创新地域差异的开创性研究中，克雷森齐（Crescenzi）、罗德里格斯·波塞（Rodríguez-Pose）与迈克尔·斯多波（Michael Storper）发现，在印度，大部分技术类专利集中在班加罗尔、金奈、德里、海德拉巴、孟买以及普纳；在中国，46%的专利集中在广东，北京、上海、广州三地约占专利总数的3/4。相比之下，欧洲前20个最具创新能力的地区拥有的专利数也仅占总专利数量的50%。

---

① 雷迪：《新兴经济体中的全球创新》，劳特里奇出版公司，2011。
② 雷迪：《新兴经济体中的全球创新》，劳特里奇出版公司，2011。
③ 康奈尔大学、欧洲工商管理学院及世界知识产权组织：《2013全球创新指数》，无南非高等教育录取数据。

除经济表现与创新能力的地区差异之外,收入不均的扩大是另一个会抑制创新并导致成果不稳定的因素。泊桑(Beausang)表示,即使制度安排及人力资本为培育创造力做足了准备,不平衡也会抑制创新发展。① 泊桑还发现,创新政策应兼容并蓄以促进社会进步,不能使低收入群体因可获得的资源和机遇较少而被孤立。她提出若干使贫困地区接轨社会创新的建议,并特别指出要推动地方专有技术和创造工作的项目,与自上而下的再分配理论相反。例如,她利用 Prayog Prariwar 运动,为印度马哈拉施特拉邦的农民提供科学种植的实践信息,使该邦发展成为印度的葡萄栽培大邦。②

尽管有上述挑战,但这些挑战并不是不可克服的。金砖国家的城市化进程仍在继续,消费将持续增长,为经济结构改革提供了机遇。尽管中国和俄罗斯劳动力占其各自总人口的比重将降低,但巴西、印度与南非都将享受接下来的人口红利。倘若取消对私有企业发展的限制,废除阻碍研究与开发的政策,中国、印度及巴西都可从过去对教育、研究的投资中获得溢出效应。

三 2013 年金砖国家创新的国际比较

(一)巴西

巴西创新的现状对比鲜明。尽管其在 2013 年全球创新指数中商业成熟度的排名相对靠前,但其糟糕的商业环境在所有在列国家中排倒数第 3 位。③ 人力及资本体制得分尚佳,尤其是研究与开发投入较高,在全球的排名比较靠前(全球第 33 位),但高等教育评级落后(第 116 位)。这些数字反映了该国过去 20 年的发展趋势:研究成果的稳步增长未能转化为生产力。

例如 1990~2005 年,巴西科技论文的发表数量翻了近三番,巴西科学家

---

① 弗朗西斯卡·泊桑·亨特:《全球化与金砖国家:为何金砖国家不会长期统治世界》,麦克米伦出版公司,2012。
② 弗朗西斯卡·泊桑·亨特:《全球化与金砖国家:为何金砖国家不会长期统治世界》,麦克米伦出版公司,2012。
③ 康奈尔大学、欧洲工商管理学院及世界知识产权组织:《2013 全球创新指数》,2013 年全球创新指数对 142 个国家进行了评估。

及工程师开始立足利基市场,如光子学、材料科学、生物技术及热带农业等。[1] 然而,在劳动力市场中仍十分缺乏持有科学、工程学位的劳动者,致使旨在通过促进大学与私有企业协作来创造良好商业环境的法制努力效果欠佳。[2] 而长期的资金来源则是另一个困扰巴西企业家的难题。

(二)中国

尽管中国 2013 年的创新指数排名落后于马来西亚和拉脱维亚,但其创新成果在同类国家中仍居首位,尤其在知识与技术成果上远超其他金砖国家。[3] 总体来看其在市场成熟度和商业成熟度上的得分较高,但这也说明了一个事实,那就是一些领域仍有待进一步发展。尽管中国在国际学生项目评估(PISA)中阅读、数学和科学方面的分数很领先,但其大学适龄人口中只有 26.8% 被大学录取。[4] 中国教育体制管理严密,学生在选择研究主题时自主权不足,[5] 这也阻碍了学生为成为创新者做准备,中国领先的知识创造排名(全球第 3 位)与其落后的创造成果排名(全球第 96 位)的鲜明对比或许可以反映这一点。尽管与巴西相比情况较好,但在中国创业的困难以及欠完善的监管环境还是使企业发展受到限制。与新兴电子商务公司的风起云涌相反,新兴科技公司的数量则很少,这反映了科学、工程学位拥有者不愿冒险创业的现状。[6]

(三)印度

在 2013 年的全球创新指数中,印度是金砖国家中最靠前的创新国家,但它在指数上的得分是金砖国家中最低的,排在全球第 66 位。[7] 经济环境沉闷、

---

[1] 雷迪:《新兴经济体中的全球创新》,劳特里奇出版公司,2011。
[2] 雷迪:《新兴经济体中的全球创新》,劳特里奇出版公司,2011。
[3] 康奈尔大学、欧洲工商管理学院及世界知识产权组织:《2013 全球创新指数》。
[4] 康奈尔大学、欧洲工商管理学院及世界知识产权组织:《2013 全球创新指数》。
[5] 雷迪:《新兴经济体中的全球创新》,劳特里奇出版公司,2011。
[6] 雷迪:《新兴经济体中的全球创新》,劳特里奇出版公司,2011。
[7] 《2013 全球创新指数》。印度是金砖国家中唯一的中低收入国家。由于创新投入(体系、人力与资本投资、基础设施、市场成熟度及商业成熟度)比率决定创新效率,因此简单依靠投入的低分数也可能获得高效率。

高等教育和整体教育得分低、环境记录差都制约了其发展。尽管对研究与开发基础设施的大力投资拉高了其人力与资本投资的分数，但与巴西和中国一样，其回报与投入并不平衡，因为不同研究机构之间的沟通仍十分不足。这也是印度国家创新体系建成后一种偶然趋势的结果：尽管通过进行必要的替换已经在特定科学技术领域确立了较强的能力，但这一战略的实施并没有对通过前沿科技增强国际竞争力产生直接影响。① 除药物产业外，以产业为导向的研究与开发还将继续受限于赶超以及本地化活动。

（四）俄罗斯

俄罗斯2013年的全球创新指数排名比2012年下降8位，是中上层收入国家中排名最低的金砖国家，仅略高于印度。俄罗斯在人力资本上的优势毋庸置疑，除了拥有大量的海外留学生以及出国留学生之外，其在研究、整体教育及高等教育上的分数也较高，且有40.7%的劳动力从事知识密集型工作（高于美国的36.3%）。② 然而，这些知识密集型工作未必是经济增长的推动力。俄罗斯大学与产业之间的联系较少，尽管其在公民受教育程度及知识创新方面的分数较高，但创新成果排在前100名之外。内生创新在一定程度上因地方竞争的缺乏而受到抑制，企业也难以获得贷款。另外，俄罗斯对大宗商品的依赖使其易受外部经济环境的影响。③

（五）南非

南非是金砖五国中唯一一个容易获得商业贷款的国家，也是商业税负最轻的国家之一，其市场成熟度与商业环境在金砖国家中的排名最高。雷迪称赞其国家创新体系"相对成熟且发展程度较高"，并称"其有一套清晰明确的政策、紧密的执行体系、资金机构网以及对创新活动相对成功的跟踪记录"。④

---

① 雷迪：《新兴经济体中的全球创新》，劳特里奇出版公司，2011。
② 康奈尔大学、欧洲工商管理学院及世界知识产权组织：《2013全球创新指数》。
③ 弗朗西斯卡·泊桑·亨特：《全球化与金砖国家：为何金砖国家不会长期统治世界》，麦克米伦出版公司，2012。
④ 雷迪：《新兴经济体中的全球创新》，劳特里奇出版公司，2011。

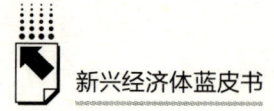

但如果"创新联系"这一项分数平平,成熟的市场、良好的商业环境就未必能转化为商业成熟度。其中部分原因在于,其在液态燃料、核能和军事装备等领域已经培养起来的先进科技能力,尚未与国家经济的整体竞争优势相结合。南非更严重的一个弱点是人力资源不够丰富——劳动力中仅有15.2%从事知识密集型工作,高等教育排名居世界倒数第2位。

四 金砖国家创新赶超前景

很多学者质疑金砖国家作为一个整体的凝聚力,因为各国国内政治组织存在差异、其在世界体系中的目标不同而且经济实力不均,但是在下一步经济增长中其所面临的共同挑战仍会将这个团体紧密相连。它们都在试图寻找方法鼓励学术组织与从早期工业化中生发出来的产业进行合作,都正在努力调整科技教育的体制机制,以求获得高收益。

然而这并不意味着它们将完全遵循发达国家或其他较先进国家的发展路径。在贸易开放程度、信息跨界流通以及研究开发国际化空前发展的时期,它们试图把自己建设成为成功的创新者,满足日益增长的国内消费需求,同时提高全球竞争力。并且,它们还立足于不同的历史和文化,而这一点是之前的国家鲜有做到的。

尽管金砖国家都存在各自不同的障碍,但五国在促进创新上各有优势,其体系中都没有不可克服的致命弱点。

(翻译:王晓真)

B.9 金砖国家技术进步的路径

徐坡岭　贾春梅　杜冠三[*]

摘　要： 技术进步和技术效率既是经济增长的核心因素，也是经济发展的重要源泉。作为世界经济增长引擎的金砖国家，历经了10多年的高速增长后，各国经济发展正面临不同的阻力。现有研究表明，这些新兴经济体的增长方式呈现明显的粗放型特征，尽管各国对技术研究和开发的支持力度不断加大，技术水平不断提高，但并没有改变其外延式经济增长的根本特征。随着世界两大经济体美国和欧盟逐渐摆脱金融危机的影响，金砖国家是否能够继续引领全球经济增长主要取决于其能否通过技术创新实现增长效率的提高，研发投资意愿不高和创新能力不足将损害这些国家的长期增长潜力。由于资源禀赋、体制环境等方面的差异，各国选择了不同的技术进步路径，表现出不同的发展趋势。

关键词： 金砖国家　技术进步　创新　技术合作

进入21世纪之后，金砖国家的快速经济增长正在对世界经济格局变迁产生重要影响。在这种背景下，金砖国家经济增长的性质和持续性问题逐渐成为一个具有重要理论和实践意义的问题。尽管在过去的高速经济增长中，金砖国家的技术水平有了大幅度的提高，但随着经济社会的进一步发展，其创新能力

---

[*] 徐坡岭，辽宁大学转型国家经济政治研究中心副主任，教授、博士生导师；贾春梅，辽宁大学世界经济专业硕士研究生；杜冠三，辽宁大学世界经济专业硕士研究生。

不足尤其是高科技领域的创新能力不足问题开始显现。2008年以来，从居民专利申请数量来看，金砖国家中仅中国始终保持着较快的增长速度，2012年比2008年增长了113.7%，巴西、俄罗斯和南非则出现了大幅度的下降。在全球创新指数中的排名，金砖国家中仅有中国一直处于前50名。但相对于发达国家而言，中国的技术进步速度仍较缓慢。2009~2013年，中国在全球创新指数中的排名由第37位上升到第35位，仅提高了2个名次。俄罗斯由2009年的第68位稳步上升到2012年的第51位，2013年却大幅下降到第62位。除中国和俄罗斯外，其他金砖国家的创新指数排名都出现了大幅下降，其中巴西由第50位下降到第64位；印度由第42位下降到第66位，下降了24位，是5个国家中下降幅度最大的；南非由第43位下降到了第58位，下降幅度仅次于印度。各国创新指数排名及变化情况如表1所示。

表1　2009~2013年金砖国家创新指数排名

国　家	2009年	2010年	2011年	2012年	2013年
巴　西	50	68	47	58	64
中　国	37	43	29	34	35
俄罗斯	68	64	56	51	62
印　度	42	56	62	64	66
南　非	43	51	59	54	58

资料来源：*The Global Innovation Index*，http://www.wipo.int。

金砖国家过去10多年经济的快速增长主要依赖于资本、劳动和资源能源要素投入的增加，创新能力不足，技术进步缓慢，已取得的技术水平的提高与发达国家有着密切的关系。作为发展中国家，金砖国家在经济开放过程中可以通过以下途径实现技术进步：①直接购买发达国家的专利技术；②引进来自发达国家的外商直接投资（FDI）；③通过开放经济下与发达国家的竞争和自主研发取得技术上的后发优势；④通过对发达国家技术的学习和模仿取得技术进步。FDI的技术溢出以及学习和模仿在金砖国家的技术进步中起到了关键作用，而自主创新能力则较弱。金融危机后，这些国家的增长速度都开始下降，技术进步速度缓慢和自主创新不足对经济增长的阻碍作用开始凸显。在发达国家继续引领全球技术进步的情况下,金砖国家若不能在技术上持续实现突破,提高创新能力,终将陷入经济增长的泥沼。本报告通过分析金砖国家的FDI流入、进出口产品结构、研发投入等,比较了各国所选择的不同技术进步路径及存在的问题。

一 金砖国家技术进步路径选择

(一)技术水平变化与进出口产品结构变化

金砖国家在发展初期资本严重匮乏,但劳动密集型和资源密集型产品具有比较优势,出口产品多以初级产品为主,先进的机器、设备等更多地依靠进口。即使在经济发展水平已大幅提高的情况下,金砖国家高技术产品在进口中的比重也高于其在出口中的比重,对发达国家的先进技术仍然有较大的依赖性。随着发展水平的提高,金砖国家的技术水平和创新能力也在提高,出口产品的技术含量不断提升,但金融危机后,各国的技术进步出现分化,这一点可从金砖国家进出口产品结构的变化中窥见一二(见表2)。

表 2　金砖国家进出口产品结构

单位:%

国家	高技能和技术密集型产品在出口中的比重					高技能和技术密集型产品在进口中的比重				
	2008年	2009年	2010年	2011年	2012年	2008年	2009年	2010年	2011年	2012年
巴西	11.71	11.95	10.09	8.88	9.51	34.27	35.09	32.32	31.51	32.13
中国	36.62	38.57	38.77	37.38	38.24	39.42	40.79	38.53	34.87	36.22
俄罗斯	5.40	5.01	4.71	4.84	5.42	20.88	24.71	24.64	22.39	22.88
印度	16.55	23.19	18.18	19.63	22.29	21.81	22.50	20.16	18.23	18.18
南非	15.56	8.19	4.65	4.71	3.14	20.09	21.56	21.87	19.75	18.48

资料来源:http://unctadstat.unctad.org。

在进出口结构变化与技术水平变化的相互关系中,中国的情况最为典型。改革开放以来,中国制造业领域的快速发展一方面伴随着进出口规模的不断扩大,另一方面也伴随着技术进步和产品结构及其竞争力的快速变化。

仅从技术变化的角度来看，高技能和技术密集型产品是中国主要的进出口产品之一，约占贸易总额的40%，出口比重稳中有升，而进口比重稳中有降。作为金砖国家中最大的经济体，中国的技术水平相对较高，但是高科技产品占出口的比重增长缓慢，意味着技术进步的速度缓慢，创新能力的提高遭遇瓶颈。外商投资企业在中国的进出口贸易中扮演了重要的角色（见图1），对中国的技术进步起到了重要作用，2008~2012年，中国的出口贸易中平均有44%是由外商投资企业实现的，其中高技术产品占了较大的比重。

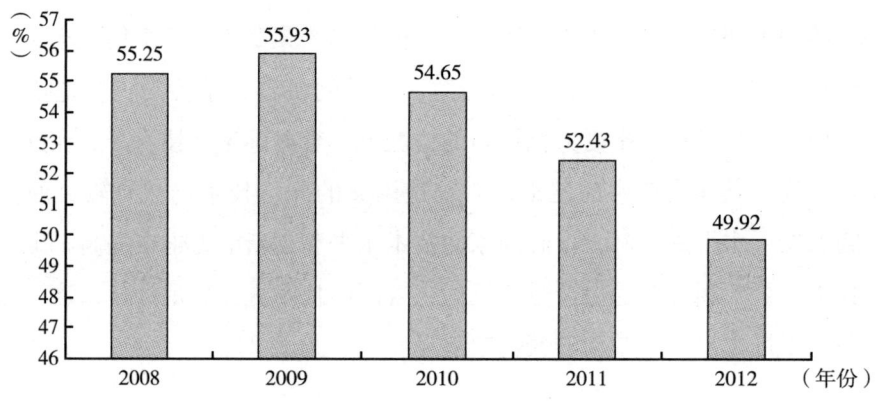

图1　外商投资企业出口在中国总出口中的比重

资料来源：各相关年份《中国统计年鉴》。

在其他金砖国家中，也能观察到高技术产品在进出口结构中的显著变化。比如，印度的高技术产品在出口中的比重虽明显低于中国，但发展速度较快，2012年已经达22.29%，比2008年提高了5.74个百分点。但在进口产品中，高技术产品的比重表现出相反的趋势。在自主创新能力没有大的突破的情况下，减少先进技术的引进会影响印度的技术进步速度。

金砖国家中表现最差的当属南非，尽管其保持了稳定的先进技术进口，但是高技术产品在出口中的比重急剧下滑。巴西、俄罗斯和南非的高技术产品在进出口中的比重严重失调，进口比重远高于出口比重，反映了这些国家薄弱的消化、吸收和再创新能力，以及技术水平的停滞不前甚至倒退。

（二） 对 FDI 技术溢出效应的依赖

金砖国家作为发展中的新兴经济体，其经济起飞时资本极度匮乏，且技术水平远远落后于发达国家。对于这些国家而言，引进 FDI 的目标不仅限于弥补国内资本的不足，更重要的是通过 FDI 的技术溢出效应，实现技术上的赶超。金砖国家过去的高速增长或多或少得益于 FDI 的技术溢出效应，但是由于发展环境的差异，各国 FDI 的技术溢出效应存在较大的不同。利用各国 FDI 的利用情况，我们可以初步分析各国技术进步和创新对 FDI 的依赖性。

1. 金砖国家利用 FDI 的情况

对发展中国家而言，引进的 FDI 越多，越有可能获得技术溢出效应。无论从存量还是流量来看，金砖国家在 FDI 的利用水平上均存在较大的差距，且表现出不同的变化趋势（见表3）。从存量来看，从 2008 年金融危机后到 2012 年金砖国家的 FDI 存量均出现了大幅度的增长，除印度增长 77% 外，其他国家的增长均超过 100%。从流量来看，国际资本在金砖国家的投资开始减少，尤其是 2012 年所有金砖国家的 FDI 流量都出现了下降。印度和南非的下降最为明显，仅略超过危机前水平的一半，金砖国家中只有巴西和中国 2012 年的流入 FDI 流量超过 2008 年的水平。2008 年各国 FDI 流入流量占 GDP 的比重分别为：巴西 2.72%、中国 2.4%、俄罗斯 4.5%、印度 3.85%、南非 3.30%，2012 年该比重分别为 2.90%、1.47%、2.55%、1.39% 和 1.19%，只有巴西的比重略有提高，其他国家均出现较大幅度的下降（见图2）。FDI 流量的变动趋势与这些国家经济增长速度的变动趋势相一致，只是 FDI 的下降速度更快一些。

中国作为增长速度最快的金砖国家，尽管 FDI 流量在 GDP 中的比重出现了下降，但其仍然是外资流入的最重要发展中国家。流向中国的 FDI 在世界总流量中的比重由 2008 年的 5.96% 上升到 2012 年的 8.96%，同期俄罗斯、南非和印度都出现了不同程度的下滑。图3 描述了金砖国家流入 FDI 存量占世界流入 FDI 存量比重的变动情况，其中中国和巴西最受国际资本的青睐。

表3 金砖国家FDI流入情况

单位：百万美元

国　家	流入FDI存量				
	2008年	2009年	2010年	2011年	2012年
巴　西	287696.89	400807.74	682345.94	695103.20	702208.22
中　国	378083.00	473083.00	587817.00	711802.00	832882.00
俄罗斯	215755.00	378837.00	490560.00	457474.00	508890.00
印　度	125211.65	171217.89	205580.16	206434.60	226345.48
南　非	67986.99	117434.15	153133.03	134391.56	138964.05

国　家	流入FDI流量				
	2008年	2009年	2010年	2011年	2012年
巴　西	45058.16	25948.58	48506.49	66660.14	65271.85
中　国	108312.00	95000.00	114734.00	123985.00	121080.00
俄罗斯	74783.00	36583.00	43168.00	55084.00	51416.00
印　度	47138.73	35657.25	21125.45	36190.40	25542.84
南　非	9006.30	5365.44	1228.35	6004.30	4572.49

资料来源：http://unctadstat.unctad.org/ReportFolders/reportFolders.aspx。

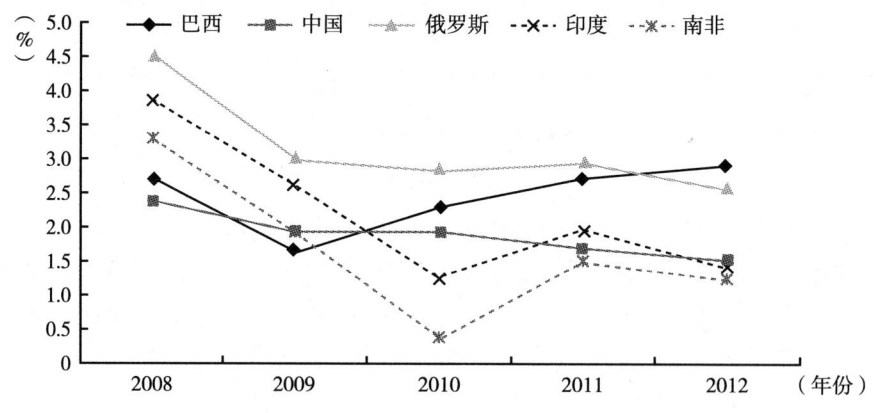

图2　金砖国家流入FDI流量占GDP的比重

资料来源：http://unctadstat.unctad.org/ReportFolders/reportFolders.aspx。

2. 金砖国家FDI来源

FDI给发展中东道国带来的技术溢出效应与FDI来源国本身的技术水平相关，来自科技发达国家的外资企业能够对国内企业产生较大的示范效应。金砖

金砖国家技术进步的路径

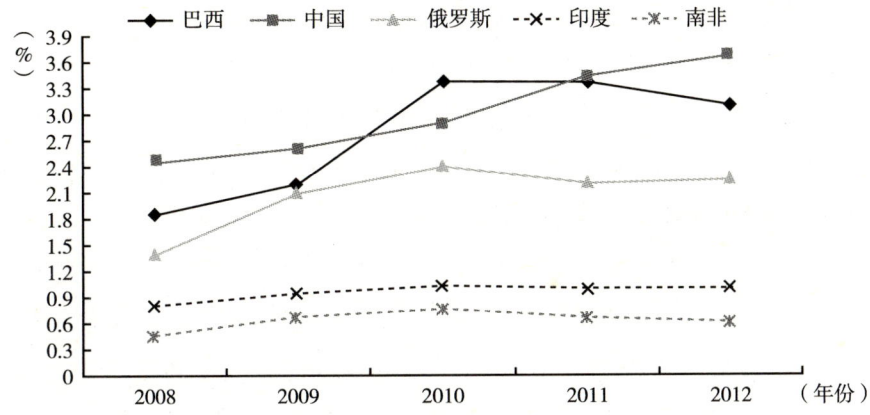

图 3　金砖国家流入 FDI 存量占世界流入 FDI 存量的比重

国家的 FDI 来源显示出较大差别（见表 4），主要投资主体的技术水平和创新能力以及与东道国之间的技术差异，使得金砖国家对 FDI 技术溢出效应的吸收能力各有不同。

表 4　2012 年金砖国家 FDI 前十大来源地

单位：%

排名	巴西[①]		中国		俄罗斯		印度[②]		南非	
1	荷兰	21.30	中国香港	58.69	瑞士	13.70	毛里求斯	37	英国	45.59
2	美国	18.28	维尔京群岛	7.01	塞浦路斯	10.6	新加坡	11	荷兰	18.60
3	卢森堡	10.27	日本	6.58	荷兰	8.70	英国	10	美国	7.16
4	智利	6.00	新加坡	5.64	英国	7.40	日本	7	德国	4.99
5	日本	5.10	韩国	2.72	德国	4.60	美国	6	中国	3.10
6	瑞士	4.73	中国台湾	2.55	卢森堡	3.00	荷兰	5	日本	2.61
7	西班牙	4.55	美国	2.33	法国	2.70	塞浦路斯	4	瑞士	1.59
8	法国	3.02	开曼群岛	1.77	白俄罗斯	2.30	德国	3	卢森堡	1.41
9	加拿大	2.46	德国	1.30	哈萨克斯坦	0.70	法国	2	马来西亚	1.00
10	英国	2.44	荷兰	1.02	奥地利	0.50	阿联酋	1	法国	0.97

注：巴西的数据是 2013 年的；印度的财务年度是 2012 年 4 月 1 日~2013 年 3 月 31 日。
资料来源：巴西中央银行，http：//www.bcb.gov.br/；俄罗斯联邦统计局，http：//www.gks.ru/；印度工业局，http：//dipp.nic.in/；中国国家统计局，http：//www.stats.gov.cn/；南非储备银行，http：//www.resbank.co.za/。

南非和巴西的 FDI 主要来自发达经济体，份额均超过 70%，且这两个国家的投资主体相对集中。英国作为南非最大的投资主体，几乎占其 FDI 的一半。荷兰和美国在巴西的投资之和几乎占巴西引进 FDI 的 40%。俄罗斯发达经济体的投资比重在 40% 左右，避税地的投资比重超过 20%，仅有少量来自发展中经济体，且投资主体较为分散。印度引进的 FDI 中，40% 以上来自避税地，30% 左右来自发达经济体。中国是发展中经济体的主要投资地，发达经济体的投资比重不足 10%，是金砖国家中份额最小的，还有超过 10% 的份额来自避税地。因此，南非和巴西引进 FDI 的技术水平最高，其技术进步中 FDI 的影响更大。印度来自避税地的比重最高，且很大一部分属于返程投资，这部分投资技术含量极低，因此在印度的技术进步中，FDI 的作用相对较小。

3. FDI 在金砖国家的产业分布

按照投资动因，FDI 可分为资源寻求型、效率寻求型、市场寻求型和技术寻求型（UNCTAD，1998）。不同类型的 FDI 对东道国的技术溢出效应是不同的，技术寻求型和效率寻求型 FDI 对金砖国家的技术进步具有更大的促进作用，资源寻求型的效应最弱，在某些情况下甚至会产生负效应。

金砖国家的 FDI 产业分布有较大的不同，FDI 表现出不同的类型。统计数据显示①，巴西的服务业和制造业占有较大比重，分别为 48.39% 和 21%，其中仅商业服务一项就达 12.65%，金融服务次之，市场寻求型特征明显。南非引进的 FDI 中，金融、保险、房地产和商业服务占了 36.02%，采矿业占 30.88%，制造业占 17.94%，主要表现为资源寻求型。印度 2012 年引进的 FDI 中有 21.55% 流向了金融等现代服务业，截至 2013 年 12 月，该项引进 FDI 累计占 18.5%，主要表现为资产寻求型和效率寻求型。俄罗斯制造业引进的 FDI 占 31.9%，其中又以石油、金属等资源型产品为主，主要表现为资源寻求型。中国制造业引进的 FDI 的比重为 43.74%，部分流向服务业的 FDI 集中在房地产和商业服务领域，主要表现为效率寻求型。

---

① 数据来源于巴西中央银行、俄罗斯联邦统计局、印度工业局、中国国家统计局和南非储备银行。

由此可见，金砖国家中技术进步对 FDI 有较大依赖的是印度和中国，南非和俄罗斯的创新与 FDI 的关联度较小。

（三）增加研发投入，提高自主创新能力

研发投入是实现技术进步和提高创新能力的重要保障。在科技竞争日益激烈的大趋势下，金砖国家的研发投资力度也不断加大（见图4），虽然总体上与美国、日本等发达国家仍存在较大差距，但研发资金投入增长迅速，研发强度不断上升。中国既是金砖国家中技术水平最高和创新能力最强的国家，也是研发投入力度最大的国家，2008~2012 年中国的研发投入增加了一倍多，且在 2012 年以 1973 亿美元的研发投入超过日本，仅次于美国。中国研发支出在世界总研发支出中的比重由 2012 年的 15.3% 上升到 2013 年的 16.5%，占 GDP 中的比重由 1.8% 提高到 1.9%，根据十二五规划到 2015 年将达 2.2%。印度的研发支出在世界总研发支出中的比重保持 2.7% 不变，在 GDP 中的比重保持 0.9% 不变，预计到 2014 年其研发投资总额将由 2012 年的 400 亿美元增加到 440 亿美元。但是不断增加的研发投入能否带来实际的技术进步，能否转化为现实的生产力，还受到其他多种因素的影响。

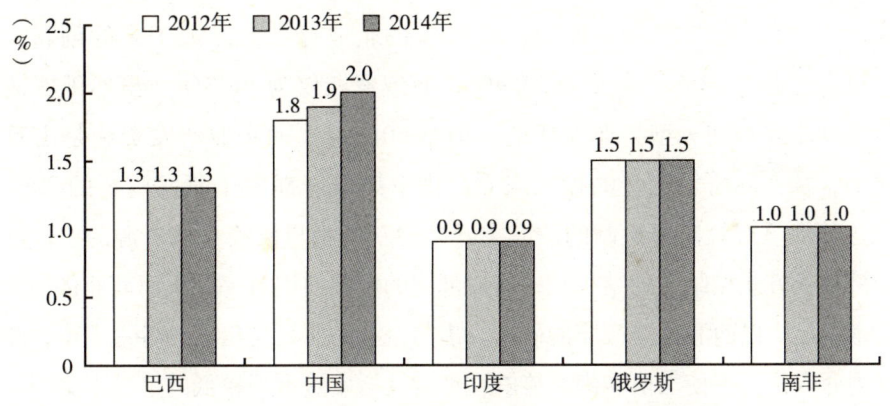

图 4　金砖国家研发支出在 GDP 中的比重及预测

资料来源：2014 *Global R&D Funding Forecast*。

1. 研发主体

在一国的科技发展和创新体系中，按照性质的不同，研发主体分为企业和公共研发机构（包括科研机构和高等院校）两大类。企业创新的动力直接来自市场，按照市场机制配置创新资源进行知识创造并取得收益，企业是参与创新实践最为活跃的因素和最重要的组成部分。而科研机构和高等院校总体上是基于公共产品的需要进行知识生产的，是国家创新的知识库和知识源，其功能主要体现在知识的生产、传播和转让方面。两大类研发主体承担着不同的角色，具有不同的功能定位和利益取向，对研发的效率起到不同的作用。企业研发的目的最终通过创新产品的产业化实现，其实用性较强；政府和高等院校主要专注于基础科学研究。在市场经济条件下，企业在技术创新中具有无可替代的地位。只有以企业为主体，才能坚持技术创新的市场导向，有效整合产学研的力量，加快技术创新成果的产业化。政府研发投入过大会影响研发效率，研发投入不足又会导致出现较大的缺项。只有各主体各司其职，该国才能实现持续的技术进步。

中国的研发投入总量有所增加，同时结构也在发生相应的变化，企业逐渐成为创新的主体。2012年中国研发支出占GDP的比重为1.9%，其中1.3%左右由商业企业承担（见表5）。政府研发支出约占总研发支出的22%，企业作为创新的主体承担了75%以上的创新活动，政府承担17%左右，其余是由高校实现的。在中国制造业企业中，有30%的企业存在产品或工艺的创新，这一比重在巴西为38%，南非为20.9%，而俄罗斯仅为11.3%。虽然俄罗斯的创新活动主要是在大型企业完成的，但是60%以上的企业研发资金是由政府提供的，从实际研发资金的投入来看，俄罗斯政府提供了研发资金的70%以上，这种缺乏有效监督机制的政府主导型创新机制与依赖自然资源的出口推动型经济增长方式相结合的结果是，研发部门的资源使用效率低下而商业部门的创新需求不足。巴西和南非政府的研发支出与企业的研发支出大约各占一半，政府的强力介入是为了使巴西和南非能够在经济社会发展水平较低的情况下集中创新资源，在一些特定的产业迅速实现技术突破。在印度的技术进步中，政府也起到了较大的推动作用，但这种作用仅限于通过创新环境的营造引导企业参与创新，并成为创新主体，以软件产业为主导，以此带动创新领域逐渐向其他产业扩展。

表5　金砖国家及主要发达国家 GERD*

单位：%

	巴西	中国	印度	俄罗斯	南非	日本	美国
商业企业 GERD（占 GDP 比重）	0.40	1.30	0.30	0.70	0.50	2.49	1.89
商业企业融资 GERD（占总 GERD 比重）	45.40	71.70	33.90	27.70	42.50	75.93	59.95
外国融资 GERD（占总 GERD 比重）	—①	1.30	—	4.30	12.10	0.45	—

注：GERD 是 Gross Domestic Expenditure on R&D 的缩写；"—"表示数据缺失。
资料来源：*2013 Global Innovation Index*。

2. 重点创新领域

金砖国家在不同的资源和政策指引下，呈现不同的创新模式，形成了不同产业的技术优势，为国家间的技术合作提供了空间。巴西在生物医药、传染病研究方面取得了突破性进展；中国在航空航天、激光、农作物杂交、反卫星武器、智能机器人等领域拥有世界领先技术；印度在信息技术、生物医药、精密制造、核能应用、航天、信息通信等方面的技术实力较强；除航空航天外，俄罗斯在生物技术、新能源与新材料技术等方面居于世界领先地位；南非在矿石开采与冶炼、农业和生物技术、医学等方面具有一定的国际竞争力。

但是这些技术优势几乎都集中在基础科学领域，只有把基础科学研究成果转化为现实的生产力，才能真正提高劳动生产率。且这些技术优势大都是政府主导研发的结果，企业的技术竞争能力仍然较弱。作为经济活动主体的企业如不能成为创新的主体，经济将很难获得持续增长的动力。

企业作为专利申请的主体，其专利申请情况可以反映创新的活跃程度。由表6可知，金砖国家以企业为主体的创新领域存在较大的差别。中国创新最为活跃的领域是数字通信产业，医疗技术专利在总专利中的比重低于其他金砖国家，但绝对数超过其他金砖国家；巴西和南非在土木工程领域的创新较为活跃，除此之外，巴西在运输和其他特殊机械方面的创新能力较强，而南非在材料、冶金和化学工程方面进行了更多的创新；尽管印度具有发达的软件产业，但其创新并不够活跃，其创新能力最强的领域是药品和精细化学，其专利和占总专利的47%；俄罗斯在食品化学和医疗技术方面的创新能力相对较强，而在能源产业则缺乏创新。

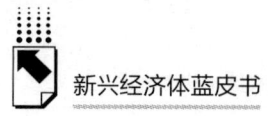

表6 1998~2012年金砖国家专利申请科技领域分布

单位：%

巴西		中国		印度		俄罗斯		南非	
土木工程	6.93	数字通信	8.97	药品	24.42	食品化学	10.68	土木工程	6.86
运输	6.44	药品	6.8	精细有机化学	22.38	医疗技术	8.55	材料、冶金	6.71
其他特殊机械	6.26	计算机技术	6.46	计算机技术	6.52	测量	6.83	化学工程	6.40
操作	5.97	电力机械、仪器、能源	5.85	生物技术	6.23	土木工程	6.81	基础材料化学	6.17
医疗技术	5.87	测量	5.11	基础材料化学	4.54	材料、冶金	6.31	医疗技术	5.54
家具、游戏	5.87	材料、冶金	4.49	材料、冶金	2.68	其他特殊机械	5.94	操作	4.92
其他消费品	5.43	通信	4.09	食品化学	2.50	发动机、泵、涡轮机	4.6	其他特殊机器	4.53
电力机械、仪器、能源	4.74	基础材料化学	4.08	化学工程	2.45	药品	4.27	家具、游戏	4.47
发动机、泵、涡轮机	3.96	视听技术	3.48	医疗技术	2.34	化学工程	3.96	运输	3.78
药品	3.81	食品化学	3.42	数字通信	1.94	机床	3.95	电力机械、仪器、能源	3.62

资料来源：http://www.wipo.int/ipstats/en/。

（四）利用已有知识加快技术进步

专利技术作为一种知识资本，既是创新的结果，也是进一步创新的基础。通过直接购买专利技术可以在较短的时间内实现技术跨越，避免研发的不确定性，节省研发成本。在内生技术变迁模型中（Romer，1994），技术进步是研发部门人力资本和知识存量的线性函数。在一定时间内，一国可用于研发的人力资本是固定的，技术进步速度取决于知识存量。知识存量越多，技术进步速度越快，通过直接购买专利技术可以直接增加一国的知识存量，从而提高技术进步速度。因此发达国家现有的技术以及对技术前沿的不断推进，为后发国家的技术进步提供了更深厚的基础。发展中国家如果能够充分利用已有的技术，将大大减少技术赶超所需的时间。

中国是金砖国家中购买专利技术最多的国家,增长趋势明显,2012年购买金额达177.5亿美元,高于其他金砖国家的总和。对现有先进技术的充分利用,为中国实现跨越式技术进步提供了可能。南非用于购买专利技术的支出最少,几乎没有增长,意味着南非没有能够利用已有的先进知识,削弱了技术进步的知识基础,其技术进步速度必然也较慢。2009年后,俄罗斯在该方面的支出出现了较快的增长,有利于缩短创新时间,提高技术进步速度,加快经济转型(见图5)。

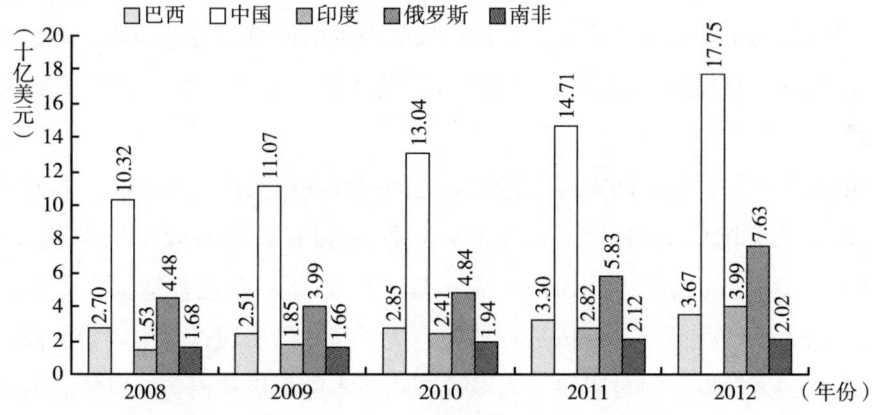

图5 2008~2012年金砖国家专利技术购买情况

资料来源:www.worldbank.org。

二 金砖国家当前创新机制存在的缺陷

(一)模仿和创新的选择失当

在今后很长一段时间内,发达国家仍将是创新尤其是高科技创新的主要来源。知识的外部性使发达国家的基础创新构成发展中国家有目的地进行模仿的基础。当发展中国家的技术水平较低、与发达国家的技术差距较大时,模仿成本小于创新成本,此时的技术进步应当以模仿为主。当发展中国家的技术向发达国家收敛时,模仿成本不断提高,在模仿成本大于创新成本时,应当以创新为主。因此发展中国家在经济发展过程中应当注重提高创新能力,以实现技术进步方式的顺利转变。从产业角度来看，对于发展程度较低的产业，更适于通过模仿实现技术进步，从而推动其发展，而对于已经获得较快发展的产业尤其是高新技术产业则应当强调自主创新，抢占技术前沿。虽然对于创新而言，模仿可以使发展中国家以较低的技术变迁成本实现较快的技术进步速度和更高的经济增长率，但我们不能低估模仿可能存在的困难。如果模仿能够简单实现，那么具有学习能力的发展中国家能够通过一系列途径来成功学习和模仿发达国家的技术，迅速实现技术和经济上的赶超。但事实并非如此，正如林毅夫等（2006）所指出的，"二战"以来许多发展中国家采取各种措施力图较快地实现国民经济的工业化和现代化，并借此以较短的时间赶超发达国家，但到目前为止，只有少数经济体缩小了与发达国家的差距，实现了向发达国家收敛的目标。

由表7可知，金砖国家与发达国家之间仍存在巨大的技术差距，其有效专利之和仅是美国的22%，日本的30%。即使拥有最多有效专利的俄罗斯，2012年其专利数也只是美国的8.1%，日本的11%。在这种情况下，对于金砖国家的大多产业而言，模仿是有利的。俄罗斯和巴西通过自主创新实现了某些产业的快速发展，但是阻碍了大多数产业技术的引进和模仿，以较高的成本实现了个别产业的技术进步，牺牲了其他产业以较低的成本实现技术进步的机会。中国的技术进步几乎依赖于对发达国家的模仿，通过消化、吸收获得发达国家的非核心技术。由于缺乏自主创新能力，关键核心技术始终受制于发达国家。如果不能打破这种状态，中国将陷入"模仿陷阱"。巴西和印度的创新能力是金砖国家中最弱的，应当充分重视模仿对技术进步的作用。

表7 金砖国家及主要发达国家有效专利数

单位：项

年份	巴西	中国	印度	俄罗斯	南非	美国	日本
2008	34879	46590	30822	147067	—	1872872	1270367
2009	43089	65391	37334	170264	—	1930631	1347998
2010	40022	79767	47224	181904	129076	2017318	1423432
2011	41453	112347	41361	168558	111139	2113628	1542096
2012	—	143808	42991	181515	112339	2239231	1694435

资料来源：http://www.wipo.int/ipstats/en/。

（二）忽视技术适宜性

发展中国家与发达国家的要素禀赋结构存在较大差异，一方面，发达国家的资本相对丰裕，而发展中国家的劳动力资源丰富；另一方面，发达国家拥有大量的熟练劳动力，而发展中国家以非熟练劳动力为主。技术进步的内生性意味着发达国家的技术进步内生决定于其要素禀赋结构，因此发达国家的技术进步是偏向资本和熟练劳动力的，而发展中国家的技术进步应当是偏向于非熟练劳动力的，因此发达国家的技术并不都适合发展中国家。金砖国家在选择模仿创新时，首先应该根据其要素禀赋的结构特征，选择适宜的技术，既要考虑宏观要素禀赋结构，也要考虑具体产业情况。对资本密集型产业宜选择资本偏向型技术进步模式，依靠机械设备的技术升级促进产业结构调整；对劳动密集型产业应选择资本和技能偏向型技术进步模式，一方面用机械劳动代替手工劳动，另一方面用技能劳动代替非技能劳动，实现国际产业分工链条中的技术升级。但是这种要素禀赋结构并不是一成不变的，随着金砖国家经济社会的发展，其要素禀赋结构也会发生变迁，因此选择适宜的技术是一个动态均衡的过程。

在工业化过程中，金砖国家无一例外地大量进口先进设备和生产技术，一方面提高劳动生产率，另一方面提高产品质量以及生产新产品。这些引进的技术是建立在发达国家的要素禀赋结构基础上的，具有资本密集型和技能密集型特征，劳动力吸收能力弱且技能要求高，劳动力资源丰富和技能劳动力稀缺的金砖国家并不能够充分利用这种先进技术的效率。要素禀赋结构和技术进步的错配造成了较高的企业生产成本，为了降低生产成本，政府人为地扭曲要素价格，降低资本成本，造成资本的浪费和资本效率低下。较低的资本生产力已经成为金砖国家经济增长的桎梏。应该认识到，在引进技术时并不是越先进越好，应当考虑适宜性的问题，只有通过技术阶梯和要素禀赋的联动发展才能最大限度地利用技术的生产力。中国经过了30多年的高速增长，资本的稀缺性在很大程度上得以缓解，但是劳动者技能并没有得到相应的提高，技术进步只是通过资本对劳动力的简单替代实现的。熟练劳动力的稀缺抑制了资本效率充分发挥作用和创新能力的培养。

（三）创新主体的错位

政府在金砖国家的技术进步过程中发挥了重要的作用。巴西政府通过对特定产业的扶持，在某些基础研究领域取得了较好的成绩，但仅限于极少的产业，大多数产业并没有享受到技术进步带来的利益，造成了巴西极少数产业繁荣、大多数产业发展滞后的局面。俄罗斯政府通过组建超大型国家公司整合资源，推动技术创新，但这种创新主要关注高新技术产业和基础研究领域。这种模式使俄罗斯在基础研究领域处于世界领先水平，但同时高新技术产业发展滞后，研究成果产业化程度低。印度以软件及相关服务业为政府制度创新的关键，政府通过一系列优惠政策支持该产业的发展，并以此带动其他产业的发展，但在基础研究领域存在政府缺位的问题。中国的创新同样是在政府的政策引导下进行的，虽然取得了一定的成绩，但是基础研究与应用研究之间存在脱节，企业自主创新能力不足，中国处于全球价值链底端的局面并没有改变。

政府一方面作为创新主体直接干预创新过程，另一方面为企业创新提供制度环境。政府直接参与技术创新是由技术创新本身具有的外部性、高风险性等特点决定的。由于技术外部性的存在，如果创新活动完全由企业完成，则存在创新不足的问题。一些关键产业的创新尤其是发明性创新的投资具有较高的不确定性，创新失败的风险可能是单个企业无法承担的，因此需要政府的介入。但是由于政府不直接追求利润最大化，因此缺乏直接的创新动力，其作用应当更多地体现在通过制度设计和政策安排促进企业的创新活动。作为制度创新的主体，政府对技术创新主要起辅助和支持作用。企业才是创新活动真正的主体，这是由企业的性质和市场地位决定的。逐利性要求企业不断进行创新以获取更多的利润。企业作为市场活动的主体，能够使技术与市场相结合，实现创新成果的产业化。因此各研发主体应合理分工，科研机构和大学应定位于核心技术和基础性关键技术研发，企业作为创新主体应集中于应用技术以及原创性技术转向应用技术的研究。政府过多的直接干预会使研究与市场脱节，产生无效技术进步。如果政府干预过少，则会造成知识积累速度过慢、应用创新缺乏基础。因此政府、高等院校、科研机构和企业之间应加强合作，形成有序的创新生态结构。

（四）对人力资本投资不足

人力资本是技术进步的主要推动者，无论是对 FDI 的技术溢出效应的吸收、技术模仿还是自主创新，都受到人力资本水平和结构的制约。东道国的人力资本存量越高、结构越合理，则 FDI 对东道国的技术溢出效应越显著，而人力资本匮乏的国家几乎不发生 FDI 的溢出效应。金砖国家人力资本水平的不同，决定了其 FDI 技术溢出效应的差异。

金砖国家的人力资本积累并没有获得与经济同样的高速增长。据世界银行统计，金砖国家中每百万从业人员中从事研究的人员数量俄罗斯最高，为 3092.3 人（2010 年），但仍远低于日本的 5179.93 人（2009 年），日本几乎是金砖国家之和。除印度缺乏统计数据外，金砖国家中南非最低，不足 400 人（2008 年）。南非、巴西对 FDI 的技术溢出效应的吸收能力较弱，俄罗斯相对较好。人力资本匮乏制约着金砖国家的技术模仿和创新能力，FDI 的技术溢出效应、技术引进、技术转移等并不能充分发挥其对金砖国家的技术进步促进作用。在人力资本不足的情况下，通过政策引导企业加强研发投入并不能真正提高企业的自主创新能力，反而会使研发投入的产出效率低下，最终使企业放弃这种投入，从而使金砖国家陷入低水平模仿的"陷阱"中。

人力资本作为生产要素的一种，影响着技术进步的技能偏向性，这种技能劳动者偏向型技术进步会提高技能劳动者的相对报酬，诱使人力资本投资的增加，高技能劳动者供给的增加使技术进步进一步偏向人力资本，从而形成人力资本投资与技术进步之间的良性循环。相反，如果人力资本停留在较低的水平上，这种强化会使技术进步偏向非技能劳动力，人力资本的低回报会抑制各主体对人力资本的投资。要打破这种循环，必须提高人力资本水平，调整人力资本结构，使人力资本与技术进步偏向朝着良性循环方向发展。因此，金砖国家目前最重要的是增加人力资本投资，通过人力资本结构的变化推动技术进步。

三　加强金砖国家技术合作

尽管金砖国家的技术水平总体上远低于发达国家，但在科技资源和创新能力方面各有优势，发展模式呈现不同的特点，为技术合作提供了广阔的空间。当前金砖国家之间的合作主要是双边合作，多边合作比较少。而且当前的合作主要是由政府推动的，集中在基础科学研究领域，对经济增长的促进作用有限。金砖国家的技术合作应当重视企业的作用，使企业成为合作的主体，从而提高企业的创新能力。

除了基础研究领域外，金砖国家的企业在某些共同产业都具有较强的创新能力，而在其他产业的创新能力则各有不同，因此这些企业既可以通过强强联合实现更快的技术进步，以达到甚至超过世界先进水平，也可以通过强弱替代提高企业的技术水平。例如，巴西和南非的企业可以在土木工程领域联合开发更先进的技术；而中国可以借鉴印度的精细有机化学技术，在计算机领域开展联合研发；巴西、俄罗斯和南非可以在医疗领域加强交流或者成立共同的研发中心。金砖国家之间要素禀赋结构的差异小于金砖国家与发达国家之间的差异，因此金砖国家的技术可能更加适合彼此，在某些领域通过引进其他金砖国家而非发达国家的技术更能促进该领域的发展。

各金砖国家高技能和技术密集型产品进口中来自金砖国家内部的比重有所增加，意味着金砖国家更加注重内部技术的引进和合作。南非来自金砖国家的高技术产品的比例增长最快，由2008年的21%上升到2012年的26%，印度和俄罗斯也有较快的增长，2012年分别达28.54%和18.7%（见图6）。中国来自金砖国家的高技术产品比例最低，仅为1.2%，中国的高技术产品基本上来自发达国家，在与其他金砖国家的高技术产品贸易中几乎处于单边输出的地位。2012年巴西高技能和技术密集型产品进口中有19%来自中国，而进口自金砖国家整体的为23.7%，即从金砖国家的进口中有80%以上来自中国，印度的这一比例为92.4%，俄罗斯为89.8%，南非为80%。

在加强技术交流合作的同时，要重视人力资本的合作。技术合作最终由各方的人员来实现，因此人员合作是实现技术合作的前提，创建人员交流平台显得尤为重要。当前开展的人力资源计划是政府主导的，主要通过人才引进、科技考察等方式进行。企业不仅应成为技术合作的主体，还应积极推动人力资本的合作，使人力资本合作与技术合作相契合，促使技术合作顺利展开。

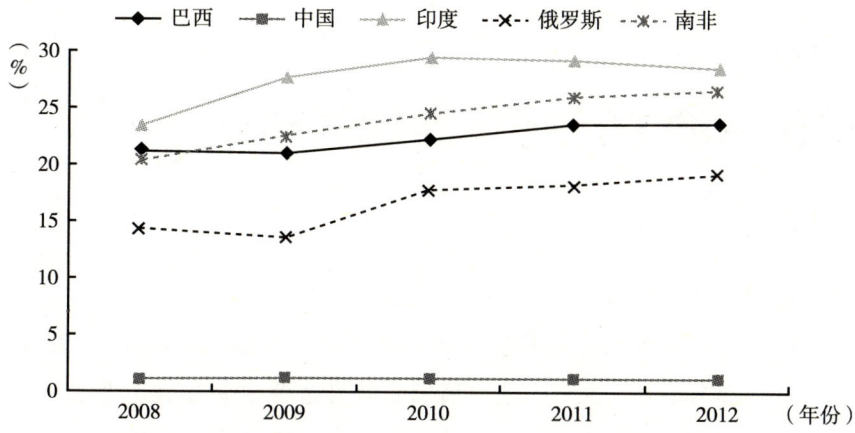

图6　各国家高技能和技术密集型产品进口中来源于金砖国家的比例

资料来源：http://unctadstat.unctad.org。

参考文献

［1］生延超：《"金砖四国"技术创新模式的比较研究》，《亚太经济》2011年第3期。

［2］鲍洋：《"金砖国家"引进FDI的溢出效应：技术差距抑或研发能力》，《全球化与中国》2013年第4期。

［3］林毅夫、张鹏飞：《适宜技术、技术选择和发展中国家的经济增长》，《经济学》（季刊）2006年第4期。

［4］Battelle, *2014 Global R&D Funding Forecast*, 2013.

［5］*The Global Innovation Index*, 2013.

［6］Paul M. Romer. "The Origins of Endogenous Growth," *The Journal of Economic Perspectives*, 1994, 8（1）.

B.10 金砖国家政府治理创新比较研究

徐长春*

摘　要： 政府治理能力是国家"软实力"的一个重要组成部分。根据世界银行的研究数据，金砖国家在政府治理方面落后于发达国家，呈现明显的后发特征。金砖国家依据本国国情和发展阶段通过创新提升本国政府治理能力的路径各不相同，原生市场经济国家注重执行力的提高，而转型国家不仅注重执行力的提高，还注重体制机制的转型，中国在这方面表现突出。目前，金砖国家提高政府治理能力的努力面临不同的挑战，但通过努力都能取得较大成效。

关键词： 金砖国家　政府治理　创新　软实力　综合国力

毋庸讳言，金砖国家的崛起无疑是当今世界最为重要的大事，它们不仅通过国家综合国力（主要表现为"硬实力"）的快速提升迅速提升了其国际地位，而且快速改变着国际格局。如何保持发展的可持续性，再创辉煌，是摆在金砖国家面前的历史课题。在新的历史时期，如何通过提升政府治理能力，为国家发展创造更加有利的发展环境，成为这些国家建设的核心任务。国家"软实力"的建设提上历史日程。

一　"软实力"与政府治理

出于实践的需要，关于综合国力的研究起源于当今世界最发达的国家美

---

* 徐长春，中国国际经济交流中心副研究员，博士后。

国，成果大多也出在这个强大的国家。假如说美国国际政治学者保罗·肯尼迪教授基于世界大国兴衰的研究与20世纪80年代出版的《大国的兴衰》提出了有关硬实力的真知灼见，那么美国著名国际政治学家约瑟夫·奈在1990年出版的《谁与争锋：变化中的美国力量本质》以及此后发表的《软力量：世界政坛成功之道》中则提出了"软实力"的概念。这两个概念互相补充，为国家发展目标的定位和矫正提供了坐标。

（一）"软实力"的提出完善了国家治理目标模型

肯尼迪教授主要从国家硬实力的内部结构及其相互影响、相互作用的角度探讨大国间的角力及大国兴衰的规律。他经过研究认为，大国兴衰的客观规律是：随着大国综合国力竞争的加剧，大国往往陷入"安全困境"，把越来越多的资金投入军备竞赛中。在增强军事实力的同时，不可避免地会减少经济的投入，逐渐削弱经济实力，最终导致大国的衰落。而在经济上投入较多、在军事上投入较少的国家，则有可能发展较快，逐渐崛起为新的大国。这样，国家投入目标的转变导致世界历史上大国的兴衰和交替。他指出，"在这种令人担忧的环境中，大国往往会自觉不自觉地把比两代人之前多得多的费用用于国防，但仍感到国际环境不够安全……大国走下坡路时的本能反应是，将更多的钱用于'安全'，因而必然减少经济'投资'，从长远看，使自己的处境更为困难"。[1] 由于投资方向偏离国力的基础——经济过远，因此失去了国际科技和经济的领先地位，国家综合国力特别是"硬实力"衰退，动摇了国家综合国力的基础，从而导致国家衰退，进一步被致力于国家"硬实力"提升的国家超越，形成世界历史上大国兴衰和交替的现象。

约瑟夫·奈除了关注国家"硬实力"之外，还突出强调了不同于"硬实力"的"软实力"。他明确提出，国家的综合国力不仅包括"硬实力"，还包括"软实力"，这是不可分割的两个方面，"国家的软力量主要来自三种资源：文化（在能对他国产生吸引力的地方起作用）、政治价值观（当它在海内外都

---

[1] 〔美〕保罗·肯尼迪：《大国的兴衰》，陈景彪等译，国际文化出版公司，2006。

能真正实践这些价值时）及外交政策（当政策被视为具有合法性及道德威信时）"。① 这样，约瑟夫·奈在继承"硬实力"的基础上，突出了"软实力"的重要性，进一步完善了综合国力的概念内涵，为国家建设提供了一个更加全面的目标模型。

可见，国家实力不仅具有经济、军事等"硬实力"的一面，而且具有文化、价值观等"软实力"的一面，两者相互区别又相互补充，共同构成国家的综合国力。国家建设既要重视"硬实力"的建设，因为它是国民物质福祉的源泉；也要加强"软实力"的建设，因为它是国民精神福利和国家国际影响力的支撑点。

（二）政府治理能力是国家"软实力"的重要组成部分

政府是"硬实力"和"软实力"的培育主体，其治理能力是国家"软实力"的重要组成部分，不仅涉及国家"硬实力"的生成，而且涉及"软实力"的培育。

治理理论是对政府功能理论的进一步完善，是适应治理环境的变化而进行的适应性调整，体现了治理目标实现方式的时代要求。就治理及其相关内容的调整而言，西方治理理论的适应性调整表现在以下三方面。一是对凯恩斯主义的质疑，从而重新思考政府与市场的边界问题；二是制度主义的兴起，为更接近于现实的经济模型提供了新的解释；三是传统政治学范式的变革，将政府、市场、社会纳入政治学分析中，也就是一个将政治对市场、社会的外生性影响内生化的动态过程。② 凯恩斯主义强调政府在治理市场失灵中的地位，主张政府强力干预市场运行。这种理论在治理经济危机的过程发挥了积极的作用，有效治理了经济危机，推动了市场经济的发展。但是，这种产生于经济危机治理的理论过度强调了政府在市场运行中的作用，政府更多的是在唱"独角戏"，忽略了其他社会主体在经济和社会治理中存在的潜力，容易招

---

① Joseph S. Nye, Jr., "Soft Power: The Means to Success in The World," *Public Affairs*, 2004, p.7.
② 包国宪、郎玫：《治理、政府治理概念的演变与发展》，《兰州大学学报》2009年第2期。

致其他社会主体的抵制,造成不必要的社会内耗。治理理论的出现反映出来的实践需求,促进了政府与市场边界的合理划分,使凯恩斯主义的政府干预不断弱化。这种变化表现在政府行政上,就要求政府在自身的定位和职能上重新做出调整,重新看待政府行为所涉及的领域和问题、方式和实施途径,重新界定政府行为的合理边界。作为对新古典经济学的补充,制度经济学从制度层面来考察被新古典经济学所外化的政治问题和制度环境对经济的影响,从制度安排、制度变迁、制度激励等角度提出了新的政府治理模式和治理机制,推动以行政学为主的政府行为学向现代公共管理学演进。面对新的经济和社会环境,以政府运作为己任的传统政治学也存在不能将政治影响内化的问题。构建基于政府、市场、社会三大基础的动态分析框架,并以新的视角看待传统政治学中的民主、公共物品、公共选择等问题成为政治学发展的新方向。因此,为了适应社会和市场的变化,以政府为唯一主体的传统政府治理理论开始向多主体、网络化、过程互动、强调机制和法治的现代政府治理理论转变。这种适应性转变极大地提升了政府的治理能力,提高了治理效果,有利于提升国家的"硬实力"和"软实力",从而有利于提高国际竞争力。

治理能力是国家"软实力"的重要组成部分。虽然政府治理能力既不属于国家的文化,也不属于政治价值观,但是,政府治理为国家文化吸引力的培育以及政治价值观的延续和提升提供了支撑,政府治理能力直接决定文化吸引力、政治价值观的吸引力和外交政策的成效,是这些国家能力的源头,并且还是外交政策的直接制定者。所以,政府治理能力是国家"软实力"的组成部分。同时,政府治理能力还决定了国家"硬实力"的积累能力,直接影响国家"硬实力"的形成效率,在国家综合国力形成中居于关键地位。所以,政府治理能力是国家国际竞争力的重要组成部分。

正因为政府治理在国家综合国力中的重要地位,因此国际社会将国家政府治理能力评估纳入关注的视野,为各国提升政府治理能力提供动力。自1996年以来,世界银行每年利用收集到的数据,对全球200多个政府的治理能力进行评估,并发布《全球治理指标报告》。这是全球范围内影响力最大的一个政府治理评价体系。在这个评价体系里,反映政府治理状况的内容包括三方面：①政府的选择、监督和更迭程序；②政府有效制定和推行政策的能力；③公民及国家对经济和社会关系管辖制度的尊重。为量化政府治理能力，世界银行设置了政府效率、政局稳定与杜绝暴力、话语权与问责、监管质量、法治和腐败控制6个指标，对政府治理能力进行量化比较。

二 金砖国家政府治理比较

金砖国家在"硬实力"飞速发展的同时，经济基础的提升也把"软实力"的提高推上了历史日程。作为协调综合国力提高的推手，政府治理能力的提高成为金砖国家关注的焦点。由于现代信息技术的快速发展以及经济全球化和一体化的深入发展，金砖国家的社会和市场发展出现了趋势性趋同现象。在经济基础提升的同时，金砖国家产生了依靠更强的政府治理能力提升国家综合国力的需求。在《全球治理指标报告》中，世界银行是以百分等级的方式量化各国的治理指标的，百分等级 =（国家数量 - 该国排名）/国家数量×100%。百分等级赋值越高，说明该项能力越强。根据世界的银行2012年对全球215个国家和地区的研究，世界主要国家的政府治理状况大致如下。

（一）金砖国家的政府治理状况

根据世界银行2012年对全球215个国家和地区政府治理能力的研究，金砖国家在其设定的6个指标方面的表现如下。

1. 政府效率指标

按照世界银行的研究，1996~2012年，巴西的政府效率指标整体呈现震荡态势。从图1可以看出，1996~2003年的7年间，巴西的政府治理效率指标呈现上升态势，经过2003年的稳定之后巴西的政府治理效率指标进入下降通道，并于2006年初到达最低点。随后进入缓慢攀升阶段，经过中间的小幅震荡之后，巴西的政府治理效率指标稳定在2011年以来的50%上下，并一直延续到今天。

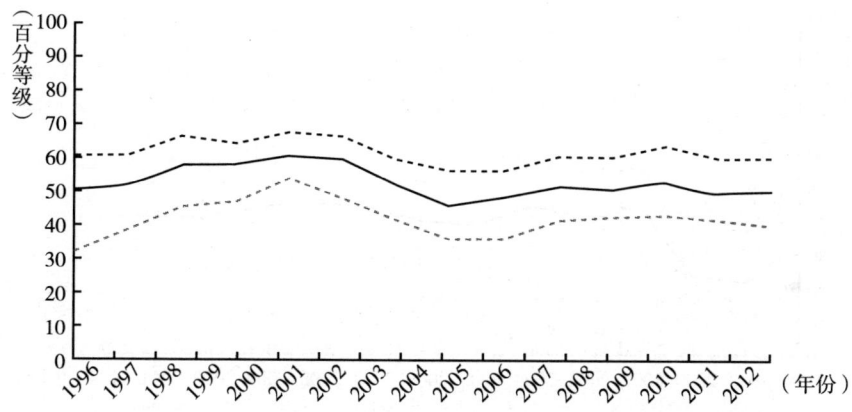

图 1　巴西 1996～2012 年政府效率指标变化趋势

资料来源：世界银行。

2008 年国际金融危机之后，巴西的政府治理指标一度出现了小幅上扬的态势，但最终还是在 50% 的线上企稳。这说明，巴西目前的政府治理效率指标整体维持在 50% 的水平上。

1996～2012 年，俄罗斯的政府效率指标呈现攀升然后企稳的态势。从图 2 可以看出，1996～1998 年的两年间，俄罗斯的政府治理效率指标呈现下降态势，随后在 1998～2002 年进入上升通道。2002 年之后，俄罗斯的政府治理效率指标就一直处于 40%～50% 并延续到今天。但是，自 2008 年国际金融危机爆发以来，俄罗斯的政府治理效率指标开始下滑，并在 40% 的线上企稳。这种态势一直延续至 2012 年底。这说明，2012 年俄罗斯政府治理效率指标整体维持在 40% 的水平上。

1996～2012 年，印度的政府效率指标呈现震荡企稳态势。从图 3 可以看出，1996～2000 年的 4 年间，印度的政府治理效率指标呈现缓慢下降态势，随后在 2000～2003 年进入缓慢上升通道。2003 年之后，印度的政府治理效率指标就一直沿着 55% 的线上下波动，而且波幅很小。即使在 2008 年国际金融危机爆发后，印度的政府治理效率指标也没有出现大的波动。但是，自 2011 年初以来，印度的政府治理效率指标开始出现大幅下降态势，并且下滑到 50% 以下。

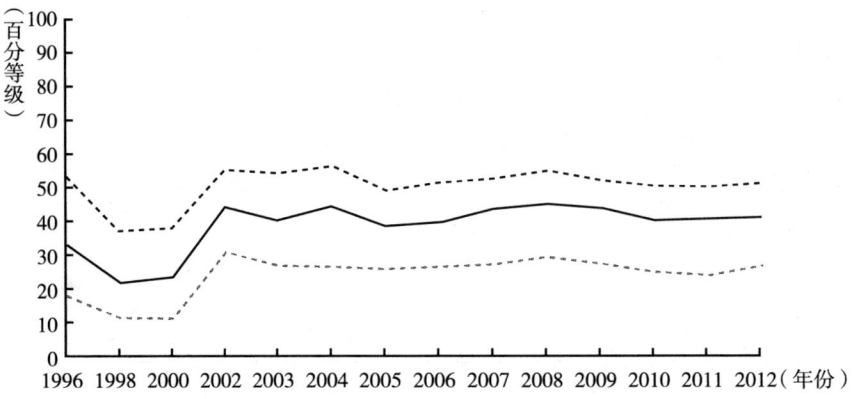

图 2　俄罗斯 1996～2012 年政府效率指标变化趋势

资料来源：世界银行。

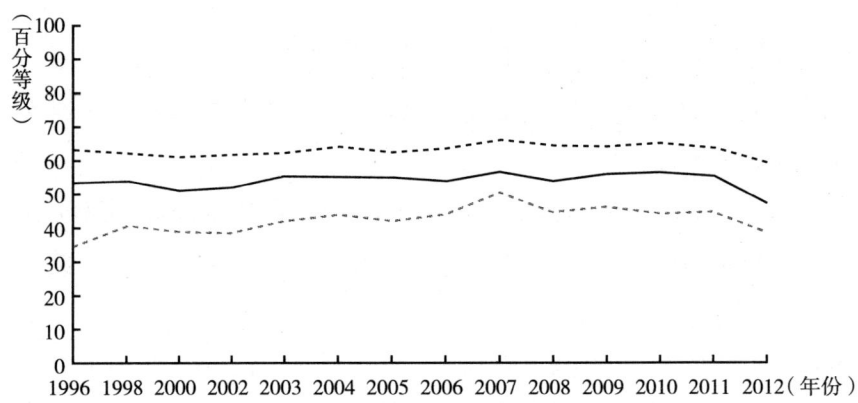

图 3　印度 1996～2012 年政府效率指标变化趋势

资料来源：世界银行。

1996～2012 年，中国的政府效率指标整体呈现窄幅震荡态势。从图 4 可以看出，1996～2004 年的 8 年间，中国的政府治理效率指标一直呈现上升趋势，一度达到 60% 的线。2004 年之后一直到 2005 年初，中国的政府治理效率指标出现了一轮长达一年的下滑。2005 年之后，中国的政府治理效率指标进入上升时期。这种局面一直维持到 2007 年初。2007～2011 年，中国的政府治理效率指标出现了稳定趋势。2011 年之后，中国的政府治理效率指标出现了小幅下滑。

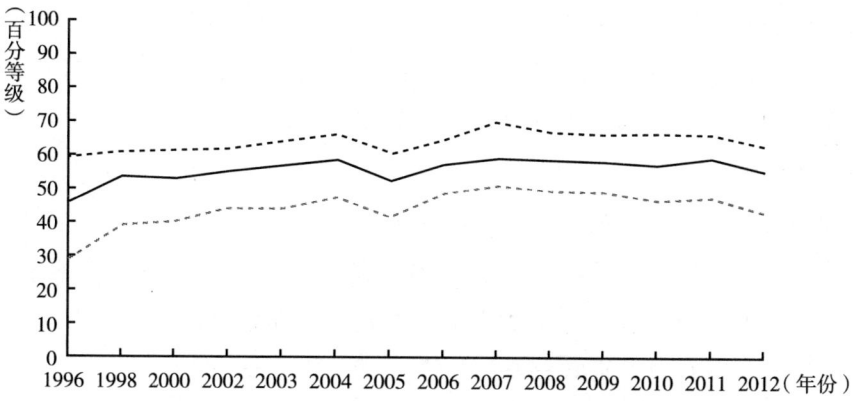

图 4　中国 1996～2012 年政府效率指标变化趋势

资料来源：世界银行。

2008 年国际金融危机爆发后，中国的政府治理效率指标基本稳定在 60% 的水平上，没有出现大的波动。但是，自 2011 年初以来，中国的政府治理效率指标开始出现缓慢下降态势，并延续到 2012 年初。这说明，目前中国的政府治理效率指标整体维持在 55% 的水平以上，但有向下偏离 55% 的趋势。

1996～2012 年，南非的政府效率指标整体呈现下降的态势。如图 5 所示，1996～2012 年，南非的政府治理效率指标处于高位的 80%，此后一直呈现缓慢下降趋势，从 80% 下降到 2012 年的 64% 左右。1996 年初至 2004 年初是南

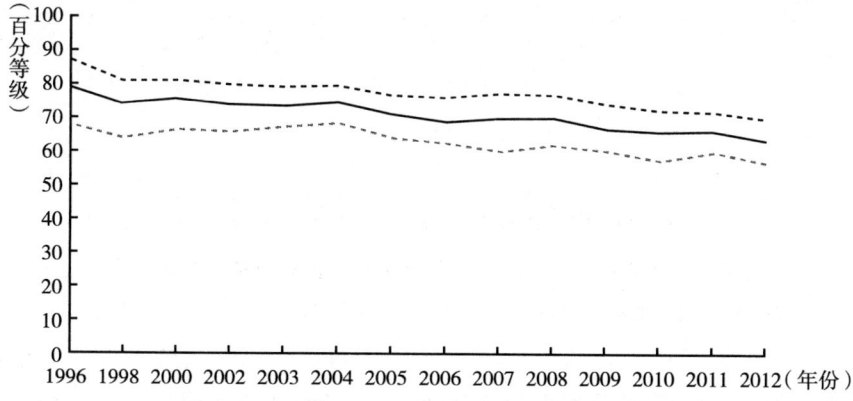

图 5　南非 1996～2012 年政府效率指标变化趋势

资料来源：世界银行。

非政府治理效率指标下降的第一个时段,几乎从80%下降到74%;2004年初至2011年初,是南非政府治理效率指标的下降的第二个时段,从74%下降到68%左右。2011年之后,南非政府治理效率指标的下降速度加快,这种局面还可能继续维持下去。

2008年国际金融危机爆发后,南非的政府治理效率指标一直呈现缓慢下降态势。但是,自2011年初以来,南非政府治理效率指标的下降速度加快,并延续到2012年初。这说明,目前南非的政府治理效率指标整体维持在65%的水平以上,但有向下偏离65%的趋势。

2. 政局稳定与杜绝暴力指标

按照世界银行的研究,1996~2012年,巴西政府的政局稳定与杜绝暴力指标呈现宽幅震荡态势。从图6可以看出,1996~2002年的6年间,巴西政府的政局稳定与杜绝暴力指标呈现整体上升态势。2002~2007年,巴西政府的政局稳定与杜绝暴力指标进入下降通道,并于2007年初到达最低点。随后进入缓慢攀升阶段,经过2008年的大幅攀升之后,巴西政府的政局稳定与杜绝暴力指标稳定在2008年以来的40%上下,并一直延续到今天。

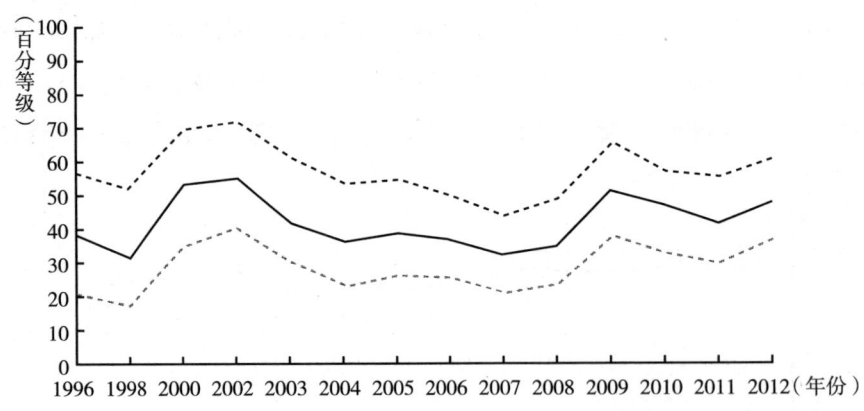

图6 巴西1996~2012年政局稳定与杜绝暴力指标变化趋势

资料来源:世界银行。

2008年国际金融危机爆发后至2009年,巴西政府的政局稳定与杜绝暴力指标整体呈现上升趋势。2009~2011年巴西政府的政局稳定与杜绝暴力指标出现了快速下降。2011年初以来,该指标出现了快速增长,现在已经接近

50%的高点。这说明,目前巴西政府的政局稳定与杜绝暴力指标整体维持在47%以上的水平,且有进一步攀升的可能。

1996～2012年,俄罗斯政府的政局稳定与杜绝暴力指标呈现微幅攀升态势。从图7可以看出,1996～2012年,俄罗斯政府的政局稳定与杜绝暴力指标整体呈现上升态势,仅在2002年和2004年出现两个极高和极低点,但整体赋值在20%以下。

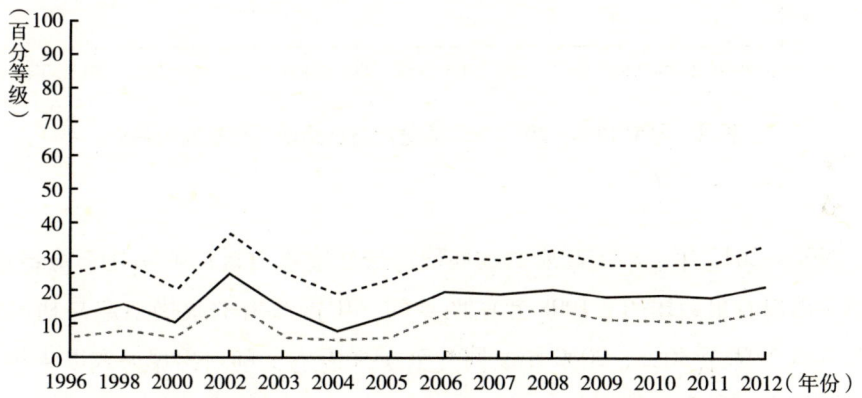

图7 俄罗斯1996～2012年政局稳定与杜绝暴力指标变化趋势

资料来源:世界银行。

2008年国际金融危机爆发后,俄罗斯政府的政局稳定与杜绝暴力指标出现了小幅下降趋势。但2011年之后,俄罗斯政府的政局稳定与杜绝暴力指标快速反弹到2012年初20%的水平。这表明,目前俄罗斯政府的政局稳定与杜绝暴力指标整体维持在20%以下的水平,且有进一步攀升的可能。

1996～2012年,印度政府的政局稳定与杜绝暴力指标整体呈现低位震荡态势。从图8可看出,1996～2012年,印度政府的政局稳定与杜绝暴力指标整体呈现一路下降态势,仅在2000年初和2005年初出现两个极高和极低点,但整体赋值均在20%以下。

2008年国际金融危机爆发后,印度政府的政局稳定与杜绝暴力指标呈小幅下降趋势。2009年以来,印度政府的政局稳定与杜绝暴力指标呈现稳定态势,基本维持在11%的水平。这表明,目前印度政府的政局稳定与杜绝暴力指标整体维持在11%的水平。

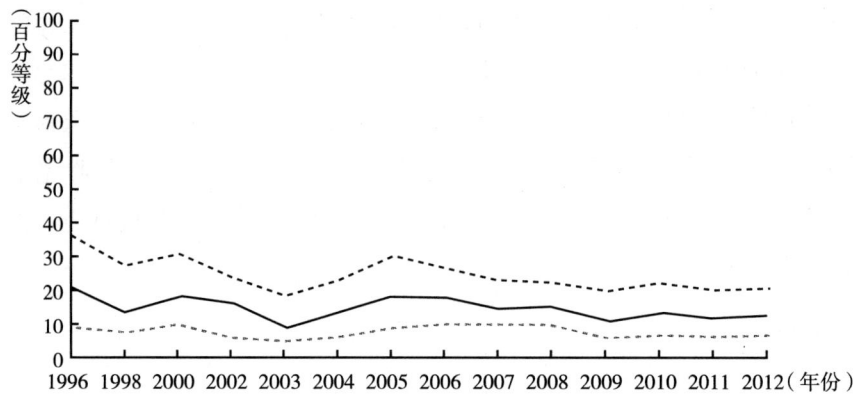

图8 印度1996~2012年政局稳定与杜绝暴力指标变化趋势

资料来源：世界银行。

1996~2012年，中国政府的政局稳定与杜绝暴力指标整体处于稳定状态。从图9可以看出，1996~1998年的两年间，中国政府的政局稳定与杜绝暴力指标从40%降至30%；2000年又回升至34%左右。随后出现大致以4年为一个周期的先降后升的周期性波动。2012年，中国政府的政局稳定与杜绝暴力

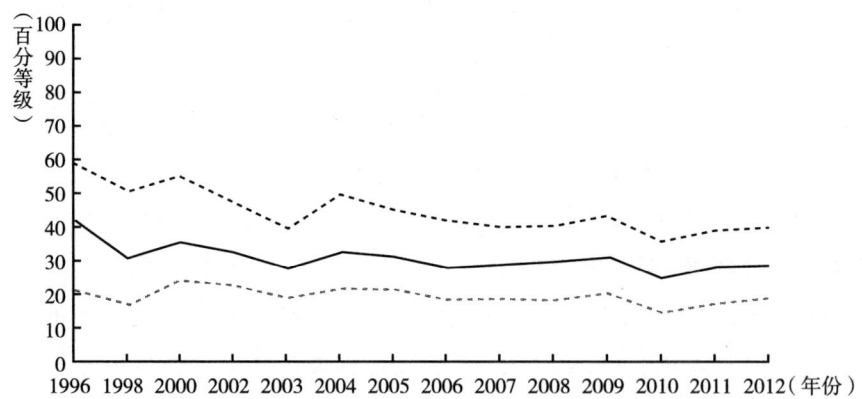

图9 中国1996~2012年政局稳定与杜绝暴力指标变化趋势

资料来源：世界银行。

指标整体处于稳定态势，但预计将会出现略微的回升。总体来看，中国政府的政局稳定与杜绝暴力指标大致处在30%的位置小幅波动。

1996~2012年，南非政府的政局稳定与杜绝暴力指标总体呈上升趋势。从图

10可以看出,1996~2012年,南非政府的政局稳定与杜绝暴力指标整体呈现上升态势,并在2007年达到其极高点50%。在2007年初之前,南非政府的政局稳定与杜绝暴力指标上升较快,而在之后则呈现高位震荡之势,总体在45%上下波动。

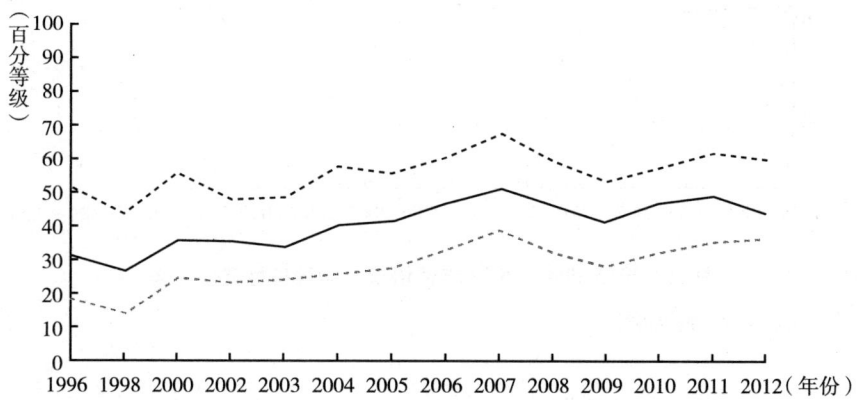

图10　南非1996~2012年政局稳定与杜绝暴力指标变化趋势

资料来源:世界银行。

2008年国际金融危机爆发后,南非政府的政局稳定与杜绝暴力指标出现了小幅下降,此后开始围绕45%的线上下震荡。这表明,南非政府的政局稳定与杜绝暴力指标已经企稳,2012年初处在45%的水平,下一步将惯性下跌到40%,然后开始反弹。

3. 话语权与问责指标

按照世界银行的研究结果,1996~2012年,巴西政府的话语权与问责指标总体呈现企稳态势。如图11所示,1996~2005年的9年间,巴西政府的话语权与问责指标呈现先稳定后攀升的态势。2005年之后,该指标呈现企稳态势。总体来看,该指标总体表现为在62%附近震荡。

2008年国际金融危机爆发后,巴西政府的话语权与问责指标出现了小幅提升,然后回落,但一直维持在60%以上。总体来看,巴西政府的话语权与问责指标已经企稳,总体维持在60%以上。

1996~2012年,俄罗斯政府的话语权与问责指标总体呈现下降态势。如图12所示,2006年之前,俄罗斯政府的话语权与问责指标下降速度较快,由

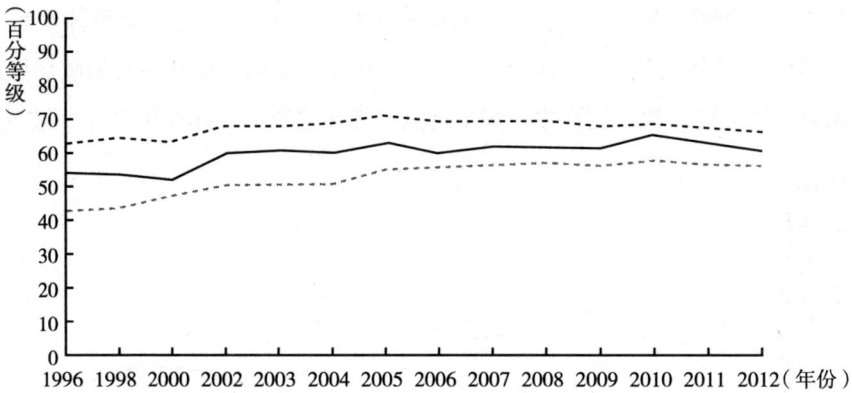

图11　巴西1996～2012年话语权与问责指标变化趋势

资料来源：世界银行。

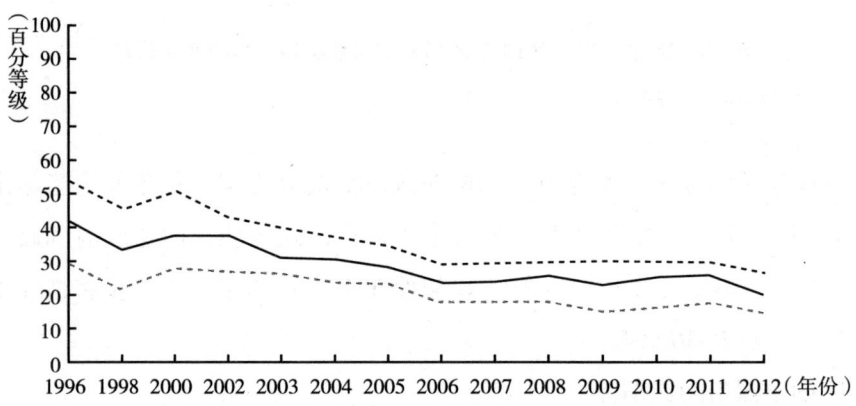

图12　俄罗斯1996～2012年话语权与问责指标变化趋势

资料来源：世界银行。

40%一直下降到25%左右。2006年之后，俄罗斯政府的该项指标大致围绕25%的线上下震荡。

2008年国际金融危机爆发后，俄罗斯政府的话语权与问责指标主要围绕25%的线上下震荡。2011年以来，该指标呈现继续下降的态势。总体来看，俄罗斯的话语权与问责指标还存在继续下降的可能性。

1996～2012年，印度政府的话语权与问责指标总体呈现企稳的态势。如

图13所示，2000年之前，印度政府的话语权与问责指标呈现缓慢下降态势，由约62%下降到约57%。2000年之后，印度政府的该项指标开始缓慢回升到60%以上，然后开始围绕60%的线窄幅波动，一直持续到2011年。

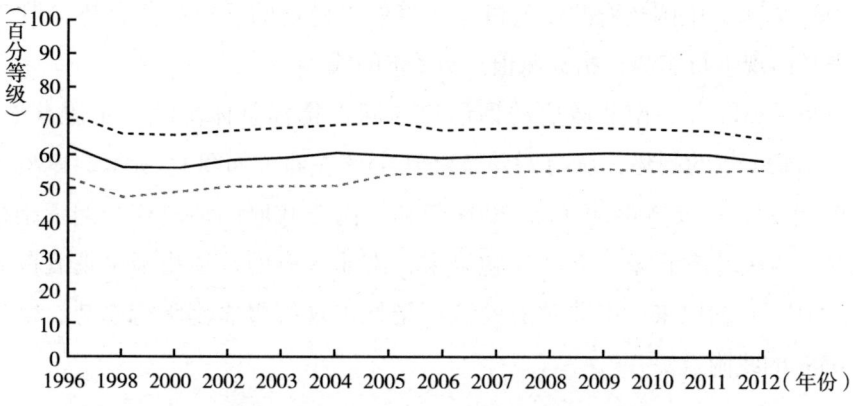

图13　印度1996~2012年话语权与问责指标变化趋势

资料来源：世界银行。

2011年以来，该项指标总体还是没有离开60%的线，但是到2012年初，该指标出现了脱离震荡态势下行的趋势。尽管如此，总体来看，印度政府的该项指标应该还是围绕60%的线上下震荡，呈现趋稳态势，没有脱离基本面。

1996~2012年，中国政府的话语权与问责指标总体呈现低位企稳的态势。如图14所示，2000年之前，中国政府的话语权与问责指标呈现缓慢下降态

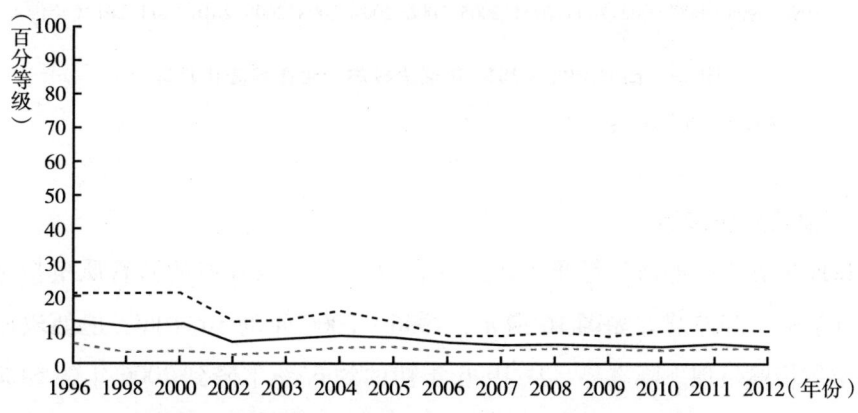

图14　中国1996~2012年话语权与问责指标变化趋势

资料来源：世界银行。

势，但一直处于10%线的上方。2000～2002年，中国政府的话语与问责权指标破位急剧下行，到达7%的线附近。此后一直到2012年初，中国政府的该项指标一直以极缓慢的速度震荡下行，徘徊在6%的线附近，呈现稳定震荡态势。

2008以来，中国政府的该项指标一直处于稳定的低位震荡态势，但2011年以来又出现下行态势，指标赋值接近5%的线。

1996～2012年，南非政府的话语权与问责指标总体呈现稳定震荡态势，但出现稍微下行的趋势，从约73%下降到65%左右。如图15所示，1996年初至2002年初，以及2004年初至2009年初，南非政府的话语权与问责指标先后出现了两次缓慢下降。2009年初以来，南非政府的该项指标呈现震荡趋稳态势。2011年初以来，南非政府的该项指标出现缓慢震荡下行态势，赋值徘徊在65%的线附近。

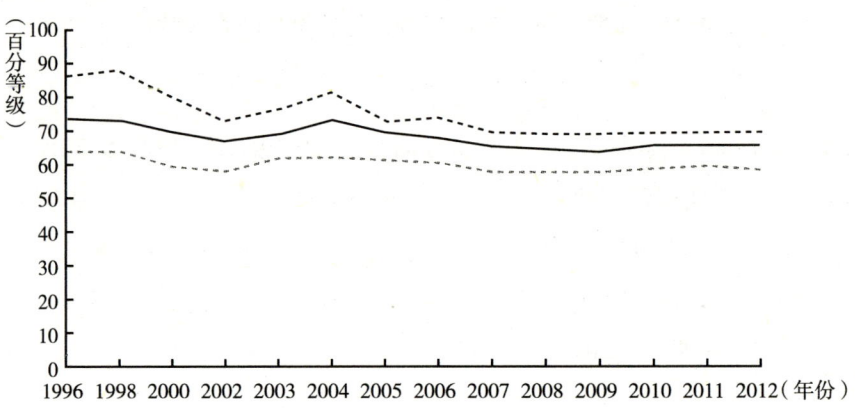

图15　南非1996～2012年话语权与问责指标变化趋势

资料来源：世界银行。

4. 监管质量指标

按照世界银行的研究结果，1996～2012年，巴西政府的监管质量指标总体呈现缓慢下降态势。如图16所示，1996～2006年的10年间，巴西政府的监管质量指标呈现下降态势，从1996年初的约65%下降到2006年的54%左右。2006年之后，巴西政府的该项指标呈现企稳态势，该项指标赋值总体在55%附近震荡。

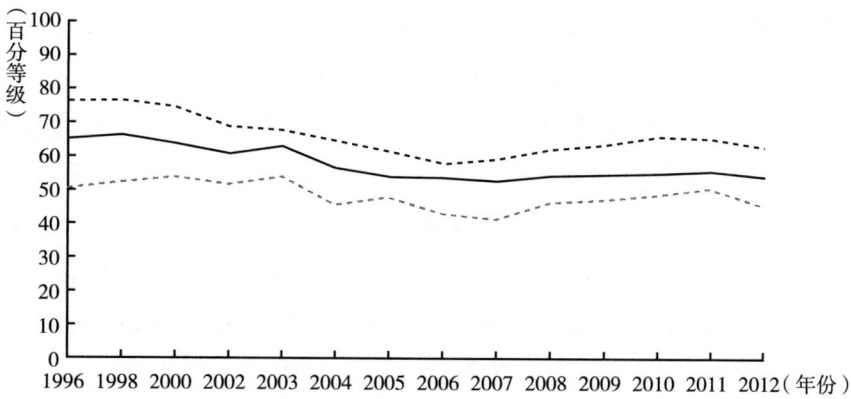

图 16　巴西 1996～2012 年监管质量指标变化趋势

资料来源：世界银行。

2011 年初至 2012 年初，巴西政府的该项指标出现震荡下行的态势，赋值也下降到 54% 的线附近。

1996～2012 年，俄罗斯政府的监管质量指标呈现不规则变化态势。如图 17 所示，1996～2000 年的 4 年间，俄罗斯政府的监管质量指标呈现下降态势，从 1996 年初的约 40% 下降到 2000 年的 29% 左右。2000 年初至 2005 年初，俄罗斯政府的该项指标出现了一轮快速上升，该项指标赋值也由 29% 上升到 50%。2005 年期间，俄罗斯政府的该项指标出现了一轮快速下降，赋值由

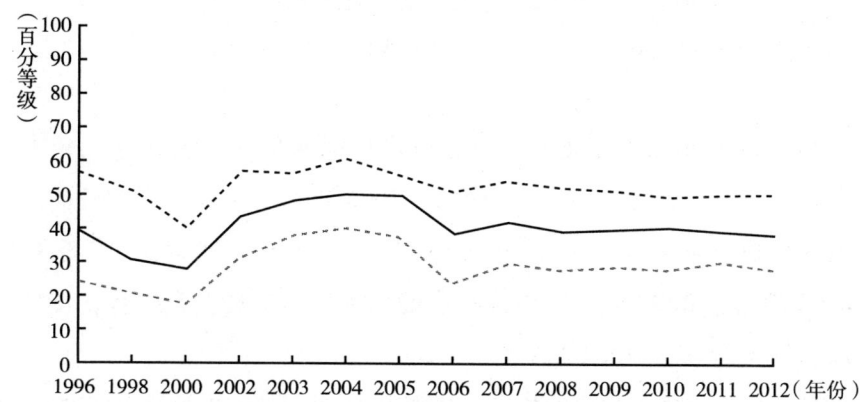

图 17　俄罗斯 1996～2012 年监管质量指标变化趋势

资料来源：世界银行。

2005年初的约50%下降到39%左右。2006年之后，俄罗斯政府的该项指标一直维持着围绕40%的线窄幅震荡的态势，整体表现趋稳。2011年初至2012年初，俄罗斯政府的该项指标整体处于39%的水平，呈现稳定震荡的态势。

1996~2012年，印度政府的监管质量指标变化表现为一轮上升和一轮下降的态势。如图18所示，1996~2005年的9年间，印度政府的监管质量指标呈现下降的态势，从1996年初的约32%上升到2005年的48%左右。2005年初至2012年初，印度政府的该项指标出现了一轮下降，该项指标的赋值从2005年的约48%震荡下行到34%左右。2011年初至2012年初，印度政府的该项指标整体表现为快速下降，最低赋值达到34%左右。

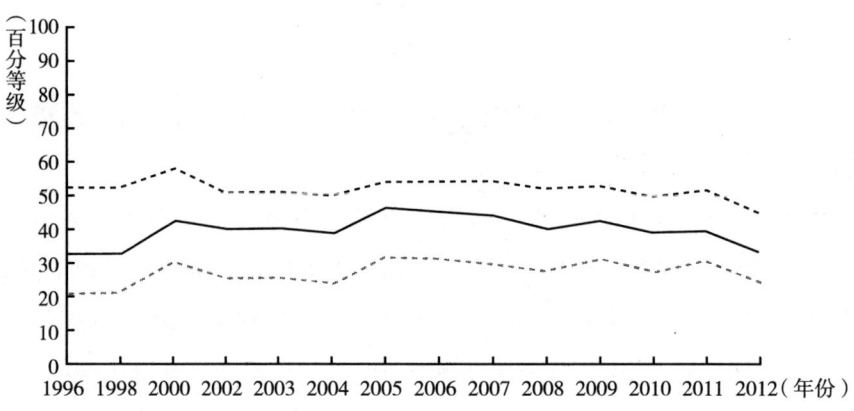

图18 印度1996~2012年监管质量指标变化趋势

资料来源：世界银行。

1996~2012年，中国政府的监管质量指标变化整体表现为一轮上升和两轮下降的态势。如图19所示，1996~2002年的6年间，中国政府的监管质量指标呈现下降态势，从1996年初的约48%下降到2002年的34%左右。2002年初至2008年初，中国政府的该项指标呈现上升态势，该项指标的赋值由约34%上升到51%左右。

2008年以来，中国政府的该项指标快速下降，赋值由2005年初的约50%下降到39%左右。2006年之后，中国政府的该项指标进入缓慢下行期，由2008年初的约51%下降到2012年的44%左右。在该下降期的后期，中国政府

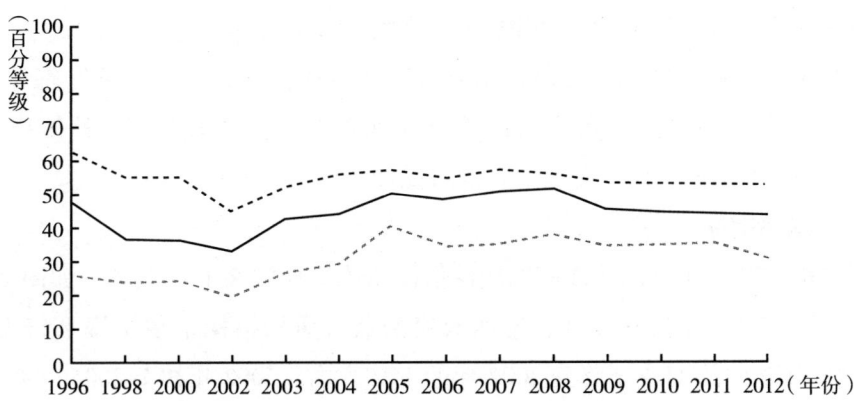

图19　中国1996~2012年监管质量指标变化趋势

资料来源：世界银行。

该项指标的赋值整体趋稳。2011年初至2012年初，中国政府的该项指标整体稳定在44%左右的水平，但不排除下行的可能性。

1996~2012年，南非政府的监管质量指标变化整体表现为一轮上升、两轮下降的态势。如图20所示，1996~1998年的两年间，南非政府的监管质量指标呈现下降态势，从1996年初的约62%下降到1998年的60%左右。1998年初至2003年初，南非政府的该项指标呈现一轮上升态势，该项指标的赋值也由约60%上升到74%左右。2003年以来，南非政府的该项指标进入一轮震

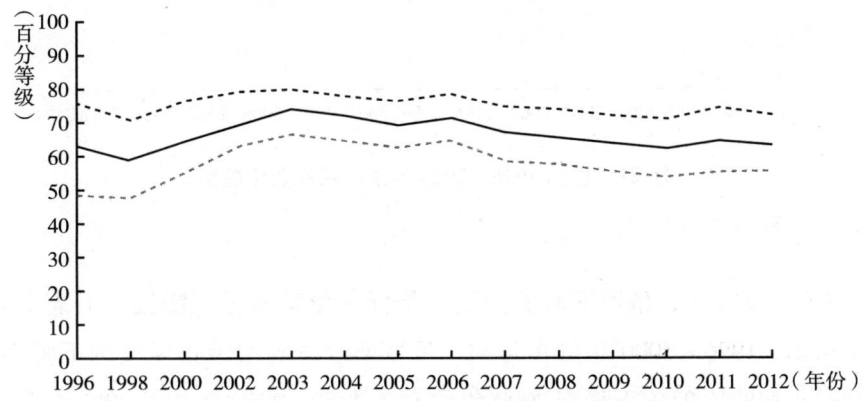

图20　南非1996~2012年监管质量指标变化趋势

资料来源：世界银行。

荡下降期，赋值由2003年初的约64%下降到62%左右。

2008年国际金融危机之后，南非政府的该项指标整体呈现下行态势。特别是2010年之后，南非政府的该项指标基本进入稳定振荡期，整体稳定在62%左右的水平上，但不排除下行的可能性。

5. 法治指标

1996~2012年，巴西政府的法治指标总体呈现震荡上行态势。如图21所示，1996~2002年的6年间，巴西政府的监管质量指标呈现缓慢上行态势，从1996年初的约41%下降到2002年的44%左右。2002年初至2005年初，巴西政府的该项指标呈现缓慢下降态势，该项指标的赋值从约44%下降到38%左右。2005年初至2012年初，巴西政府的法治指标出现了一轮较长的震荡上升期，该指标的赋值从约38%上升到52%左右，最高点为57%左右。从2011年开始，巴西政府该项指标的赋值快速下降，最终达到2012年初的52%左右。

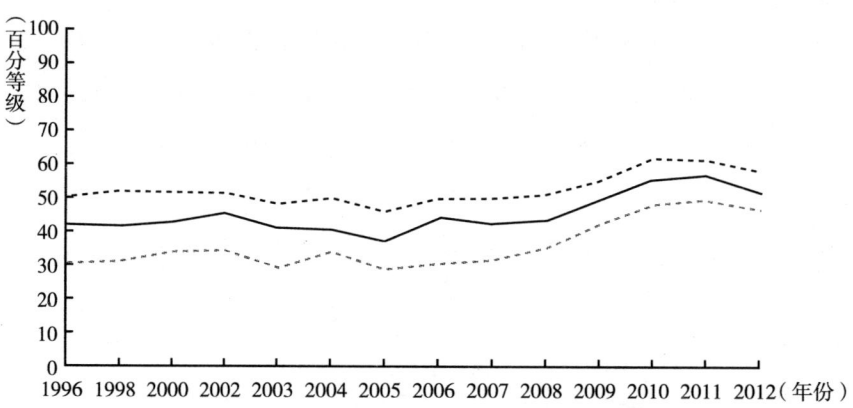

图21 巴西1996~2012年法治指标变化趋势

资料来源：世界银行。

1996~2012年，俄罗斯政府的法治指标变化整体呈现缓慢上升态势。如图22所示，1996~2000年的4年间，俄罗斯政府的法治指标呈现下降态势，从1996年初的约23%下降到2000年的14%左右。2000年初至2002年初，俄罗斯政府的该项指标出现一轮快速上升，该项指标的赋值由14%上升到23%左右。2002~2007年的5年间，俄罗斯政府的该项指标出现了一轮缓慢下降，赋值由2002年初的约23%下降到19%左右。2007年之后，俄罗斯政府的该项指标进入上升通道，赋值由2007年的19%上升到24%左右，后来就主要围绕24%的线窄幅震荡，整体表现趋稳。从2011年初至2012年初，俄罗斯政府的该项指标出现较快速度的下滑，最终停在23%左右。

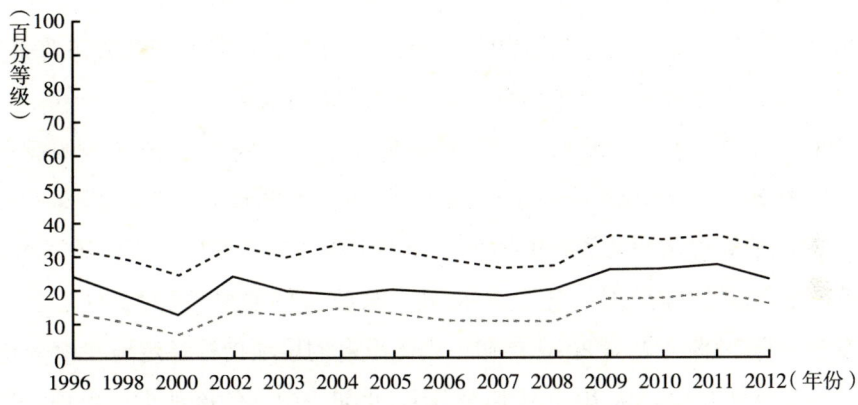

图22　俄罗斯1996~2012年法治指标变化趋势

资料来源：世界银行。

1996~2012年，印度政府的法治指标整体表现出微幅震荡态势。如图23所示，1996~2000年的4年间，印度政府的法治指标呈现围绕60%的线微幅

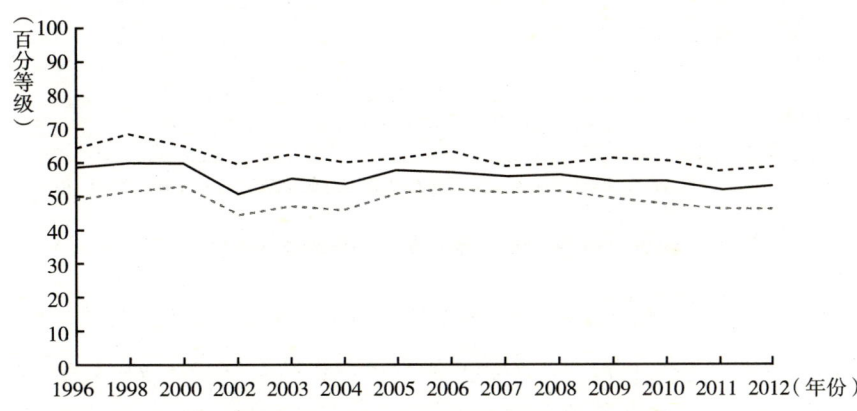

图23　印度1996~2012年法治指标变化趋势

资料来源：世界银行。

震荡的态势。从2000年初至2002年初，印度政府的该项指标出现一轮快速下降，该项指标的赋值从2000年的约60%快速下行到50%左右。从2002年初至2005年初，印度政府的该项指标出现震荡上行态势，该项指标的赋值由约50%上升到58%左右。2005年之后，印度的该项指标就进入了微幅震荡下降态势。

2008年国际金融危机之后，印度政府的法治指标一直处于微幅下降通道。2011年以来，印度政府的该项指标稳定在约52%的水平。

1996~2012年，中国政府的法治指标整体呈现围绕40%的线微幅震荡的态势。如图24所示，1996~2007年的11年间，中国政府的法治指标呈现围绕39%的线窄幅震荡的态势，整体处于40%的下方。2007年初至2008年初，中国政府的该项指标呈现一轮上升态势，该项指标的赋值由约41%上升到45%左右。从2008年初至2010年初，中国政府的该项指标稳定地在45%的线附近运行，整体企稳。从2010年初至2012年初，中国的该项指标出现快速下滑，由约45%下降到39%左右。

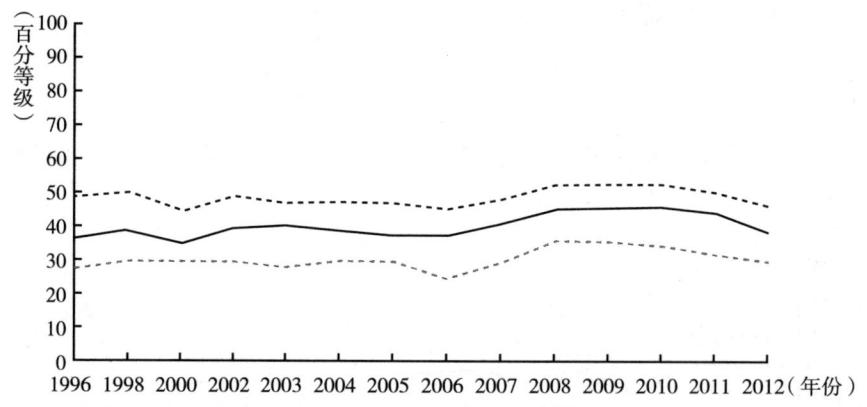

图24　中国1996~2012年法治指标变化趋势

资料来源：世界银行。

2008年国际金融危机以来，中国政府的该项指标先是在高位平稳运行，然后进入缓慢下行期，在2012年初下降到约39%，不排除继续下行的可能性。

1996~2012年，南非政府的法治指标整体呈现平稳运行的态势。如图25所示，1996~1998年的两年间，南非政府的法治指标呈现上升态势，从1996

年初的约50%上升到1998年的57%左右。随后进入震荡期,并于2006年初达到峰值60%。总之,南非政府的该项指标总体在50%~60%的区间震荡。

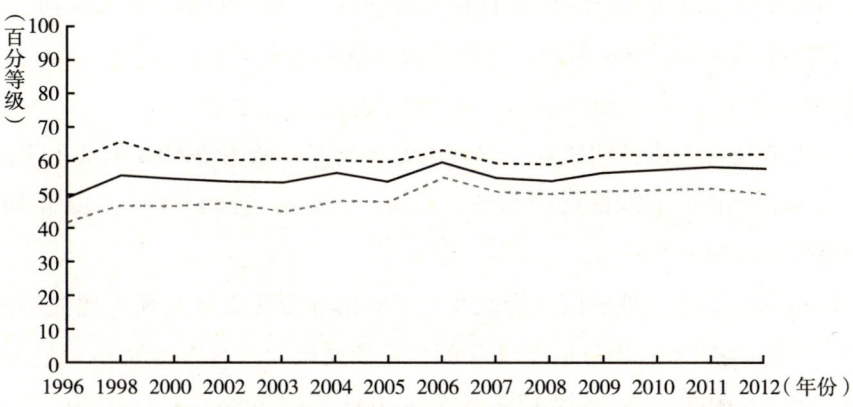

图25　南非1996~2012年法治指标变化趋势

资料来源:世界银行。

2008年国际金融危机以来,南非该项指标的赋值呈现微幅上升态势,但总体稳定在58%左右的水平。

6. 腐败控制指标

1996~2012年,巴西政府的腐败控制指标总体呈现围绕60%的线上下震荡的特征。如图26所示,1996~1998年的两年间,巴西政府的腐败控制指标

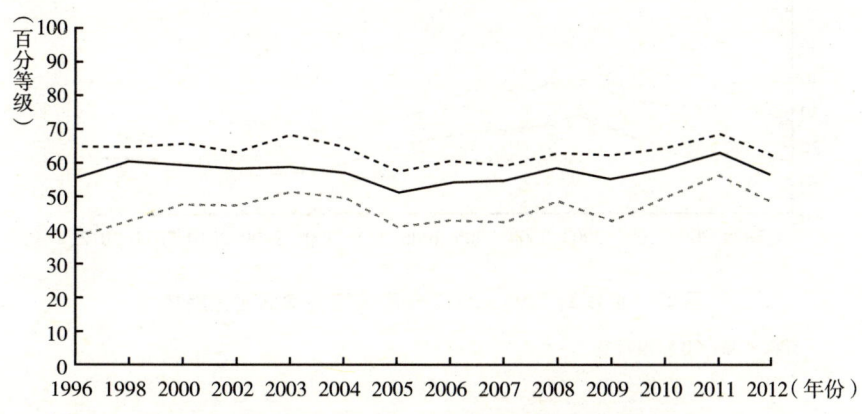

图26　巴西1996~2012年腐败控制指标变化趋势

资料来源:世界银行。

呈现缓慢上行态势,由 1996 年初的约 57% 上升到 1998 年的 61% 左右。从 1998 年初至 2003 年初,该指标整体沿着 60% 的线运行。在 2003 年初至 2005 年初的两年间,巴西政府的该项指标出现快速下滑,由约 60% 下滑到 51% 左右。从 2005 年初至 2008 年初,巴西的该项指标出现了上行态势,由约 51% 上升到 58%。

2008 年国际金融危机之后,巴西的该项指标开始围绕 60% 的线上下震荡。2009 年初达到该时期的低点约 57%,后又上升到高点约 61%。2012 年初,巴西的该项指标约为 58%。

1996~2012 年,俄罗斯政府的腐败控制指标变化整体呈现大幅波动态势。如图 27 所示,1996~2003 年的 7 年间,俄罗斯政府的腐败控制指标呈现波动上升态势,从 1996 年初的约 17% 下降到 2003 年的 29% 左右。在 2003 年初至 2009 年初的 6 年间,俄罗斯政府的该项指标出现一轮快速下降,该项指标的赋值由 29% 下降到 11% 左右。从 2009 年初至 2011 年初,俄罗斯政府的该项指标呈现一轮上升态势,赋值由 2009 年初的约 11% 上升到 18% 左右。2011 年以来,俄罗斯政府的该项指标处于平稳状态,赋值约为 18%。

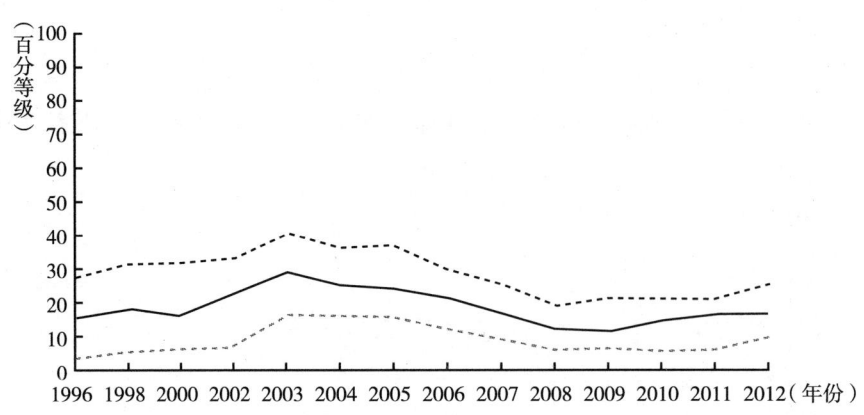

图 27　俄罗斯 1996~2012 年腐败控制指标变化趋势

资料来源:世界银行。

1996~2012 年,印度政府的腐败控制指标整体围绕 40% 的线上下波动,整体表现为微幅下行。如图 28 所示,1996~2000 年的 4 年间,印度政府的腐败控制指标出现快速上行态势，由约40%上升到48%左右。从2000年初至2002年初，印度政府的该项指标出现一轮快速下降，赋值从2000年的约48%快速下行到39%左右。从2002年初至2006年初，印度政府的该项指标出现震荡上行态势，赋值由约39%上升到47%左右。2006年之后，印度的该项指标进入震荡下行期，由约47%下降到32%左右。2011年初，印度的腐败控制指标开始回升，最终达到2012年初的45%。

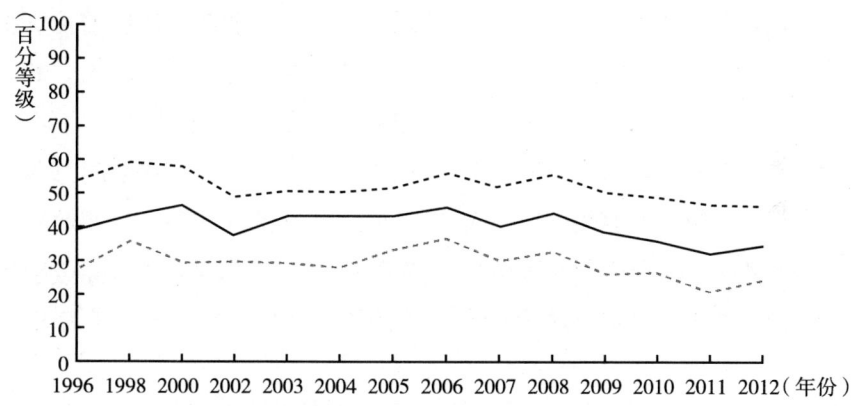

图28　印度1996~2012年腐败控制指标变化趋势

资料来源：世界银行。

1996~2012年，中国政府的腐败控制指标整体呈现先下跌、后平稳再迅速拉升的态势。如图29所示，1996~2000年的4年间，中国政府的腐败控制

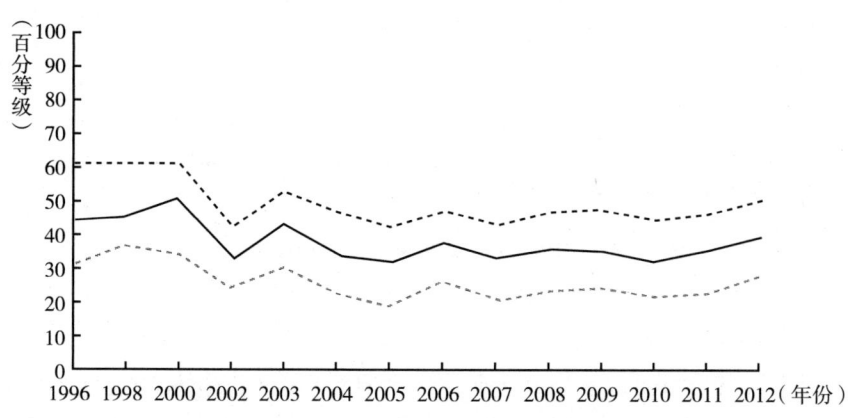

图29　中国1996~2012年腐败控制指标变化趋势

资料来源：世界银行。

指标呈现上升的态势，赋值由约45%迅速拉升到50%以上。从2000年初至2005年初，中国政府的该项指标呈现震荡下降态势，赋值由约50%下降到31%左右。从2005年初至2010年初，中国政府的该项指标稳定地围绕32%的线上下震荡运行，整体企稳。从2010年初至2012年初，中国的该项指标出现快速拉升，由约31%快速拉升到2012年初的40%左右。

1996~2012年，南非政府的腐败控制指标整体呈现下行态势，共出现了三波下行。如图30所示，1996~2003年的7年间，南非政府的腐败控制指标出现第一波下行，从1996年初的约79%下降到2003年的68%左右。2003~2007年初的4年间，南非政府的腐败控制指标先是微幅上升，之后进入2004~2006年的平稳运行，然后进入2006年初的快速下降。这期间总体呈现下降态势，由约68%下降到62%。2007~2012年初的5年间，南非政府的该项指标继续呈现下降趋势，由约62%下降到53%左右。2008年国际金融危机之后，南非政府的该项指标总体呈现大幅下降态势，2012年达到了52%的低位。

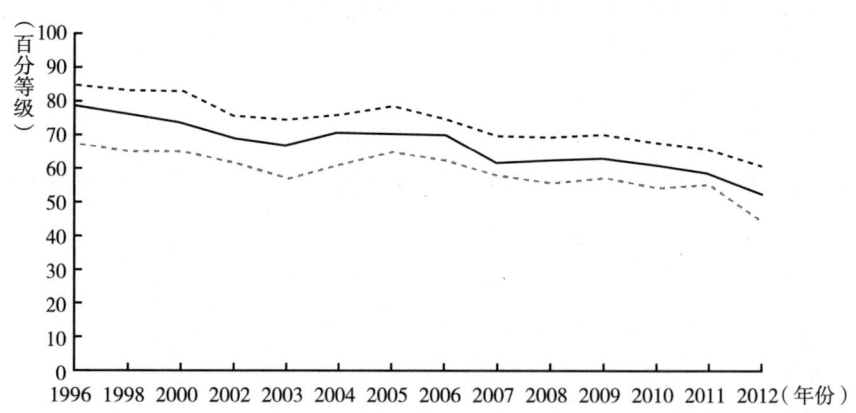

图30　南非1996~2012年腐败控制指标变化趋势

资料来源：世界银行。

通过上面的考察可以看出，金砖国家政府治理的6项指标均表现出赋值较低的后发特点。一是金砖国家的政府治理效率普遍不高，指标赋值均在65%以下。南非这项指标的赋值虽然在65%以上，但整体表现为下行态势。指标赋值最低的是俄罗斯，整体在45%以下。二是金砖国家的政局稳定与杜绝暴力指标赋值普遍不高，指标赋值均在66%以下。表现最低的是印度，整体赋值在20%以下。三是金砖国家的话语权与问责指标赋值均在75%以下。表现最低的是中国，整体赋值在13%以下。四是金砖国家的监管质量指标赋值均在78%以下。表现最低的是印度，整体赋值在50%以下。五是金砖国家的法治指标赋值均在60以下。表现最差的是俄罗斯，整体赋值在30%以下。六是金砖国家的腐败控制指标均在80%以下。表现最差的是俄罗斯，整体赋值在30%以下。就6项指标的综合表现来看，金砖五国中南非的总体表现最好，各项指标赋值相对较高。

（二）代表性发达国家的政府治理状况

世界银行在2012年的《全球治理指标报告》中也发布了发达国家的政府治理状况。作为一个参照坐标，世界主要发达国家的政府治理状况为后发国家的政府治理建设提供了参考。现以美国的政府治理指标为例进行考察。

1. 政府效率指标

根据世界银行发布的2012年《全球治理指标报告》，美国、英国等发达国家的政府治理指标大多具有政府治理效率高且运行平稳、波动小的特征。

世界银行的研究结果如图31所示，1996~2003年，美国政府的治理效率

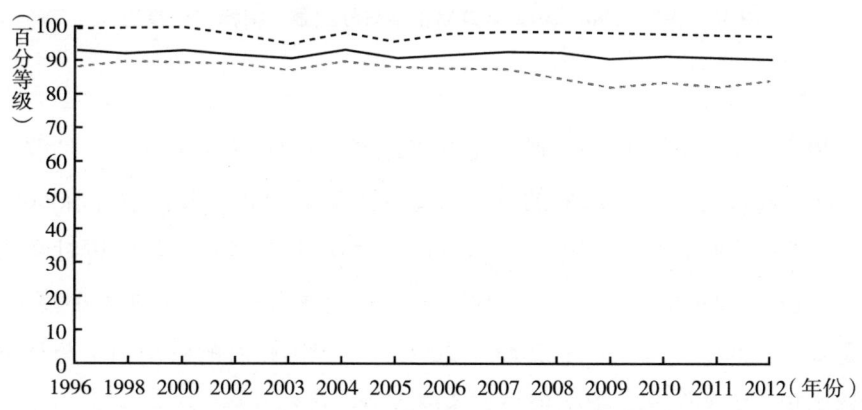

图31　美国1996~2012年政府效率指标变化趋势

资料来源：世界银行。

指标一直维持90%以上的高位，而且波动较小，运行平稳，16年间政府效率指标的上下波动幅度在5%以内。虽然2008年的国际金融危机给美国社会带来不小的冲击，这期间美国的政府治理效率指标也出现了小幅下降，但还是维持在90%以上，2010年前后还出现了一定程度的反弹，波动幅度也在2%以内。总之，美国的政府治理效率指标整体呈现高位平稳的特征。

2. 政局稳定与杜绝暴力指标

根据世界银行发布的2012年《全球治理指标报告》，美国、英国等发达国家的政局稳定与杜绝暴力指标大多具有整体赋值高、波动幅度大的特征。

世界银行对美国政府的政局稳定与杜绝暴力指标的研究结果如图32所示。

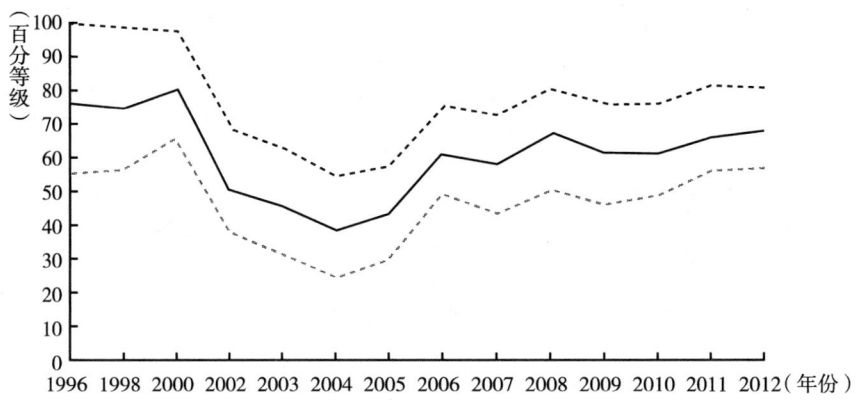

图32　美国1996～2012年政局稳定与杜绝暴力指标变化趋势

资料来源：世界银行。

1996～2000年，美国政府的政局稳定与杜绝暴力指标在74%以上，且波动很小。2006～2012年，美国政府的政局稳定与杜绝暴力指标赋值整体在60%以上，呈现高位平稳运行的态势。虽然2008年的国际金融危机给美国社会带来不小的冲击，这期间美国政府的政局稳定与杜绝暴力指标也出现了小幅下降，但还是维持在60%以上。只是2000～2006年，美国政府的政局稳定与杜绝暴力指标出现了大幅跳水，但赋值也在40%以上。

3. 话语权与问责指标

根据世界银行发布的2012年《全球治理指标报告》，美国、英国等发达国家的话语权与问责指标大多具有整体赋值高、波动幅度小的特征。

世界银行对美国政府的话语权与问责指标的研究结果如图33所示，1996～2012年，整体呈现高位运行态势。1996～2003年，美国政府的话语权与问责指标一直维持在90%以上的高位，而且波动较小。此后一直到2012年初，美国政府的该指标开始下滑，从2003年的约91%下降到2011年初的83%左右。2008年的国际金融危机加速了美国政府的话语权与问责指标的下滑趋势。但是，美国政府的这一指标仍然维持在80%以上，而且进入2011年之后，该指标反弹到约86%。

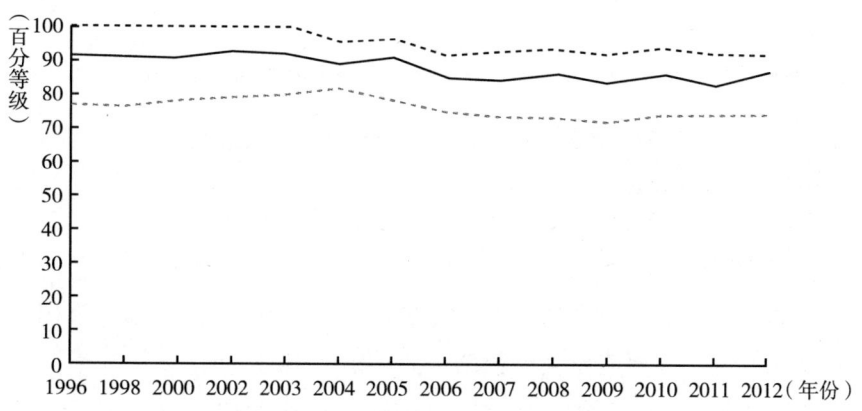

图33　美国1996～2012年话语权与问责指标变化趋势

资料来源：世界银行。

4. 监管质量指标

根据世界银行发布的2012年《全球治理指标报告》，美国、英国等发达国家的监管质量指标大多具有整体赋值高、波动幅度小的特征。

世界银行的研究结果显示，美国政府的监管质量指标情况如图34所示。1996～2004年，美国政府的监管质量指标处于缓慢下滑状态，由约97%下降到93%左右，波动较小。2004～2006年的两年间，美国政府的监管质量指标出现反弹，由约93%上升到96%左右。此后直到2012年初，美国政府的该项指标一直处于下滑通道，2008年的国际金融危机加速了美国政府该项指标的下滑趋势。2011年之后，美国该项指标的下滑速度加快。虽然美国政府该项指标的下滑趋势明显,但总体赋值还是维持在高位,2012年初还达到88%以上。

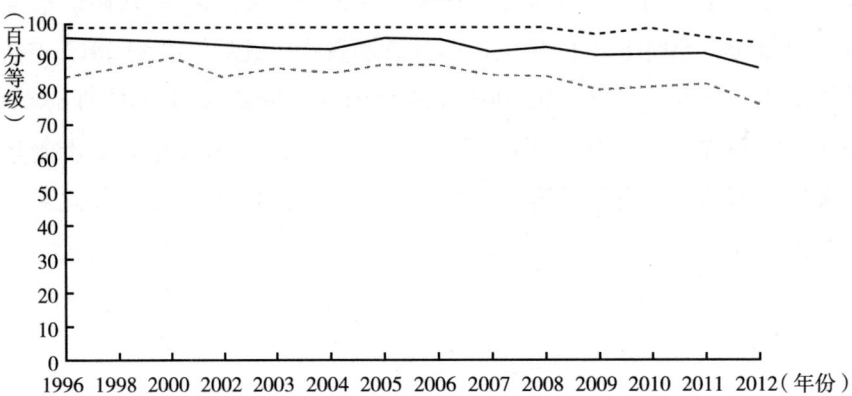

图34　美国1996～2012年监管质量指标变化趋势

资料来源:世界银行。

5. 法治指标

根据世界银行发布的2012年《全球治理指标报告》,美国、英国等发达国家的法治指标大多具有整体赋值高、波动幅度小的特征。

如图35所示,世界银行对美国政府法治指标的研究结果显示,1996～2012年,美国该项指标的赋值整体处于90%～95%的区间,波动幅度较小,

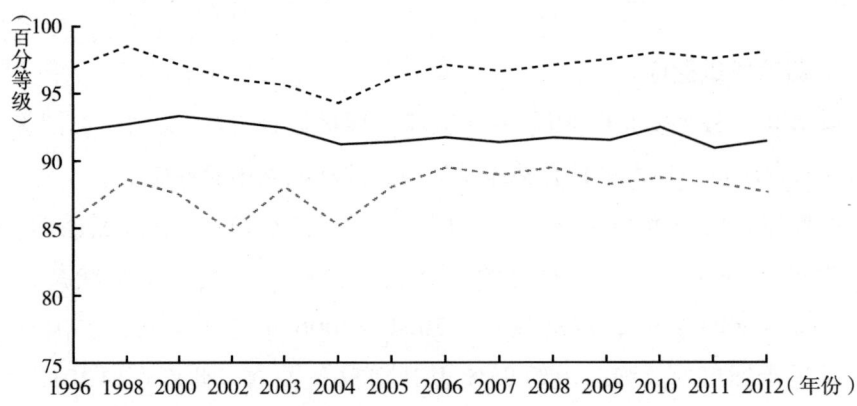

图35　美国1996～2012年法治指标变化趋势

资料来源:世界银行。

呈现高位平稳运行态势。即使2008年的国际金融危机也没有大幅改变美国该项指标的运行态势。

6. 腐败控制指标

根据世界银行发布的2012年《全球治理指标报告》，美国、英国等发达国家的腐败控制指标大多具有整体赋值高、波动幅度较小的特征。

世界银行的研究结果显示，1996~2012年，美国政府的腐败控制指标整体呈现高位平稳运行态势。如图36所示，1996~2006年，美国政府的腐败控制指标一直维持在90%以上的高位，而且波动较小。2006~2008年，该项指标围绕90%的线波动，而且波幅很小。在2008年的国际金融危机冲击下，美国政府的该项指标下滑到90%的线以下，波动幅度也略微放大。但是，综合1996~2012年的情况来看，美国的该项指标还是表现出高位、稳定和波动幅度小的特征。

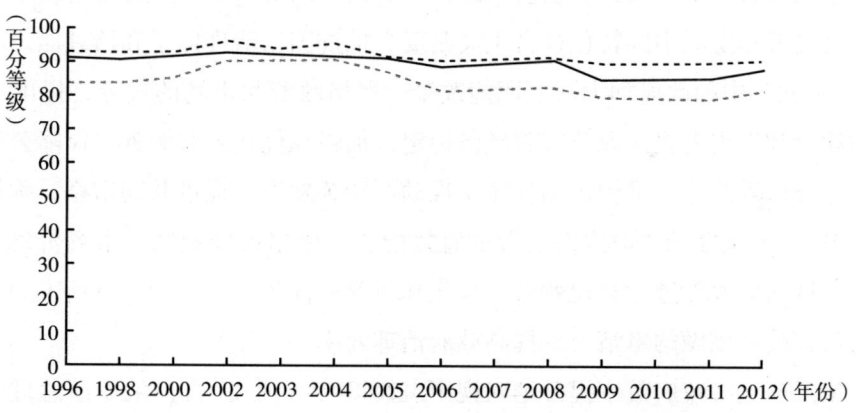

图36 美国1996~2012年腐败控制指标变化趋势

资料来源：世界银行。

以发达国家的代表——美国的政府治理情况为参照可以看出，金砖国家政府治理的6项指标均与其有较大差距。可见，金砖国家政府治理能力整体较发达国家要低很多，政府治理能力是金砖国家综合国力提升的重要瓶颈之一。同时也表明，金砖国家通过提升政府治理能力提高国家综合竞争力的空间很大。

三 金砖国家政府治理的创新比较

综上所述,从6项指标的数据来看,金砖国家的政府治理水平与发达国家相比尚存在很大的差距,主要表现在以下两个方面。一是金砖国家政府治理的6项指标赋值均远低于发达国家政府相应指标的赋值,呈现后发的特点。只有南非的政府治理指标赋值比较接近发达国家的政府治理指标赋值。二是金砖国家政府治理指标的稳定性较差,波动幅度较大。这种差距给金砖国家带来巨大的压力,许多金砖国家纷纷立足本国实际情况创新政府治理,发挥后发优势,提高政府治理水平,其中中国表现突出。这种创新,转型国家主要表现为政府管理体制的市场化改革,原生市场经济国家主要表现为提高政府执行能力。

1. 金砖国家在政府治理效率方面的创新比较

中国政府在十八届三中全会中提出政府改革的对策,"全面深化改革的总目标是完善和发展中国特色社会主义制度,推进国家治理体系和治理能力现代化",为此,中国政府加大政府职能改革,严格政府和市场的边界,提出"政府的职责和作用主要是保持宏观经济稳定,加强和优化公共服务,保障公平竞争,加强市场监管,维护市场秩序,推动可持续发展,促进共同富裕,弥补市场失灵"。大幅度减少政府对资源的直接配置,依据市场规则、市场价格、市场竞争推动资源配置,实现效益最大化和效率最优化。有所为,有所不为,把精力放在政府该做的事情上,提高政府治理效率。

俄罗斯也将政府效率提升纳入视野。2013年4月17日,俄罗斯总理梅德韦杰夫在政府工作报告中提出,为完成政府制定的各项目标,俄罗斯政府今后应该继续提高国家机关的工作效率,提供公开、透明、有效的国家服务,把政府服务的公开、透明和有效作为俄罗斯政府提高治理效率的创新手段。

南非政府通过提高执行力来提高政府效率。国际金融危机之后,南非面临更严重的失业、贫困和不公平等社会问题,政府需要加快步伐改善穷人的生活。为了提高政府提供公共产品的效率,2010年10月31日,南非总统一次就革职了7名内阁部长,以加强相关政府部门的工作效率。可见,南非政府是通过提高政府执行力的方式来提高政府效率的。

2. 金砖国家在政局稳定与杜绝暴力方面的创新比较

中国政府把政局稳定和杜绝暴力作为工作的重心之一,创新社会治理方式。在十八届三中全会的决议中,中国立足国情明确提出,要提升政局稳定与杜绝暴力的能力,推进创新。首先,立足国情与社会治理方式创新并重。坚持系统治理,加强党委领导,发挥政府的主导作用,鼓励和支持社会各方面的参与,突出强调政府治理要和社会自我调节与居民自治良性互动。坚持依法治理,运用法治思维和法治方式化解社会矛盾。坚持综合治理,强化道德约束,规范社会行为,调节利益关系,协调社会关系。坚持源头治理,标本兼治、重在治本,突出强调以网格化管理、社会化服务为方向,健全基层综合服务管理平台。其次,大力发展社会组织,鼓励其更多参与社会管理。加快政社分开改革,推进社会组织明确权责、依法自治,并在社会事务管理中发挥更大的作用,把适合社会组织提供的公共服务交由社会组织承担。支持志愿服务组织发展。大力推动行业协会与行政机关实现脱钩,重点培育和优先发展行业协会商会类、科技类、公益慈善类、城乡社区服务类社会组织。引导社会组织和在华境外非政府组织依法开展活动。再次,创新社会矛盾有效预防和化解的体制机制。建立畅通有序的诉求表达、心理干预、矛盾调处、权益保障机制;改革行政复议体制,纠正违法或不当行政行为;建立调处、化解矛盾纠纷的综合机制;实行网上受理信访制度,建立涉法涉诉信访依法终结制度,健全及时就地解决群众合理诉求机制,把涉法涉诉信访纳入法制轨道解决。最后,创新公共安全体系。建立食品原产地可追溯制度和质量标识制度,保障食品药品安全;建立隐患排查治理体系和安全预防控制体系,遏制重特大安全事故;创新立体化社会治安防控体系,依法严密防范和惩治各类违法犯罪活动,加强社会治安综合治理。

迫于民众的压力,印度政府开始冲破传统,进行创新,提升政府维护政局稳定与杜绝暴力的能力。2012年12月,印度接连发生轮奸案,社会治安环境令人担忧。事后,迫于民众游行示威的压力,印度政府开始创新维护政局稳定和杜绝暴力的方式方法,拟将被定罪的强奸犯的照片、姓名和地址公布在官方网站上,作为打击针对女性的日益猖獗的犯罪活动的新举措。同时,国会也在探讨"30年监禁和化学阉割"并用的措施。随着社会环境的演进,印度政府

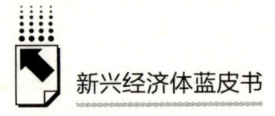

通过创新不断提升政府维护政局稳定与杜绝暴力的能力。

南非政府也一直致力于通过创新提高维护政局稳定与杜绝暴力的能力。2012年8月16日，南非西北省隆明铂金公司发生暴力冲突事件，造成2名警察和34名矿工死亡。针对这个事件，南非政府通过在铂金属行业设立劳工案件专项治理小组的创新方式，帮助工会协调处理劳资关系，以维护政局稳定，杜绝暴力事件发生。

3. 金砖国家在话语权与问责方面的创新比较

在十八届三中全会的决议中，中国重申了要推进民主，加强民众话语权与问责权的保障。首先，推动人民代表大会制度适应时代的变化。会议决定，要强化人大预算决算的审查监督职能；强化人大常委会与人大代表的联系，充分发挥代表的作用；加强代表联络机构、联络平台的建设，密切代表同人民群众的联系；健全人大工作机制，通过座谈、听证、评估、法律草案公布等方式扩大公民有序参与立法的途径，通过质询、询问、问题调查、备案审查等方式，充分保障公众的话语权和问责权，积极回应社会关注的问题。其次，积极推进协商民主深入发展、制度化发展。在党的领导下，围绕经济社会发展的重大问题和涉及群众切身利益的实际问题，在加强体制内主渠道协商机制的前提下，加强中国特色新型智库建设，推进决策咨询社会化建设；发挥统一战线在协商民主中的重要作用，进一步推进中国共产党同各民主党派的政治协商，采取协商会、谈心会、座谈会等形式，认真听取各民主党派和无党派人士的意见；推进政治协商、民主监督、参政议政制度化、规范化、程序化，发挥人民政协在协商民主中的重要作用。最后，推进基层民主发展。立足实际，扩展民主渠道，健全基层选举、议事、公开、述职、问责等机制；推进基层协商制度化，建立健全居民、村民监督机制，推进村落、社区依法自我管理、自我服务、自我教育、自我监督；健全以职工代表大会为基本形式的企事业单位民主管理制度，推进社会组织民主机制建设，保障职工参与管理和监督的民主权利。总之，要"推进社会领域制度创新，推进基本公共服务均等化，加快形成科学有效的社会治理体制，确保社会既充满活力又和谐有序"。

印度通过非政府组织建设推进印度政府的话语权与问责能力建设。印度政府一直致力于非政府组织建设。目前，非政府组织已经成为印度社会中独立于政府和市场之外的第三大力量，在印度中下层社会中拥有广泛的影响和支持。许多政府决策的制定和项目工程的实施都由非政府组织提供咨询。通过非政府组织建设，印度政府的话语权与问责能力得到很大提升。

4. 金砖国家在监管质量方面的创新比较

在十八届三中全会的决议中，中国对加强政府监管质量能力建设提出了创新性方案。首先，调整发展成果考核评价体系，改变过去单纯以 GDP 增速来评定政绩的倾向，加大资源消耗、环境损害、生态效益、科技创新、安全生产、新增债务等指标的权重，强调劳动就业、居民收入、社会保障、人民健康状况的重要性。加快建立全国统一的经济核算制度，编制全国和地方资产负债表，建立全社会房产、信用等基础数据平台。其次，明确政府的职责边界，加强职责内监管。政府主要负责制定和实施发展战略、规划、政策、标准等，加强市场监管。强化中央政府宏的观调控职责和能力，强化地方政府的公共服务、市场监管、社会管理、环境保护等职责。再次，深化机构改革。优化政府机构设置、权责配置、工作流程，强化决策权、执行权、监督权既相互制约又相互协调的关系。严格绩效管理，强调责任落实，确保责权一致。最后，优化政府机构。积极稳妥地推进大部门制改革。优化行政区划设置，逐步探索实施省直管县（市）体制改革。严格控制机构编制，严格限制配备领导职数，减少机构数量，严格控制财政供养人员总量，推进机构编制管理科学化、规范化、法制化。

巴西政府也通过创新加强其监管能力。2013 年 8 月，巴西政府拟对电视部门对互联网上的视听服务（电影和电视剧播放）实行收费进行监管，包括征税和建立国家内节目的定期份额。通过提案创新将原有法律的覆盖范围扩大，巴西政府致力于将电视服务收费法（2011）中对进口作品的收费延伸至互联网服务，加强了对这些领域的监管。

5. 金砖国家在法治方面的创新比较

在十八届三中全会的决议中，中国提出建设法治中国的目标，强调依法治国、依法执政、依法行政共同推进，致力于法治国家、法治政府、法治社会一体建设。第一，维护宪法法律权威。继续健全宪法实施监督机制和程序，全面提升贯彻落实宪法的水平；建设全社会忠于、遵守、维护、运用宪法法律的社会环境；坚持法律面前人人平等。第二，全面建立法律顾问制度。完善规范性文件、重大决策合法性审查机制；建立科学的法治建设考核指标体系和标准；健全法规、规章、规范性文件备案审查制度；健全社会普法教育机制，增强全民法治观念；逐步增加拥有地方立法权市的数量。第三，推进行政执法体制改革。整合执法主体，相对集中执法权，推进综合执法，解决权责交叉、多头执法问题；减少行政执法层级，加强食品药品、安全生产、环境保护、劳动保障、海域海岛等重点领域的基层执法力量；理顺城管执法体制，提高执法和服务水平；完善行政执法程序，规范执法自由裁量权，加强对行政执法的监督，全面落实行政执法责任制和执法经费由财政保障制度；完善行政执法与刑事司法衔接机制。第四，推进审判权、检察权依法独立公正行使体制建设。推动省以下地方法院、检察院人财物统一管理，逐步推进与行政区划适当分离的司法管辖制度建设；建立健全法官、检察官、人民警察统一招录、有序交流、逐级遴选机制，完善司法人员的分类管理制度，健全法官、检察官、人民警察的职业保障制度。第五，健全司法权力运行机制。优化司法职权配置，健全司法权力分工负责、互相配合、互相制约的机制，强化和规范对司法活动的法律和社会监督；改革审判委员会制度，完善主审法官、合议庭办案责任制，让审理者裁判、由裁判者负责；明确各级法院的职能定位，规范上下级法院的审级监督关系；推进审判公开、检务公开，录制并保留全程庭审资料；增强法律文书说理性，推动法院生效裁判文书公开；广泛实行人民陪审员、监督员制度，拓宽人民群众有序参与司法的渠道。第六，完善人权司法保障制度。继续规范查封、扣押、冻结、处理涉案财物的司法程序；健全错案防止、纠正、责任追究机制，严禁刑讯逼供、体罚虐待，严格实行非法证据排除规则；逐步减少适用死刑罪名；废止劳动教养制度；健全司法救助制度，完善法律援助制度；完善律师执业权利保障机制和违法违规执业惩戒制度，加强职业道德建设。

俄罗斯致力于通过健全法制基础设施推进政府的治理能力。苏联解体之后，俄罗斯转向以民主政治和市场经济为特色的资本主义实践，高度重视市民社会在国家发展和人权保障中的作用，对私法调整予以高度重视。1994～2006年，俄罗斯先后通过了《俄罗斯联邦民法典》第一、第二、第三和第四部分，彻底完成了民法典的编纂工作。这表明，俄罗斯在致力于通过法制能力建设提高自己的软实力。

6. 金砖国家在腐败控制方面的创新比较

在十八届三中全会的决议中,中国提出了要加强反腐败体制机制创新和制度保障。首先,建立健全有中国特色的纪检反腐控制体系。落实党风廉政建设责任制,党委负主体责任,纪委负监督责任,制定实施切实可行的责任追究制度;各级纪委要履行协助党委加强党风建设和组织协调反腐败工作的职责,强化对同级党委特别是常委会成员的监督,有效发挥党内监督专门机关的作用;推动党的纪检工作双重领导体制具体化、程序化、制度化,强化上级纪委对下级纪委的领导;查办腐败案件以上级纪委领导为主,线索处置和案件查办在向同级党委报告的同时必须向上级纪委报告;各级纪委书记、副书记的提名和考察以上级纪委会同组织部门为主;健全反腐倡廉法制体系,完善惩治和预防腐败、防控廉政风险、防止利益冲突、领导干部报告个人有关事项、任职回避等法律法规,推行新提任领导干部有关事项公开制度试点;健全民主监督、法律监督、舆论监督机制,运用和规范互联网监督。其次,以探索实行官邸制为导向,强化反公务人员特权制度建设。围绕反对形式主义、官僚主义、享乐主义和奢靡之风,加快体制机制改革和建设;健全领导干部带头改进作风、深入基层调查研究机制,完善直接联系和服务群众制度;严格财务预算、核准和审计制度,控制"三公"经费支出;完善选人用人专项检查和责任追究制度,着力纠正"跑官""要官"等不正之风;改革政绩考核机制;规范并严格执行领导干部工作生活保障制度,严肃查处违反规定超标准享受待遇等问题;完善并严格执行领导干部亲属经商、担任公职和社会组织职务、出国定居等相关制度规定,防止领导干部利用公共权力或自身影响为亲属和其他特定关系人谋取私利,坚决反对特权思想和作风。

巴西政府在反腐方面强调立法的作用。2014年1月29日,巴西新的反腐败法正式生效。新法对腐败行为的惩处更加严厉,总经理和涉案的其他人将受到惩罚,涉及范围延伸至其在国外的犯罪。而且,将行贿缴纳罚款的最高限额提至企业年毛收入的20%,或6000万雷亚尔(约合1.5亿元人民币)。巴西立足本国原生市场经济的国情,大力推进立法以治理腐败,加强政府在腐败控制方面的能力。

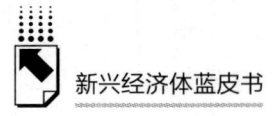

四 金砖国家改善政府治理面临的挑战和前景展望

当前,金砖国家的政府治理能力与发达国家的差距是显而易见的,这为金砖国家通过提升政府治理能力来提高综合国力留下了空间。但是,由于各自的国情和发展阶段不同,金砖国家政府治理面临的挑战也不同。

(一)金砖国家改善政府治理面临的挑战

就俄罗斯来讲,其政府治理能力的短板是政府治理效率、法治和腐败控制三个指标。俄罗斯的这三个指标是金砖国家的相应指标中表现最差的,也构成了俄罗斯提高政府治理能力的最大挑战。但是,俄罗斯政府治理能力的根本短板是发展能力的欠缺。法治能力较差导致腐败蔓延,难以控制,进一步导致政府治理效率低下。也就是说,破解法治基础设施瓶颈、营造社会法治氛围是俄罗斯提高政府治理能力的关键。

就印度来讲,其政府治理能力的短板是监管质量的指标赋值太低。印度社会有市场经济运行基础,但也有巨大的种姓制度包袱,其社会内部存在多样化的具有封建意识的非政府组织。这些非政府组织在分担政府治理负担的同时,也成为政府加强监管的掣肘力量。所以,从表面上看是政府监管质量不高,实际上反映出来的是印度社会结构的相对落后。因此,通过推进社会改革来推进社会现代化,是印度政府改善监管质量、提高治理能力的关键。

就中国来讲,其政府治理能力的短板是话语权与问责指标赋值太低。中国社会深受儒家文化的影响,特别强调社会秩序的价值,民众的服从意识浓厚,政府与民众的沟通较少,也缺乏监督意识。所以,这种社会环境下的政府话语权与问责指标赋值较低。但是,随着信息网络技术的快速发展,民众的服从意识开始淡化,平等沟通意识有所强化。所以,中国政府的话语权与问责指标赋值较低,意味着政府所面临的挑战较大,政府急需加强话语权与问责能力建设,以适应日益变化的社会环境。

就南非和巴西来讲,其本来都是原生的市场经济国家,不存在社会转型的问题,与发达国家具有类似的社会评价体系,其面临的政府治理能力方面的最大挑战是经济衰退导致的社会张力加大。由于国民经济在国际产业链上的地位以及国际金融危机的影响，南非和巴西面临经济剩余减少的威胁，这种减少导致社会个体收入的减少，导致社会关系紧张，增加了政府维护社会稳定、提高法治效率、提升监管质量、防止腐败的难度，表现为政府效率和治理能力的降低。

（二）金砖国家改善政府治理的前景

由于金砖国家在政府治理方面面临的挑战不同，因此各政府改善治理的发展前景必然表现出差异。但通过努力，金砖各国的政府治理能力都能得到较大提升。

从目前俄罗斯政府治理能力建设的日程来看，俄罗斯已经在不断加大法律基础设施建设的力度，逐步建立健全各项法律法规，致力于提高国民的法制意识，建设法治社会。可以说，俄罗斯政府找准了解决政府能力建设短板的方案，而且正在付出巨大努力。所以，从长期来看，俄罗斯改善政府治理的前景光明。但是，由于俄罗斯法治基础薄弱，而且急剧转型的"休克疗法"给俄罗斯造成的潜在负面影响难以消除，因此俄罗斯改善政府治理的努力难以在短期内收到较大效果，尚需要循序渐进、加强积累。

从目前印度政府治理能力建设的日程来看，印度一直在加强落后地区的扶贫开发工作，力图通过改善国民的生存条件特别是落后地区国民的生存条件来阻止社会分化，增进社会的融合，减少社会内部张力。但是，印度人口众多，贫困人口也很多，印度政府无力在短期内解决贫困问题，也难以有效弥合社会分裂。所以，印度政府的能力建设任重而道远。

从目前中国政府治理能力建设的日程来看，中国共产党十八届三中全会会议决议强调政府职能的转型，建设服务型政府，加大反腐倡廉的建设力度，加强有中国特色的民主政治建设，加强村落和社区等基层民主的建设。这些努力已经付诸实施，并且反腐倡廉力度的加大也得到了社会的良好回应。这种努力能够提高社会下层民众的地位，促进社会民主化和现代化。这有利于增强政府与市场的沟通呼应，提高政府的话语权和问责能力，克服政府治理能力发展的瓶颈。可以预期，中国政府提高政府治理能力的努力很快就会见到成效，但要注意治理成果的保持。

从目前南非和巴西政府治理能力建设的日程来看,两国都把恢复经济增长作为政府的核心工作,力图破解经济发展困境。随着世界经济的逐步复苏,两国经济也会逐步复苏,为缓解社会内部张力提供经济基础。所以,南非和巴西提高政府治理能力的努力不久将会收到较大成效。

可见,金砖国家提升政府治理能力的路径选择要依托自己面对的挑战,以能否提升国家综合国力和国际竞争力、能否推进国民经济的可持续发展为标准,不能超越国家发展阶段,也不能脱离国情。

参考文献

[1] 〔美〕保罗·肯尼迪:《大国的兴衰》,陈景彪等译,国际文化出版公司,2006。

[2] 〔美〕Joseph S. Nye, Jr., "Soft Power: The Means to Success in The World," *Public Affairs*, 2004。

[3] 包国宪、郎玫:《治理、政府治理概念的演变与发展》,《兰州大学学报》2009 年第 2 期。

[4] 《全球治理指标报告》(2012),http://info.worldbank.org/governance/wgi/index.aspx#reports。

B.11 金砖国家金融风险评估与增长机制重塑

李天国 沈铭辉*

摘　要： 在国际金融危机肆虐的国际环境中，发达国家的非常规货币政策使大量私人投资组合涌向新兴经济体的风险资产，在影响汇率的同时极易产生资产高估泡沫与流动性风险。为了把握以金砖国家为代表的新兴经济体的金融发展环境，本报告根据金融系统各指标，从宏观经济风险、外汇风险、金融市场风险等方面对金砖国家的金融风险进行了评估。分析结果显示，金砖国家的金融风险各具特点，有一定差异性，而解决方法都可归结为不同领域的结构性问题。金砖国家要加强金融监管，维护金融稳定，并且通过合作机制防范金融风险。

关键词： 金砖国家　金融风险评估　金融危机　资本流动

近年来，以金砖国家为代表的新兴经济体经济的快速增长引起国际机构与学界的广泛关注[①]。同时，关于金砖国家面临潜在金融危机的各种猜测也日益增多。2013年6月，被视为流动性风向标的上海银行间同业拆借利率一举创下历史新高，造成沪深两市股指大幅下跌。"钱荒"重新引起人们对金融系统风险的质疑和猜测。不仅是中国，其他新兴经济体也面临发达国家正在实施的

---

* 李天国，博士，中国社会科学院亚太与全球战略研究院新兴经济体研究室助理研究员；沈铭辉，博士，中国社会科学院亚太与全球战略研究院副研究员，新兴经济体研究室主任。
① 林跃勤：《新兴经济体经济增长方式评价——基于金砖国家的分析》，《经济社会体制比较》2011年第5期。

非常规货币政策对本国汇率和资本流动的影响。本报告以以金砖国家为主的新兴经济体为研究对象,通过经常项目余额、货币供应量、短期债务以及外汇储备等相关金融指标,分析新兴经济体面临的金融风险。

一 金砖国家的资本流入现状

进入21世纪以来,新兴经济体不断崛起,开始引领世界的经济增长[①]。尤其是在国际金融危机肆虐的国际环境中,新兴经济体对世界经济的复苏发挥着重要的作用[②]。1995~2004年全球的经济增长速度为3.6%,其间发达国家的经济增长速度为2.8%,新兴经济体和发展中国家的经济增长速度为4.9%[③]。在国际金融危机爆发后的2009年,发达国家的平均增长速度为-3.5%,而新兴经济体和发展中国家的经济增长速度为2.7%。国际货币基金组织预测,到2014年和2018年发达国家的经济增长速度将达2.2%和2.5%,而新兴经济体和发展中国家的经济增长速度将达5.7%和6.2%,表明了新兴经济体未来发展前景十分乐观。

其实,从2003年美国利率和主要发达国家的利率下调后,国际资本就为了寻求高收益率而加快向包括新兴经济体在内的发展中国家流入,虽然国际金融危机的爆发使国际资本流动受阻,但后来其逐渐恢复了活力。

新兴经济体经济的高速增长意味着它们可能带来高投资回报,尤其在国际金融危机爆发后,发达国家的经济遭到重创,国际资本开始顺势涌入新兴经济体,这可以从2010年发展中国家接受的海外直接投资超过发达国家这一事实中观察得到。

如图1所示,在过去发达国家一直是吸引国际资本的主要国家。尤其在亚洲金融危机和全球金融危机爆发前夕,发达国家的资本流入出现显著的峰值。

[①] 田春生、郝宇彪:《新兴经济体的崛起及其差异比较与评述》,《经济社会体制比较》2011年第5期。
[②] 王勋、方晋:《新兴经济体崛起:概念、特征事实与实证研究》,《山西财经大学学报》2011年第6期。
[③] *World Economic Outlook*, IMF, 2013, p. 149.

在2000年和2007年发达国家吸收的国际直接投资额分别达1.14万亿美元和1.31万亿美元。此时，发展中国家吸收的国际直接投资额分别只有2715亿美元和6828亿美元，大大低于发达国家吸收的资本量。但是2010年发展中国家吸收的外国直接投资额首次超过了发达国家，达到7121亿美元，而发达国家吸收的外国直接投资额只有6964亿美元。这一现象在2011年和2012年继续保持，2011年和2012年发展中国家吸收的外国直接投资额分别比发达国家高出114亿美元和2294亿美元。从近3年的情况来看，发展中国家吸收的外国直接投资额在持续不断地增加，与发达国家之间的差距越来越大。

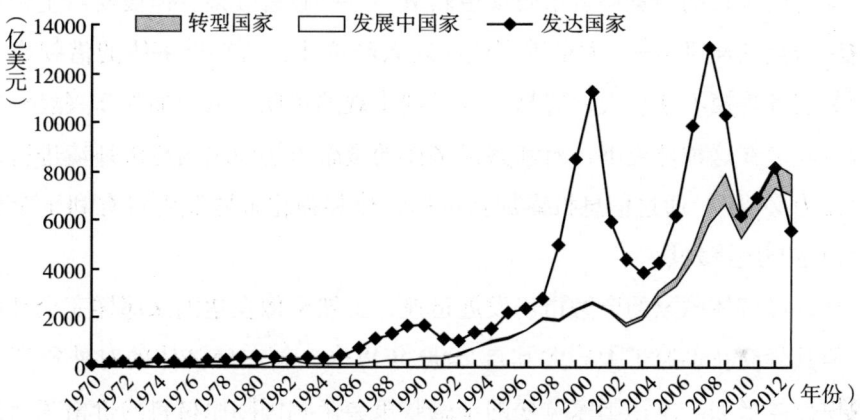

图1　1970~2012年发达国家与发展中国家吸收外国直接投资额

资料来源：UNCTAD。

发达国家为摆脱国际金融危机而实施的流动性扩张政策扩大了全球资本的流动规模。美国通过第一次与第二次量化宽松政策，分别买入1.75万亿美元和6000亿美元的国债和MBS，2012年又实施第三次量化宽松政策，大量买入MBS。欧洲中央银行于2010年买入2088亿欧元国债，并向欧洲的各银行提供1万亿欧元的资金，推出无限制购债计划。日本银行为摆脱通货紧缩也大量买入国债与公司债。2013年，日本中央银行推出超量化宽松政策，包括无限制资产购买及上调通货膨胀目标至2%。

据21世纪网数据部统计，全球M2货币供应量余额已经超过366万亿元人民币，其中超过100万亿元人民币是在国际金融危机后的5年中新增加的。

全球流动性的增加使新兴经济体的汇率面临升值压力,出口竞争力下降。流入30个主要新兴国家的资本从2009年的7040亿美元上升至2012年的1.067万亿美元,增幅达52%。

与发达国家相比,新兴经济体的金融制度与市场基础总体上比较薄弱[1],宏观经济浮动较大,各种风险也较大。由于世界经济形势仍不明朗,需要进一步采取政策消除潜在的风险隐患。尤其是,金融部门的稳定和健康发展不仅关系新兴经济体自身国家经济的长期稳定增长,而且会影响全球金融形势的发展与走向。

发达国家长期的宽松货币政策虽然取得一些政策效果,但极易产生资产高估泡沫与流动性风险[2]。大量资本流向新兴经济体,新兴经济体的借款成本较低,其债务规模不断扩大,容易产生过度乐观的预期,从而加强新兴经济体的金融风险。在这种环境下,对新兴经济体的金融市场和国内经济环境进行评估显得尤为必要[3]。通过信息披露加强市场纪律和强化金融监管将有利于全球的金融稳定与经济发展。

新兴经济体国家的金融市场发展迅速,虽然未像发达国家那样完全开放市场,但其规模在迅速扩大。尤其自2000年以来,新兴经济体的对外资产和负债规模持续增加。发达国家宽松的金融政策会影响国际原材料的价格和新兴经济体的利率、资产价格、汇率等变量,并影响金融与实体经济[4]。

发达国家产生的大规模资本流入新兴经济体,不断形成泡沫,对新兴经济体的经济产生影响。根据国际金融协会的报告,2014年新兴经济体的证券组合净流入额将达928.72亿美元。新兴经济体7国(EM7)的资本流入总额呈现逐渐下降的态势,2013年达745亿美元,2014年下降至728亿美元。其中,FDI规模从2012年的450亿美元下降至2013年的426亿美元,2014年将为403亿美元,降幅分别达5.33%和5.40%。EM7的证券组

---

[1] 刘百花:《银行资本监管对东亚新兴经济体宏观经济影响的实证分析》,《经济与管理研究》2006年第2期。
[2] 李永刚:《量化宽松对世界新兴经济体影响及中国对策》,《财经理论与实践》2011年第5期。
[3] 具本宽:《新兴经济体风险评价及对策》,三星经济研究所,2013。
[4] 李向阳:《新兴经济体面临的机遇与挑战》,《求是》2013年第7期。

合投资和债务组合则出现一些波动,将成为新兴经济体经济系统的不稳定因素。EM30 将在 2014 年出现资本流入总额增加的情况,表明不同新兴经济体之间具有各不相同的经济增长前景。新兴经济体的资本流入情况如表 1 所示。

表 1　新兴经济体的资本流入

单位:十亿美元

	2011 年	2012 年	2013 年第一季度	2013 年第二季度	2013 年第三季度	2013 年第四季度	2014 年第一季度	2014 年第二季度	2014 年第三季度	2014 年第四季度
EM7 资本流入总额	723.02	773.54	283.00	170.90	127.60	164.30	173.40	171.50	191.40	192.40
EM7FDI	547.29	450.23	114.80	112.80	97.00	101.60	108.70	99.50	98.40	96.40
EM7 证券组合	-9.32	76.98	26.90	-1.30	-0.70	11.00	9.10	11.40	20.50	17.00
EM7 债务组合	106.83	177.09	46.80	48.80	14.30	34.00	35.50	36.50	43.50	46.00
其他	78.22	69.23	94.60	10.60	17.00	17.70	20.10	24.00	29.00	33.00
EM30 资本流入总额	879.36	773.54	328.30	244.10	182.30	234.80	247.70	244.90	273.40	274.80

注:①EM7 指中国、巴西、俄罗斯、印度、土耳其、墨西哥和印度尼西亚。
②EM30 包括阿根廷、巴西、保加利亚、智利、中国、哥伦比亚、捷克、厄瓜多尔、埃及、匈牙利、印度、印度尼西亚、韩国、黎巴嫩、马来西亚、墨西哥、摩洛哥、尼日利亚、秘鲁、菲律宾、波兰、罗马尼亚、俄罗斯、沙特阿拉伯、南非、泰国、土耳其、乌克兰、阿联酋和委内瑞拉。
③2013 年与 2014 年数据为季度数据。其中,2013 年第二季度的数据为估计值,2013 年第三季度至 2014 年的数据均为预测值。
资料来源:Institute of International Finance。

从图 2 可以看出,2000 年初金砖国家证券组合投资的流入规模非常小,而近年来证券组合投资净流入额不仅在规模上迅速扩大,在投资的波动性上也表现出非常不稳定的特征,较为明显的时期是 2008 年和 2011 年。2008 年除了中国以外所有金砖国家的证券组合投资流入额均出现负值。金砖五国国际证券组合投资的流入大致表现出同步的特征,表明五国的投资环境相似。当国际投资资本大规模流入时,新兴经济体的证券市场规模迅速扩大。在金砖国家中,中国和印度吸收的证券组合投资显著高于南非、俄罗斯以及巴西。2012 年中国和印度分别吸收证券组合投资 299 亿美元和 228 亿美元。

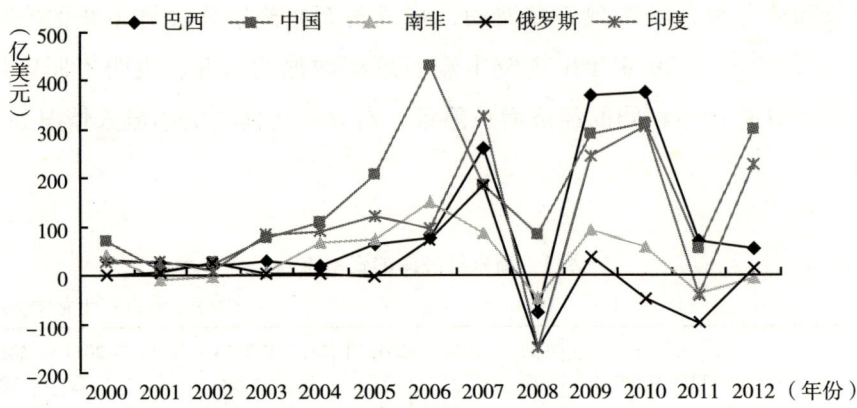

图 2　金砖国家的证券组合投资净流入额

资料来源：世界银行数据库。

从 2000 年以来，金砖国家大量流入外汇，外汇储备的增加在一定程度上有助于其抵御汇兑风险，推动经济增长。在金砖国家中，中国的外汇储备规模已经跃居全球首位，俄罗斯、巴西等金砖国家的外汇储备也迅速增加。与 2008 年相比，2012 年中国的外汇储备增长了 69.88%，巴西增长了 93.78%。对有些国家而言，外汇储备的作用开始从积极转向消极，加大了贸易收支的不平衡，造成潜在的外汇风险和国内通货膨胀。

外国资本的流入，使金砖国家等新兴经济体的平稳经济增长受到考验。大多数新兴经济体的金融市场尚不完善，加上本币在对外结算与储备中的作用仍无法与储备货币相比，因此外国资本的流进、流出对金融市场的稳定会产生重要影响。外国组合投资额比外汇储备高的国家更容易受到国际资本流动的影响。

二　金砖国家的金融风险分析

为了把握金砖国家的金融发展环境，本报告将金融系统的各指标进行标准化后对金砖国家的金融风险进行评价。为了更加清楚地分析金砖国家在全球经济中所处的地位以及便于比较，本报告除了列出金砖国家以外，也列出了发达国家和其他新兴经济体。本报告选取美国、日本、德国、英国等国家作为发达国家的代表，同时选取了阿根廷、保加利亚、匈牙利、印度尼西亚、马来西亚、墨西哥、菲律宾、波兰、罗马尼亚、泰国、土耳其等新兴经济体。

首先以经常项目余额占国内生产总值的比重和短期债务占外汇储备的比重来分别衡量长、短期的汇兑风险。如表 2 所示，发达国家中的德国、东亚新兴经济体中的马来西亚、菲律宾等国家和金砖国家中的俄罗斯和中国的经常项目盈余比较充足，而巴西、印度、南非在经常项目上都存在不同程度的赤字。如印度巨额的经常账户赤字是其一直以来面临的难题。2012～2013 财政年度，印度的经常账户赤字占其国内生产总值的 4.8%。形成巨额赤字的重要原因在于印度庞大的黄金等贵金属的进口需求和石油需求。2012～2013 财政年度，印度的黄金进口量为 950 吨，为了改变巨额赤字，印度政府从 2013～2014 财政年度开始限制黄金进口，将其缩减为 850 吨。同时，印度政府采取了提高黄金进口关税的方法来限制进口。另外，印度的石油需求 80% 依赖进口，石油占其总进口额的 34%。石油价格的上升对印度的经常账户赤字形成巨大压力。印度也正在通过降低石油进口需求的方法来降低赤字。

表 2 各国经常项目余额占国内生产总值排名（2012 年）

排名	国家	类别	比值	排名	国家	类别	比值
1	德国	发达国家	6.963	11	保加利亚	东欧新兴	-1.443
2	马来西亚	东亚新兴	6.110	12	巴西	南美新兴	-2.408
3	俄罗斯	东欧新兴	3.545	13	美国	发达国家	-2.711
4	菲律宾	东亚新兴	2.848	14	印度尼西亚	东亚新兴	-2.742
5	中国	东亚新兴	2.348	15	罗马尼亚	东欧新兴	-3.293
6	匈牙利	东欧新兴	1.675	16	波兰	东欧新兴	-3.729
7	日本	发达国家	1.021	17	英国	发达国家	-3.825
8	阿根廷	北美新兴	-0.012	18	印度	南亚新兴	-4.967
9	泰国	东亚新兴	-0.391	19	土耳其	西亚新兴	-6.050
10	墨西哥	北美新兴	-1.204	20	南非	南非新兴	-6.263

注：本报告中的东亚泛指亚洲东部地区，包括东北亚和东南亚地区，可能与一些文献的划分方法不同。

资料来源：世界银行数据库。

从图3可知,在金砖国家中,中国和俄罗斯的经常项目占GDP的比重在逐步下降,巴西出现先恶化后维持的局面,而印度和南非的指标正在恶化。中国、俄罗斯和巴西等国家为平衡贸易收支而推行的各种政策措施逐渐显示出部分成效,而印度与南非仍未脱离风险状态。

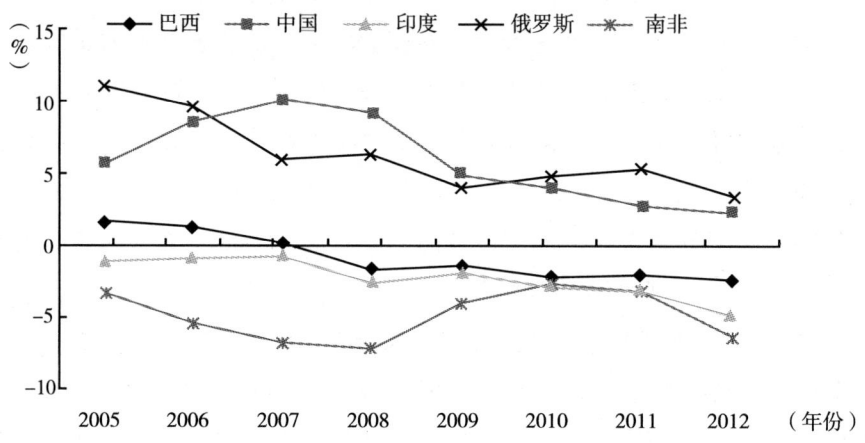

图3 金砖国家经常项目占GDP的比重

资料来源:世界银行数据库。

如表3所示,在短期外汇风险方面,金砖国家中的巴西、中国、印度等国在新兴经济体中的排名都比较靠前。除此之外,菲律宾、泰国、马来西亚、印

表3 各国短期债务占外汇储备的比重排名(2012年)

排名	国家	类别	比值	排名	国家	类别	比值
1	巴西	南美新兴	8.732	11	南非	南非新兴	54.979
2	菲律宾	东亚新兴	10.124	12	罗马尼亚	东欧新兴	57.814
3	中国	东亚新兴	15.043	13	保加利亚	东欧新兴	67.106
4	印度	南亚新兴	31.072	14	土耳其	西亚新兴	84.603
5	泰国	东亚新兴	31.391	*	德国	发达国家	—
6	阿根廷	南美新兴	32.339	*	日本	发达国家	—
7	马来西亚	东亚新兴	33.627	*	波兰	东欧新兴	—
8	印度尼西亚	东亚新兴	39.685	*	俄罗斯	东欧新兴	—
9	墨西哥	北美新型	43.280	*	英国	发达国家	—
10	匈牙利	东欧新兴	50.918	*	美国	发达国家	—

注:标注"*"的国家因相关数据空缺,暂未纳入排名。
资料来源:世界银行数据库。

度尼西亚等东亚新兴经济体也表现出比较好的状态。在金砖国家中,南非是短期外汇风险较大的国家。2013~2014财政年度南非的偿债成本达到1000亿兰特,更重要的是这一成本在未来3年内将以超过4%的速度增长。由此下去,2015~2016财政年度南非的偿债成本将达1180亿兰特,而债务余额将达1.7万亿兰特,占国内生产总值的比重将达40.3%。除南非以外,土耳其、保加利亚、罗马尼亚等国家的风险也较高。而阿根廷、墨西哥、匈牙利等国家则属于短期汇兑风险较低的国家。

下面以广义货币(M2)占GDP的比重来衡量流动性风险。国家货币供给占国内生产总值的比重可以表明一个国家在未来一段时期的宏观经济运行环境。在金砖国家中,俄罗斯的货币比重比较低,其次是南非和印度,中国的货币比重在金砖国家中最高,是墨西哥的5.87倍、俄罗斯的3.64倍和美国的2.16倍。当然,各国的广义货币统计口径有些差异,发达国家的一些具有货币职能的金融工具未被统计到广义货币中,而一些非金融部门的融资计入广义货币。但不可否认的是,即使考虑到这些统计口径因素,中国的广义货币比重也在全球排在前列,值得注意。

表4　各国货币余额占GDP比重排名(2012年)

排名	国家	类别	比值	排名	国家	类别	比值
1	墨西哥	北美新型	31.964	11	印度	南亚新兴	76.325
2	阿根廷	南美新兴	33.025	12	保加利亚	东欧新兴	79.557
3	罗马尼亚	东欧新兴	37.788	13	巴西	南美新兴	80.766
4	印度尼西亚	东亚新兴	40.131	14	美国	发达国家	86.819
5	俄罗斯	东欧新兴	51.481	15	泰国	东亚新兴	131.132
6	土耳其	西亚新兴	55.363	16	马来西亚	东亚新兴	141.166
7	波兰	东欧新兴	57.880	17	英国	发达国家	161.835
8	菲律宾	东亚新兴	58.947	18	德国	发达国家	173.315
9	匈牙利	东欧新兴	60.873	19	中国	东亚新兴	187.581
10	南非	南非新兴	75.184	20	日本	发达国家	241.234

资料来源:世界银行数据库。

中国广义货币占GDP的比重从20世纪70年代末开始快速持续上升。1978年该比重只有24.40%,到2012年该比重已经超过187%,年均增幅达6.18%。相比之下,2012年美国货币量占其GDP的比重只有89.83%。

2013年中国的货币供应量已经达110.65万亿元人民币,居全球首位。与2011年全球126%的平均水平相比,中国的比值已经超出全球平均水平。而其他金砖国家如俄罗斯、巴西、印度等国的货币供给占GDP的比重均低于100%,分别达51.48%、80.76%和76.32%。若考虑人均收入的差异,中国的经济货币化程度仍然非常高,需要对此保持警惕。印度的主要问题是,经济增长速度在不断下滑,加上通货膨胀较为严重,因此货币因素也应受到足够关注。

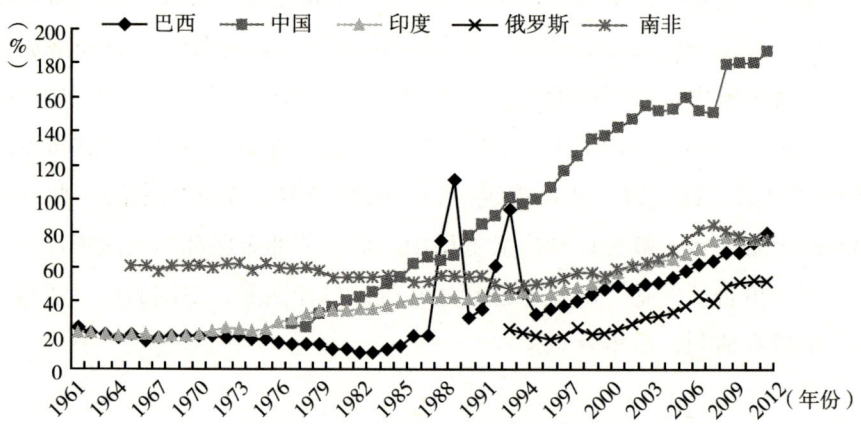

图4 金砖国家广义货币量占GDP比重

资料来源:世界银行数据库。

从2008年的国际金融危机中,我们可以看到扩张性货币供给与低利率政策对美国经济的破坏作用。面对2001年的经济形势,美联储将联邦基金利率从6.25%下调到1.75%,而到2003年,联邦基金利率进一步下降到1%以下。2001~2005年美国的实际利率一直低于1%或者是负值[①]。美联储的这种廉价货币政策是资产价格上升直至爆发金融危机的重要原因。低利率导致过度借款与过度投资,房地产市场过度膨胀,资产价格高估形成泡沫,而这些都会形成巨大的通货膨胀压力。不可否认20世纪80年代中期以来的美国货币供给应付

---

① 昌忠泽:《流动性冲击、货币政策失误与金融危机:对美国金融危机的反思》,《金融研究》2010年第7期。

了其国内有效需求，确保与推动了美国经济的增长与金融体系的重构。但是在20年后，当有效需求减弱时，通过所谓金融创新产生的巨大货币供给大量流入次贷领域。当新增利润不能与新增的货币供给相匹配时，美联储就不得不停止货币扩张，造成利率上升，借款成本增加，利润和资产价格下跌，尤其是房产抵押贷款违约率上升，投资项目被迫停止，房价下跌，银行面临流动性危机，金融领域开始进入恶性循环。

其实在1997年的亚洲金融危机中，各国遭受危机的实质是增长缺乏技术进步与创新，长期依靠投资驱动经济增长。大量国际资本流入虚拟经济部门，资产价格上升，经济系统中的货币供给量增加。在银行与企业的借贷关系下，货币供给增加意味着企业对银行的负债增加，企业的货币借贷成本也就增加。当有效需求的增长速度跟不上货币供给的增长速度时，企业收入的增长就开始赶不上利息支出的增长。货币供给宽松的时候，低利润、高风险的企业也可以获得资本，企业生产盲目扩张，而金融机构的过剩资金助长了企业的冒险行为，使风险变得越来越大。正如美国次贷危机中出现的情形那样，当贷款抵押品的价格不断上升的时候，银行并不因向资信差的客户提供贷款而担忧。在实体经济的有效需求与有限利润下，资产价格不可能一直上升。一旦资产价格贬值，货币供给就会下降，并且迅速在整个虚拟经济领域蔓延。

当前中国的超额货币供给并未直接导致高通货膨胀，这是由于超额货币供给的一部分以储蓄形式存在，导致大量货币沉淀，通货膨胀压力不断积累。沉淀货币虽然抑制和缓解了即期通货膨胀，但并不意味着能够脱离通货膨胀的威胁。当有效需求不足问题开始缓解时，沉淀货币将成为通货膨胀率提高的直接推动因素。因此提高货币政策的独立性，合理控制货币供给规模是将来中国必须面对的任务。

我们可以发现不同新兴经济体正在受到来自金融领域的各种挑战，它们面临各自不同的风险。① 在金砖国家中，巴西、印度、南非等国在对外贸易领域经历较为严重的逆差，需要通过提高贸易竞争力来尽快扭转赤字局面。在短期

---

① 沈铭辉、葛伟：《新兴经济体群体性崛起及其外部风险》，《亚太经济》2013年第5期。

债务方面,南非的问题较为严重,对外支付领域易遭遇国际资本借贷风险。在货币供应量方面,金砖国家里中国面临的问题最大,印度和南非也无法摆脱货币超发的"嫌疑"。

新兴经济体所处的经济发展阶段相似,易受国际经济冲击的影响。通过影响出口[①]、外汇储备以及国内金融系统,外部冲击能够影响本国的消费与投资。新兴经济体往往将很多潜在风险隐藏于过度的经济繁荣景象中,而这些未暴露的矛盾一旦积累到一定程度,往往就会达到无法挽回的地步。因此,要警惕外汇市场、资金市场、财政部门、能源领域中已经开始显现的风险,加强结构性调整与监管。

三 金砖国家增长机制重塑

金砖国家与其他新兴经济体金融不稳定的原因可以归结为三个方面:首先,美国量化宽松的非常规货币政策及其变化影响新兴经济体的金融环境;其次,金砖国家经济基本面的变化加大国内的金融系统风险;最后,国际原材料价格的下降引起风险规避行为增强。尤其近几年在美国实施非常规货币政策期间,国际资本大量流入新兴经济体[②],对金砖国家的国内结构性弊病具有放大作用。

无论从理论还是从实践经验的角度来看,复杂的全球性因素与国内经济基本面都可以使新兴经济体停止高速增长,陷入危机。随着美国宣布将退出量化宽松的货币政策,金砖国家的证券与货币市场均对此反应强烈,中国、巴西、印度、南非、土耳其等主要新兴经济体的汇率与股价全部下跌。国际资本的突然流入和流出影响新兴经济体的国内信贷环境,一旦银行的信用评级无法维持在较高水平,就会发生国际资本突然撤离的风险,最终导致金融危机。亚洲金融危机给我们提供了很好的教训。亚洲"四小龙"与当前的金砖国家有相似之处,但也具有较大的差异。金砖国家的经济规模总体都比较大,与之前本土

---

① 卢姗:《出口多样性对新兴经济体出口绩效的影响——基于跨国数据的实证分析》,《国际贸易》2009年第7期。
② 马岩、刘勇:《新兴经济体当前宏观经济运行分析》,《国际经济合作》2013年第1期。

市场规模比较小的亚洲新兴工业化国家和地区具有明显不同的特点。由于国内市场仍存在大量经济社会矛盾，金砖国家需要同时顾及国内供需矛盾与对外经济问题。因此，包括金砖国家在内的新兴经济体不可避免地需要通过增长机制与宏观管理的创新来谋求长期的稳定增长。

金砖国家的证券与通货等市场表现不如从前，过度依赖原材料出口（如巴西与俄罗斯）、对外收支持续恶化（如印度）等结构性问题越来越受到外界关注，投资吸引力降低。金砖国家受到的波动并非不可预期，因为美国政策的变化与全球证券市场的持续上升趋势暗示调整性回落只不过是时间问题。在短期内，超调效应会使巴西、印度、土耳其等新兴经济体的经济波动持续下去。

正如前面的风险分析所示，各新兴经济体的金融风险具有各自不同的特点，基于不同的金融风险，在中长期内新兴经济体内部不同国家之间的经济实力将会有较大的变化。

第一，解决好结构性问题是金砖国家未来经济持续发展的首要课题。在俄罗斯的经济结构中，第一产业的产品出口比重高达78%左右，占财政收入的52%，而石油与天然气等能源出口占全部出口的60%以上。以原材料和资源出口为主的经济结构不断受到复杂多变的国际能源局势的冲击与考验，结构性调整已不可避免。经济的多元化和高技术产业的培育是俄罗斯经济改革的首要内容。印度需要调整出口产品结构，开辟出口市场，降低对外贸易中的逆差。巴西第一产业的出口比重也在增加，制造业产品的比重下降，出口结构依赖原材料。2000年其第一产业的产品比重只有23%左右，而2012年该比重已经上升至46%。相反，制造业的产品出口比重从60%下降至38%。作为钢铁出口大国的巴西和石油出口大国的俄罗斯在国际原材料的价格变动中容易受到负面冲击。

金砖国家即将面临人口的老龄化和原材料超循环的终结，这些都将对其增长产生不利影响。俄罗斯、巴西、中国都面临劳动力成本上升而失去制造业竞争优势的风险，而高端产业又无法与发达国家抗衡。南非的制造业和采矿业劳资纠纷不断，尤其是汽车制造业受到较大影响，劳动生产率较低，出口状况仍然不够明朗，经常项目一时无法摆脱巨额赤字的局面。

高失业率和贫富差距扩大也是困扰南非经济的重要因素。南非的总计失业率高达35.6%，有460万人无法就业，1500万人生活在贫困线以下，南非的基尼系数已经从20世纪90年代的0.5上升至2009年的0.63。除此之外，南非的基础设施落后也是阻碍其经济增长的因素之一。2007年以来南非的电力供应一直没有明显增加，影响国际与国内资本在国内的投资生产。

当前全球的经济形势对金砖国家是一种考验，但同时也是金砖国家调整经济结构的重要时机。成功实现产业的升级与经济增长模式的改变是金砖国家的经济持续增长的关键。而产业的升级离不开科技创新、制度创新与管理创新。过去中国的宏观经济政策和产业政策主要是鼓励增长，鼓励快速提高总量，而不是强调创新与升级，培养内生增长机制。地方政府热衷于引进外资，以优惠政策吸引外国资本进行投资生产。结果经过数十年发展，自主创新能力仍然非常弱。要通过资本市场引导资本流向高新技术领域与产业升级领域。投资结构与消费结构的调整有助于释放潜在的消费能力，促进以消费为主导的经济增长。企业重组与产业调整将有利于淘汰大量落后的产能，确保经济增长方式的顺利过渡。在财政政策上，考虑结构性减税的滞后效应，确保教育、医疗、社会保障等民生相关支出与农业、水利、城市管理等支出。需要尽快淘汰落后产能，采取去库存化与去产能化并行的策略。想要改变目前投资推动增长的局面，就要约束政府的投资行为，尽量不要超过18%的目标。地方债务负担需要严格控制。中国要从依赖投资的增长结构转变为消费推动的增长结构，调整经济增长速度。只有实现制造业结构的转型和产业结构升级，金砖国家的经济增长才可以持续。

第二，加强金融监管，保持金融稳定。随着国际流动性的增加，需要警惕货币危机与金融危机的发生。为了稳定外汇市场，抵御通货膨胀，金砖国家开始采取一些货币政策。俄罗斯中央银行维持8.25%的政策利率，并将2014年的目标物价水平下调至5%。石油价格下跌引起政府税收减少和社会保障性支出增加，导致财政收支开始转向赤字。巴西6次上调基准利率，基准利率已经达10%。虽然石油产量增加，货物贸易收支转向黑字，但服务与收入收支仍出现赤字，经常项目赤字仍有待改善。进入2013年以来，印度中央银行分别在1月、3月、5月、9月和10月将基准利率调至7.75%。印度政府的目标是到2016年将财政赤字占GDP的比重降至3%以下。印度经济正从2013年的低谷中走出,但投资者的心理预期仍较低,基础设施建设仍是制约经济增长的瓶颈。印度政府计划2014年投入270亿美元,进行大规模的公共基础设施建设,但从财政状况与金融领域的表现来看,投资的实施仍存在一定的不确定性。印度的中央银行需要继续把重点放在物价与汇率的稳定上,防止通货膨胀继续蔓延。南非一直依靠组合投资资金来缓解经常项目赤字,而美国退出资产购买会使基准利率和利差上升,对流入南非的国际资本产生重要影响。2013年,南非的资本市场已经开始对此担忧,兰特不断贬值,全年贬值率达19%。加上经常项目的巨额赤字,兰特汇率将持续保持低位,金融领域仍然存在较高风险。兰特的贬值使南非国内的通货膨胀具有上行的风险,南非中央银行需要密切关注兰特汇率的变动情况,并通过政策利率等货币政策工具来有效应对汇率突然贬值带来的风险。

金砖国家的货币政策需要在经济增长、物价与金融风险之间做好平衡。发挥货币政策的逆周期调节作用必须同时加强金融资源的优化配置,避免系统性金融风险的发生,对金融机构的业务风险与区域性风险做好监管。中国的情况是,货币政策对实体经济的推动作用有限。银行贷款是中国广义货币供给增长的重要来源。其中,银行间市场同业拆借资金和中央银行的信贷政策等都是使银行贷款增加的重要因素。近一半的新增银行贷款资金流入房地产行业,推动了房地产业的过度繁荣,但消费和出口仍然显得不足,因此助长相关资产价格上涨。国内经济缺乏内生经济增长动力,长期的投资行为推动产能与产量的形成,但未能形成最终需求。投资形成的产能没有被需求消耗,而是转为闲置与库存。为了保持和提高货币政策的有效性,除了选用传统工具以外,还可同时运用选择性工具,如间接信用控制工具、直接信用管制手段等,而且要从数量型工具调控转向兼顾数量型和价格型工具调控。

第三,金砖国家之间需要加强金融合作。国际金融危机使现有国际规则和制度的缺陷暴露无遗,这表明发展中国家需要更多的国际协调和合作。宏观经济政策的协调就是其中一项重要内容。2008年全球经济动荡时期,六大中央银行宣布协调降息，20国集团也共同承诺协调一致地推行扩张性财政政策。虽然全球经济仍然在低迷期，但这种合作已经避免全球经济陷入更加糟糕的局面，可以说取得了积极的效果。

全球性金融监管对全球金融体系也起着重要作用。为了实施更加有效的金融监管而成立的金融稳定委员会在资本流动监管、金融信息交流以及宏观政策的协调方面做出了积极贡献。金砖国家开发银行的设立就是金砖国家推出的一项重要治理举措。在2013年第五届金砖国家峰会上，成员国领导人决定建立金砖国家开发银行，同时筹备建立1000亿美元规模的金砖国家外汇储备库。金砖国家开发银行改变了金砖国家在国际货币领域的发言权。目前，金砖国家在国际货币基金组织中的投票权比重仍然比较低，中国的投票权比例只有3.81%，印度与俄罗斯分别为2.34%与2.39%，而巴西只有1.72%[1]。金砖国家开发银行作为金砖国家发起的组织，是转向新金融模式的重要产物。成员国之间的立场与角度不同，需要成员国之间进行政策协调。如在股权比例问题上，是否采取各国经济指标的加权平均需要进一步考虑。因为沿袭现有国际组织的方法，仅凭借经济指标可能无法体现各成员国的权益。方案既要考虑吸收更多新兴经济体国家，又要考虑吸收一部分发达国家和主权财富基金的加入。

在金砖国家的合作机制中，成员国规模可以随着具体的国际政治经济形势而扩大，但在成员国的吸收上需要保持一定的封闭性。过多地吸纳经济发展水平不同的国家，可能会破坏共同的利益诉求，也会增加合作机制中的矛盾与摩擦。金砖国家集团毕竟还难以与发达国家的组织相比，无论是成员国的经济发展水平，还是在国际上的地位与影响力，都还比较弱。而且合作机制仍处在初始阶段，与历史较长、成熟度较高的合作组织相比还有很大的差距。

当然，金砖国家内部在一些政治和经济问题上也存在分歧[2]。比如中国与印度既存在一定的政治分歧，在对外贸易领域也存在贸易不平衡现象，中

---

[1] 徐秀军:《金砖国家开发银行：借鉴与创新》，《中国外汇》2013年第4期。
[2] 李巍:《金砖机制与国际金融治理改革》，《国际观察》2013年第1期。

国对印度一直保持贸易顺差。除此之外,在国际铁矿石、石油、天然气等大宗商品定价问题上,金砖国家之间也存在很多竞争。如中国与巴西关注铁矿石的定价权,中国与俄罗斯之间存在石油与天然气的价格谈判问题。在国际货币地位的问题上,中国、俄罗斯、巴西等国家也存在不同意见。中国希望通过一定时间来缓慢降低对美元的依赖,而俄罗斯、巴西等国主张采取激进方式降低对美元的依赖。因此金砖国家需要明确合作定位,并根据自身能力集中讨论重要议题,并且注重与联合国等国际组织的相互协调与沟通。

四 结论与展望

金砖国家由于在人口、资源、国土面积等方面的因素,其增长的潜力巨大。但如果不能解决内部结构性问题,则其发展会遇到很大的阻碍。金砖国家能否屹立在发达国家与发展中国家之间,引领全球经济高速增长,2014年以后的几年可能成为关键时期。毋庸置疑,从产业到制度与治理的创新机制的建立将对金砖国家产生深远影响。

在当前全球经济环境下,以美国为首的发达国家的量化宽松政策的退出有可能导致美国国债利率上升和美元升值,进而导致国际资本的短期大幅流动。金砖国家需要准确掌握海外资本的投资取向、杠杆比率与投资国家政策动向。在短期内需要注意管理外汇储备,在长期要通过调整国际金融结构来应对国际资本和外汇需求。

金砖国家在未来需要采取一些非常规货币政策,它可以帮助金砖国家在金融市场保持稳定。当然这种政策是在承担非常规货币政策的低净效益与低利率导致的潜在代价的前提下实施的。中央银行的干预会产生银行部门的预期,增加流动性风险。同时大量不确定的资本的跨国流动仍将持续影响金融体系的稳定,损害货币政策的实施。金砖国家要做好应对准备,以防融资条件恶化影响汇率,加上不及时的货币政策,引致通货膨胀。金砖国家需注意重建国际金融危机时期的财政政策,加强银行监管与合作;采取审慎的宏观经济政策,限制过度信贷,监控外汇风险。发达国家有迹象启动旨在恢复金融的一系列政策，因此需配合更稳健的财政政策与货币政策，以减少不确定性。

参考文献

［1］具本宽：《新兴经济体风险评价及对策》，三星经济研究所，2013。
［2］李永刚：《量化宽松对世界新兴经济体影响及中国对策》，《财经理论与实践》2011年第5期。
［3］李向阳：《新兴经济体面临的机遇与挑战》，《求是》2013年第7期。
［4］林跃勤：《新兴经济体经济增长方式评价——基于金砖国家的分析》，《经济社会体制比较》2011年第5期。
［5］刘百花：《银行资本监管对东亚新兴经济体宏观经济影响的实证分析》，《经济与管理研究》2006年第2期。
［6］沈铭辉、葛伟：《新兴经济体群体性崛起及其外部风险》，《亚太经济》2013年第5期。
［7］马岩、刘勇：《新兴经济体当前宏观经济运行分析》，《国际经济合作》2013年第1期。
［8］卢姗：《出口多样性对新兴经济体出口绩效的影响——基于跨国数据的实证分析》，《国际贸易》2009年第7期。
［9］田春生、郝宇彪：《新兴经济体的崛起及其差异比较与评述》，《经济社会体制比较》2011年第5期。
［10］王勋、方晋：《新兴经济体崛起：概念、特征事实与实证研究》，《山西财经大学学报》2011年第6期。
［11］张宇燕、田丰：《新兴经济体的界定及其在世界经济格局中的地位》，《国际经济评论》2010年第4期。
［12］徐秀军：《金砖国家开发银行：借鉴与创新》，《中国外汇》2013年第4期。
［13］昌忠泽：《流动性冲击、货币政策失误与金融危机：对美国金融危机的反思》，《金融研究》2010年第7期。
［14］杨文进：《美国经济危机原因及其影响的新解释：基于经济长波、货币供给与国际竞争的视角》，《当代财经》2010年第10期。
［15］李巍：《金砖机制与国际金融治理改革》，《国际观察》2013年第1期。
［16］张文：《经济货币化进程与内生性货币供给》，《金融研究》2008年第2期。
［17］"Country Intelligence：Report," *Global Insight*，2013，12.
［18］*Economic Outlook*, OECD, 2013, 11.
［19］*World Economic Outlook*, IMF, 2013.

B.12 金砖国家引入FDI的经济效应研究

林乐芬 李靖*

摘 要: 近年来,作为发展中经济体代表的金砖五国已经成为国际资本的热门选择之一,作为国际资本流动的主要方式,外商直接投资(FDI)对东道国经济的影响日益显著。本文基于C-D生产函数,利用1992~2012年的相关数据,对金砖国家引入FDI的经济效应进行了实证检验以及比较分析,研究结果表明:金砖国家引进FDI的现状各不相同,产业分布都不均衡,引资政策各有利弊,其中印度的引资政策最高效;金砖国家引进FDI的经济效应均是正向的,由大到小依次是中国、印度、俄罗斯、南非和巴西;五国间经济效应的差异主要与FDI的引入方式、FDI的产业分布以及FDI的引资环境及政策有关。据此,本报告给出了金砖国家尤其是中国合理引入FDI的政策建议。

关键词: 金砖国家 FDI 经济效应 比较研究

一 引言

截至2013年底,金砖五国外国直接投资流入量的总额达3220亿美元,

---

* 林乐芬,南京农业大学金融学院财政金融研究中心主任,教授、博导;李靖,南京农业大学金融学院研究生。

相比上年同期高出21%，占全球外国直接投资流入量的比重达22%，比金融危机前的水平增加了一倍。其中，南非自2010年底加入金砖组织后，表现最为突出，FDI流入量上升了126%，中国的FDI流入量稳居世界第二，高达1270亿美元。可见，自全球性金融危机爆发以来，在发达国家FDI流入量下滑的同时，金砖国家等发展中国家和转型经济体在FDI的吸收方面却表现强劲。数据显示，外资利用额居全球前20位的国家中新兴经济体占据了一半，全球投资者对东亚、南亚和东南亚等新兴经济体表现出越来越浓厚的兴趣，作为发展中经济体代表的金砖五国已经成为国际资本的热门选择之一。

FDI对东道国的宏观经济影响分析一直是经济研究中的热点问题。一方面，许多发展中国家在工业化进程中都选择了利用外商直接投资来推动国内经济的发展。21世纪以来，金砖国家凭借巨大的国内市场、相对廉价的劳动力资源、日益完善的投资环境、巨大的经济增长潜力等优势成为全球最受欢迎的投资目的地之一。另一方面，由于金砖国家各自经济发展特点、引资环境以及政策导向不同，五国间FDI经济效应的大小以及方向存在较大的差异。金砖国家同处经济高速发展时期，需要大量国际资本为其经济市场注入资金与活力，但事实证明过度或是不合理地引入FDI不仅无法促进一国的经济增长，甚至会起到负面作用，因此需要科学全面地研究金砖国家利用外商直接投资与国家宏观经济之间的关系，结合国情制定合理的引资政策。

本报告旨在对金砖国家引进FDI的现状及其引资效率进行比较研究，以帮助五国在对国际资本打开大门的同时，更加合理科学地看待FDI的引入，相互借鉴，结合国情来制定相应的引资政策以优化本国经济，同时为其他发展中国家在对外开放、引入外资的时候提供一些借鉴。

二　文献综述

国际直接投资对一国经济的影响历来是学术界研究的热点，以单个金砖国家作为对象的研究成果比较丰富。针对印度，有一部分学者认为，

FDI 对印度不同产业的影响有差异,应对引进 FDI 与印度经济增长的关系持谨慎乐观的态度。Pradhan(2002)对印度国内的制药行业进行了深入研究,发现印度国内制药业的生产率增长与 FDI 的引入没有密切的相关关系,即 FDI 并没有对其产生重要作用。Nunnenkamp 和 Chakraborty(2008)的研究结果表明 FDI 对印度各个产业的影响差异较大:FDI 对其采矿业与农业的增长没有推动作用,对制造业的经济增长无论在长期还是在短期都具有正向效应,而对服务业的经济增长仅在短期内有推动作用。针对俄罗斯,谭蓉娟(2008)认为外商直接投资会正向推动其经济增长,具体表现为俄罗斯外商直接投资存量每增长1%,人均 GDP 将增长0.02%。但也有部分学者认为,俄罗斯引入 FDI 的经济促进效应较小,例如,任书良和毕洪业(2000)研究了俄罗斯经济复苏阶段引入 FDI 的经济效应,发现外商直接投资对俄罗斯国内的经济复苏没有产生明显的正向效应。针对巴西,大部分学者认为外商直接投资是推动巴西 20 世纪六七十年代出现"经济奇迹"的重要力量。王烈望(1986)和夏国政(1990)认为外商直接投资不仅可以为巴西的经济发展提供充足的资本,还有助于巴西积累人力资本、扩大出口规模、学习和吸收先进技术,从多方面促进巴西的经济增长,相比于对外负债更加安全稳定。陈春霞和王欢(1999)认为巴西 FDI 的地区政策非常成功,充分利用 FDI 开发了落后地区。南非是最后一个加入的金砖成员国,其相关方面的研究还比较少,其中 Fedderke 和 Romm(2006)认为国际资本和国内资本能够互相补充,从长期来看 FDI 会对南非经济产生正向效应。但是 Jeppesen 和 Mainguy(2007)认为,南非引进 FDI 的发展状况并不理想,对南非产出增长的促进作用未达到预期水平。

作为典型的经济转型国家以及 FDI 的主要流入国之一,中国也受到了国内外学者的广泛关注,其中许多研究结论支持了中国引进 FDI 对经济增长的正向效应。任永菊(2003)、桑秀国(2003)、王志鹏等(2003)运用回归分析法进行研究,结果表明一国 FDI 的引入量与 GDP 总值正相关,外商直接投资提高了东道国的技术水平,从而对经济增长产生了长期影响。刘宏、李述晟(2013)认为 FDI 对中国的经济增长和就业具有明显的促进作用，且FDI与其所带来的经济增长和就业增长之间存在双向、动态的因果关系，因此当前中国政府要坚持"求质保量"的外资政策导向。马晨曦（2013）实证发现FDI与中国经济增长之间的正相关程度较高，但FDI对我国经济的促进作用在1994年以后有所下降。费宇、王江（2013）和秦晓丽（2013）都认为技术水平越高、基础设施越完善、开放度越高的地区FDI对经济的正向驱动作用越大。随洪光（2013）认为FDI对中国经济的增长质量具有显著的正向作用，中国尚未形成对外资的依赖，并且政府宏观管理水平的提高明显促进了FDI的积极作用。但也有学者认为中国引进FDI对经济增长的促进作用并不显著，甚至在某些方面阻碍了中国经济健康可持续发展。王春法（2005）认为外商直接投资不利于中国经济持续增长，它非但没有促进国内技术水平的提高，反而"挤出"了国内投资及国内企业的科技创新。高远东和陈迅（2009）发现在全国范围内，FDI的空间外溢效应不显著。杨德才（2010）认为FDI在我国的正效应不断弱化，负效应不断增强，FDI带来了行业垄断、挤压效应、环境污染、利润外流、金融风险等诸多负效应。陈春根、胡琴（2012）认为从短期来看，FDI对中国的经济增长有一定的副作用，因为外商投资活动存在投资产业和投资地区不合理等问题。

目前，对金砖国家引进FDI的经济效应进行比较研究的尚不多见，大部分学者的研究都停留在定性分析上，只有少数学者进行了一定的计量和实证分析。其中，何菊香和汪寿阳（2011）认为在短期，俄罗斯和巴西的FDI与经济增长之间存在双向因果关系，中国的经济增长对FDI的流入有单方向的作用，而印度的情况与中国相反；从长期来看，除了中国以外，其余三国FDI流入与GDP增长之间都存在显著的Granger因果关系。陈春根、胡琴（2012）的研究结果表明在短期，俄罗斯和巴西的外商直接投资与经济增长之间存在双向因果关系，但FDI对中国的经济增长有一定的副作用；在长期，除南非以外，其余四国的FDI均有力促进了GDP的增长，两者之间存在协整关系。韩家彬等（2012）研究发现FDI与金砖五国的经济增长同方向变动，是影响其经济增长的重要因素，但五国之间存在较大的差异。樊少华（2013）以中国和南非作为研究对象，发现两国的外商直接投资和经济增长之间均存在正相关关系,经济增长促进了 FDI 的引入,但是 FDI 对经济增长的促进作用不明显,可见两国 FDI 的引入与本国经济不够匹配。

综上所述,关于 FDI 对金砖国家经济增长的影响,国内外学者的意见尚不统一,虽然有许多研究结果表明 FDI 能够从不同渠道促进东道国经济的增长,但也有不少学者认为,许多发展中国家引入 FDI 对经济的促进作用并不显著,即使存在正效应,随着 FDI 规模的增加,其正效应也不断弱化,而负效应不断增强,甚至在某些方面影响到一国经济的健康可持续发展,主要原因在于东道国自身的引资环境存在缺陷、引资方式以及引资政策不合理。此外,当前研究中针对单一国家引进 FDI 经济效应的研究成果较为丰富,但关于金砖国家之间两国或多国的横向国际比较,尤其是包括南非在内的五国之间的研究尚未充分展开,仅有几篇文章进行了完整的实证比较研究。据此,本报告以金砖国家这一新兴经济体作为研究对象,运用最新数据对金砖各国引入 FDI 的经济效应进行实证研究,以期为各国甚至其他发展中国家更加合理地引入 FDI 提供借鉴。

三 金砖国家引入 FDI 现状分析

(一)金砖国家引入 FDI 规模分析

1. FDI 流入量比较

从总量来看(见表 1),金砖国家 FDI 流入量从 2000 年的 806.83 亿美元增长到了 2012 年的 2678.83 亿美元,占全球的比重从 5.71% 上升到 19.83%。就单个金砖国家而言,2000~2012 年,其 FDI 年均流入量从大到小依次是中国(804.79 亿美元)、巴西(323.10 亿美元)、俄罗斯(310.31 亿美元)、印度(187.50 亿美元)和南非(37.51 亿美元)。就同期 FDI 流入量占全球的比重而言,中国的均值为 6.49%,远高于巴西(2.60%)、俄罗斯(2.50%)、印度(1.51%)和南非(0.30%)。

表 1 金砖国家 FDI 流量规模

年份	FDI 流入量（亿美元）							FDI 流入量占全球的比重（%）					
	中国	印度	巴西	俄罗斯	南非	金砖五国	全球	中国	印度	巴西	俄罗斯	南非	金砖五国
2000	407.15	35.88	327.79	27.14	8.87	806.83	14131.69	2.88	0.25	2.32	0.19	0.06	5.71
2001	468.78	54.78	224.57	27.48	67.84	843.45	8360.12	5.61	0.66	2.69	0.33	0.81	10.09
2002	527.43	56.30	165.90	34.74	15.69	800.06	6260.81	8.42	0.90	2.65	0.55	0.25	12.78
2003	535.05	43.21	101.44	79.29	7.34	766.33	6012.48	8.90	0.72	1.69	1.32	0.12	12.75
2004	606.30	57.78	181.46	154.03	7.98	1007.55	7341.48	8.26	0.79	2.47	2.10	0.11	13.72
2005	724.06	76.22	150.66	155.08	66.47	1172.49	9896.18	7.32	0.77	1.52	1.57	0.67	11.85
2006	727.15	203.28	188.22	375.95	-5.27	1489.33	14805.87	4.91	1.37	1.27	2.54	-0.04	10.06
2007	835.21	253.50	345.85	569.96	56.95	2061.47	20026.95	4.17	1.27	1.73	2.85	0.28	10.29
2008	1083.12	471.39	450.58	747.83	90.06	2842.98	18163.98	5.96	2.60	2.48	4.12	0.50	15.65
2009	950.00	356.57	259.49	365.83	53.65	1985.54	12164.75	7.81	2.93	2.13	3.01	0.44	16.32
2010	1147.34	211.25	485.06	431.68	12.28	2287.61	14085.37	8.15	1.50	3.44	3.06	0.09	16.24
2011	1239.85	361.90	666.60	550.84	60.04	2879.23	16515.11	7.51	2.19	4.04	3.34	0.36	17.43
2012	1210.80	255.43	652.72	514.16	45.72	2678.83	13509.26	8.96	1.89	4.83	3.81	0.34	19.83
均值	804.79	187.50	323.10	310.31	37.51	1663.21	12405.70	6.49	1.51	2.60	2.50	0.30	13.41

注：各国 FDI 流入量占比均值＝各国 FDI 流入量年均值/全球 FDI 流入量年均值。

资料来源：UNCTAD 数据库，http://unctadstat.unctad.org/ReportFolders/reportFolders.aspx。

从增长速度来看（见表2），2000～2012年，FDI流入量年均增速由大到小依次是俄罗斯（27.78%）、印度（17.77%）、南非（14.64%）、中国（9.51%）和巴西（5.91%），均高于全球平均水平（-0.38%）。就发展中经济体而言，金砖国家中除了巴西以外FDI流量的年均增长率都高于平均水平。从FDI流入量增长率的波动来看（见图1），由于存在资本外逃现象，南非2001～2012年的FDI流入量波动非常大，在金砖国家中最为剧烈。中国引入外商直接投资的增长速度最为平稳，增速大小与世界平均水平比较接近，波动方向与世界平均水平较为一致。就波动方向而言，2009年受外围经济疲软的拖累，尤其是欧债危机的滞后影响，五国的FDI流入量呈持续回落趋势。

表2 金砖国家FDI流量增长率

单位：%

年份	中国	印度	巴西	俄罗斯	南非	全球
2000	0.98	65.50	14.70	-17.98	-40.98	29.47
2001	15.14	52.68	-31.49	1.25	664.83	-40.84
2002	12.51	2.77	-26.13	26.42	-76.87	-25.11
2003	1.44	-23.25	-38.85	128.24	-53.22	-3.98
2004	13.32	33.72	78.88	94.26	8.72	22.11
2005	19.42	31.91	-16.97	0.68	732.96	34.80
2006	0.43	166.70	24.93	142.42	-107.93	49.62
2007	14.86	24.70	83.75	51.61	-1180.65	35.26
2008	29.68	85.95	30.28	31.21	58.14	-9.30
2009	-12.29	-24.36	-42.41	-51.08	-40.43	-33.03
2010	20.77	-40.75	86.93	18.00	-77.11	15.78
2011	8.06	71.31	37.43	27.60	388.93	17.25
2012	-2.34	-29.42	-2.08	-6.66	-23.85	-18.20
均值	9.51	17.77	5.91	27.78	14.64	-0.38

注：年均增长率根据公式 $(r_{2012}/r_{2000})^{1/12}-1$ 得到。

2. FDI存量比较

从总量来看（见表3），金砖国家的FDI存量从2000年的4075.92亿美元

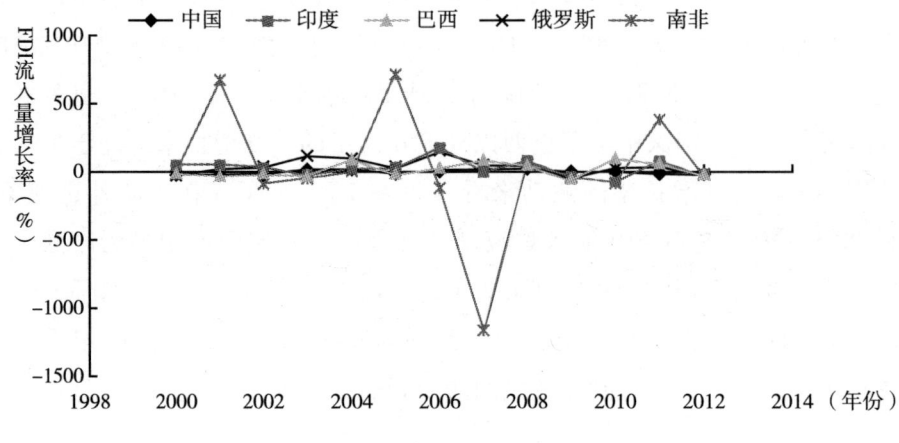

图 1 金砖国家 FDI 流入量增长率

增长到了 2012 年的 24092.89 亿美元，占全球的比重从 5.43% 上升到 10.56%。就单个金砖国家而言，2000~2012 年，其 FDI 年均存量由大到小依次是中国（3817.11 亿美元）、巴西（3168.41 亿美元）、俄罗斯（2587.46 亿美元）、印度（990.08 亿美元）和南非（850.02 亿美元）。同期就 FDI 存量占全球的比重而言，中国的均值为 2.68%，远高于巴西（2.22%）、俄罗斯（1.81%）、印度（0.69%）和南非（0.60%）。

从增长速度来看（见表4），2000~2012 年，FDI 存量年均增速从大到小依次是俄罗斯（25.86%）、印度（24.49%）、巴西（15.68%）、中国（12.94%）和南非（10.17%），均高于世界平均水平。其中，俄罗斯、印度的外商直接投资存量年均增速大幅高于其他三国且高于发展中经济体的平均水平（23.73%），中国、巴西和南非则低于平均水平。从 FDI 存量增长率的波动来看（见图2），2001~2012 年，中国的增长率最为稳定，基本维持在5%~25%。金砖国家中，南非和巴西的 FDI 存量增长率波动性较大，印度和俄罗斯的波动性次之。2008 年的金融危机使除中国以外的其余四国的 FDI 存量都出现大幅下滑，尤其是俄罗斯的 FDI 存量减少了一半以上。

综上所述，2000~2012 年金砖国家的外商直接投资流入量增长迅速，占全球总量的比重总体呈上升趋势。具体而言，中国 FDI 的流入量高于其他四国，

金砖国家引入 FDI 的经济效应研究

表3 金砖国家 FDI 存量规模

年份	FDI存量（亿美元）						FDI存量占全球的比重（%）					
	中国	印度	巴西	俄罗斯	南非	金砖五国	全球	中国	印度	巴西	俄罗斯	南非	金砖五国
2000	1933.48	163.39	1222.50	322.04	434.51	4075.92	75113.11	2.57	0.22	1.63	0.43	0.58	5.43
2001	2031.42	196.76	1219.49	529.19	305.69	4282.55	75557.37	2.69	0.26	1.61	0.70	0.40	5.67
2002	2165.03	258.26	1008.63	708.84	306.04	4446.80	75976.67	2.85	0.34	1.33	0.93	0.40	5.85
2003	2283.71	325.49	1328.18	967.29	468.69	5373.36	95107.60	2.40	0.34	1.40	1.02	0.49	5.65
2004	2454.67	380.60	1612.59	1222.95	644.51	6315.32	112328.50	2.19	0.34	1.44	1.09	0.57	5.62
2005	2720.94	432.02	1813.44	1802.28	789.86	7558.54	116738.45	2.33	0.37	1.55	1.54	0.68	6.47
2006	2925.59	708.70	2206.21	2658.73	877.65	9376.88	144053.42	2.03	0.49	1.53	1.85	0.61	6.51
2007	3270.87	1057.90	3096.68	4910.52	1104.15	13440.12	180380.44	1.81	0.59	1.72	2.72	0.61	7.45
2008	3780.83	1252.12	2876.97	2157.55	679.87	10747.34	155862.49	2.43	0.80	1.85	1.38	0.44	6.90
2009	4730.83	1712.18	4008.08	3788.37	1174.34	15413.80	183115.37	2.58	0.94	2.19	2.07	0.64	8.42
2010	5878.17	2055.80	6823.46	4905.60	1531.33	21194.36	203802.67	2.88	1.01	3.35	2.41	0.75	10.40
2011	7118.02	2064.35	6951.03	4574.74	1343.92	22052.06	208734.98	3.41	0.99	3.33	2.19	0.64	10.56
2012	8328.82	2263.45	7022.08	5088.90	1389.64	24092.89	228126.80	3.65	0.99	3.08	2.23	0.61	10.56
均值	3817.11	990.08	3168.41	2587.46	850.02	11413.07	142684.45	2.68	0.69	2.22	1.81	0.60	8.00

注：各国FDI存量占比均值 = 各国FDI存量年均值/全球FDI存量年均值。
资料来源：UNCTAD数据库。

国,超过金砖五国总流入量的一半,并且增长最为平稳,而南非 FDI 增长率的波动性最大。从增长势头来看,印度和俄罗斯吸收 FDI 的表现最为强劲,呈现跳跃式增长。

表4 金砖国家 FDI 存量增长率

单位:%

年份	中国	印度	巴西	俄罗斯	南非	全球
2000	3.85	8.55	19.47	75.95	-16.07	5.38
2001	5.07	20.42	-0.25	64.32	-29.65	0.59
2002	6.58	31.26	-17.29	33.95	0.11	0.55
2003	5.48	26.03	31.68	36.46	53.15	25.18
2004	7.49	16.93	21.41	26.43	37.51	18.11
2005	10.85	13.51	12.46	47.37	22.55	3.93
2006	7.52	64.04	21.66	47.52	11.11	23.40
2007	11.80	49.27	40.36	84.69	25.81	25.22
2008	15.59	18.36	-7.10	-56.06	-38.43	-13.59
2009	25.13	36.74	39.32	75.59	72.73	17.49
2010	24.25	20.07	70.24	29.49	30.40	11.30
2011	21.09	0.42	1.87	-6.74	-12.24	2.42
2012	17.01	9.64	1.02	11.24	3.40	9.29
均值	12.94	24.49	15.68	25.86	10.17	9.70

注:年均增长率根据公式 $(r_{2012}/r_{2000})^{1/12}-1$ 得到。

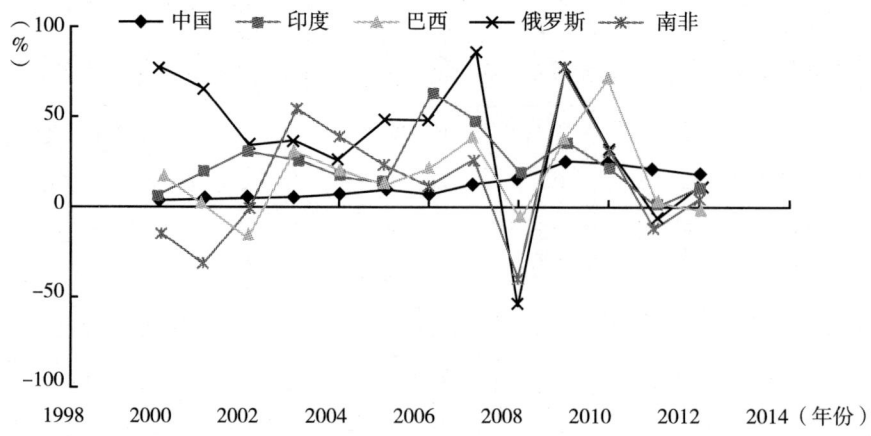

图2 金砖国家 FDI 存量增长率

2000～2012年金砖五国的外商直接投资存量均实现快速增长，占全球FDI存量的比重整体呈上升趋势。其中，中国FDI的存量规模远高于其他四国。就增长率而言，金砖五国的年均FDI存量增长率均高于国际平均水平，其中俄罗斯和印度引进FDI的存量增长迅猛，远高于其他三国，南非的FDI增长率最低。

（二）金砖国家FDI引入方式比较

FDI的引入方式主要分为绿地投资和跨国并购。绿地投资即创建投资，是指一国企业在本国境外的其他国家内依据当地的法律投资设厂的行为。跨国并购是指跨国企业等投资主体通过一定的程序和渠道，取得另一国现有企业的所有资产或足够的股份，从而对另一国企业的经营管理进行控制的投资行为。二者间的差异主要表现为对东道国资本形成的作用不同：绿地投资在发生时即可直接增加东道国的资本存量，不仅为东道国带来就业机会和财政收入的增加，还引入了国外先进的管理手段和科学技术，可以有效促进国内经济的增长；而跨国并购只是企业所有权的转移，短期内不能增加一国的资本存量。

根据表5和图3，2000～2010年，金砖国家引入国际直接投资的方式以绿地投资（创建投资）为主，以跨国并购为辅。在样本区间内，以绿地投资方式引入国际直接投资的年化平均值从大到小依次为中国（1067亿美元）、印度（486亿美元）、俄罗斯（403亿美元）、巴西（270亿美元）和南非（58亿美元）；以跨国并购方式引入国际直接投资的年化平均值从大到小依次为中国（104亿美元）、巴西（51亿美元）、俄罗斯（45亿美元）、南非（34亿美元）和印度（32亿美元）。

经计算，2000～2010年金砖国家以绿地投资方式引入国际直接投资占全球的比重从大到小依次为中国（12.4%）、印度（5.3%）、俄罗斯（4.6%）、巴西（3.1%）和南非（0.6%）；以跨国并购方式引入的FDI占全球的比重从大到小依次为中国（1.9%）、俄罗斯（1.3%）、印度（1.0%）、巴西（0.9%）和南非（0.8%）。除南非以外，其余四国以绿地投资方式引入国际直接投资占全球的比重均超过以跨国并购方式引入的比重。

表5 金砖国家FDI引入方式统计

单位：亿美元

年份	中国		印度		巴西		俄罗斯		南非	
	并购	新建	并购	新建	并购	新建	并购	新建	并购	新建
2000	373	—	11	—	172	—	4	—	3	—
2001	20	—	7	—	45	—	16	—	118	—
2002	160	—	5	—	12	—	12	—	6	—
2003	40	1449	7	197	18	259	67	321	10	37
2004	47	1248	10	342	40	263	43	440	8	38
2005	72	837	5	272	30	205	-145	408	51	35
2006	113	1140	44	867	26	106	63	370	-13	49
2007	93	951	44	516	65	167	225	465	43	51
2008	54	1116	104	743	76	360	135	585	67	119
2009	109	946	60	500	-14	369	51	302	42	75
2010	60	846	55	454	89	432	29	334	39	59
均值	104	1067	32	486	51	270	45	403	34	58

资料来源：UNCTAD 数据库。

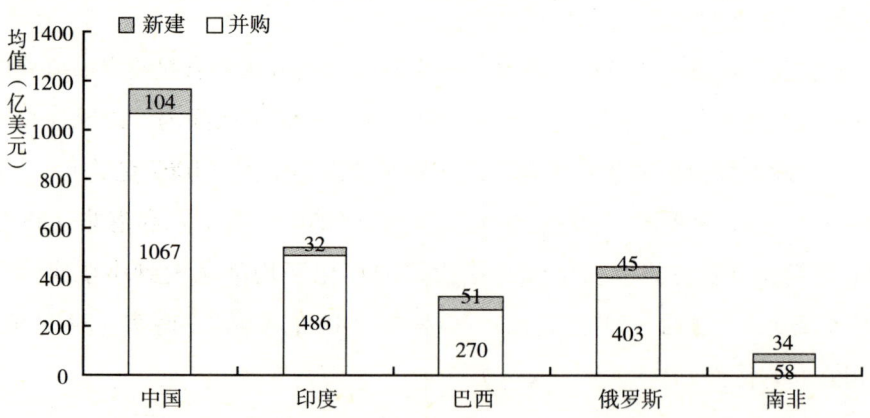

图3 2000~2010年金砖国家FDI引入方式比较（绝对值）

计算每种引入方式占各个国家FDI引入总额的比重，得到图4，可以发现绿地投资是金砖国家引入FDI的主要方式，以绿地投资方式引入FDI的比重从大到小分别为印度（93.82%）、中国（91.12%）、俄罗斯（89.96%）、巴西（84.11%）和南非（63.04%）。

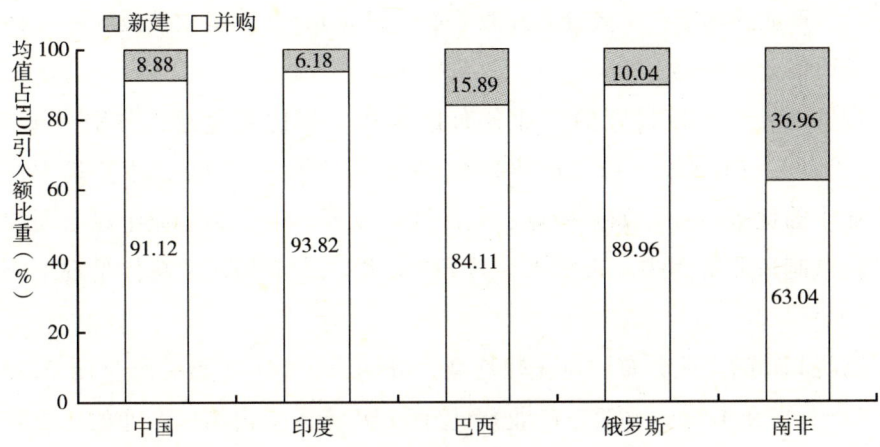

图 4　2000～2010 年金砖国家 FDI 引入方式比较（比重）

总的来说，在引资方式上，金砖国家都以绿地投资（创建投资）为主，以跨国并购为辅，以跨国并购方式引入国际直接投资的比重均呈现上升趋势。全球大部分发展中经济体引入 FDI 的方式都呈现这种特点，这主要是由于发展中国家在引资过程中存在可供并购的目标企业较少、经济增长速度较快、政府管制较多等共性问题。

（三）金砖国家 FDI 产业分布比较

1. FDI 产业分布比重比较

2000～2010 年中国的外商直接投资占各产业的平均比重分别为 1.6%（第一产业）、66.6%（第二产业）和 31.8%（第三产业）。在金砖国家中，中国第二产业流入的 FDI 比重最高，大多流入制造行业。中国新兴的第三产业的吸引力最弱，但近几年中国的对外经济政策逐渐向中性政策调整，使 2006 年后第三产业的 FDI 流入量稳步增加。

印度的 FDI 产业分布结构与全球 FDI 的投资分布结构最相似，分别为 0.2%（第一产业）、36.2%（第二产业）和 62.1%（第三产业）。其第一产业引入 FDI 的比重很小，第二产业引进 FDI 的规模总体低于其他四国，主要流向制造业。值得注意的是，印度是金砖国家中唯一一个 FDI 占第三产业的比重超过第二产业的国家,主要分布在服务业(21%)、计算机软件及硬件(8%)和电子通信业(8%)。

俄罗斯外商直接投资的产业分布比重和中国比较接近,分别是1.5%(第一产业)、61.8%(第二产业)和37.3%(第三产业),主要集中在第二产业中的优势行业,如采矿业、生产性行业等,生产制造业中以金属加工业、机械制造业等为主。近年来,其FDI占第二产业的比重总体呈现下降趋势。

巴西FDI的产业分布相对比较均衡,分别为1.1%(第一产业)、52.3%(第二产业)和42.6%(第三产业)。巴西FDI流入量占第二产业的比重总体呈上升趋势,主要流向采矿业、钢铁业、纺织业、汽车业等,第三产业的FDI主要集中在房地产业、金融业等。

南非外商直接投资占各产业的平均比重分别为0.1%(第一产业)、56.6%(第二产业)和43.3%(第三产业)。其第二产业的外资流入大多集中在矿业和制造业。以往,南非最好的投资产业是轻工业,而近几年南非食品加工业蓬勃发展,吸引了大量外资流入。南非FDI流入量占第三产业的比重低于印度,略高于其余三国,主要分布在交通通信和金融贸易行业,其中旅游业是南非发展最快的行业。

2. FDI产业结构偏离度比较

在前文的基础上,本报告借鉴发展经济学中的"产业结构偏离度"[①]指标,构建了"FDI产业结构偏离度"指标,对金砖国家FDI的产业分布特征做进一步分析。指标计算公式为:

$$\theta_i = \frac{FDI_i/FDI}{GDP_i/GDP} - 1$$

其中θ_i、FDI、FDI_i、GDP和GDP_i分别表示一国引进FDI的产业结构偏离度、一国当年FDI流入总量、一国三次产业FDI流入量、一国当年国内生产总

---

① 产业结构偏离度是指各产业增加值的比重与相应的劳动力比重的差异程度,用公式表示为:产业结构偏离度=GDP的产业构成百分比/就业的产业构成百分比-1。若某一产业的结构偏离度小于零,即就业比重高于增加值比重,说明该行业相对劳动生产率较低,存在劳动力转出的可能,反之存在劳动力转入的可能。

值和一国三次产业增加值，$i=1$、2、3。当θ大于、等于或者小于零时，分别表示某产业 FDI 流入量所占比重大于、等于或者小于该产业的 GDP 贡献率，即该产业外商直接投资超过、等于或者小于适度规模。

通过计算可知，2000~2010 年，五国第一产业吸收 FDI 的结构偏离度都小于 0，说明金砖国家第一产业引入的外商直接投资低于适度规模。五国第二产业吸收 FDI 的结构偏离度均大于 0，说明金砖国家第二产业引入的外商直接投资都超过适度规模，其中中国、印度和巴西吸收的 FDI 主要流向制造业，俄罗斯和南非的则主要流向采矿业。五国第三产业吸收 FDI 的结构偏离度除印度以外都小于 0，说明除印度以外其余四国第三产业外商直接投资引入量均低于适度规模。

俄罗斯和南非的制造业对 FDI 的吸引力逐渐增强，使得中国和印度在制造业上的优势减弱，五国都具有广阔的国内市场和廉价的劳动力资源，将加剧其在制造业领域的竞争。就全球外商直接投资的流入行业而言，服务业将会是未来 FDI 流入的热门行业，也将成为各个国家尤其是金砖五国间竞争最激烈的领域。

（四）金砖国家 FDI 的引资政策比较

1. 税收政策

通过表 6 对比可以发现，改革开放之初，中国为了弥补建设资金缺口，实行的是"内外有别"的税收政策，给予外资企业单方面的税收优惠，损害了广大民族企业的发展以及国民福利。自 2001 年底加入 WTO 后，中国加强了对外来资本的筛选并出台实施了各方面的管理规定。2008 年 1 月 1 日正式实施的《中华人民共和国企业所得税法》规定内外资企业统一缴纳 25% 的所得税，中国正在逐步将"超国民待遇"引资政策向"国民待遇"引资政策转变。

印度、巴西和俄罗斯都遵循 WTO 的国民待遇原则，对外商投资企业实行"国民待遇"，税收政策具有较强的产业导向性，针对重点投资产业及地区实行优惠利率。印度在重点发展领域如软件外包服务行业提供双重优惠政策，在一些产业对外资企业实行"低国民待遇"，如对外资企业实行的所得税税率高于印度本土企业，这些措施促使大量国外资本流入服务行业。巴西给予外商投资企业的税收优惠政策对其国内企业也适用。俄罗斯对固定资产进口以及国内重点产业也提供一定的税收优惠，其当前的税收政策存在以下几点问题：①征管环节中存在严重的权力寻租现象，企业偷逃税情况严重；②俄罗斯境内各联邦主体为发展本地经济，纷纷给予外商投资企业各种税收优惠，却降低了一国的引资效率，损害了国内企业的发展。

自2012年以来，南非推行了新的管理政策，加强了对外商投资企业的管理，鼓励本地企业参与经济建设。政策规定外资企业想要在南非投资，必须在国内合作伙伴的参与下，在国内开立银行账户并办理营业执照。此外，南非政府制定了一系列投资优惠政策，包括给予在南非投资的企业劳工技术培训补贴、新机器设备运送补贴等。目前，南非政府正在制定综合的投资政策，包括实行投资友好型的工业鼓励措施、税收政策等，税收新政表明南非很有可能设立免税区，即通过减免税收来引导外国直接投资向港口或者工业园区聚集。

表6　金砖国家FDI税收政策概览

	税收政策特点	典型的税收政策
中国	1. 最初"内外有别"的税收政策 2. 2007年逐渐减少税收优惠政策 3. 2013年以后取消税收优惠政策，享受国民待遇	1. 2008年，内外资所得税率统一为25% 2. 实行梯形关税税率结构，国家支持的高新技术科研领域减免部分进口关税及增值税 3. 2013年取消对外资的税收优惠，内外资法人税率统一为25%
印度	享受国民待遇，某些产业低于国民待遇，只有在政府重点支持的领域才享受超国民待遇	1. 全部产品用于出口的企业、出口加工区和自由贸易区的国内外企业免征5年所得税 2. 位于电子硬件/软件技术园的新工业企业、自由贸易区及出口加工区的内外资企业、完全出口型工业企业，免征10年出口利润税及5年所得税 3. 在经济特区成立的单位，前5年免征出口所得税
俄罗斯	享受国民待遇	1. 投资于《投资重点清单》所列领域的外资企业，在投资回收期内对其生产原料设备免征增值税和进口关税（<5年） 2. 外资企业在规定期限规定内进口的商品，作为固定资产投资的部分免征增值税和进口关税
巴西	享受国民待遇	1. 玛瑙斯自由贸易区的外资企业在进出口关税、企业所得税等方面享有优惠政策 2. 对外资企业在公共卫生税、营业执照税和城市房产税等领域给予一定税收减免

续表

	税收政策特点	典型的税收政策
南非	友好型税收政策	1. 从2012年起,3年内对外资企业提供相当于劳工技能培训费50%的补贴,补贴总额小于项目薪水总额的30%;针对南非发展共同体(SADC)①之外的国外企业,给予机器设备的运输补贴,为新的机器设备价值的15%,每台不超过300万兰特 2. 未来可能建立免税区,对进入港口或工业园区的外资企业减免税收

注:①南非发展共同体(SADC):其前身是1980年成立的南部非洲发展协调会议,包括15个成员国,分别为安哥拉、博茨瓦纳、津巴布韦、马拉维、南非、莫桑比克、斯威士兰、莱索托、毛里求斯、坦桑尼亚、赞比亚、纳米比亚、刚果(金)、塞舌尔和马达加斯加(2009年3月拉乔利纳政变后加入)。

资料来源:1991年《中华人民共和国外商投资企业和外国企业所得税法》;2008年《中华人民共和国企业所得税法》;2013年《外商投资企业和外国企业所得税法》及其实施细则;《对外投资合作国别(地区)指南——印度》(2010版);俄罗斯联邦经济特区管理署;《对外投资合作国别(地区)指南——巴西》(2010版);《南非或设免税区吸引外资》;《21世纪经济报道》。

2. 产业政策

通过表7的比较可以发现,在改革开放初期,中国将大量外资引入劳动密集型加工业,有一部分资本流入了"两高一资"产业,在较短时间内提升了中国的GDP总量,却造成了大量的环境污染以及资源浪费。随后,中国对FDI的产业分布进行了规制管理,逐步放宽外商投资的产业领域,鼓励外商投资企业投向现代农业、制造业、服务业和海洋产业以及相关节能环保产业,限制进入"两高一资"等技术含量低、污染环境、浪费能源的行业。目前,外商直接投资对中国产业结构升级的作用尚不明显。

印度一直贯彻落实"内资为主,外资为辅"的产业政策。和中国相比,印度也拥有大量廉价的劳动力资源,但它着重将外资引入软件外包、生物制药业等资金和技术(知识)密集型产业,而非劳动密集型产业。其产业政策以及小规模的行业政策不仅有效引入了国外先进的技术水平,还保护了大量国内民族企业,使印度成为"世界办公室"。但在农业、基础设施等发展领域的投资规模较小,当前印度政府正在采取积极措施鼓励外资流入相关行业。

俄罗斯联邦共和国独立之初,为防止外资垄断本地市场,采取限制性引资政策。在经历了国内经济大衰退和全球金融危机以后,俄罗斯开始逐步放宽

FDI的投资领域，引导外商投资企业进入本国具有比较优势的高新技术行业，以及林木加工、石油、天然气等国内资源丰富但缺乏资金支持的行业。此外俄罗斯还进一步加大了对服务业的开放力度，使其成为FDI所占比重最大的产业之一。但总的来说，俄罗斯产业政策的开放比较有限，并存在一定的投资保护主义倾向，这导致俄罗斯的经济结构不平衡、产业倾斜严重。

巴西采取比较开放的产业政策，几乎对所有产业实行对外开放。随着国际产业转移浪潮以及巴西政府的积极引导，近年来FDI主要流入服务业领域。巴西相对开放的产业政策帮助巴西建立了较为完整的产业体系，但也留下了外资企业垄断本土市场的隐患。

南非是非洲最发达的国家，其结合国情采取的是适度开放的产业政策。目前，南非鼓励发展的主要产业是在本国具有一定比较优势的行业，例如矿业。

表7 金砖国家FDI产业政策比较

	产业政策特点	当前鼓励发展的产业	当前限制发展的产业
中国	开放规模大 效率较低，成为"世界加工厂"	现代农业、现代制造业、现代服务业和现代海洋产业以及相关节能环保产业	国家战略性行业，国内产能过剩、市场趋于饱和的行业，及高污染行业
印度	严格的产业进入政策 内资为主，外资为辅，最有效率	第三产业，尤其是软件服务业	
俄罗斯	限制开放 陷入依赖能源生产和出口的"陷阱"	石油、天然气、林木加工、服务业	
巴西	最为开放 带来了外资垄断等问题	几乎开放了所有能开放的部门，集中在石油、天然气、矿业、运输业、汽车业以及服务业	
南非	适度开放 尚处于起步阶段	优势行业，如矿业	

资料来源：中国国家统计局；《对外投资合作国别（地区）指南——印度》（2010版）；俄罗斯联邦经济特区管理署；《对外投资合作国别（地区）指南——巴西》（2010版）；《南非或设免税区吸引外资》，《21世纪经济报道》。

3. 地区政策

改革开放以来，中国一度实行从经济特区到沿海开放城市，到经济开放区，最后到内陆地区的优惠程度依次递减的地区政策，导致外资企业大多聚集在东部沿海城市，使得国内地区发展不平衡的现象更加严重，出现了所谓的"马太效应"①。近几年，中国的引资政策开始向中西部地区倾斜，提出"中部崛起""西部大开发"等发展战略。

印度为追求各地经济均衡发展，一直致力于开发和扶持经济落后地区，通过各种形式向落后地区的外资企业提供超国民待遇，并且学习中国的做法在境内发展各种经济特区以吸引外资的流入，在一定程度上缩小了地区经济差距。但由于目前印度的经济特区建设在规模上过小，缺乏系统化发展，尚处于探索阶段，地区政策与巴西、中国相比还不够完善。

苏联解体后，俄罗斯经济发展的地区差异越来越明显，西部地区经济发达而东部地区比较落后，外资企业集中在各个重点工业区以及市场较为发达的中央区和原材料产地，远东地区以及边疆地区由于自然、历史、经济体制等因素缺乏有效的开发。俄罗斯将扩大国内投资和合理吸收外资相结合，力求发挥各地的比较优势，但是政策导向作用不大，外商直接投资在俄罗斯的区域分布并未有大的变动。

巴西国内各地区的发展水平差距较大，因此巴西政府非常注重利用FDI来开发本国的落后地区，最典型的就是设立"玛瑙斯自由贸易区"以拉动亚马孙地区的经济发展，成为各国利用外商直接投资开发落后地区的榜样。

南非的外商直接投资主要流入约翰内斯堡、比勒陀利亚、开普敦等重要的贸易城市。

总的说来，巴西在利用FDI开发本国落后地区上成效显著，而中国在设立经济特区和外向型经济发展方面取得了成功，印度和俄罗斯在地区政策方面尚处于探索阶段。

四 金砖国家引入FDI经济效应的实证分析

（一）数理模型设定

柯布—道格拉斯生产函数（简称C-D生产函数）是由美国数学家柯布

---

① 马太效应：指强者愈强、弱者愈弱的现象。

（C. W. Cobb）和经济学家保罗·道格拉斯（Paul H. Douglas）共同设计的生产函数，从投入产出的角度研究一个国家或地区的经济增长问题，具有重要的应用价值，模型表示为：$Y = AK_{\alpha}L_{\beta}$。其中 Y、A、L、K 分别代表一国的国内生产总值、综合技术水平、劳动力投入数量和资本投入规模，α、β 代表劳动力产出的弹性系数和资本产出的弹性系数。但是传统的经济计量模型只考虑了劳动力投入和资本投入两个因素，将其他因素笼统地用常数 A 表示，无法完整地反映经济体系中投入与产出的关系。

因此，本报告借鉴前人的研究成果，在传统的 C－D 函数中加入人力资本、对外开放、技术进步和经济结构 4 个变量，构建新的生产函数模型，研究了金砖国家引入 FDI 对本国经济的影响作用，具体模型如下所示。

$$Y = f(K,L,H,O,T,S) = eK^{\alpha}L^{\beta}H^{\gamma}O^{\delta}T^{\varepsilon}S^{\zeta} \tag{1}$$

其中金砖国家的资本分为国内投资及国外投资两部分，即：

$$K = K_d + K_f = K_d + FDI \tag{2}$$

考虑到资本的积累对经济增长的作用，模型中的 K 都表示资本存量，分别为国内固定资本存量和流入的外国固定资本存量。则式（1）变为：

$$Y = f(K_d,FDI,L,H,O,T,S) = eK_d^{\lambda}FDI^{\mu}L^{\beta}H^{\gamma}O^{\delta}T^{\varepsilon}S^{\zeta} \tag{3}$$

为了消除时间序列中的异方差现象，本报告对该模型的两边进行自然对数变换，得到以下模型：

$$\ln(Y_{it}) = c + \lambda\ln(K_{dit}) + \mu\ln(FDI_{it}) + \beta\ln(L_{it}) + \gamma\ln(H_{it}) + \\ \delta\ln(O_{it}) + \varepsilon\ln(T_{it}) + \zeta\ln(S_{it}) + u_{it} \tag{4}$$

式中，Y、K_d、FDI、L、H、O、T 和 S 分别表示经济总产出、国内资本投入、国外资本投入（外商直接投资）、劳动投入、人力资本投入、对外开放程度、技术进步和经济结构。λ、μ、β、γ、δ、ε、ζ 分别表示国内资本、国外资本、劳动力、人力资本、对外开放、技术进步和经济结构的弹性，c 为常数项，表示影响经济增长但未能测量的其他因素，u 为残差项。但是由于从各种官方渠道获得的经济结构数据（即各个产业占 GDP 的比重）差别较大且缺失严重，故将 S 从模型中剔除，最后本报告采用的投入产出模

型为:

$$\ln(Y_{it}) = c + \lambda\ln(K_{dit}) + \mu\ln(FDI_{it}) + \beta\ln(L_{it}) + \gamma\ln(H_{it}) + \delta\ln(O_{it}) + \varepsilon\ln(T_{it}) + u_{it} \tag{5}$$

(二)指标选取和数据说明

1. 经济增长指标。本报告采用国内生产总值(GDP)来反映各国总体经济增长指标,为消除物价变动对 GDP 的影响,本报告采用世界银行 2000 年不变美元的 GDP 统计数据。

2. 物质资本投入。由于前期的资本投入对一国当期经济的发展也会产生影响,因此本报告采用资本存量而非资本流入量来衡量一国的资本投入状况。

针对国内资本存量,由于该数据无法获得,本报告使用永续盘存法(Perpetual Inventory System)①来进行测算,计算公式为:

$$K_t = \frac{I_t}{P_t} + (1-\eta)K_{t-1} \tag{6}$$

式(6)中,K_t 表示 t 期金砖国家的资本存量,I_t 表示 t 期的名义国内资本形成额,根据指标"资本形成总额占 GDP 的比重"和"GDP(现价美元)"相乘得到。P_t 是 t 期的价格指数,考虑到数据的可获得性,价格指数选取世界银行数据库的"消费者价格指数"。η 表示资产折旧率,本报告借鉴樊纲和王小鲁(2000)②、郭庆旺和贾俊雪(2004)③等学者的做法,设定 η 为 5%。针对基期资本存量 K_0 的设定,本报告采用学术界常用的方法,利用以下公式进行计算:

$$K_0 = \frac{I_0}{g+\eta} \tag{7}$$

---

① 永续盘存法,也称"账面盘存法"。它是对于资产的增加和减少,根据各种有关凭证,在账簿中逐日逐笔进行登记,并随时结算出各种资产账面结存数额的一种方法。
② 樊纲、王小鲁:《中国经济增长的可持续性——跨世纪的回顾与展望》,经济科学出版社,2000。
③ 郭庆旺、贾俊雪:《中国潜在产出与产出缺口的估算》,《经济研究》2004 年第 5 期。

式（7）中，K_0表示样本基期（1992年）的资本存量，I_0表示基期（1992年）国内投资总额，g表示样本区间内国内投资形成额的年均增长率，η表示资产折旧率。对于国外资本存量，本报告采用联合国贸发会议FDI数据库中统计的"FDI存量"指标。

3. 劳动投入。本报告按照学术界惯例，用金砖五国的劳动力总人数来衡量劳动投入。

4. 人力资本。人力资本可以用一个国家国民的受教育程度来衡量，因此本报告参照大部分学者的做法，将1992~2012年小学生、中学生和大学生的入学率（占总人数的百分比）分别按照1:2:3的权重进行加权平均，以加权平均值来衡量金砖国家的人力资本投入量。

5. 对外开放。本报告借鉴梁莉（2005）[①]、邱晓华等（2006）[②]学者的研究，选择对外贸易依存度，即一国的进出口总额占GDP的比重作为衡量指标，该指标可以很好地反映一国的贸易规模及其对国际市场的依赖性，通常被用来衡量一国的对外开放程度。其中，进出口额占GDP的比重为世界银行数据库"货物和服务出口占GDP的比重"和"货物和服务进口占GDP的比重"两项指标之和。

6. 技术进步。在世界银行公开数据库的"科学与技术"专题中包括"从事研究与开发的研究人员"、"各个国家研发投入占GDP的比重"、"高技术出口占制成品出口的比重"和"发表于科技刊物上的论文"等指标。其中，指标"高技术出口占制成品出口的比重"的数据最完整。因此，本报告使用"高技术出口占制成品出口的比重"这一指标来衡量金砖国家的技术进步。

本报告研究的样本区间为1992~2012年，选取这一时间段的原因是，俄罗斯联邦共和国在1991年成立，五国大部分指标的数据在1992年以后比较完备，且很多变量2013年的数据尚未公布。其中，FDI存量数据来源于联合国贸发会议FDI数据库（UNCTAD FDI/TNC Database），GDP、国内资本

---

① 梁莉：《我国贸易开放度与金融发展关系实证研究》，《金融研究》2005年第7期。
② 邱晓华、郑京平、万东华等：《中国经济增长动力及前景分析》，《经济研究》2006年第5期。

形成总额、消费者价格指数、劳动力总人数、学生入学率、进出口额占 GDP 的百分比、高技术出口占制成品出口的比重等数据均来自世界银行指标数据库（The World Bank Indicators Database）①，其中个别缺失数据利用拟合法进行填补。

（三）实证分析过程

1. 单位根检验

由于本报告研究中涉及的是时间序列变量，往往会受到随机趋势或者确定趋势的影响，从而导致数据的非平稳性，所以需要对所有变量进行单位根（ADF）检验。本报告依据 SIC 信息准则来确定最优滞后阶数并检验趋势项和常数项是否存在，分别对五个国家的模型变量及其一阶差分（二阶差分）进行平稳性检验，结果如表 8 所示。

在1%的显著性水平上，中国的投入产出模型中所有变量序列及其一阶差分均不平稳，但其二阶差分都是平稳的，满足同阶单整的条件 I（2），可以进行协整检验。在5%的显著性水平上，印度、巴西和南非的投入产出模型中所有变量都符合一阶单整 I（1），可以进行协整检验。俄罗斯的投入产出模型中所有变量都符合零阶单整 I（0），也可以进行协整检验。

表8 金砖国家各变量时间序列的单位根检验结果

中国	ADF 值	印度	ADF 值	俄罗斯	ADF 值	巴西	ADF 值	南非	ADF 值
LN(Y)	-2.45	LN(Y)	14.96	LN(Y)	-4.137**	LN(Y)	6.69	LN(Y)	-2.14
DLN(Y)	-1.53	DLN(Y)	-3.68**	LN(K_d)	-4.14**	DLN(Y)	-4.63**	DLN(Y)	-3.23**
DLN(Y,2)	-4.22***	LN(K_d)	-0.52	LN(FDI)	-3.04**	LN(K_d)	-2.65	LN(K_d)	-2.53
LN(K_d)	-3.21	DLN(K_d)	-35.37**	LN(L)	-3.81**	DLN(K_d)	-3.74**	DLN(K_d)	-3.03**
DLN(K_d)	0.09	LN(FDI)	-3.53	LN(H)	-3.36**	LN(FDI)	-1.78	LN(FDI)	-0.91
DLN(K_d,2)	-3.14***	DLN(FDI)	-3.87**	LN(O)	-2.95**	DLN(FDI)	-4.22**	DLN(FDI)	-4.22**
LN(FDI)	1.08	LN(L)	-2.95	LNT	-1.67**	LN(L)	-1	LN(L)	3.22

---

① http：//data.worldbank.org/indicator

续表

中国	ADF 值	印度	ADF 值	俄罗斯	ADF 值	巴西	ADF 值	南非	ADF 值
DLN(FDI)	-0.92	DLN(L)	-3.4**			DLN(L)	-4.97**	DLN(L)	-4.19**
DLN(FDI,2)	-12.81***	LN(H)	-1.74			LN(H)	-2.08	LN(H)	-1.59
LN(L)	-2.6	DLN(H)	-3.61**			DLN(H)	-5.35**	DLN(H)	-3.13**
DLN(L)	-2.94	LN(O)	-2.66			LN(O)	-2.69	LN(O)	-3.56
DLN(L,2)	-4.97***	DLN(O)	-7.06**			DLN(O)	-3.37**	DLN(O)	-4.66**
LN(H)	-2.36	LN(T)	-2.61			LN(T)	-2.73	LN(T)	-2.46
DLN(H)	-3.8	DLN(T)	-3.87**			DLN(T)	-2.9**	DLN(T)	-6.14**
DLN(H,2)	-35.67***								
LN(O)	-3.66								
DLN(O)	-3.79								
DLN(O,2)	-6.42***								
LN(T)	-2.45								
DLN(T)	-1.53								
DLN(T,2)	-4.22**								

注：滞后项由 SIC 准则判定，*** 表示在 1% 的水平下平稳，** 表示在 5% 的水平下平稳。

2. 协整检验

只有当变量之间存在协整关系时，才能消除"伪回归"现象，真实地反应各变量间的相互作用。以上单位根检验表明，金砖五国都满足同阶单整的条件，可以进行协整检验。本文采用 Engle - Granger 两步法进行检验，基本思路如下。

第一步，首先对中国、印度、俄罗斯、巴西和南非五个国家的 GDP、FDI 以及各控制变量进行回归估计，得到表 9 的估计结果。

表 9　五国 GDP 与 FDI 协整方程 OLS 估计结果

	$\ln(K_d)$	$\ln(FDI)$	$\ln(L)$	$\ln(H)$	$\ln(O)$	$\ln(T)$	调整后的 R^2
中国	-0.028883 (-0.237)	0.259965*** (4.871)	-0.02888*** (4.705)	0.608421 (1.262)	-0.01154 (-0.253)	-0.29699*** (-6.62)	0.999391
印度	0.000346 (0.024)	0.215743*** (6.085)	-0.0568 (-0.175)	0.795773*** (2.651)	-0.03414 (-0.265)	-0.11116 (-1.411)	0.993714
俄罗斯	0.395144*** (-3.035)	0.054285* (-0.094)	2.085521* (-1.835)	1.121719* (-2.114)	-0.079706 (-0.463)	-1.792278** (-2.426)	0.90666

续表

	ln(K_d)	ln(FDI)	ln(L)	ln(H)	ln(O)	ln(T)	调整后的 R^2
巴西	0.080384 (0.982)	0.02655 (0.675)	1.032132** (2.617)	0.26135 (0.347)	-0.10819** (-2.133)	-0.05267** (-2.324)	0.98327
南非	0.329465*** (5.728)	0.030350 (1.058)	0.039258 (0.183)	0.223528 (0.486)	0.153343 (1.392)	-0.05999* (-1.463)	0.98328

注：( ) 中是 t 统计量，***、**、* 分别表示在1%、5%、10%的水平下显著。

第二步，检验上述回归方程中的残差序列是否平稳，即序列 μt 是否含有单位根，我们利用 ADF 检验来进行判断。若残差序列是平稳的，则证明我们的回归方程设定合理，方程中的被解释变量和解释变量之间存在长期稳定的均衡关系，检验结果如表 10 所示。

表 10　五国协整方程中残差 μt 的 ADF 检验结果

	μct	μit	μrt	μbt	μat
ADF 值	-3.66805	-2.66304	-3.148733	-4.22942	-3.156601
1%水平	-2.69236	-2.69236	-2.600769	-2.69977	-2.692358
5%水平	-1.96017	-1.96017	-1.961409	-1.96141	-1.960171
10%水平	-1.60705	-1.60705	-1.606610	-1.60661	-1.607051
P 值	0.001	0.0107	0.0035	0.0003	0.0033

通过残差序列的平稳性检验可以看到，μct、μit、μbt、μat 和 μrt 都在1%的置信水平上通过平稳性检验，说明各国回归方程的残差都不存在单位根，各变量之间存在显著的协整关系，我们对五个国家建立的协整方程是合理的，具体表现为：

中国：
$$\ln(Y) = -5.317393 - 0.028883\ln(K_d) + 0.259965^{***}\ln(FDI) - 0.028883\ln(L) + 0.608421\ln(H) - 0.011539\ln(O) - 0.296993\ln(T)$$

印度：
$$\ln(Y) = 5.129339 + 0.000346\ln(K_d) + 0.215743^{***}\ln(FDI) - 0.056803\ln(L) + 0.795773\ln(H) - 0.03414\ln(O) - 0.111157\ln(T)$$

俄罗斯：

$$\ln(Y) = 4.528482 + 0.395144\ln(K_d) + 0.054285^*\ln(FDI) + 2.085521\ln(L) + \\ 1.121719\ln(H) - 0.079706\ln(O) - 1.792278\ln(T)$$

南非：

$$\ln(Y) = 2.574217 + 0.329465\ln(K_d) + 0.03035\ln(FDI) + 0.039258\ln(L) + \\ 0.223528\ln(H) + 0.153343\ln(O) - 0.05999\ln(T)$$

巴西：

$$\ln(Y) = 7.586468 + 0.080384\ln(K_d) + 0.02655\ln(FDI) + 1.032132\ln(L) + \\ 0.26135\ln(H) - 0.108187\ln(O) - 0.05267\ln(T)$$

通过上述实证分析我们可知，以上五国都通过了协整检验，FDI 与一国 GDP 之间存在长期稳定的均衡关系。实证研究结果显示，1992～2012 年金砖国家引入 FDI 的经济效应都是正向的，由大到小依次是中国、印度、俄罗斯、南非和巴西。其中，FDI 对中国和印度的经济促进作用较大并且显著，对俄罗斯的经济有一定的驱动作用并且作用显著，而对巴西和南非的经济增长所起的推动作用很小并且影响不显著。总体来说，外商直接投资都在一定程度上对五国经济起到了正向驱动作用，但影响程度存在较大的差异。

（四）实证结果分析

上述的检验结果表明，尽管中国和印度选择了不同的发展策略，但 FDI 的引入都在很大程度拉动了两国的经济增长且作用显著；俄罗斯通过引入外国直接投资在一定程度上拉动了国内经济发展；虽然巴西和南非的 FDI 大部分来源于发达国家，FDI 的技术水平较高，但 FDI 对其经济的促进作用很小。

1. 金砖国家 FDI 引入方式分析

根据前面的分析，FDI 的引入方式主要有两种：跨国并购和绿地投资。它们对一国经济的影响机制不同：跨国并购并未增加东道国的资产总额，只是对东道国现有企业进行资产产权转移，短期内对国内经济的拉动作用较小，但长期有可能发生连续性追加投资；而绿地投资不仅为东道国带来了就业机会和生产力的增加，还引入了国外先进的管理手段和科学技术，从而有效地促进了国内经济的增长。2003～2010 年金砖国家以绿地投资方式引入 FDI 的比重从大到小依次为印度（93.82%）、中国（91.12）%、俄罗斯（89.96%）、巴西（84.11%）和南非

（63.04%）。这与实证检验的结果基本一致，也充分证明了外国直接投资对中国和印度经济的拉动作用最大，其次是俄罗斯，而对巴西和南非没有显著的影响。

2. 金砖国家 FDI 引进的产业差异

中国的 FDI 主要集中在第二产业，其中超过一半进入了制造行业。外商直接投资的大量注入，为国内企业提供了大量的生产资金并引入了大量生产技术，从这两方面推动了国内制造业的蓬勃发展，中国成为公认的"制造工厂"，第二产业产值的猛增大幅提升了中国的宏观经济总量。

虽然印度 FDI 的存量较小，但近几年来引资势头强劲，且其引资质量较高。区别于其他四国，印度外商直接投资主要流入第三产业，FDI 产业分布结构与全球 FDI 的投资分布结构最相似。相比于第一、第二产业，第三产业具有范围广、就业容量大、附加值高以及能够推动社会进步等优点。此外印度国内的软件服务业发达，相对其他四国而言，FDI 的引入对印度国内投资的挤出效应较小，所以印度的引资质量非常高，大量外资的涌入不仅提升了印度国内的技术水平，也在很大程度上促进了印度经济的高速增长。

俄罗斯的 FDI 主要流向矿产资源开采业和制造业。总体来说俄罗斯针对外商直接投资的产业政策比较保守，FDI 的产业分布过于集中，导致俄罗斯经济陷入了依赖能源生产和出口的"陷阱"，在一定程度上阻碍了外商直接投资对经济的拉动作用。

南非的自然资源十分丰富，外商直接投资集中在矿业、制造业和服务业三个行业。但是南非在 FDI 引入方面起步较晚，其经济中长期存在产业结构不合理和失业率高等结构性问题，FDI 流入波动剧烈并且时常发生资本外逃现象，因而外商直接投资对其经济的拉动作用有限。

巴西的外商直接投资产业政策相对比较开放，导致其国内存在外资垄断现象，挤出了部分本土企业的投资。除此以外，巴西外商直接投资主要流向玛瑙斯自由贸易区等经济特区以及大型东南沿海地区，地区分布不均衡，在很大程度上制约了 FDI 对其经济的推动作用。

3. 金砖国家 FDI 的引资环境及引资政策分析

中国自然资源丰富，拥有大量年轻的廉价劳动力、较大的市场容量以及稳步发展的经济水平，为外商直接投资的引入创造了良好的投资环境，成为世界上吸收FDI最成功的发展中国家之一。近年来，中国的引资政策逐步向中性政策过渡，逐渐引导外商投资向国家战略性发展行业以及高技术行业流入，并在建立经济特区、发展外向型经济方面取得了成功，一系列合理的引资政策加强了FDI对经济的推动作用。

印度的引资质量最高，FDI增长迅速，主要得益于良好的引资环境和高效的引资政策。首先，印度的人力资源优势、英语优势和教育优势为其服务业、金融业和软件业等行业创造了良好的投资环境；其次，印度一直坚持"内资为主，外资为辅"的发展原则，实施具有明显产业导向性的税收政策，在重点发展领域提供各类税收优惠政策；最后，印度一直坚持独立自主的产业政策，在引入外资的同时保护了本土企业，并且有效利用国外企业先进的科技水平促进了本国产业链的升级，大力拉动了国内经济增长。

俄罗斯吸引FDI的增速很快，其国内丰富的矿产资源、广阔的市场规模、相对发达的工业体系和强大的科技实力为FDI创造了较好的投资环境。但是俄罗斯国内缺乏完备的FDI方面的法律法规，并且由于政治因素，国内存在一定的民族主义和排外情绪，阻碍了FDI的引入及其经济效应的发挥。

南非在五国中经济发展水相对落后，其引资规模最小，起步较晚，且波动性强，FDI投资环境以及相关配套政策不够完善，相关法律法规与引资制度不成熟，因此外资对该国经济的驱动作用不显著。

巴西FDI的开放程度高、开放时间早，虽然拥有完备的法律体系和广阔的市场，但是巴西的经济结构在金砖国家中最为开放，金融体系不稳定，存在外资垄断现象，国际经济形势的波动将会对其国内经济造成较大的冲击，2008年的金融危机就深刻影响了巴西经济，因此近年来FDI对其经济的促进作用不明显。

五 结论及启示

（一）研究结论

通过对金砖国家FDI引资现状进行对比分析，本报告得出如下结论。

第一，金砖国家FDI的引入现状互不相同，各具特色。中国引资规模较大且波动较小，但是投资产业及地区不合理。印度引资规模较小但是增速快，引资质量最高且潜力巨大。俄罗斯潜力大，引资环境较好，但是经济结构不合理、法律体系不完备。巴西引资规模较大，但是增长缓慢且波动剧烈，金融体系不够稳定，且国内存在外资垄断现象。南非引资规模最小且增速一般，其波动性很强，存在失业率高和国内经济结构不合理等问题。

第二，金砖国家FDI的产业分布相似性与差异性并存，但都不均衡。金砖国家普遍存在FDI产业分布不均衡的问题：第一产业的FDI均远低于适度规模，第二产业的FDI均超过适度规模，第三产业除印度以外，其余四国的FDI流入量均未达到适度规模。

第三，金砖国家的引资政策各有利弊，其中印度的引资政策最高效。中国逐步由激励性政策转向中性政策，并在设立经济特区和外向型经济发展方面取得了成功。印度和俄罗斯采取相对谨慎的引资政策，俄罗斯陷入了能源和生产行业高度依赖的"困境"，而印度的引资政策最为高效。巴西采取中性引资政策，开放的产业政策带来了外资垄断的问题，地区政策成效显著。南非的引资政策较为谨慎，还处于不断摸索的阶段。

第四，金砖国家引入FDI的经济效应均为正向，但影响程度差别较大。1992~2012年金砖国家外商直接投资的经济效应均为正向，对经济的驱动程度不同，从大到小依次为中国、印度、俄罗斯、南非和巴西。

第五，金砖国家FDI引资效率的差异主要与各国FDI的引入方式、FDI的产业分布以及FDI的引资环境及政策有关：一国绿地投资方式的比重越大，引入的FDI技术含量较高，其产业分布与一国的产业结构越匹配，则FDI对经济增长产生的正向效应越大；完善的基础设施、广阔的市场、优质的人力科技资源、完备的法律体系、适度开放的引资政策，均有助于金砖国家更好地发挥FDI的正向经济效应。

（二）启示

由此，可以得出对金砖国家特别是对中国的若干启示。

1. 规范外资企业的跨国并购行为，提高本土企业的竞争力

首先，应该采取有力措施吸引跨国公司在本国进行绿地投资。跨国并购只是对东道国现有企业进行资产产权转移，在短期内对经济的拉动作用不大，而

绿地投资却能从各方面有效促进国内经济的增长。因而，金砖国家乃至其他发展中国家，都应该采取各种有利的政策措施，吸引跨国公司在东道国进行绿地投资，规范跨国并购行为。

其次，应对外资采取既利用又限制的原则，防止外资垄断现象。金砖国家对外商投资企业应坚持既利用又限制的原则，规范外资企业在本土市场的经营扩张行为，减少其对本土企业的负面冲击。中国应学习印度和俄罗斯的做法，用中性外资引入政策取代以往的鼓励性引资政策，取消当前对外商投资企业的诸多优惠待遇，营造国内资本与国外资本公平竞争的市场环境。同时，中国要加强反垄断方面的法律法规以及行政管理，定期修订《外商投资产业指导目录》，以确保国家经济安全、稳定、健康发展。

最后，应提高本土企业的竞争力，利用国际资本提高自主创新能力，这样才能更好地抵御跨国企业的入侵，使国民经济健康可持续发展。中国可以学习印度的成功经验，重点扶持本国的中小民营企业：一是采取各种措施拓宽中小民营企业的融资渠道；二是加强中小企业方面的法规建设，不断完善《中小企业促进法》；三是扩大国内中小民营企业的投资领域，在某些行业降低中小企业的准入门槛；四是在某些领域给予中小民营企业高于外商投资企业待遇的政策措施；五是加强知识产权保护力度，促进高科技中小企业的发展，鼓励本土企业进行自主创新。

2. 加强外商直接投资政策的产业导向作用

根据上文的分析，一国 FDI 的产业分布会在很大程度上影响该国的产业结构以及引资效率。金砖国家在第一产业上的引资都远低于适度规模，对此各国应着重改善农业投资环境，利用外商直接投资引入先进的生产技术和生产设备，推广现代农业生产模式，加速农业的科技化及产业化发展。金砖国家应对传统制造业的 FDI 流入规模进行控制，并引导 FDI 流向高端制造业、高技术产业和研发设计等高附加值的产业，以此带动国内产业结构的升级和优化。金砖国家应提高自主创新能力，利用 FDI 引入国外先进技术，提升第三产业的核心竞争力，实现高新技术领域的跨越式发展。

首先，中国应该加强第一产业 FDI 的引入以弥补资金缺口。具体而言，应该规范和引导外资企业在农业基础设施建设、农产品竞争和贸易等方面的活动；促进农业的研发工作，利用 FDI 引入国外先进的生产技术以及生产设备；在引资过程中切实维护本国农民以及涉农企业利益。其次，中国应该提高第二产业的引资效率，用"以量取胜"取代"以质取胜"。具体而言，应该选择性地吸引技术先进、实力雄厚的跨国企业来华投资；完善科研配套产业建设以吸引跨国公司在华设立研发机构和技术中心；建立有较强产业导向性的外资企业税收政策体系，对外商投资企业始终采取既利用又限制的政策，对各产业实行差别对待，在一般产业上给予"国民待遇"，在现代化新兴产业和国家战略领域实行"超国民待遇"。最后，针对服务外包等行业，大力促进服务外包模式的转变，从信息技术外包（ITO）① 转向业务流程外包（BPO）②，最后向知识流程外包（KPO）③ 发展。

3. 完善国内投资环境，提供完备的制度保证

首先，应加强基础设施和金融体系建设，发挥 FDI 的溢出效应。在基础设施建设方面，大部分发展中国家和发达国家相差甚远。而一国的金融体系是否完备，决定了其国内金融机构能否大力支持国内企业模仿和吸收 FDI 所带来的先进技术，进行自我发展和创新（张建斌、张卫，2008）。一国的金融体系是否稳定，又决定了一国在对外开放的同时，能否应对国际资本乃至金融危机的冲击。因此，发展中国家在吸收 FDI 时，应当加强本国的基础设施建设，同时构建开放稳定的金融体系。中国应对相关地区的基础设施建设给予一定的财政补贴。此外，应加强产业群的建设，发挥产业的集聚效应，同时做好配套设施的建设，提升引资质量。在构建金融体系方面，应促进民营社区银行的发展，解决中小微民营企业融资难的问题，充分发挥 FDI 的示范效应；加强政策性银行对国内企业的服务力度，甚至可以设立一家专门为企业技术创新提供金融支持的政策性银行，以帮助民族企业模仿、学习外国的先进技术并进行自主创新。

---

① 信息技术外包（Information Technology Outsourcing，ITO）是指企业专注于自己的核心业务，而将其 IT 系统的全部或部分外包给专业的信息技术服务公司。
② 业务流程外包 BPO（Business Process Outsourcing），是指企业检查业务流程以及相应的职能部门，将这些流程或职能外包给供应商，并由供应商对这些流程进行重组。
③ 知识流程外包（Knowledge Process Outsourcing，KPO）是围绕对业务诀窍的需求而建立起来的业务，指广泛利用全球数据库以及监管机构等的资源获取信息，然后进行即时、综合的分析研究，最终将报告呈现给客户，作为决策的借鉴。

其次，应完善相关法律法规和政策，创建良好的外商投资软环境。总的来说，与发达国家较为成熟的法律体系相比，金砖国家在外商直接投资方面的法律法规尚不完善。据此金砖五国应进一步完善与 FDI 有关的法律法规，积极采取应对措施以规范外资企业在国内的投资行为，并且保证各地方、各部门严格实施引资政策，创造公平竞争的市场环境。就中国而言，应该完善外商并购国内企业方面的法律法规，有效防止外资垄断现象；对外资企业统一实施《外商投资企业和外国企业所得税法》，并适时修订《外商投资产业目录》；优化外商投资软环境，对内外资企业的知识产权及创新成果加强保护，并积极参与国际经济组织及其规则的制定，创建稳定、透明的管理机制和健康、开放的市场环境。

参考文献

[1] Pradhan, J. P., "FDI Spillovers and Local Productivity Growth: Evidence from Indian," *Pharmaceutical Industry*, 2002 (44): 317–332.

[2] Chakraborty, C., Basu, P., "Foreign Direct Investment and Growth in India: a Cointegration Approach," *Applied Economics*, 2002, 34 (9): 1061–1073.

[3] Fedderke, J. W., Romm, A. T., "Growth Impact and Determinants of Foreign Direct Investment into South Africa," *Economic Modelling*, 2006, 23 (5): 738–760.

[4] 谭蓉娟：《俄罗斯利用 FDI 的经济增长效应分析——基于 Panel Data 的研究》，《亚太经济》2008 年第 2 期。

[5] 任书良、毕洪业：《转轨以来俄罗斯利用外资问题探析》，《财经科学》2000 年第 1 期。

[6] 王烈望：《发展中国家利用外资的一个类型——巴西》，《国际贸易》1986 年第 9 期。

[7] 夏国政：《"引以为戒"与"可资借鉴"——从巴西的外资引进所想到的》，《经济师》1990 年第 1 期。

[8] 陈春霞、王欢：《巴西、韩国利用外资的经验教训及借鉴》，《当代财经》1999 年第 12 期。

[9] 任永菊：《外国直接投资与中国经济增长之间关系的实证分析》，《经济科学》2003 年第 5 期。

[10] 桑秀国：《外商直接投资与中国经济增长》，硕士学位论文，天津大学，2003。

[11] 王志鹏、李子奈：《外资对中国工业企业生产效率的影响研究》，《管理世界》2003年第4期。

[12] 刘宏、李述晟：《FDI对我国经济增长、就业影响研究——基于VAR模型》，《国际贸易问题》2013年第4期。

[13] 马晨曦：《中国FDI与经济增长、对外贸易——基于实证的计量经济学分析》，《现代经济信息》2013年第4期。

[14] 费宇、王江：《FDI对我国各地区经济增长的非线性效应分析》，《统计研究》2013年第4期。

[15] 秦晓丽：《FDI经济增长效应的影响因素分析》，《中国商贸》2013年第29期。

[16] 随洪光：《外商直接投资与中国经济增长质量提升——基于省际动态面板模型的经验分析》，《世界经济研究》2013年第7期。

[17] 王春法、姜江：《FDI与内生技术能力培育：中国案例研究》《高科技与产业化》2005年第2期。

[18] 高远东、陈迅：《经济增长中的FDI异质性和技术空间依赖性研究》，《科研管理》2011年第6期。

[19] 杨德才：《改革开放以来外商直接投资在我国的真实效应分析——兼评我国FDI政策调整》，《当代经济研究》2010年第10期。

[20] 陈春根、胡琴：《FDI对金砖国家经济增长影响的实证研究》，《经济问题探究》2012年第11期。

[21] 何菊香、汪寿阳：《金砖四国FDI与经济增长关系的实证分析》，《管理评论》2011年第9期。

[22] 陈春根、胡琴：《FDI对金砖国家经济增长影响的实证研究》，《经济问题探究》2012年第11期。

[23] 韩家彬、张振、李豫新：《进出口贸易、FDI对金砖5国经济增长影响的比较研究》，《国际贸易问题》2012年第11期。

[24] 樊少华：《FDI与经济增长关系：中国、南非例证》，《贵州财经学院学报》2013年第2期。

[25] 樊纲、王小鲁：《中国经济增长的可持续性——跨世纪的回顾与展望》，经济科学出版社，2000。

[26] 郭庆旺、贾俊雪：《中国潜在产出与产出缺口的估算》，《经济研究》2004年第5期。

[27] 梁莉：《我国贸易开放度与金融发展关系实证研究》，《金融研究》2005年第7期。

[28] 邱晓华、郑京平、万东华等：《中国经济增长动力及前景分析》，《经济研究》2006年第5期。

[29] 程培摆、周应恒：《FDI对国内投资的挤出（入）效应：产业组织视角》，《经济学》2009年第7期。

［30］张晴：《国内 FDI 技术溢出效应实证研究的述评》，《经济师》2008 年第 1 期。

［31］张炜、景维民：《中俄外商直接投资的挤出效应分析》，《现代管理科学》2011 年第 7 期。

［32］赵福昌：《金砖国家经济发展特点与优势》，《中国金融》2011 年第 5 期。

［33］鲍洋：《FDI 方式、产业分布与"金砖国家"的资本累积效应》，《改革》2011 年第 10 期。

［34］骆永民、伍文中：《基础设施投资效率对 FDI 影响力的空间计量分析》，《广东商学院学报》2010 年第 3 期。

［35］张建斌、张卫：《金融体系与 FDI 的溢出效应》，《中南财经政法大学学报》2008 年第 5 期。

［36］张莉：《"金砖四国"FDI 资本挤出挤入效应研究》，《世界经济与政治论坛》2012 年第 2 期。

［37］权衡、虞坷：《金砖国家经济增长模式转型与全球经济治理新角色》，《国际展望》2013 年第 5 期。

［38］郑东升、鲍洋：《"金砖国家"引进 FDI 产业结构效应比较研究》，《东北财经大学学报》2013 年第 4 期。

B.13 金砖国家的技术进步与产业成长

——以汽车工业为例

冯晓琦 万 军*

摘　要： 汽车工业被公认是一个具有高度产业关联性的产业，几乎决定着一个国家的工业程度。金砖国家都抓住了全球汽车产业生产格局大调整的战略机遇，加速融入汽车业的全球生产体系，形成了强大的汽车制造能力。金砖国家汽车产业发展的不同路径表明，产业技术能力越强，获取和成功掌握外国技术的能力就越强，实现技术追赶和超越的机会就越大。如果不在技术引进的同时，通过消化—吸收—模仿—创新的路径开展技术学习和技术创新，那么实现技术赶超是不可能的。

关键词： 金砖国家　汽车工业　技术进步

"二战"以来，日本、韩国等东亚国家和地区通过消化吸收国外技术，不仅实现了持续的经济增长，而且产业技术能力也有了长足的进步，甚至在某些领域处于国际技术创新的最前沿。技术能力的跃迁也相应提高了本国和地区在国际产业分工中的位置，这些国家和地区具有技术创新能力的产业逐渐由产业价值链的低端上移到高端。随着越来越多的产业部门通过技术学习逐渐具备技术能力，这些国家和地区的产业结构也实现了从劳动密集型为主向资金和技术密集型为主继

---

* 冯晓琦，对外经济贸易大学金融学院副教授；万军，中国社会科学院世界经济与政治研究所副研究员。

而向创新密集型为主的逐级提升。很多学者将东亚部分国家和地区的技术赶超归功于它们充分利用了发达国家的技术资源。按照这个逻辑，包括金砖国家在内的后发工业国家可以利用外国直接投资和国际技术贸易来实现技术转移，利用发达国家的知识和技术储备提升本国的技术水平，从而迅速缩小与发达国家的技术差距，并有可能在部分产业实现技术赶超。近年来，金砖国家利用了经济全球化的机遇，利用本国的资源禀赋优势承接国际产业转移，使经济得到了快速的发展，但金砖国家在制造业领域的竞争优势主要体现在加工组装等低附加值环节。金砖国家未来的经济增长和国际竞争力取决于创新能力，只有大力推动产业部门的技术进步，才能促进金砖国家技术能力的跃迁，提升它们在国际产业分工中的位置。

汽车工业被公认是一个具有高度产业关联性的产业，几乎决定着一个国家的工业程度。由于汽车工业强大的关联效应及其对经济增长的推动作用，金砖国家先后涉足汽车工业，试图建立起既具有独立性又具有国际竞争力的汽车产业。金砖国家都抓住了全球汽车产业生产格局大调整的战略机遇，加速融入汽车业的全球生产体系，形成了强大的汽车制造能力。金砖国家汽车产业发展的不同路径表明，产业技术能力越强，获取和成功掌握外国技术的能力就越强，实现技术追赶和超越的机会就越大。如果不在技术引进的同时，通过消化—吸收—模仿—创新的路径开展技术学习和技术创新，那么实现技术赶超是不可能的。因此，研究技术学习、技术能力建设与金砖国家技术进步之间的内在机制，对我们深刻认识金砖国家的技术进步与产业成长规律有着重要的意义。

一 后发工业国家汽车业的发展阶段

作为技术创新的先行者，发达国家大量投资于基础性科学和技术的研究，不断地实现技术突破，创新的技术和产品不仅取代了原有的技术和产品，而且能够创造新的市场，从而实现建立在技术创新基础之上的持续的产业成长。与发达国家的技术创新不同，后发工业国家建立在技术学习和技术能力积累基础上的技术创新有自己独特的路径。后发工业国家在经济发展的早期阶段，企业的技术水平非常落后，发达国家的传统技术对后发工业国家的企业来说也可能是新的。企业根本不具备建立在强大技术能力基础上的技术创新能力，甚至连装配能力也必须通过引进技术的方式来获得。因此，后发工业国家的技术能力发展通常从引进发达国家已发展到稳定阶段的成熟产品生产线并进行简单装配开始，通过不断深化的技术学习过程，经历引进—吸收—模仿—创新的过程，逐渐积累技术创新不可或缺的技术能力。

世界银行考察了一些金砖国家汽车工业发展的经验教训，以技术引进和技术进步为主线，总结出了汽车工业发展的4个阶段（见表1）。

表1 后发工业国家汽车产业发展的4个阶段

技术	国内能力	产品	市场	产业结构
第一阶段　封闭环境中的进口替代				
技术落后，通常与当时世界先进水平有20~30年的差距	整车和零部件都由国内自制	产品设计简单落后，质量低劣，成本高昂，通过进口限制和政府补贴保护国内企业	国内市场以国产汽车为主，也有少量特殊用途的车辆需要进口	不成规模的分散的产业结构，降低成本还没有成为产业发展的推动力量
第二阶段　引进国外技术：装配技术能力的发展				
国内汽车业从国外引进技术，最初技术进口的重点是发展装配能力	通过CKD和SKD发展国内技术能力，但国内还不具备生产重要部件和特殊原材料的能力，仍需进口	产品设计和质量提高，但仍落后于国际水平，产品的可靠性和安全性低，售后服务尚不完善	规模不大并且受保护的国内市场以国产汽车为主，但先进技术和某些整车仍需进口	装配活动的经济规模是4万辆，产业内的领先者能达到这一规模，产业结构仍然散乱
第三阶段　大规模生产和制度建设：生产技术能力的发展				
引进技术的重点转向零部件部门和上游产业	国内企业掌握了现有车型的生产技术，实现了大部分零部件的国产化，质量、安全性和售后服务有了很大发展，但产品技术和特殊零件仍需进口	产品设计虽然简单但已经开始与时代同步，但与世界水平仍有数年差距。新车型不多。企业开始综合考虑产品生产、质量、安全性和售后服务网络等问题	随着国内经济增长，汽车市场规模开始扩大。随着企业实现规模经济和生产效率提高，车价快速下降	整车的经济规模上升到15万~30万辆，小企业被淘汰，产业结构逐渐形成寡头垄断格局
第四阶段　产品设计的创新：产品技术的发展				
随着自主开发能力的提高，技术引进越来越少	国内企业已具备产品创新、企业发展和市场销售能力	产品质量达到世界先进水平，新车型的不断推出既必要也有可能	国内企业具备国际竞争力，参与国际竞争，不再需要产业保护	随着研发成本增加，企业生产规模增加到100万~200万辆。寡头垄断格局形成

资料来源：World Bank, "China Industrial Organization and Efficiency Case Study: The Automotive Sector," Report No. 12134 – CHA, December 31, 1993。

金砖国家在汽车工业发展之初，国内的技术能力远远落后于当时的世界先进水平。技术水平的初始状态决定了金砖国家的汽车工业需要引进发达国家的生产技术（主要是装配技术）和设备，并进口各种零部件进行组装，通过CKD（全散件组装）和SKD（部分散件组装）在"干中学"和"用中学"的过程中逐渐形成生产能力。后发的汽车工业生产国从技术先进国家引进技术发展本国技术能力的模式可分为两种：一种模式是购买资本货品和技术许可证等，然后消化吸收引进的技术并逐渐形成创新能力；另一种模式是引进外资，由跨国公司提供生产技术和设备，在东道国投资建立汽车厂，引进车型进行生产。日本和韩国的汽车产业发展模式属于前者，尽管由产业部门的初始状态决定的企业技术学习的来源具有共同特点，但其他后发工业国家的汽车产业发展路径与日韩有很大不同。巴西、墨西哥、泰国等国家的技术引进是通过跨国公司的直接投资来实现的。跨国公司在这些国家设立了大规模的汽车制造基地，生产的汽车主要供给这些国家和周边国家的汽车市场。这些国家形成了很强的整车装配能力，由于当地政府的国产化要求，也形成了具有一定规模和技术能力的零部件配套体系，但这些国家的汽车企业大多不具备新车型和重要零部件的独立研发能力，为了与时俱进地提高汽车工业的技术水平，就需要不断地向跨国公司购买新产品的相关生产技术，对发达国家的汽车工业产生了很强的依赖性。与通过技术贸易实现的技术转让模式相比，通过引进外资实现的技术转让更容易产生对国外技术的依赖性。

二　金砖国家汽车产业的技术进步与产业发展

（一）金砖国家通过承接全球汽车业的产业转移，已经形成大规模的汽车生产能力

随着经济全球化的不断深化，发达国家的大型汽车企业基于其全球价值链，把不同的生产环节、供应链管理、分销网络以及研发、运营中心在全球范围内进行重新配置。全球汽车业的产业转移在金融危机前就已经在进行，金融危机进一步加速了这一进程。汽车及零部件的制造和组装业务环节向市场潜力巨大、产业配套能力较强、生产成本较低的国家和地区转移，以金砖国家为代

表的新兴经济体成为承接全球汽车产业转移的重点区域。

"二战"结束后，苏联、中国、巴西、印度等国先后建立起了具有一定规模的汽车工业体系，但这些国家在很长一段时间里分别实行了带有浓厚政府干预色彩的计划经济体制或者进口替代的经济发展战略，使汽车工业在一个相对封闭的经济环境中发展，发展比较缓慢。自20世纪90年代以来，随着金砖国家的经济发展开始提速，经济开放程度不断提升，汽车工业的外国直接投资大量增加。汽车业跨国公司的进入，不仅带来了金砖国家汽车业所缺乏的生产设备、先进技术和管理经验，也在很大程度上改变了这些国家汽车业的市场格局，使得金砖国家在全球汽车业体系中的重要性日益凸显。从表2不难看出，21世纪以来，金砖国家汽车工业的生产能力迅速扩张，2013年巴西、中国、印度、俄罗斯、南非这五个国家的汽车产量分别为374.04万辆、2211.68万辆、388.09万辆、217.53万辆、54.59万辆，分别比2000年增长了122%、969%、384%、80%、53%。2013年金砖五国汽车业的总产量比2000年增加了431%，金砖五国汽车业的总产量占全球总产量中的比重也从2000年的10.5%上升到2012年的37.2%，占全球总产量的三分之一以上。

表2　2000年和2013年金砖国家的汽车产量

单位：辆

国别	2000年			2013年		
	乘用车	商用车	总计	乘用车	商用车	总计
巴　西	1351998	329519	1681517	2742309	998109	3740418
中　国	604677	1464392	2069069	18085213	4031612	22116825
印　度	517957	283403	801360	3138988	741950	3880938
俄罗斯	969235	236346	1205581	1919636	255675	2175311
南　非	230577	126787	357364	265257	280656	545913
五国共计	3674444	2440447	6114891	26151403	6308002	32459405
全球共计	41215653	17158509	58374162	65433287	21866828	87300115

资料来源：国际汽车制造商协会（OICA），中国汽车工业协会。

（二）基本建立起零部件生产体系，整车国产化率不断提高

汽车是由成千上万个零部件组成的复杂产品，汽车产业的发展离不开配套

完善的零部件生产体系。对于后发工业国家来说，KD方式（进口散件组装）是汽车工业发展的起点，CKD和SKD是这些国家汽车企业技术能力形成的初始来源。从KD起步的金砖国家几乎无一例外地经历过国产化的过程。在汽车工业发展初期，这些国家通过引进国外的生产技术和某些车型，初步具备基本的装配能力。但由于国内的上游产业和零部件部门发展不完善，技术水平低，基本上不能提供构成整车的原材料和全部零配件，整车装配企业只能从国外进口零部件进行组装。随着国内市场规模的逐渐扩大，汽车工业对上下游产业的关联作用逐渐显现出来，一些零部件企业开始成长起来，在国产化政策的要求或者降低成本的动机驱动下，整车企业开始选择一些国内零部件供应商，用国产零部件替代进口零部件。随着国内零部件企业技术水平的提高和配套体系的完善，整车装配中国产化的比例越来越高。

在汽车业大规模对外开放以前，俄罗斯、中国、印度的汽车工业已经基本建立起了零部件配套体系，但是生产能力和生产技术与国际先进水平相去甚远。金砖国家汽车工业引进国外技术丰富和完善产品结构的过程，同时也是一个国产化比例不断提高的过程。在很长一段时间里，金砖国家将国产化比例作为汽车工业技术能力的核心指标，先后出台国产化政策促进本国汽车工业的发展。早在20世纪50年代，巴西政府在鼓励外国汽车公司开设汽车制造厂的同时，就要求组装的车辆从当地采购的零部件比例要从45%逐渐增加到95%。中国1994年颁布的汽车工业产业政策也设计了一些激励机制，根据汽车工业产品的国产化率，制定进口关税的优惠税率，不同的国产化程度可享受不同的优惠税率，国家海关总署、原国家计委和国家税务总局制定了推进轿车国产化的税收政策等优惠政策的细则。在这些鼓励甚至是强制性国产化政策的作用下，跨国汽车生产企业在金砖国家的产能不断扩张，带动了国际汽车业零部件供应商纷纷前来建立生产企业，金砖国家的本地零部件生产企业也在采购订单的驱动下，通过跨国公司的技术溢出效应和自身的技术学习，不断提高产品的技术含量和质量。在汽车零部件的研发方面，金砖国家已经形成各自的优势，印度长于软件系统开发，中国在汽车电子应用方面独树一帜，而巴西的可替代燃料技术研发领先全球。

金砖国家的汽车零部件生产规模近年来增长很快。2006年巴西汽车零部

金砖国家的技术进步与产业成长

件的总销售额为 298 亿美元，到 2011 年达 582 亿美元，5 年增长了 95%，年均复合增长率为 14%。印度的汽车零部件总销售额从 2007~2008 财年的 265 亿美元增加到 2011~2012 财年的 435 亿美元，年均复合增长率为 13%。中国由于拥有大量工资低廉并且技能熟练的劳动力和完善的产业配套体系，汽车零部件生产较深地融入跨国公司的全球供应链体系中，与其他金砖国家相比，在国际市场上的产业竞争优势更加突出。2012 年中国汽车零部件出口额突破 500 亿美元，达到 553.22 亿美元，占中国汽车商品出口总额的 74.31%，汽车零部件进出口贸易顺差达 246.89 亿美元，较上年增加 35.19 亿美元。零部件生产体系的建立和完善，为金砖国家汽车工业技术水平的整体提升奠定了坚实的基础。

（三）产业创新能力不断提高，已经具备一定的产品研发能力

金砖国家经济的快速发展吸引了大量跨国汽车企业的投资，国际汽车巨头的纷至沓来使金砖国家汽车市场的格局发生了巨大的变化，市场竞争日趋激烈，推动了企业创新能力的建设，不仅在发动机等关键零部件领域取得了很大的进步，在汽车整车的设计开发方面也取得了长足的进步。随着金砖国家汽车工业整体能力的提升，跨国汽车企业不再仅仅将金砖国家的子公司视为生产装配基地和出口基地，一部分跨国企业开始在当地设立研发中心，承担引进车型的本地化改进与研发任务，有些研发中心甚至开始承担一些新车型的设计任务，例如中国消费者比较熟悉的桑塔纳 2000，就是由大众汽车巴西公司设计的原型车改造而来的。跨国汽车企业巨大的竞争压力极大地压缩了金砖国家本土汽车企业的生存空间，迫使它们形成了强烈的技术学习愿望和较强的消化吸收能力，不仅投入巨资开展自主研发，而且与国外的专业设计公司开展联合研发，通过高强度的"干中学"和"研发中学"提升创新能力。中国奇瑞汽车公司在技术研发上开展了大规模、高强度的投资，并通过与国际知名公司的技术合作进一步增强了自己的研发实力，在 DVVT 双可变气门正时技术、TGDI 涡轮增压缸内直喷技术、CVT 无级变速器以及新能源等核心技术上获得突破。截至 2013 年上半年，公司已累计申请各项专利 8279 件，累计获得授权专利 5648 件，名列中国本土汽车企业首位。基于不断提升的技术能力，公司每年都自主研发出一系列新车型，累计销量

已达430余万辆，并出口到海外80余个国家和地区，累计出口已达89余万辆，成为中国第一家将整车、CKD散件、发动机以及整车制造技术和装备出口至国外的轿车企业①。印度最大的本土汽车生产商塔塔汽车公司自主研发的低成本汽车NANO，最初售价只有10万卢比（约合1878美元），号称"世界最便宜的汽车"。奇瑞、吉利、塔塔等本土汽车企业通过生产能力和创新能力的形成和提升，不仅在本国汽车市场上获得了立足之地，而且利用金融危机前后全球汽车生产格局调整的难得契机，通过收购、兼并的方式将沃尔沃、捷豹、路虎等高端汽车品牌及相关技术纳入麾下，进一步提升了企业的技术能力。

（四）金砖国家汽车产业成长迅速，在全球汽车市场中的重要性日益凸显

席卷全球的金融危机不仅重创了全球汽车业，也改变了世界汽车业的版图。在本次金融危机中，金砖国家受到的冲击要小于发达国家，中国、巴西、印度等金砖国家迅速走出危机的阴影，并拉动全球经济走向复苏。在这个过程中，金砖国家的汽车产业也迅速发展。2013年中国、印度、巴西都跻身全球汽车总产量的前10名（见图1）。中国汽车产业的崛起是金融危机以来全球汽车业最引人注目的事件。在汽车工业调整和振兴政策以及下调乘用车购置税等一系列汽车消费政策的刺激下，2009年中国汽车业历史性地登上世界产销量第一的宝座。2013年中国汽车市场的购买力依然旺盛，拉动汽车产能继续扩张。全年汽车产销量分别为2211.68万辆和2198.41万辆，同比增长14.76%和13.87%，不仅连续5年蝉联全球第一大汽车市场，而且创造了世界汽车发展史上年产销量的最高纪录。

金砖国家汽车业的迅速发展也体现在全球汽车企业排行榜的变化中。在美国《财富》杂志公布的2013年世界500强排行榜中，全球有22家汽车制造企业上榜。从上榜企业的区域分布来看，依然主要来自发达国家，但金砖国家中有7家企业上榜，分别是中国的上海汽车集团、东风汽车集团、第一汽车集团、广州汽车集团、北京汽车集团和吉利控股集团，以及印度的塔塔汽车集团，这进一步凸显了金砖国家汽车业的进步。

---

① 奇瑞汽车公司网站。

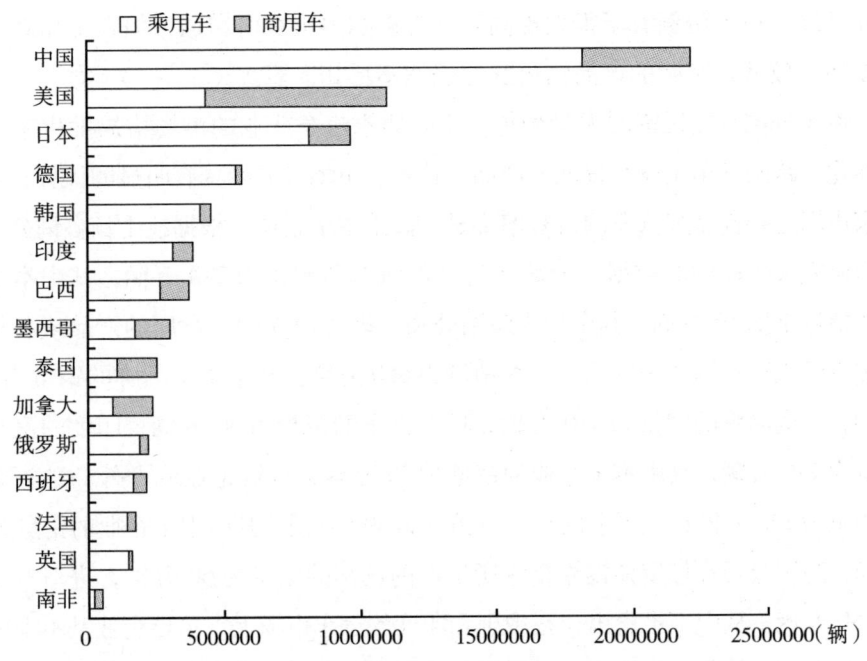

图1 2013年全球主要汽车生产国的产量

资料来源：国际汽车制造商协会（OICA）。

三 创新能力不足成为制约金砖国家汽车产业竞争力提升的关键因素

（一）外资品牌汽车的市场占有率显著高于本土企业

金砖国家的汽车工业是世界汽车业的后起之秀，这固然使金砖国家的汽车业拥有了后发优势，可以学习发达国家的管理经验，引进先进技术，从而少走弯路，后来居上。但作为产业的后进者，金砖国家的汽车业也有着与生俱来的后发劣势。金砖国家的汽车企业尤其是自主品牌企业，在品牌、技术、质量等方面与国际先进水平还有很大的差距。品牌是金砖国家的汽车工业最大的短板。由于种种原因，合资企业在金砖国家的汽车工业大行其道，自主品牌企业在市场的夹缝中艰难求生。虽然经过不懈的努力，自主品牌汽车实现了产品的

不断升级,市场份额有了很大提高,品牌影响力也有所增强,但自主品牌的认同度还比较低,实际的产品销售状况仍然不尽如人意。

由于外国直接投资的大量增加,金砖国家汽车产业的市场格局发生了很大的变化。跨国汽车企业在资金、产品、技术、市场等方面具有明显的优势,金砖国家市场上外资品牌汽车的占有率都显著高于本土企业。根据波士顿咨询公司的一份研究报告提供的数据,2008年巴西的汽车总销量为270万辆,其中本土企业的销量不到10万辆,其余均为跨国公司在巴西设立的汽车厂的产品或者从国外进口的汽车;当年中国的汽车总销量为860万辆,其中本土品牌的销量为420万辆,合资品牌的销量为410万辆,进口汽车的销量为30万辆;印度的汽车总销量为170万辆,其中本土企业的销量为50万辆,合资企业或者外商独资企业的销量为120万辆;俄罗斯的汽车总销量为300万辆,其中本土企业的销量为80万辆,跨国公司在俄罗斯设立企业所生产的汽车的销量为60万辆,进口汽车高达160万辆。从中不难看出,在中国和印度的汽车市场上,本土企业基本上能够与跨国公司相抗衡,但巴西和俄罗斯的汽车市场基本被本土化生产或者进口的外资品牌汽车所占领。这种状况至今也没有大的变化。根据中国汽车工业协会提供的最新数据,2013年中国汽车的销量突破2000万辆,其中本土品牌乘用车的销量为722.20万辆,同比增长11.4%。2009年中国制定的《汽车产业调整和振兴规划》要求扩大自主品牌汽车的市场比例,自主品牌乘用车的国内市场份额要超过40%,2013年本土品牌在乘用车市场的占有率为40.3%,超过了这一标准,但这个占有率较2012年下降1.6个百分点,继续呈现下降趋势。

(二)产业技术创新在很大程度上被跨国公司所主导

本土企业与跨国公司建立合资企业是金砖国家汽车产业引进外资的重要方式。通过合资模式,合资企业不仅可以迅速获得单纯依靠国内技术力量所无法提供的技术能力,而且可以减少研发中的不确定性所带来的风险,缩短研发周期,使新产品的上市时间大大提前。良好的市场绩效使合资模式存在报酬递增和自我强化的机制,在进入新的产品领域或者实现技术能力升级时,合资企业仍然倾向于从合资外方直接获得技术援助,而不是通过自主开发形成独立的技术创新能力。不仅如此,跨国公司在金砖国家投资的目的是充分利用这些国家的区位优势和资源禀赋,以实现全球范围内最优的资源配置效果。拥有先进技术是跨国公司全球竞争力的重要组成部分,为了保持其技术垄断优势,跨国公司通常将技术研发中心放在母国或者重要的区域中心,其在金砖国家的子公司通常是母公司技术的接受者而不是独立的研发者。在跨国公司的战略布局中,它在金砖国家投资的合资企业具备生产能力就可以了,不要求它们具备独立的创新能力。而这些当地子公司形成创新能力的努力必然会增加企业的研发支出,从而减少跨国公司的利润,这不符合它的利益诉求,因此,在一般情况下,跨国公司在金砖国家的子公司培养自主创新能力的努力是不被鼓励甚至是被限制的。尽管不少跨国汽车公司已经在金砖国家设立了研发中心,但波士顿咨询公司通过调研发现,中国和印度约55%的跨国汽车企业的研发中心以及巴西30%的跨国汽车企业的研发中心都是"工程中心",仅有较少或没有自主权,仅承担很少的项目责任。它们只是跨国公司全球研发体系中的一部分,不会独立研发车型。设立这些研发中心的目的在于研究将已有车型全盘照搬到金砖国家后的生产及配套的国产化问题,最多再根据金砖国家国内的需要进行一定的适应性改进研发。

随着金砖国家汽车产业的迅速成长,汽车工业的整体研发能力有了长足的进步,但金砖国家汽车企业的技术来源复杂、产品开发不成体系、产品技术含量不高和技术创新能力不足的问题较为突出。作为产业转移的承接者,由于不具备汽车产品的创新能力,以整车装配为特点的金砖国家的汽车工业只能处在跨国公司全球价值链的最底端,只能获得汽车产业巨大价值增值中较低的附加值,在选择技术研发和产业发展路径时只能被动地追随跨国公司所确立的方向。如果不能完全摆脱技术依赖,缺乏自主开发的先进技术,金砖国家的汽车企业将很难屹立于世界产业巨头之列。按照前述世界银行的标准来判断,技术依赖型的技术进步模式已经将大部分金砖国家锁定在汽车产业发展的第三阶段,如果不打破这种路径依赖,升入第四阶段将遥遥无期。

四 技术能力建设与金砖国家汽车业的发展前景

(一)技术能力建设是增强产业竞争力的核心

近年来,金砖国家的汽车产业取得了长足的进步。客观地评价,金砖国家汽车业的发展历程表明，跨国公司的直接投资和技术转移对金砖国家汽车产业的技术进步和产业发展起到了一定的积极作用，但过度依赖外资也会导致产业发展战略主导权和技术升级路径选择权的旁落，最终使本国汽车产业的发展方向充满不确定性。对于胸怀大国雄心的金砖国家来说，只有通过更加市场化的方式扶持本土汽车企业的成长，有组织、有计划地鼓励本土企业通过国产化的方式实现对引进技术的消化吸收，并在此过程中推动企业技术能力的提高，减少对国外技术的过度依赖，形成自主开发能力和自有汽车品牌，才能构筑起与跨国公司分庭抗礼的产业竞争力。

汽车产业是由汽车整车企业、零部件生产企业及汽车相关服务领域的企业构成的有机整体。产业竞争力决定于企业竞争力。企业只有具备持续的竞争优势，才能在长期的市场竞争中立于不败之地，而持续竞争优势的源泉在于企业拥有有价值的、稀缺的、不能完全被仿制的、其他资源无法替代的独特资源。这些资源既包括有形资源，也包括无形资源，其中最有价值的就是在企业的发展过程中不断积累起来的企业独有的知识和技能。企业要想获得和积累这些独特资源，有效的方式是进行持续的组织学习和知识管理。企业的持续竞争优势建立在以缄默知识为主的企业能力之上。缄默知识是存在于企业的专有知识，通常以组织惯例和特定团队的集体经验和技能的形态存在。不同企业的缄默知识源于企业发展中的集体学习过程。不同企业成长过程的差异性，导致依赖过去的机会和市场经验而形成并积累的、以企业为载体的缄默知识是难以模仿和复制的。企业在成长过程中为了应对各种挑战而不断地学习，并在持续的学习中将通用的显在知识与企业独有的缄默知识有机结合起来，使企业的知识存量不断积累，表现为企业核心能力的不断提高，并最终具备持续竞争优势。

（二）新能源汽车的发展为金砖国家的技术赶超提供了新的机遇

传统的经济发展方式已经对全球经济的可持续发展构成了严峻的挑战，向低能耗、低污染的经济发展方式转型已经成为世界各国的共识。传统汽车业是大量消耗石油和排放二氧化碳的典型行业，亟待通过技术创新实现低能、低耗的产业发展目标。在世界各国大力发展低碳经济的背景下，汽车产业正处在重大技术革命的前夜。新能源汽车被认为是未来汽车能源动力系统的发展方向，全球主要汽车生产企业都在积极开展相关的研发工作。电池、电机、电控等零部件技术是新能源汽车的关键技术，其中动力电池是最核心的部分。目前全球新能源汽车的关键技术开发和产业化主要沿着三条路径展开。一是混合动力汽车。随着电机电池多能源动力总成控制、混合动力发动机匹配、制动能量回收等关键技术的突破，混合动力汽车已成为新能源汽车中商业化应用程度最高的车种。但目前广泛应用的镍氢动力电池有着诸多难以克服的缺陷，预计未来将被锂电池所取代。二是纯电动汽车。锂离子电池等车载能量系统技术、动力系统匹配技术、智能充电技术等关键技术已经获得突破，使电动车成为新能源汽车技术研发的重要方向，但大规模商用尚待时日。三是氢燃料汽车。燃料电池的技术研发已有一定进展，但由于目前成本太高，并且可能存在气体燃料不够稳定的安全隐患，因而离产业化还有一定距离。由于氢燃料汽车具有零排放、零污染的特点，一旦技术成熟，成本降低，市场前景将非常可观。

发达国家在新能源汽车的研发和产业化方面起步较早，但巴西、中国等金砖国家在新能源汽车的研发方面各具优势。巴西拥有独特的资源禀赋，其乙醇燃料和生物柴油的产量位居世界前列，巴西在同时使用汽油和乙醇燃料的混合燃料汽车的研发和生产方面具有很强的优势，2010年混合燃料汽车在巴西的市场占有率已经高达82.47%。中国高度重视新能源汽车的发展，已经将发展新能源汽车上升为国家战略。"十二五"规划纲要明确提出，要大力发展包括新能源汽车在内的战略性新兴产业，推动重点领域跨越式发展。新能源汽车产业重点发展插电式混合动力汽车、纯电动汽车和燃料电池汽车技术。在政府的引导下，国内产学研联合开发新能源汽车核心技术，并取得了一系列技术突破。为了推动新能源汽车的产业化，从2009年开始，中国还启动了"十城千辆"节能与新能源汽车示范推广应用工程，计划用3年左右的时间，每年在10座城市进行大规模试点，每个城市推出1000辆新能源汽车开展示范运行。目前新能源汽车示范推广城市已经扩大到25个。巴西、中国等金砖国家在新能源汽车领域已经与发达国家站在同一起跑线上。

（三）金砖国家的汽车产业拥有巨大的发展空间

进入21世纪以来，金砖国家的汽车市场连续多年出现了井喷式的增长，汽车这个"改变世界的机器"已经开始进入寻常百姓家。尽管如此，金砖国家还只是刚刚迈进汽车社会的门槛，金砖国家的千人汽车保有量水平与发达国家的平均水平相去甚远。从长远来看，随着金砖国家经济的持续增长和人均收入的不断提高，汽车市场的容量还有很大的扩展空间。如果金砖国家的汽车企业能够抓住市场繁荣的有利时机，努力提高产品质量和售后服务质量，制定并实施可行的品牌升级战略和技术开发战略，在生产制造体系、质量保证体系、技术创新体系、供应链管理体系和售后服务体系的建设方面投入更大的精力，密切跟踪全球汽车技术和市场发展的前沿，创新发展思路，力争在一些具有独特优势的领域取得大的突破，那么金砖国家就有可能从汽车业大国转变为汽车业强国。

参考文献

[1] BCG, SIAM, "Perspectives on Importance of Automotive Industry," August, 2013.

[2] BCG, "Transforming Russia's Auto Industry: From Recovery to Competitiveness," July, 2013.

[3] Roland Berger, "Automotive Innovation Made in BRIC," January, 2009.

[4] World Bank, " China Industrial Organization and Efficiency Case Study: The Automotive Sector," Report No. 12134 – CHA, December 31, 1993.

[5] 波士顿咨询公司：《决胜金砖四国汽车市场：在巴西、俄罗斯、印度和中国实现高度本地化》，2010年3月。

[6] 刘世锦：《中国汽车产业30年发展中的争论和重要经验》，《管理世界》2008年第12期。

[7] 《巴西汽车零部件行业分析报告》，环球市场。

[8] 国际汽车制造商协会、中国汽车工业协会、奇瑞汽车公司、《财富》等网站。

B.14
新兴经济体参与新丝绸之路建设的策略研究

蔡春林*

摘　要： 中国倡导的新丝绸之路建设对新形势下的国际合作模式具有重要的探索和示范价值，是新兴经济体合作与发展的重要战略平台，能够为新兴经济体带来实在的利益。以金砖国家为代表的新兴经济体应该积极主动参与，整合现有的区域合作机制，构建新丝绸之路建设国际协调机制，设立建设基金，加快推进金砖国家开发银行和亚洲基础设施投资银行的建设进程，引导全球知名企业和国际资金参与新丝绸之路建设。

关键词： 新兴经济体　新丝绸之路　互利共赢

中央领导提出"丝绸之路经济带和21世纪海上丝绸之路"（以下简称"一带一路"或"新丝绸之路"）建设，相关部门全力配合强力推进，发展前景广阔。新兴经济体在新丝绸之路建设中具有独特地位，尤其是以金砖国家为代表的部分新兴经济体在新丝绸之路建设中具有得天独厚、无可比拟的优越条件和天然禀赋优势。这是新一轮发展的战略机遇期，是新兴经济体加强合作提升经济发展质量和国际影响力的重要时间节点和对外展示窗口。中国可以发挥自身影响力，创新合作机制，鼓励新兴经济体积极参与新丝绸之路建设。

---

* 蔡春林，广东工业大学金砖国家研究中心主任、教授，广东省新兴经济体研究会会长。

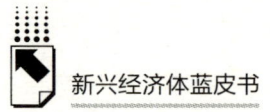

一 新丝绸之路建设具有重要战略意义和价值

（一）具有较高的经济政治和战略价值

古丝绸之路起始于古代中国的政治、经济、文化中心长安，连接亚洲、非洲和欧洲，是中国古代的商业贸易路线。它通过中亚、西亚和北非，是东西方经济文化交流的主要通道之一。中国丝绸和欧洲黄金铺就绵延 7100 多公里的丝绸之路，承载 1200 多年历史和文明的积淀，将亚欧经济体推向深度融合。

新时期丝绸之路经济带经过中亚地区，连接中国与欧洲，折射出中国在东部推行海洋大国战略的同时，也以重建丝绸之路为切入点经略中亚。设想建立一个连接南亚、中亚和西亚的交通运输与经济发展网络，向东亚和古中国丝绸之路沿线开发，以及提供资金和项目融资资源整合。古丝绸之路连接着亚太经济圈和欧洲经济圈，建设丝绸之路经济带①将这两大经济圈连接起来，具有很高的经济、政治和战略价值②。

学术界、政府相关部门及企业界已经认识到中央对该问题的高度关注，开始加大研究力度，并参与制定策略和方案，以便在"一带一路"建设中发挥独特作用③。

---

① 中国科学院地理所提出，丝绸之路经济带可以有三条路线，即在空间走向上初步形成以欧亚大陆桥为主的北线、以石油天然气管道为主的中线、以跨国公路为主的南线三条线。目前，针对三条主线展开的经济带规划方案也在制定中。学者李建民（2013）提出丝绸之路经济带可以通过以下步骤逐步启动：第一，加强政策沟通；第二，加强道路联通；第三，加强贸易畅通；第四，加强货币流通；第五，加强民心相通，加强人民友好往来和社会交往。其中道路联通是基础，贸易畅通是本质内容。具体措施包括：开辟交通和物流大通道；实现贸易和投资便利化，打破地区经济发展瓶颈；推进金融领域合作；成立能源俱乐部；建立粮食合作机制。

② 学者梅新育（2013）认为建设丝绸之路经济带的着眼点并不仅仅是中亚，而且是更大的棋局。丝绸之路经济带构想的最大价值不是与中亚五国的贸易，不是来自中亚的油气资源供给，而是应对阿拉伯世界的动荡趋势下贸易路线转移的压力。

③ 国家发展改革委于 2013 年 11 月底开始组织"丝绸之路经济带研究座谈会"。这标志着，丝绸之路经济带建设将要加快。丝绸之路经济带实质上是为中国确定一个面向欧亚内陆开放的新战略。目前决策层视野中的丝绸之路经济带，在空间走向上分为欧亚大陆桥、输油管道和出境高速公路三条线，范围涵盖西北五省区之外的更多区域。

贾秀东（2013）认为，丝绸之路经济带建设运行的初始阶段将主要涉及中国和中亚各国，但未来将会逐步涵盖西亚、东欧等更广泛的地域，而其辐射作用的范围还会更大、更广，最终会形成东至中国、西至西欧的架构，并辐射中东和北非的广阔地区。新欧亚大陆桥的贯通和油气管线的建设，使古丝绸之路经过的国家和地区形成了良好的经贸互补往来。中亚地区拥有丰富的油气等资源，但基础设施和工业技术相对薄弱，而中国对这些资源有大量需求，并可以在技术转让和基础设施投资方面提供有力的支持①。经济带的成型将给沿线国家和地区的经济发展、社会稳定和安全带来广泛的益处，最终会形成稳定和发展的良性循环②。

陈万灵（2014）指出，21世纪海上丝绸之路是从中国沿海各个港口出发，依托现代运输工具和信息技术连接起来的海上货物运输通道，反映了港口城市及其依托国家的经贸合作关系，也反映了中国与通道沿线各国的政治、文化合作关系，可以称为海上新丝路。这条通道把沿线各国串联起来，并与陆地丝绸之路对接，形成了以中国为起点的、贯穿亚洲、非洲和欧洲的经贸带和海洋经济带，将逐步改变整个世界的经济格局③（见表1）。

（二）新丝绸之路建设对新形势下国际合作模式具有重要的探索和示范价值

新丝绸之路建设有可能创立一种国际合作新理念，因为丝绸之路概念的扩展，是一种精神、一种机制、一种制度设计、一种思想、一种经济发展模式与动力推进机制。用创新的合作模式，共同建设丝绸之路经济带和21世纪海上丝绸之路，以点带面，从线到片，逐步形成区域大合作。作为新兴经济体代表的金砖国家有条件、有能力实现经济的持续健康发展，为世界经济带来更多正

---

① 袁汝婷、刘斐：《"丝绸之路经济带"未来将扩至西亚东欧》，新华网，http：//news. xinhuanet. com/fortune/2013 - 09/12/c_ 117348881. htm，2013年9月12日。
② 袁汝婷、刘斐：《"丝绸之路经济带"未来将扩至西亚东欧》，新华网，http：//news. xinhuanet. com/fortune/2013 - 09/12/c_ 117348881. htm，2013年9月12日。
③ 陈万灵等：《参与21世纪"海上丝绸之路建设"，提升广东对外对内开放水平》，广东国际战略研究院《调查研究报告》2014年第3号。

表 1　中国对新丝绸之路沿线国家（地区）出口情况

单位：亿美元

	2004年	2005年	2006年	2007年	2008年	2009年	2010年	2011年	2012年
总　　值	5933.26	7619.53	9689.78	12204.56	14306.90	12016.10	15777.50	18983.80	20487.64
亚　　洲	2955.00	3664.31	4558.36	5680.11	6632.95	5685.97	7320.66	8991.42	10069.63
日　　本	735.14	839.92	916.39	1022.71	1161.34	979.11	1210.61	1482.98	1516.43
韩　　国	278.18	351.09	445.26	561.41	739.51	536.80	687.71	829.24	876.81
中国香港	1008.78	1244.81	1553.85	1844.32	1907.43	1662.33	2183.17	2680.25	3235.27
中国台湾	135.45	165.50	207.35	234.58	258.78	205.05	296.77	351.12	367.79
东　　盟	429.02	553.71	713.14	941.79	1141.43	1062.97	1382.07	1700.83	2042.72
新 加 坡	126.87	166.33	231.85	296.38	323.00	300.66	323.48	355.70	407.52
非　　洲	138.16	186.83	266.90	372.90	508.40	477.36	599.58	730.99	853.20
欧　　洲	1224.02	1656.37	2153.72	2878.82	3428.91	2647.34	3552.04	4136.16	3964.24
欧　　盟	1071.62	1437.12	1860.01	2451.92	2928.78	2362.84	3112.35	3560.20	3339.89
英　　国	149.68	189.77	241.63	316.58	360.69	312.77	387.71	441.25	462.99
德　　国	237.56	325.28	403.16	487.18	591.74	499.20	680.47	764.35	692.18
法　　国	99.22	116.40	139.10	203.26	233.04	214.60	276.54	299.97	269.00
意 大 利	92.25	116.91	159.73	211.72	266.09	202.44	311.41	336.98	256.57
荷　　兰	185.19	258.77	308.61	414.13	459.10	366.82	497.06	595.00	589.04
俄 罗 斯	91.03	132.12	158.32	284.89	330.05	175.14	296.13	389.04	440.58
拉丁美洲	182.42	236.83	360.29	515.43	714.77	570.96	918.21	1217.31	1352.17
北 美 洲	1332.37	1746.77	2191.37	2521.84	2741.79	2385.68	3058.61	3501.17	3801.30
加 拿 大	81.62	116.54	155.17	193.97	217.89	176.75	222.17	252.68	281.26
美　　国	1249.48	1629.00	2034.72	2327.04	2522.97	2208.16	2833.04	3244.93	3517.96
大 洋 洲	101.71	128.87	160.10	211.05	258.63	249.32	330.23	408.95	448.80
澳大利亚	88.38	110.62	136.25	179.94	222.38	206.46	272.26	339.10	377.40

资料来源：中华人民共和国商务部。

面外溢效应。各国要放眼长远，要努力塑造发展创新、增长联动、利益融合的世界经济，坚定维护和发展开放型世界经济；要树立命运共同体意识，在竞争中合作，在合作中共赢；要建设利益共享的全球价值链，培育惠及各方的全球大市场，实现互利共赢的发展。这些理念的确立对新形势下探索国际合作新模式具有重要的探索价值和示范意义。

二 积极参与新丝绸之路建设是新兴经济体加强合作和促进发展的新平台

（一）新丝绸之路建设是新兴经济体合作与发展的重要战略平台

新丝绸之路的建设已经开始，与任何一项国际行动一样，受经济利益和地缘政治的影响，围绕新丝绸之路建设的政治、经济和外交博弈将会非常激烈，未来将会成为战略争夺的热点问题。丝绸之路经济带涉及中国、俄罗斯和印度，21世纪海上丝绸之路还涉及巴西和南非，如此一来，新兴经济体中的金砖国家完全可以融进新丝绸之路的建设中去，如果协调及时，措施得当，完全可以成为进一步巩固金砖国家合作机制和团结沿途各新兴经济体的重要战略新平台。这是一次难得的机遇，新兴经济体是否能够在这一平台上展现合作的精神，向世界宣布合作的诚意和能力，将会在很大程度上影响新丝绸之路的建设进程，并最终影响其在全球经济政治舞台上的地位和作用。

（二）新丝绸之路建设能够为新兴经济体带来实在或潜在的利益

新丝绸之路倡导的是中国企业走出去，到沿路地区投资，为该地区提供就业机会。中国也应该加强与该地区的人文交流，开辟更多的旅游线路，为彼此之间的留学与人才交流提供援助，尤其是对中国而言，因为语言与文化的阻隔，该地区还显得比较神秘。这就需要先将彼此之间的道路连通，并进一步打通从太平洋到波罗的海的运输大通道，逐步形成连接东亚、西亚、南亚的交通运输网络。这样的战略定位将会为沿途新兴经济体的发展提供实实在在或潜在的利益。

中国、俄罗斯、印度、土耳其、印度尼西亚、马来西亚、南非等这些重要的新兴经济体都在"一带一路"上,这对新兴经济体开拓新的经济增长引擎、加快基础设施建设、解决产能过剩问题、促进国内区域改革进程、实现相互之间的政经互动和战略合作都大有裨益。古丝绸之路只是一个通道,对通道内相关经济体的经济发展没能起到相互促进的作用,丝绸之路经济带是中国西进战略的三个方案之一(另两个为中巴经济走廊和中印缅孟经济走廊),也是最新的一步。其最大新意在于,从以往的重视东西平行通道,到重视网格状交通道路的建设,这意味着中国从以往重视中亚地区作为亚欧走廊的角色,转变到重视中亚地区本身的经济往来上来。通过沿线各国的合作和规划,打通从太平洋到波罗的海的运输大通道,并形成连接东亚、西亚、南亚的交通运输网络,促进贸易畅通和投资便利化。

共同建设21世纪海上丝绸之路,实现沿途国家和地区的共同发展、共同繁荣具有重要的意义,中国从新丝绸之路沿线国家和地区的进口情况如表2所示。

(三)多边竞争大国角逐,迫使新兴经济体必须主动积极参与方可获利

"一带一路"是一个经济增长速度很快的区域,各方面的目光汇集,相关各国正在向这个区域配备强大的经济、政治、外交资源,成为所谓的"兵家必争之地",建设新丝绸之路的计划和设想已经存在很多年(见表3),但时至今日,各方势力依然垂涎于这块连通欧亚大陆的"喉舌"。"一带一路"的中亚从地理上来说是连接东西方的要道,而从政治上来讲更是强势国家进行争夺的试验场和战场。由于伊拉克和阿富汗战争造成的地区动荡,以及主导权争夺等问题的影响,此前的新丝绸之路计划并未形成有意义的成果。从美国、日本、俄罗斯、印度、伊朗等国家"丝绸之路"计划和设想的推进情况来看,实施过程并不顺利,很大一部分原因是政治、外交与经济利益交织在一起,使得利益主体多元化、利益关系复杂化,形成阻碍新丝绸之路建设的负能量。有

表2 中国从新丝绸之路沿线国家（地区）进口情况

单位：亿美元

	2004年	2005年	2006年	2007年	2008年	2009年	2010年	2011年	2012年
总值	5612.29	6599.53	7914.61	9561.16	11325.67	10059.23	13962.47	17434.84	18183.11
亚洲	3695.27	4415.40	5255.04	6199.03	7026.57	6034.52	8346.10	10038.87	10379.67
日本	943.72	1004.52	1157.17	1339.51	1506.51	1309.38	1767.07	1945.91	1778.09
韩国	622.50	768.22	897.79	1037.57	1121.62	1025.52	1384.00	1627.09	1686.48
中国香港	118.00	122.27	107.87	128.16	129.23	87.12	122.58	154.99	179.60
中国台湾	647.79	746.84	871.09	1010.22	1033.40	857.23	1156.94	1249.20	1321.84
东盟	629.78	749.99	895.26	1083.69	1169.74	1067.14	1545.69	1927.71	1958.21
新加坡	139.97	165.16	176.69	175.19	201.35	177.97	247.10	279.12	285.24
非洲	156.46	210.63	287.74	362.83	560.02	433.30	669.52	932.21	1131.71
欧洲	890.41	964.47	1148.58	1396.84	1680.96	1621.67	2178.94	2871.93	2866.36
欧盟	701.24	735.95	903.19	1109.60	1327.00	1277.58	1684.77	2111.93	2120.55
英国	47.61	55.26	65.06	77.77	95.55	78.77	113.04	145.60	168.07
德国	303.68	307.24	378.79	453.93	558.35	557.64	743.41	927.16	919.12
法国	76.63	90.09	112.79	133.42	156.40	130.20	171.44	220.80	241.22
意大利	64.51	69.26	86.03	102.10	116.47	110.20	140.11	175.86	160.68
荷兰	29.69	29.26	36.51	49.28	53.01	51.22	64.77	86.53	87.05
俄罗斯	121.29	158.91	175.54	196.77	238.25	212.83	258.36	403.46	441.01
拉丁美洲	217.85	267.75	341.89	510.68	719.09	644.44	912.47	1197.54	1260.26
北美洲	520.53	562.67	669.24	803.97	942.09	895.14	1169.79	1443.83	1561.90
加拿大	73.54	75.11	76.67	109.80	127.32	120.26	148.87	221.81	232.46
美国	446.79	487.26	592.09	693.79	814.40	774.43	1020.38	1221.54	1328.86
大洋洲	133.34	180.07	213.21	284.25	401.61	426.12	657.59	889.79	916.07
澳大利亚	115.53	161.86	193.20	258.52	374.19	394.39	608.66	827.23	845.61

资料来源：中华人民共和国商务部。

表3　世界相关丝绸之路建设计划与设想

计划与设想	战略目的	推进策略	进展情况
1993年联合国启动丝绸之路计划	在丝绸之路推动经济发展，主要的目的是跨国合作	联合国开发计划署一直致力于丝绸之路沿线国家和地区的经济、文化交流与合作。20世纪90年代末，启动了丝绸之路区域合作项目	正在推进
美国的新丝绸之路计划（1999年美国国会就通过了"丝绸之路战略法案"）	复兴丝绸之路；推动实现"能源南下"与"商品北上"的战略目标	推动中亚国家建立市场经济和民主政治体制；推行"大中亚"计划①；援助中亚地区国家的基础设施建设；尝试与日本联手共同推动	推进难度很大，意识形态色彩浓厚，与中俄地缘政治竞争态势明显
日本的"丝绸之路外交"（1997年桥本内阁提出）	保障能源来源的多元化；有效地进入国际市场；强化在中亚地区的政治与经济影响力	提供开发援助，帮助丝绸之路沿线国家完善公路、铁路、电力等基础设施建设；自2004年起推动设立"中亚（乌兹别克斯坦、塔吉克斯坦、吉尔吉斯斯坦、土库曼斯坦）+日本"五国外长定期会晤机制	进展缓慢，日本实力有限，能源战略发生改变，各方兴趣不大
"北南走廊"计划，2000年由俄罗斯、印度、伊朗三国发起	地区大国在中亚抗衡其他国家影响力的尝试	计划修建一条从南亚途经中亚、高加索、俄罗斯到达欧洲的货运通道，计划通过欧亚联盟来实现	进展缓慢，资金迟迟不能到位，政治分歧久难弥合
中国"共建新丝绸之路"战略构想②，2013年由习近平总书记提出，写入党的决议和2014年政府工作报告	以点带面，从线到片，逐步形成区域大合作，推进丝绸之路经济带和21世纪海上丝绸之路的建设，形成全方位开放新格局	欧亚各国间加强政策沟通、加强道路联通、加强贸易畅通、加强货币流通及加强民心相通，进一步推动中国和中亚各国在铁路、公路、航空、电信、电网和能源管道六大领域的互联互通，从而创造现代化、多方位、立体的丝绸之路	正在积极探索、稳步推进

注：①2005年美国提出"大中亚"计划，强调要以阿富汗为立足点，在中亚地区建立政治、经济与安全的多边机制，以促进地区发展与民主改造。

②中国早在20世纪90年代初就曾提出过新丝绸之路的概念，并贯通了东起中国连云港、经中亚国家、西至荷兰鹿特丹的铁路线。

资料来源：作者根据相关公开资料整理而成。

关各方都想在丝绸之路建设中成为主导力量，都想获得最大的利益，而缺少协调、忽视、无暇顾及甚至侵犯相关国家利益的建设方式是注定无法成功的。

而且，任何狭隘的建设思路都行不通。例如，日本试图通过丝绸之路建设在区域经济合作层面获得主导权，获取能源利益，忽视俄罗斯和中国的存在，选择性地与乌兹别克斯坦、塔吉克斯坦、吉尔吉斯斯坦和土库曼斯坦四国①组成"中亚+日本"五国外长会晤机制，利用政府开发援助的方式推动新丝绸之路建设。在其经济实力弱化、对中亚在其能源需求中的地位进行重新评估以后，又明显降低了对丝绸之路建设的兴趣，这种走走停停的行为，本身就具有很浓厚的投机色彩。而且，其受政治影响严重，缺乏一贯的立场。

因此，在多边竞争激烈的背景下，具有切身利益的新兴经济体必须主动积极地参与方可获利。应该按照现代商业社会的共赢思维，发挥"一带一路"最大的经济价值和发展利益，如果还是采取传统的强权甚至是霸权式的争夺方式，那么最终必将加剧新丝绸之路建设的困难，使建设速度受到拖延，再次错失重要的战略窗口期。

三　新兴经济体积极参与新丝绸之路建设的策略

（一）共同建设新丝绸之路的国际协调机制，实现互利共赢

1. 坚持互利共赢原则

当今这个时代是一个互利共赢的时代，一定要抛弃零和竞争博弈的传统思维，虽然"一带一路"是一个多边角逐、大国竞争的领域，但是要以共赢性思维解决分歧，更多地从经济、金融、贸易、投资层面解决问题，以实际行动开发一些大的基础设施建设项目，使沿途相关国家或地区看到实实在在的利益，搁置政治、外交、军事、安全甚至领土争端，配备必要的人力、物力和政

---

① "中亚"的范围：根据苏联的官方定义，中亚仅指其4个加盟共和国：吉尔吉斯斯坦、塔吉克斯坦、土库曼斯坦、乌兹别克斯坦。苏联解体后，中亚成了亚洲中部现已独立的5个以"斯坦"命名的国家——哈萨克斯坦、吉尔吉斯斯坦、塔吉克斯坦、土库曼斯坦以及乌兹别克斯坦的总称。而在更广泛的意义上，中亚地区还包括阿富汗、伊朗东部的呼罗珊地区、巴基斯坦北部、蒙古等地，有时还包括中国西部的新疆和西藏以及西伯利亚南部。

策资源，为建设新丝绸之路提供便利，这是一个外溢效应非常大的举措。新丝绸之路的建设将为全球贸易和投资便利化提供一种强大的推动力量，以现代科技和人才支撑的新丝绸之路既能在技术和成就上超越古丝绸之路，也必将像古丝绸之路一样留下历史的丰碑和影响，造福更多的全球人民。

2. 可以考虑在联合国的领导下推进新丝绸之路建设

新丝绸之路建设属于国际事务，充满政治博弈，各方应该共同探索，以此为试验场，探索出一套能够在国际层面合作办大事的机制和方法。可以考虑在联合国的领导下推进新丝绸之路建设，毕竟联合国已经推动这方面的工作多年，而且有相对成熟的论坛形式。综合来看，可以在政治上以联合国为主导，相关国家按自身实力和受益程度出资成立建设基金，将其作为一个全球性的项目，共同推进"一带一路"建设，充分发挥联合国的经济开发功能，探索出一条在联合国的领导下共同促进经济发展的新路来，搭建一座最适合世界和平发展的大桥梁，一条有利于世界人民福祉、有利于实现世界梦的幸福大通道，提升联合国的影响力。不过联合国本身的运行机制也存在很多问题，在这一点上需要美日欧等国家的支持，相关问题的解决需要时间。这确实是一个考验各方智慧的项目。

3. 建立综合协调机制，采取"全流程一体化"通关制度

建立综合协调机制，需要"一带一路"沿线各国积极响应并达成共识，然后搭建具体的实施框架[1]。在总体协调制度下，在短期内重点解决边境管理制度和海岛之争问题，因为个别国家政局不稳、投资贸易法律体系不够健全，腐败和动荡都影响货物通行，影响贸易和投资效率。可采取"全流程一体化"通关制度，借鉴欧盟的申根签证制度，只要是沿途经济体均实行的货物和旅游报关签证制度。只要是新丝绸之路沿途的经济体，在此线路上经过的货物，均可以采取"一次通关，全程放行"的方式，大大提高贸易、投资及旅游的便利化程度。

---

[1] 袁汝婷、刘斐：《"丝绸之路经济带"未来将扩至西亚东欧》，新华网，http://news.xinhuanet.com/fortune/2013-09/12/c_117348881.htm，2013年9月12日。

（二）金砖国家要为新兴经济体发挥示范作用，协调推进新丝绸之路建设

如果缺乏牵头和主导的国家，那么新丝绸之路的建设将很难顺利进行，而如果牵头和主导的国家过多，也会影响建设进度，政治和外交博弈牵制了实际的建设力量，导致各国都不愿意真正花费时间和精力推进。新兴经济体中的俄罗斯和印度是两个比较关键的大国，政治协调难度相对来说比较大，政治、经济、外交、军事等战略利益相互交织，关系比较复杂。俄罗斯不仅是全球大国，而且从历史上来看，也是丝绸之路上具有较大影响力的大国。俄罗斯一直认为中亚地区是其战略地缘政治的后院①，不容许别国插足相关事务。从具体经济利益来看，新丝绸之路的规划与俄罗斯的西伯利亚铁路有明显的重叠，二者之间的竞争关系很明显。印度近年来经济发展相对比较快，在世界经济中的地位不断提升，国际影响力日益增强，而且，其对全球相关事务的影响意愿也比较强，自信心比较大，牵头和主导意愿明显。从具体经济和政治利益来看，印度也具有后院思维，认为东亚尤其是东南亚是自己的势力范围。从技术操作层面来看，规划中的铁路如中尼铁路等都需要考虑印度和东南亚相关各方的利益诉求。新兴经济体在参与丝绸之路建设时还要充分考虑其他大国因素，例如美日等在本地区有影响力的国家。新丝绸之路是一个多边角力的舞台，能否成功在很大程度上取决于技术人员、谈判人员尤其是政治决策者的智慧与能力②。

---

① 根据相关学者的研究和公开资料，俄罗斯正在竭力营造独联体国家内自由贸易组织"欧亚经济共同体"（Eurasian Community），欧亚经济共同体始于1996年3月由俄罗斯、白俄罗斯、哈萨克斯坦、吉尔吉斯斯坦组成的"四国关税联盟"。2000年，塔吉克斯坦加入后，改称为"欧亚经济共同体"。2005年，乌兹别克斯坦申请加入，但由于觉得组织缺乏工作效率，于2008年申请退出。2012年3月19日，欧亚经济共同体国家间委员会会议在莫斯科举行，与会各国就推进区域一体化进程等重要议题进行了探讨，并同意在2015年1月1日前起草并签署关于建立欧亚经济联盟的条约。会议结束后，与会国签署了一系列涉及欧亚经济共同体内部合作的文件，包括关于欧亚经济共同体特权与豁免权的公约、成立欧亚经济共同体法院等。最终的发展方向是建立在市场关系基础上的地区一体化实体，即类似于欧盟的建立在自由贸易基础上的政治联盟。

② 何茂春、张冀兵：《新丝绸之路经济带的国家战略分析：中国的历史机遇、潜在挑战与应对策略》，《人民论坛·学术前沿》，http：//www.rmlt.com.cn/2013/1223/203511.shtml，2013年12月23日。

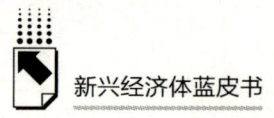

(三）与已有区域合作机制融合共生，助推新丝绸之路建设

新丝绸之路建设可以作为一个目标，也可以说是一种战略，应采取开放的思维，采取灵活的建设思路，只要有利于相关国家经济发展的措施均可以协商确定，与现有国际组织、国家间合作机制、区域贸易和投资协定、区域合作机制相互融合，共同发展，不相互排斥，不是竞争关系，而是相互促进、相辅相成、相得益彰的关系，可以通过现有的组织或者合作机制，将新丝绸之路作为一个重要的议题进行探讨，共同提出建设方案。在短期内，可以充分发挥上海合作组织①的作用，因为上海合作组织 6 个成员国和 5 个观察员国都位于古丝绸之路沿线。上海合作组织的成员国和观察员国有责任把丝绸之路的精神传承下去，发扬光大②。未来可以借助上海合作组织积极推动新丝绸之路的建设。

（四）设立建设基金，加快推进金砖银行和亚洲基础设施投资银行的建设进程，解决资金问题

新丝绸之路建设的资金需求量很大，例如，2007 年，中国与中亚七国计划共同投入 192 亿美元建设"现代丝绸之路"。2008 年，中国与联合国开发计划署及中亚四国联合发起丝绸之路区域项目，共有 19 个国家响应，各国在日

---

① 由中国领导发起的"上海合作组织"简称上合组织（SCO），前身是"上海五国"会晤机制。1996 年 4 月 26 日，中国、俄罗斯、哈萨克斯坦、吉尔吉斯斯坦、塔吉克斯坦五国元首在上海举行会晤。自此，"上海五国"会晤机制正式建立。成员国：中国、俄罗斯、哈萨克斯坦、吉尔吉斯斯坦、塔吉克斯坦、乌兹别克斯坦；观察员：伊朗、巴基斯坦、阿富汗、蒙古和印度；对话伙伴：斯里兰卡、白俄罗斯和土耳其；参会客人：土库曼斯坦、独联体和东盟。上合组织成立之初以"新安全观"为本，立志于共同打击分裂主义、恐怖主义和极端主义。但现在已经有人把它视为"东方的北约"，或者一个由盛产石油的国家组成的能源俱乐部。目前，上合组织的职能已经扩展到了能源投资、跨银行交易和文化对话。中国在其中不仅扮演了一个"协商式的领袖"，而且通过向上合组织成员国提供越来越多的贷款（2012 年，中国政府在上合组织峰会上承诺，向中亚提供 100 亿美元贷款，主要用于中亚地区铁路、公路、光缆、石油、天然气管道等基础设施建设），成了商业事务标准的制定者。这种做法显然是"后蒙古丝绸之路战略"的翻版。

② 详见 2013 年 9 月 13 日，习近平主席在比什凯克上合组织成员国元首理事会第十三次会议上发表的《弘扬"上海精神" 促进共同发展》重要讲话。

内瓦签署意向书,决定再为复兴丝绸之路投入 430 亿美元①。

成立新丝绸之路基础设施建设基金②,相关国家按照在世界经济中的经济地位和贸易份额确定出资额,或者设立综合性的份额计算指标体系和公式(重点考虑经济、贸易、投资、地缘影响、利益分享、真实获益、对当地经济的拉动作用等因素),成立基础设施建设基金协调小组,协调相关国家尽快出资,并以此带动市场资金进入,采取鼓励政策,吸引有实力的企业进行基础设施建设和重点项目工程的开发建设等。

与正在拟议中的金砖国家银行、亚洲基础设施投资银行进行对接,可以加快这两个银行的筹建速度,在关键问题上以金砖国家为代表的新兴经济体可以做出让步,拿出更大的诚意和更切实可行的建设思路,有效解决新丝绸之路建设中的融资问题。

(五)引导全球知名企业和国际资金参与新丝绸之路建设

新丝绸之路建设为全球企业带来新的发展机遇,能够提升企业的品牌形象和影响力。沿途各国应鼓励企业配备优质资源和力量对相关问题开展研究和筹划,鼓励企业全面参与新丝绸之路建设,并且要明确政策支持意图,拿出切实可行的鼓励政策,为企业参与提供有利的政策环境。沿途各国要共同努力,让企业认识到参与新丝绸之路建设是企业品牌形象推广的重要时间节点和对外展示窗口,是履行企业社会责任、提升企业影响力的重要战略举措。

参考文献

[1] 袁汝婷、刘斐:《"丝绸之路经济带"未来将扩至西亚东欧》,新华网,http://

---

① 何茂春、张冀兵:《新丝绸之路经济带的国家战略分析:中国的历史机遇、潜在挑战与应对策略》,《人民论坛·学术前沿》,http://www.rmlt.com.cn/2013/1223/203511.shtml,2013 年 12 月 23 日。
② 20 世纪 90 年代初,中国兰新铁路与哈萨克斯坦土西铁路接轨,使东起连云港、西至鹿特丹的新亚欧大陆桥全线贯通。近年来,总人口 30 亿的"新丝绸之路经济带"已现雏形,形成东端是充满活力的亚太经济圈、西边是发达欧洲经济圈的"经济大走廊",沿线国家在各大领域开展互利共赢的合作潜力巨大,前景辉煌。

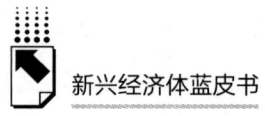

news.xinhuanet.com/fortune/2013-09/12/c_117348881.htm，2013年9月12日。

［2］何茂春、张冀兵：《新丝绸之路经济带的国家战略分析：中国的历史机遇、潜在挑战与应对策略》，《人民论坛·学术前沿》，http://www.rmlt.com.cn/2013/1223/203511.shtml，2013年12月23日。

［3］习近平：《弘扬"上海精神"促进共同发展》，在比什凯克上合组织成员国元首理事会第十三次会议上的讲话，2013年9月13日。

［4］范思齐：《新兴经济体构建新丝绸之路》，新浪网，http://www.sina.com.cn，2010年8月9日。

［5］吕刚：《新兴经济体增长的前景及对中国经济的影响》，《发展研究》2013年第8期。

［6］王保忠、何炼成、李忠民：《"新丝绸之路经济带"一体化战略路径与实施对策》，《经济纵横》2013年第11期。

［7］朱静远：《新丝绸之路影响世界经济格局美国拉响"警报"》，新华网，2008年5月25日。

［8］李计广：《优化新兴经济体的经贸结构》，《中国社会科学报》2011年5月25日。

［9］邓茜、杨晓静：《"新丝绸之路经济带"释放亚欧经合新动力》，中国金融信息网，2013年9月13日。

［10］刘健、陈静、王玉：《新丝绸之路陆海并举再铸辉煌》，《中亚信息》2013年第12期。

［11］陈万灵等：《参与21世纪"海上丝绸之路建设"，提升广东对外对内开放水平》，广东国际战略研究院《调查研究报告》2014年第3号。

B.15 金砖国家未来发展透视：问题与突破

周文 李冬*

摘　要： 在当今的国际形势下，金砖国家面临严峻的外部冲击，其自身的经济发展遭遇一定的转型阻碍，五国之间内部矛盾频发，本报告旨在对如何跨越这些障碍，促进金砖国家之间的合作共赢提出建议。

关键词： 金砖国家　包容性发展　合作机制化

一　引言

进入21世纪以来，金砖国家已持续快速增长了10多年，其间更经受了2008年国际金融危机的冲击，一直保持增长势头并成为世界经济的增长引擎。金砖集团自我定位为世界新兴经济体与发展中国家的代言人，以集体的姿态质疑、挑战和试图改变由西方国家主导的国际政治经济秩序。但是，自2013年以来，金砖国家面临的困难增多，经济增长势头有所放缓。近几年，唱衰金砖的言论越来越流行，各种关于"破碎金砖"的断言也此消彼长。经济学家保罗·唐纳文（Paul Donovan）曾断言："金砖四国是一个失败的经济概念。"应该说，经济发展本来就有起有伏，这是由其自然规律决定的。现在金砖国家的经济发展增速虽有所放缓，但其发展基本面还是好的，平均增速仍比发达国家

---

* 周文，云南师范大学校长助理，云南研究院院长，经济学博士，教授；李冬，云南师范大学硕士研究生。

高出一倍以上。从表1可以看出，与2012年相比，尽管金砖各国的经济增长都呈现下降态势，但是，除俄罗斯和巴西外，中国、印度、南非三国下降的幅度并不大，不到1%。

表1　2012年和2013年金砖五国经济增长率

单位：%

金砖五国增长率	2013年	2012年
巴　西	0.9	2.5
俄罗斯	1.5	3.4
印　度	3.2	3.8
中　国	7.6	7.8
南　非	2.0	2.5

同时，金砖国家占全球GDP总量的比重略有上升，从2012年的26.9%上升到27.6%（见表2）。

表2　2012年和2013年金砖五国GDP占全球比重

单位：%

金砖五国GDP占全球比重	2013年	2012年
巴　西	2.8	2.8
俄罗斯	3.0	3.0
印　度	5.7	5.7
中　国	15.4	14.7
南　非	0.7	0.7
合　计	27.6	26.9

当然，金砖国家经过10多年的发展，无论是外部环境还是内部环境都发生了根本性变化。因此，金砖国家在未来的发展过程中必须正视存在的问题，尤其是在合作机制上要有根本性突破，从而强化合作与集团化发展。相信随着时间的推进，金砖国家将重拾快速发展势头。

二　金砖国家面临的国际形势复杂

全球经济正步入后危机时代，在整体经济不振的大背景下，金砖国家的经济发展经历10多年的黄金期后,很难独善其身,目前正面临多种挑战和考验。

(一)出口贸易额下降

2008年国际金融危机爆发以来,金砖国家经济发展的外部环境持续恶化,致使多边贸易体制发展艰难,各国贸易保护主义升温。金砖国家中主要依靠资源和原材料出口的成员国的贸易受到严重打击,因为其贸易伙伴以欧美发达国家为主,美国和欧盟的经济波动直接影响金砖国家的出口,由此给金砖国家的出口增长造成巨大冲击,出口贸易额迅速下降,导致各国经济增速出现不同程度的下降。

(二)贸易保护主义抬头

全球金融危机和欧债危机将世界经济拖入"慢车道",发达经济体的经济增长普遍缓慢甚至面临危机。2009年以来,为应对金融危机的冲击,多数国家尤其是美国实施优先刺激内需、限制贸易和扭曲贸易的政策,显著增加贸易壁垒,这种贸易保护主义的抬头,不利于金砖国家更好地利用外部市场。金砖国家不仅面临国际市场需求下滑甚至萎缩的风险,同时其工业进出口还遭受来自各种形式的贸易保护主义的压力,并且这种国际贸易保护的目的更加多样,手段更加隐蔽。

(三)撤资导致资金不稳定

2013年5月以来,美联储显露退出量化宽松政策的迹象后,一些在新兴市场寻求投机的热钱闻风出逃,金砖国家的金融稳定在很大程度上受到影响。由于金砖国家自身经济的脆弱性以及对欧美经济严重的依赖性,部分国家出现了货币贬值和资本外流等现象。撤资影响资金的稳定性,严重打击了金砖国家经济发展的信心,影响这些国家的经济发展模式转型,造成全球金融市场剧烈动荡,增加全球金融秩序的不稳定因素。

(四)国际油价下跌

欧债危机的负面效应蔓延全球,使国际石油价格出现不确定性,国际经济

萧条使一些石油进口国对石油的需求减少，国际油价呈现下跌趋势，而金砖国家对国际能源价格几乎没有影响力，对国际原油价格的涨跌缺乏有效的干预手段，因而只能成为原油价格波动的受害者。

（五）战略遏制

主要发达经济体对金砖国家经济地位的迅速提升抱有复杂的心态，质疑、阻碍甚至采取战略遏制新兴经济体的发展。

三 金砖国家的发展受到自身制约

（一）增长方式有待转变

金砖国家面临国际经济环境不确定的影响，创新发展和经济结构调整的难度较大，在未来的发展过程中将面临诸多挑战，包括增长方式落后、转型期制度安排跟不上、创新环境欠缺、结构调整不到位、传统优势逐渐减弱、出口扩张压力加大、过分依赖发达经济体市场等，不仅影响其经济增长质量与国际竞争力的提高，还制约着其持续赶超进程。如巴西和印度的基础设施落后，电力供应不稳定，制约了其经济发展速度；俄罗斯过于依赖资源型出口；南非被贫困、失业、不公平等困扰，40%的债券市场、50%的股票市场归国际投资者所有，严重依赖外国资本，不断扩大经常账户项目和财政赤字，加大了南非货币遭挤兑的风险；中国的金融发展未跟上实体经济的步伐，3.2万亿元外汇存款被美国的巨额债务绑架，有被稀释的风险。

（二）社会矛盾日益突出，体制不完善

金砖国家自经济改革以来贫富差距不断扩大，社会矛盾日益突出。其在大力发展开放型经济的同时忽略了公平市场环境的重要性，而且各国的社会保障制度也处在相对落后的水平，贫富差距所造成的社会矛盾已经开始制约金砖国家的经济发展。同时，金砖国家的政治经济制度尚不完善，政府—企业关系也未完全理顺，政府之手或太重，或太轻，职能转变不到位，越位、缺位和不到位并存。

（三）技术贡献率低，新兴产业不成熟

金砖国家等新兴大国的快速崛起，其动力主要源于资源禀赋比较优势，从经济发展质量看，金砖国家主要依托高投资、高能耗、高出口、低收入、低福利的方式获得经济的高速增长，而源于技术进步及新产品开发、新产业培育等的贡献并不高，目前金砖国家的科技进步对经济增长的贡献率只有30%，远低于发达国家70%以上的水平。金砖国家的创新发展不足，这突出表现在金砖国家对技术研发的综合能力欠缺以及人才培养方式的落后上。目前金砖国家的产业结构低端化比较突出，意味着其无法依靠以往低技术、低附加值、高消耗和结构不合理的投入产出模式来支撑其持久发展。

同时，金砖国家在新兴产业技术创新、新产品开发以及产业管理机制建设等方面均存在不足。新兴产业的技术开发和市场化还处在启动阶段，新兴产业对经济增长的贡献度较低，同时，新兴产业稳健成长所需的发展体制机制尚未建立，在新兴产业技术开发融资、政府引导与市场主导关系、一般产业与新兴产业关系协调等方面，尚未走出具有自身特色的成功之路。总体上，金砖国家的新兴产业还十分脆弱、很不成熟，规模化、市场化水平不够高，对金砖国家经济增长贡献度较低，国际竞争力弱小，与以美国、日本等为代表的发达国家的新兴产业相比差距较大。在实践中，培育与发展新兴产业依然遭遇技术、资本、人才、市场、体制等诸多瓶颈。

（四）通货膨胀的存在

金砖国家经济的快速增长，引领了全球经济走向复苏。然而，率先复苏也使其经济政策的选择陷入了困境：国内资产过高与通货膨胀的压力在2010年已经开始威胁其经济增长与社会稳定，其自身面临通货膨胀、赤字走高和债务积累等问题的挑战。如巴西面临国际热钱涌入所带来的资产泡沫风险和输入型通胀压力，通货膨胀引发物价上涨，导致民众生活水平下降，政府财政状况不理想致使社会福利水平被迫降低，社会不稳定的风险增加，如处理不得当，经济危机极易引发严重的社会危机，进而存在发展为政治危机的可能性。

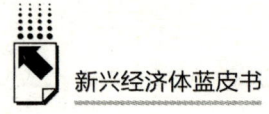

四 金砖国家之间利益冲突与矛盾频发

(一)历史遗留问题

领土矛盾及其背后的利益纠葛制约了金砖各国深入进行经济贸易方面的合作,复杂的国际关系使市场的不确定因素增多,中国和印度以及俄罗斯比邻,各自在领土和安全防卫等领域都存在不稳定的隐患。国家历史遗留问题以及意识形态方面的冲突在短期内仍无法轻易解决。从历史上看,巴西、俄罗斯、印度、中国和南非之间的关系并不是一帆风顺的,尤其是中国与印度的关系异常复杂,中印边境有超过12万平方公里的领土争议,两国频繁上演边界争端、海事纠纷,意识形态的对抗仍不时出现。由于五国在意识形态、价值观、政治体制、发展模式、市场开拓、资源供给等方面存在差异,难免会在谋求崛起的过程中产生利益冲突。

(二)发展水平相近,易引起贸易摩擦

金砖国家整体上发展水平相近,产业结构和层次存在一定的趋同性,相互竞争的存在是客观的,各国在贸易结构方面种类较少,容易引起各种贸易摩擦,一是当前贸易结构易产生贸易摩擦;二是产业内贸易发展滞后引发贸易竞争性,这都不利于贸易合作的深化发展,加上中国在贸易合作中长期处于逆差,金砖国家的贸易关系已经呈现以中国为中心、其他四国为外围的"中心外围"型贸易结构。经贸关系严重不对等已经引起了其他国家的强烈不满,如作为印度最大的贸易伙伴,中国从印度进口棉花、铁矿石等原材料,2012年印度铁矿石产量锐减,对华贸易逆差扩大至288.7亿美元,印度政府意识到了威胁,长此以往,容易对金砖国家的经贸合作机制产生负面影响,造成经贸利益冲突。

由于在双边贸易、大宗商品定价、人民币汇率和国际货币经济秩序改革方式等问题上存在一些分歧和矛盾,在争夺全球市场、竞相吸引FDI的过程中贸易争端和保护主义措施时有出现。印度和巴西是近年来对中国采

取贸易保障措施最多的国家;俄罗斯经常利用油气资源作为国际谈判的筹码;印度、巴西、南非从铁矿石资源中获得的利益丰厚,而作为资源需求大国的中国在进口贸易中的正当利益难以得到有效保障。近年来,其他金砖国家对中国进行反倾销立案调查的比例不断增加,形成了持续的贸易摩擦并引起各种贸易争端。如印度是对中国使用反倾销最严重的国家,近些年来,巴西也在不断加强其贸易保护力度,也开始对中国实行反倾销。

(三)合作机制缺乏

金砖国家的科技合作已有一定基础,科技资源具有互补优势,但还存在缺乏多边合作、缺乏协调机制、缺乏信息平台等问题。从实践来看,金砖国家在新兴产业领域的合作还刚刚启动,深化这方面的合作面临诸多难题。第一,金砖国家对开展新兴产业合作的战略意义缺乏共识;第二,金砖国家在新兴产业领域开展多边合作缺乏相应的规划以及保障措施,也缺乏协调产业合作发展的相关跨国、跨部门综合机构。

(四)在国际事务方面立场不一,利益诉求不同

金砖五国内部在加强对话协商的前提下,经贸合作中也存在一些分歧和矛盾,在国际事务方面的立场并不完全一致,金砖国家出于自身地缘政治、经济利益的考虑,在国际经贸领域存在激烈竞争,尤其是出于对主要国际市场和战略性资源的争夺、对自然资源的追逐和控制、对市场份额的占有和竞争、对本国经济发展的期望和努力、对国际政治经济权利的维护和争取,金砖国家间出现利益冲突在所难免。而且由于资源的稀缺性,有关石油、天然气以及各类矿产资源的定价是金砖国家贸易合作的重要问题。不同的国家对这些产品的定价存在很大差异,并且存在激烈的斗争。除了经贸方面的摩擦,金砖国家在一些政治问题上同样存在分歧,如在备受重视的碳排放问题上,金砖国家各有各的想法和意见,俄罗斯代表着发达国家的利益,其他金砖国家则代表发展中国家的利益,这样不可避免地会产生冲突。

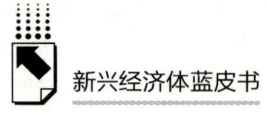

五 金砖国家未来发展的突破

（一）金砖国家的概念在于改变全球治理结构

目前，全球经济治理存在许多不合理之处。这些不合理之处表现在三个方面。一是美国及其领导的发达国家占据国际机构的主导权，形成全球经济治理格局的不平衡，严重阻碍非西方国家参与的积极性。如金砖五国在 IMF 理事会共拥有约 11% 的投票权，而美国一个国家就占有 16.75%，使得大部分发展中国家的代表权和发言权与经济实力不匹配，全球经济治理徒有其表。二是西方国家拥有制定和执行国际规则的绝对权，而非西方的发展中国家则处于受国际规则制约的地位，很难对国际规则的形成产生任何实质影响。三是现存的国际机构是欧美发达国家追求利益的主要媒介，它们通过话语权和地位不断巩固自己的利益并忽视其他新兴国家的利益，因此发展中国家无法表达其利益诉求。

正是因为全球经济治理存在许多不合理之处，自 21 世纪初以来，发展中国家迫切需要打破这种不平衡，国际上也已达成改革全球经济治理的共识。这就要求发展中国家在战略层面上进行合作。金砖国家作为全球经济增长的领跑者，其首次峰会的成果之一就是承诺推动国际金融机构的改革，提高新兴市场和发展中国家在国际金融机构中的地位。金砖五国都是 20 国集团的成员，其作为一个协商平台，在当前经济格局下，必须站在合理的立场上完善或改革全球经济治理，承担建设多极化世界、改变世界规则的国际责任；同时应采取有力的措施维护新兴市场国家的利益，有能力也有必要争取到更多话语权。因此，金砖国家作为新兴经济体崛起的代表，将成为改革全球经济治理的"正能量"。

事实上，以金砖国家的概念促使巴西、俄罗斯、印度、中国和南非建立起集体认同的组织架构，并非源于五国的经济奇迹，而是出于现实的国际政治考量。通过"金砖"组建一股新的国际政治力量也不是因为五国间的经济相关性，而是崛起的新兴经济体共同携手改变全球治理结构的一种努力。

通过多年的努力，金砖国家已经在改变西方主导的国际金融机构治理方面表现积极并有所作为。当然这一本质特点也决定了金砖国家合作中的难度和冲突。这也是目前金砖国家的合作缺乏实质性推进，政治联系依然较为松散的原因。

因此，要使"金砖"在未来发展中不"褪色"并发出光彩，必须弄清楚金砖国家走在一起的真正诉求。否则，基于经济概念的金砖国家必然成为"明日黄花"，光彩不再，黯然失色。同时，要改变西方主导的全球治理结构，金砖国家就不能群龙无首，各自为政，必须有一个主导者。在金砖国家中，中国的经济地位远高于其他四国，这也是外界认为金砖集团很有可能会解体的原因。如果认为金砖集团是在经济意义上相似的国家的集合，金砖的解体自然不是耸人听闻。但如果把金砖五国看作政治集团，那么中国经济独大并不威胁金砖的存在，反而能为巩固金砖的合作提供物质支持。

（二）金砖国家合作的多样性与多层次性并举

金砖国家携手共进，务实合作，以集体的声音和集团的力量推进其主张和诉求，具有某种必然性。

1. 多边合作

金砖国家为五国在经济金融领域开展对话合作提供了机会和便利，各国应在表达共同利益诉求的基础上，扩大利益面的广度，夯实并加强务实合作。目前，金砖国家之间的合作主要集中在经贸领域，五国各有其经济发展的优势和劣势：巴西是农产品出口大国，但由于能源不足，易形成长期进口依赖；俄罗斯能源丰富，但人口红利正在减弱；印度的人口资源充足，但基础设施落后，拖累经济增长；中国作为全球最大的发展中国家，正处在经济转型的关键时期，城镇化等问题有待解决；南非虽然在非洲经济实力最强大，但在国际上发声较弱。五国在其经济领域的发展均面临不同的制约因素，因而各国闭门求发展是不可能，只有在全球化的潮流中，顺应经济大发展趋势，不断加强区域合作，构建经贸合作联络组织或机构，发挥相互间在资本、资源、市场、科技和人力资源等方面的互补优势，五国的经济才能健康稳定持续地增长。

(1) 尽快推动建立金砖国家开发银行和应急外汇储备库

2011年金砖国家峰会首次提出金砖国家金融合作意向，2012年第四次领导人会晤提出建立"金砖国家开发银行"的构想，2013年德班峰会上，五国正式同意建立一个新的开发银行，并拟建一个1000亿美元的外汇储备局，这一举措标志着金砖国家之间的合作从概念转为实体，从宏观层面走向了经贸方面具体务实的合作。金砖开发银行是为发展中国家服务的国际性开发金融机构，出发点在于满足发展中国家基础设施建设的资金需求，抑制发展中国家政府放债造成的隐患，更重要的是，以不带任何附加条件的贷款为饱受世界银行限制性条款和政治条件贷款制约的国家提供另一种选择。此外，外汇储备库旨在为成员国的金融和货币稳定提供紧急性短期贷款，有助于五国共同应对资本运作的风险和金融领域的动荡，有利于南非等国有效率地获得国际性援助。同时，金砖开发银行的建立不仅能够与IMF和世界银行形成抗衡，还能对现有多边和区域金融机构构成补充，有利于促进全球经济发展。

(2) 推动建立多种自由贸易区

近20年来，以欧美发达国家为代表的经济体积极进行各类排他性自贸区谈判，并签署区域经贸合作协议，在这样的局势下，金砖国家要倡导建立金砖国家自由贸易区。考虑到战略利益的复杂性和各国不同的实际情况，应制定相应的自贸区发展战略。这一新的务实合作项目将加深彼此之间的经贸联系，增强贸易的实效性，夯实五国的共同利益，增强五国的经济实力，提升国际影响力。该项目作为桥梁和纽带，不仅包括签署优惠贸易安排和自由贸易协议等，还应将区域经贸合作的重点放在改善经济结构的宏观经济政策领域，且在相互贸易中实现贸易本币结算，有效避免汇率波动造成的资本风险，减轻对美元的依赖，降低交易成本。

(3) 积极谋求与发达国家的合作

金砖五国自身面临国内发展问题和挑战，这就要求其应妥善处理好与发达国家的关系。首先，金砖国家处于经济飞速发展时期，正在推进的城市化和工业能带来巨大需求，创造巨大市场；同时，发达国家拥有最先进的技术和充足的资金，两者的优势使得金砖国家和发达国家具有广阔的合作空间和积极的合

金砖国家未来发展透视：问题与突破

作前景。其次，金砖国家与欧美发达国家的强势合作，能帮助发达国家尽快走出危机的阴影，为发达国家的经济复苏提供重要动力。最后，金砖国家学习借鉴发达国家的发展经验，有望成为世界经济发展的领头羊，拉动全球经济增长。

2. 双边合作

（1）中巴合作

巴西是拉美最大的经济市场，其经济优势与中国互补。中国是巴西第一大贸易伙伴国，两国关系已不仅仅属于双边范畴，其合作的战略高度也日益凸显。中国向巴西提供大量消费品，同时主要集中在技术装备和技术投资上；巴西拥有海洋石油技术优势，向中国出口大量原料、农产品和铁矿石。由于巴西基础设施建设不健全，现有水平滞后于发展的需求，在铁路、公路、港口等建设领域需要大量投资，这吸引很多中国企业"走出去"，为中国企业开拓国际市场提供投资机会，同时中国拥有大量的外汇储备，已在巴西投资150亿美元，这有利于中国企业在更宽广的平台打造竞争力和发挥优势。近年来，中巴两国的经济合作项目越来越多，投资规模也越来越大，如中国国家电网公司已接管巴西多家输电特许权公司，成为巴西第五大输电运营商；中国的大批企业包括电商进军巴西，开始经营跨国业务；而巴西的一些企业也积极在华投资并取得良好业绩。此外，中巴双方在社会、人文教育、体育、旅游等其他广泛领域有着巨大的合作潜力，双方也有着扩大合作的强烈愿望，这将使得双方的合作日益密切。

（2）中俄合作

中俄两国互为最大的邻国，经济互补性强，合作潜力巨大。俄罗斯于2011年加入WTO，随着俄罗斯关税的降低和海关管理制度的变革，中俄经贸合作的深入发展迎来新的机遇。2014年是中俄关系的重要一年，两国元首密切往来，促进中俄经贸合作进入快轨道。中俄签署了一系列合作协议，这些合作协议不局限于资源能源方面的进一步合作，还将涉及诸如银行业、飞机技术等惠民的不同领域，直接为中国和俄罗斯的居民创造大量就业机会。中俄双方正式签署天然气合同具有历史意义，对俄罗斯来说，这一合作提供了进入亚太最大消费市场的重要机遇；对中国来说，提高天然气使用率有助于改善中国的

能源结构和大城市的生态环境。

（3）中印合作

作为世界上最大的两个人口大国，中印两国在边界问题上一直各持立场，在领土纠纷上存在较大分歧，频繁发生小的摩擦，但是大的冲突没有出现过，两国在边境地区总体上保持了和平与安宁的局面，且双方对于通过对话管控分歧有一定的信心。在发展的共同利益远远大于分歧的基础上，两国都着眼于社会经济的发展，双方已达成若干共识，不仅包括促进贸易平衡、加强产业园区建设和铁路等基础设施合作，还助推孟中印缅经济走廊建设。首先，中国是印度最大的贸易伙伴，印度则是中国的第九大贸易伙伴国，2013年双边贸易额增长为650亿美元，但是对于中印总约25亿人口的巨大市场而言，贸易额的增长仍将有很大的发展空间，两国的经贸合作具有无穷的潜力。其次，印度新政府鼓励外商投资，以创造就业与资产，而中国在积极寻求投资市场，愿意更多地对印度投资，实现互补互助。这两个经济体的强势合作必然会形成世界上最具吸引力的消费市场和最具动力的增长引擎。最后，中印在区域经济一体化、地区互联互通等方面加强合作，扩大合作的广度，涉及人文教育等其他领域，进一步开放市场和便利合作，实现互利共赢。

（4）中南合作

南非是非洲经济实力最强的国家，并且具有很大的发展潜力。自2010年两国确立全面战略伙伴关系以来，两国已成为优势互补、互利共赢的伙伴。经贸合作是推动两国关系发展的重要动力，中国已承诺在绿色经济、产业融资等领域提供技术支持，帮助南非将丰富的资源优势转化为资金、技术、管理经验等；同时，双方都互相鼓励投资，在美国、欧盟先后对中国的光伏产品实行调查之际，南非却大力支持中国的光伏企业发展，并希望中国在南非投资设厂，扩大当地就业。

（三）金砖国家发展的理念：包容性发展

首先，发展成果共享。包容性发展倡导公平公正的利益分享，关注全球处于弱势的国家，为弱势国家的经济增长创造和提供机会，使世界各国在共享成果时机会均等，所有国家都能公平合理地分享发展利益。在这样一种价值观的指导下，发展的包容性意味着收入差距的缩小、公平和效率的良性互动、不同发展力量的整合平衡、各种发展潜能的调动和协调，从而推动经济持续繁荣。包容性发展理念的形成也是一个不断提高认识的过程，由单纯追求经济增长的数量和速度，到关注经济增长的质量、人们的生活质量和幸福指数，并且冲破不同民族宗教信仰、不同社会制度的差异障碍，解决国际区域间公共产品配置失衡的问题。

其次，合作机制化。金砖国家作为一个合作机制，其追求经济共同利益的决策自由，灵活度较高，但稳定性较差，政治互信度较低，合作质量不高。包容性发展要求增强政治互信，增进成员国的凝聚力，逐步化解分歧，进而在更高水平上进行经济合作，在更广范围内进行全方位、多层次合作。金砖国家的包容性合作机制有长期的历史使命，要为新兴发展中国家发声；该机制以首脑峰会为核心，以双边和多边贸易合作为基础，积极发展非官方交流渠道和机构，以务实合作为支撑，循序渐进推动多边框架朝机制化方向发展。

最后，发展的可持续性。社会经济是否具有可持续性，在很大程度上取决于经济增长与能源生态的相互关系是否得到正确处理，社会经济的长远利益与短期经济增长是否得到统筹规划。大多数发达国家都曾过度消耗资源、无节制使用能源、严重破坏生态环境，当自然资源开发、能源利用开采、生态环境承受不具可持续性时，经济的增长就只是短暂的。这种不可取的增长路径，为新兴国家经济的迅速增长提供了警示和教训，金砖国家应合理调整产业结构，拒绝资源的高消耗，防范环境污染，在实现可持续性包容发展上承担责任。

（四）强化金砖国家的内部政策协调

目前，金砖国家之间的合作主要集中在经贸领域，但是作为旨在谋求改变全球治理结构的国际组织，金砖国家的合作应囊括经贸、金融、能源领域之外的国际重大事务，诸如全球环境问题、不扩散核武器、反恐活动等，充分发挥金砖国家合作平台的功能，注重把握合作的宽度和深度。同时，拓宽交流沟通的渠道，提升分享经验的层次，以开展多层次政策协调。金砖国家应大力加强非官方渠道的沟通交流，并提供更丰富的理论支持，为重大全球性问题的破解提供战略层面上的新思路，包括专家学者、企业家之间的交流，实现多层次的磋商和协调。可定期开展学术交流，拟定相关议题，通过积极探讨问题进行思维碰撞，解决分歧，实现有效互动，并互相分享经验、吸取教训。

六　结论

金砖国家这一概念源于经济范畴，因此经济合作是金砖国家契合的始点，以金砖国家为代表的新兴国家谋求改变全球治理结构更是未来合作的基石。事实上，近年来，以金砖集团为代表的新兴经济体发展强势，呈现群体性崛起势头。金砖国家已在世界经济复苏的地位中扮演了重要角色，在国际事务处理中也逐渐开始占据一席之地，并从国际体系格局的边缘走向中心，成为一股不可忽视的强大力量，这从侧面反映出国际体系格局正在酝酿改革和转型，全球集团化机构将向多元的机制形态发展。同时，金砖国家作为亚非拉地区的典型国家代表，其制度化和集团化引发了国际格局和国际关系的重大转变，也改变了国际政治力量的对比，反映了世界权力的大转移。

参考文献

[1] 周文、苗勃然：《金砖国家经济增速下滑问题与中国的应对之策》，《长江论坛》2013年第6期。

[2] 谢仰星：《浅析中国与金砖国家的贸易互补性国际商贸》，《中国商贸》2013年第4期。

[3] 林跃勤：《美国大国崛起及其对金砖四国的启示》，《湖南商学院学报》（双月刊）2010年第10期。

[4] 林跃勤：《金砖国家新兴产业发展战略与管理比较》，《产经评论》2012年第7期。

[5] 吕萍：《如何促进我国与金砖国家工业共同发展》，《中国集体经济》2013年第10期。

[6] 杨娜：《欧债危机对金砖国家的影响及其应对》，《南京大学学报》2013年第2期。

[7] 林跃勤：《新兴大国新兴产业发展与合作研究——基于金砖国家的一个比较分析》，《社会科学研究》2012年第5期。

[8] 赵庆寺：《金砖国家能源合作的问题与路径》，《国际问题研究》2013年第5期。

[9] 欧阳晓、罗会华：《金砖国家科技合作模式及平台构建研究》，《中国软科学》

2011年第8期。

［10］蔡春林、刘畅：《金砖国家发展自由贸易区的战略冲突与利益协调》，《国际经贸探索》2013年第2期。

［11］滕明政：《金砖框架下中国发展的机遇、挑战与对策》，《湖北行政学院学报》2013年第3期。

［12］魏元甍：《后雁行时代的亚洲经济格局》，《山东社会科学》2012年第3期。

［13］韩琳琳、覃正：《中国与金砖国家产业内贸易发展实证分析》，《科技管理研究》2013年第2期。

［14］王金明、高铁梅：《"金砖国家"经济周期同步性计量研究》，《商业研究》2013年第5期。

［15］蔡春林、刘畅、黄学军：《金砖国家在世界经济中的地位和作用》，《经济社会体制比较》2013年第1期。

［16］汪巍：《金砖国家多边经济合作的新趋势》，《亚太经济》2012年第2期。

［17］魏国学：《"金砖国家"带给中国改革的启示中国经济时报》，2014年2月19日。

［18］李春顶：《中国与金砖国家贸易发展的前景》，《中国经贸》2013年第1期。

［19］牛海彬：《如何看待金砖国家经济增长放缓》，《当代世界》2014年第3期。

［20］李向阳：《金砖国家经济面临的共同机遇与挑战》，《求是》2011年第8期。

［21］杨鲁慧：《金砖国家：机制·特质·转型》，《国际视野》2011年第1期。

［22］郑新立：《加强金砖国家的经济合作》，《中国流通经济》2012年第5期。

［23］石建勋：《金砖国家深化合作影响未来世界经济格局》，《当代经济》2012年第5期。

［24］胡腾、任治俊：《金砖机制及其意义：观察与思考》，《四川省委省级机关党校学报》2011年第2期。

［25］庞中英、王瑞平：《从战略高度认识金砖国家合作与完善全球经济治理之间的关系》，《当代世界》2013年第4期。

B.16
2013年金砖国家大事记

第五次金砖峰会在南非德班举行

金砖国家领导人第五次会晤于2013年3月27日在南非德班举行。中国国家主席习近平、南非总统祖马、巴西总统罗塞夫、俄罗斯总统普京、印度总理辛格出席。五国领导人围绕"金砖国家与非洲：致力于发展、一体化和工业的伙伴关系"的主题进行了讨论，发表《金砖国家领导人第五次会晤德班宣言》。五国领导人决定建立金砖国家开发银行，筹备建立金砖国家外汇储备库，并成立工商理事会。在会议期间举行的金砖国家第三次经贸部长会议发表了经贸部长共同联合公报并签署了《金砖国家贸易投资合作框架》。会议期间，金砖国家进出口银行和开发银行达成了《可持续发展合作和联合融资多边协议》和《非洲基础设施联合融资多边协议》。

金砖国家工商理事会在南非德班成立

金砖峰会主办国南非的总统祖马在3月26日由金砖国家领导人和各成员国工商界代表出席的早餐会上，宣布成立金砖国家工商理事会。祖马说，金砖国家工商理事会将在加强金砖国家之间的经贸合作方面扮演重要角色，理事会将推动金砖国家工商界在经济、贸易、商业、投资方面的联系。

《金砖国家联合统计手册（2013年）》中英文版出版

按照2009年金砖国家外长达成的备忘录，金砖国家统计机构自2010年起每年共同编辑出版一本《金砖国家联合统计手册》，以服务金砖国家领导人的每年会晤。由南非国家统计局联合其他金砖四国国家统计局共同编辑的《金砖国家联合统计手册（2013年）》英文版，于3月21日在南非完成编辑工作并交付印刷。基于英文版的中文版手册的编辑工作也于21日同步完成。

金砖国家智库论坛发表建立"金砖智库委员会"的联合声明

2013年3月11日在南非德班大学举行的金砖国家智库论坛建立就"金砖国家联合智库"的议题进行了讨论并签署了建立"金砖智库委员会"的联合声明。"金砖智库委员会"将分别由来自金砖5个成员国的研究机构组成。该委员会将致力于成为金砖国家研究机构及学者间交流的重要平台，同时担负起召开金砖国家学术会议的任务。

金砖国家经贸合作论坛在北京举办

由中国前外交官联谊会主办的"金砖国家经贸合作论坛"于2013年7月26日在北京举行，来自中国、俄罗斯、印度、巴西、南非等的外交官与企业家们，就"金砖国家的经贸发展、投资环境与机遇"主题发表演讲并互动交流。

金砖国家海缆开建

2013年9月由巴西、俄罗斯、印度、中国和南非推动的全长3.4万公里、具备12.8Tbit/s容量的双路对光纤"金砖国家海缆"开始建设。建设金砖国家海缆的目的是便利金砖国家之间的信息交流，强化彼此间信息交流安全，推动金砖国家摆脱"美国互联网"的控制。

第三届金砖国家农业部部长会议共商粮食安全

2013年10月29日第三届金砖国家农业部部长会议在南非行政首都比勒

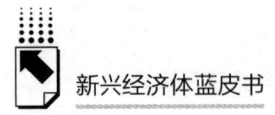

陀利亚召开，巴西、俄罗斯、印度、中国和南非五国农业部部长会面商讨如何应对气候变化对世界粮食安全的负面影响。与会各方共同签署的联合声明称，五国将在农业和农村地区发展领域合作，以共同利益为基础，努力通过深入讨论为应对挑战寻求解决方案。

第二届金砖国家创新发展论坛"开放式创新"在莫斯科举行

2013年10月14日金砖国家第二届创新论坛"开放式创新"举行，除了来自金砖五国的代表团出席外，G20其他国家代表也出席创新合作论坛，俄罗斯、芬兰和法国三国总理出席本次论坛成为亮点。创新论坛由莫斯科市政府、俄罗斯纳米技术公司、斯科尔科沃基金会、对外经贸银行、俄罗斯新闻社等主办。在论坛上展示了美国麻省理工学院的创新趋势研究成果、讨论了与金砖国家伙伴及G20伙伴进行创新合作的议题。

第二届数字金砖国家合作论坛举行

由国际多媒体协会联盟主办、重庆市外经贸委协办的作为第五届国际服务贸易（重庆）高峰会一项重要内容的第二届数字金砖国家合作论坛于2013年10月31日在重庆举行。论坛旨在探讨金砖国家数字媒体产业与数字服务业合作路径，推进金砖国家的交流合作。来自金砖五国的代表分别就数字服务的国际南南合作实践、数字创意、数字化与数字商务、金砖国家数字媒体产业与数字服务业合作等内容发表观点。

金砖国家教育部部长会议在巴黎举行

2013年11月5日在于巴黎举行的联合国教科文组织第37届大会期间召开了金砖五国教育部部长会议，会议围绕金砖国家间高等教育、职业教育合作，建立教育、研究和技术发展领域的伙伴关系以及金砖国家与教科文组织伙伴关系等议题进行了讨论。这是新兴国家在致力于实现"千年发展目标"及与联合国教科文组织合作推动 2015 年后全球教育进程方面，向参与制定国际规则和主动促进发展中国家可持续发展迈出的重要一步。

第三届金砖国家卫生部部长会议在南非开普敦举行

2013 年 11 月 5 日至 7 日金砖五国卫生部长以及联合国艾滋病规划署和世界卫生组织的代表参加了在南非开普敦举行的第三届金砖国家卫生部长会议。为能够确定共同卫生目标和开展交流与合作，2012 年金砖国家峰会上发表的《新德里宣言》中提出了将金砖国家卫生部长会议机制化的建议。本届会议是根据 2013 年 3 月金砖国家领导人会晤《德班宣言》以及 2013 年 1 月在印度召开的第二届金砖国家卫生部长会议有关倡议并由南非主办的。会议发布了《开普敦公报》。

第三届"金砖国家友好城市暨地方政府合作论坛"在南非德班举行

2013 年 11 月 27 日至 29 日来自中国、印度、巴西、俄罗斯及东道国南非的政府官员、各国相关组织及友好城市代表等共近 200 人出席在南非德班举行的第三届"金砖国家友好城市暨地方政府合作论坛"。会议就如何落实金砖国家领导人峰会达成的共识、进一步加强各国友好城市间合作机制建设、共同应对所面临的发展问题等进行了友好交流。与会各方均对金砖国家友好城市的合作前景及其对推动各国相关地方政府合作起到的积极作用表示充分肯定，并分别就经济发展、公共服务、城市管理、社会稳定、环境保护等方面介绍彼此的经验，希望加强互利互惠合作，为实现各国共同发展创造良好条件。

林跃勤整理

B.17 后记

本书在编撰过程中得到了各方面的大力支持，在本书截稿之际，编委会要特别感谢中国社会科学院副院长李扬，中国社会科学院秘书长、中国社会科学杂志社总编辑高翔，中国社会科学杂志社副总编辑王利民、余新华、李红岩、孙麾，世界经济与政治研究所所长张宇燕，中国社会科学院经济研究所所长裴长洪，中国社会科学院俄罗斯东欧中亚研究所所长李永全，中国社会科学院西亚非洲研究所所长杨光，中国社会科学院拉丁美洲研究所所长吴白乙，中国社会科学院亚太与全球战略研究院院长李向阳，中国社会科学院美国研究所所长郑秉文，中国社会科学院中国国际经济交流中心常务理事长郑新立，湖南商学院党委书记、大国经济研究中心主任欧阳峣等对本书编撰过程中给予的支持。本报告还得到了中国新兴经济体研究会的支持，感谢中国新兴经济体研究会秘书长姚枝仲，副秘书长徐秀军、黄薇、万军。感谢中国社会科学杂志社国际二部编辑张哲、白乐、张尼、王晓真、侯丽等的帮助。最后，感谢社会科学文献出版社社长谢寿光、副总编辑周丽、经济与管理出版中心主任恽薇、责任编辑颜林柯等的热情、认真、细致和高效的工作，使本书得以在较短时间内顺利出版。

林跃勤

权威报告　热点资讯　海量资源

当代中国与世界发展的高端智库平台

皮书数据库　www.pishu.com.cn

　　皮书数据库是专业的人文社会科学综合学术资源总库,以大型连续性图书——皮书系列为基础,整合国内外相关资讯构建而成。该数据库包含七大子库,涵盖两百多个主题,囊括了近十几年间中国与世界经济社会发展报告,覆盖经济、社会、政治、文化、教育、国际问题等多个领域。

　　皮书数据库以篇章为基本单位,方便用户对皮书内容的阅读需求。用户可进行全文检索,也可对文献题目、内容提要、作者名称、作者单位、关键字等基本信息进行检索,还可对检索到的篇章再作二次筛选,进行在线阅读或下载阅读。智能多维度导航,可使用户根据自己熟知的分类标准进行分类导航筛选,使查找和检索更高效、便捷。

　　权威的研究报告、独特的调研数据、前沿的热点资讯,皮书数据库已发展成为国内最具影响力的关于中国与世界现实问题研究的成果库和资讯库。

皮书俱乐部会员服务指南

1. 谁能成为皮书俱乐部成员？
- 皮书作者自动成为俱乐部会员
- 购买了皮书产品（纸质皮书、电子书）的个人用户

2. 会员可以享受的增值服务
- 加入皮书俱乐部,免费获赠该纸质图书的电子书
- 免费获赠皮书数据库100元充值卡
- 免费定期获赠皮书电子期刊
- 优先参与各类皮书学术活动
- 优先享受皮书产品的最新优惠

3. 如何享受增值服务？

（1）加入皮书俱乐部,获赠该书的电子书

　　第1步 登录我社官网（www.ssap.com.cn）,注册账号;

　　第2步 登录并进入"会员中心"—"皮书俱乐部",提交加入皮书俱乐部申请;

　　第3步 审核通过后,自动进入俱乐部服务环节,填写相关购书信息即可自动兑换相应电子书。

（2）**免费获赠皮书数据库100元充值卡**

　　100元充值卡只能在皮书数据库中充值和使用

　　第1步 刮开附赠充值的涂层（左下）;

　　第2步 登录皮书数据库网站（www.pishu.com.cn）,注册账号;

　　第3步 登录并进入"会员中心"—"在线充值"—"充值卡充值",充值成功后即可使用。

4. 声明

　　解释权归社会科学文献出版社所有

皮书俱乐部会员可享受社会科学文献出版社其他相关免费增值服务,有任何疑问,均可与我们联系
联系电话: 010-59367427　　企业QQ: 800045692　　邮箱: pishuclub@ssap.com
欢迎登录社会科学文献出版社官网（www.ssap.com.cn）和中国皮书网（www.pishu.cn）了解更多信息

法律声明

"皮书系列"(含蓝皮书、绿皮书、黄皮书)由社会科学文献出版社最早使用并对外推广,现已成为中国图书市场上流行的品牌,是社会科学文献出版社的品牌图书。社会科学文献出版社拥有该系列图书的专有出版权和网络传播权,其LOGO( )与"经济蓝皮书"、"社会蓝皮书"等皮书名称已在中华人民共和国工商行政管理总局商标局登记注册,社会科学文献出版社合法拥有其商标专用权。

未经社会科学文献出版社的授权和许可,任何复制、模仿或以其他方式侵害"皮书系列"和LOGO( )、"经济蓝皮书"、"社会蓝皮书"等皮书名称商标专用权的行为均属于侵权行为,社会科学文献出版社将采取法律手段追究其法律责任,维护合法权益。

欢迎社会各界人士对侵犯社会科学文献出版社上述权利的违法行为进行举报。电话:010-59367121,电子邮箱:fawubu@ssap.cn。

社会科学文献出版社